다문화정책론

이성미 지음

박영사

다문화정책론

나근형

교육감협의회 회장, 인천시 교육감

18세 이하 다문화자녀가 15만 4천 명을 넘어서고 있다(행정안전부, 2011. 1월 기준). 최근 7년간 농촌지역에 거주하는 남성의 국제결혼은 평균 4명 중에 1명이다. 이러한 통계라면 2012년부터는 농촌지역의 초등학교 1학년생 10명 중 4명 정도가 다문화자녀이다. 초등학교 학부모 회의를 하더라도 10명 중 4명은 결혼이민자가 참여하게 될 것이다. 가장 보수적인 농촌사회가 가장 글로벌한 국제사회로 변모한 것이다. 사실 농촌지역은 다문화자녀로 인해 폐교 위기에 있던 초등학교가 활기를 되찾고 있다. 도시지역에서도 다문화자녀의 왕따 문제가 간간이 언론에 노출되고 있다.

이제 우리나라에서 단일민족 운운하는 것은 구시대적인 생각이 되었다. 다문화자녀들도 우리의 이웃이자 우리의 소중한 학생들이다. 교육자들도 더욱 관심을 가지고 이들의 장래설계를 도와야 한다.

교육자의 책임이 크다. 획일화된 한국식 교육이 아닌, 다문화자녀가 가

지고 있는 다양성과 문화적 감수성을 개발해야 한다. 이중언어를 구사할 수 있는 다문화자녀는 글로벌 인재로 성장할 수 있다. 또 결혼이민자와 자녀들이 본국과 우리 사회를 잇는 가교 역할을 함으로써 국가 발전에 기여할 수 있다.

「다문화정책론」은 한국의 다문화 현실과 공생의 가능성을 명쾌하게 제시했다. 뿐만 아니라 다문화가족의 최근 통계, 한국과 선진국의 다문화 정책, 다문화가족의 코리안 드림은 다문화사회로 접어든 우리의 모습과 미래의 방향을 잘 보여 주고 있다.

이 책을 '다문화의 바이블'이라고 칭찬하고 싶다. 특히 교사들은 한국에서도 오바마가 탄생할 수 있는 다문화 교육환경을 분석한 '다문화자녀'와 '오바마 만들기 프로젝트'를 꼭 읽어보기를 권한다.

추천의 글

이계형

단국대학교 산학협력부총장

「다문화정책론」은 다문화가족의 유형을 5가지로 구분했다. 이 책은 결혼이민자와 외국인 근로자와 해외동포·유학생·북한 이탈주민의 실태와 정책 등에 대해 상세히 소개했다. 뿐만 아니라 해외로 나간 우리 동포들의 역사와 삶을 조명했다. 특히 한국의 다문화 역사와 문화 차이를 보면서 저자의 다문화에 애정과 열정을 읽을 수 있었다.

한국에 체류하는 외국인이 180개국에 140만 명이라고 한다. 농촌지역까지도 외국인 근로자가 없이는 농사를 지을 수 없다고.

불과 몇 년 전만 하더라고 우리는 '세계 속의 한국'이 국가의 최고 목표이자 가치였다.

그러나 이제 '한국 속에 세계'가 들어 와 있다. 세계는 13위의 경제대국이 된 한국을 연구하고 있다. 또 세계는 한국의 K-Pop, 드라마 등에 열광하고 있다. 그러나 우리는 학교, 직장, 공동체에서 다문화가족에 대한 차별과

편견이 여전하다.

그동안 앞만 바라보며 경제발전에 온 정신을 쏟았다. 하지만 사회는 변했다. 다문화에 대한 수용과 관용이 국가발전의 원동력이 되고, 국가의 격을 더 한층 올리는 시대가 되었다.

우리가 미래사회를 예측하고 준비하기 위해서는 「다문화정책론」을 추천하고 싶다. 이 책을 보면 고개를 끄덕이고, 분노하고, 또 웃다가 이내 가슴이 뭉클해진다.

이 책에 미래 한국의 가능성이 숨어 있다. 사대와 교대, 사회복지학과 학생들이 이 책을 통해 다문화사회를 포용하는 글로벌 인재로 성장하기 바란다.

프롤로그

한국에 체류하는 외국인이 180개국 139만 5천 명(2011. 12. 31 현재)에 이른다. 대전광역시, 광주광역시 인구와 비슷한 규모다. 2011년 12월 31일까지 한국인으로 귀화한 사람은 11만 6천 명에 이른다. '태국 태씨', '몽골 김씨', '대마도 윤씨', 대치동에 산다는 '대치 김씨'처럼 그들이 시조가 되는 새로운 본(本)이 5천개나 생겼다. 세계 속의 한국이 아니라, 한국 속에 또 하나의 세계가 들어 와 있는 것이다.

한국에 체류하는 외국인들은 본국보다 나은 생활을 위하여 한국에 온 적극적이고 진취적인 사람들이다. 그런데 우리는 이들을 취약계층으로 생각하고 폄하한다. 외국인을 바라보는 한국인의 이중적인 사고가 문제다. 백인에게는 지나치게 우호적이고, 동남아시아 등 개발도상국가에서 온 사람은 차별하고 편견의 눈으로 본다. 급속한 경제성장 사회에서 경제적 가치를 최우선으로 지향하다 보니, 인간에 대한 평가도 경제적인 잣대 하나로 판단하기 때문인 것으로 보인다.

사실, 한국에 체류하는 외국인들이 공짜로 사는 사람은 없다. 결혼이민자는 가정을 꾸리고 아이를 낳는다. 폐교 위기의 농촌학교는 아이들로 인해 생기를 되찾았다. 또 이중언어를 사용하는 아이는 커서 글로벌 인재로 성장할 수 있다. 일손이 없어서 버려진 농토는 다시 윤기를 되찾았다. 노인들만 살던 농촌지역의 이민자 여성은 세월이 흘러도 영원히 '예쁜 새댁'으로 불린다. 젊고 발랄한 '예쁜 새댁'은 김치전을 부치고 호박전도 부쳐서 이웃 어른들과 인정을 나눈다. 한때는 대가족으로 살았던 노인들에게 이민자 여성과의 새로운 '관계맺기'는 돈으로 환산할 수 없는 가치다.

또 만일 외국인 근로자가 없다면 3D업종의 고용주는 내국인 근로자에게 훨씬 많은 임금을 지불해야 하고, 투자비용을 충당하기 위해서 상품 값을 올릴 수밖에 없는 현실이다. 그나마 일하려는 사람이 없는 화학약품, 염색공장 등과 농축수산업은 문을 닫을 위기까지 갈 수 있다. 또 그들이 임금을 받고 낸 세금으로 국가재정을 일정 부분을 충당한다. 그들이 있어서 우리 산업이 움직이고, 값싸게 물건을 살 수 있다. 영세 중소기업주는 일할 사람이 없어 공장을 가동할 수가 없다고 탄식한다. 외국인 노동자를 구하기 위해서 외국인 노동자 신청접수일 3일 전부터 접수기관 문 밖에서 날을 세우기 일쑤이다. 외국인 노동자를 구하게 되면 로또복권에 당첨된 것처럼 기뻐한다.

한국에 체류하는 해외동포는 55만 명이다, 이들 중 87%를 차지하는 중국 동포는 같은 민족이라는 시각보다는 외국인 근로자라는 인식이 더 강하다.

외국인 유학생이 한국에 있을 때 정책적 지원과 배려로 친한 세력을 만든다면 미래 한국에 큰 도움이 될 것이다.

북한 이탈주민은 역사와 언어는 같지만 오랫동안의 분단으로 한국문화에 적응하기 매우 힘들다. 또 하나의 다문화가족으로 포함시킬 수 있는 이들은 북한 내부 사정을 잘 이해하면서도 객관적으로 북한을 바라볼 수 있는 사람들이다. 이들을 통해 북한의 실상을 파악함으로써 통일한국을 준비할 수 있다. 특히 청소년은 과거의 열악한 환경에서 벗어나 한국에서 윤택한 삶을 누리고 있는 것에 대해 감사하고 있다. 한국사회에 쉽게 동화하여 일반 청소년과 똑같이 K-Pop을 부르고 그들의 꿈을 향해 적극적으로 노력한다. 북한 이탈청소년은 통일한국이 왔을 때 각계각층에서 훌륭하게 성장하여 제 몫을 다 하고 있을 것이다. 이들은 통일한국의 사회통합과 사회안정을 위해 주도적인 역할을 할 수 있을 것이다.

하지만 다문화가족이 국가에 이익이 되는 것만은 아니다. 집단맞선은 국가의 위상을 떨어뜨리고 있다. 경제적으로, 정신적으로 아내를 부양할 능력이 없는 남성의 결혼으로 모두가 불행해지고 국가와 사회비용이 가중된다. 다문화를 반대하는 단체들이 적극적으로 활동하고 있다. 그들은 다문화 관련 부처를 찾아가 항의하고, KBS의 러브인아시아 방영을 중단할 것을 요구하는 시위도 한다. 놀라운 것은 이 단체들의 회원가입 수가 급격히 증가하고 있다는 것이다.

단순기능 인력 중심의 외국인 근로자의 유입은 중졸 이하 학력의 내국인근로자의 실직에 중대한 영향을 미친다. 외국인 근로자가 대거 유입되면서 중졸 이하의 내국인 일자리가 32만 7천개가 사라졌다고 한다. 그래서 정부는 중국과 CIS지역의 해외동포 입국을 규제하고 있다. 이들은 2007년부터 실시한 방문취업 기간이 만료되어 2012년부터는 대거 출국해야 한다. 중소기업과 농어촌 등에 극심한 일자리 부족이 예상된다. 특히 중국동포가 대다수를 차지하던 가사도우미와 간병인 일자리는 더욱 심각하다.

외국인의 범죄율도 증가되고, 직장과 지역사회 갈등도 보이고 있다. 또 가짜 유학생으로 입국하여 불법노동을 하기도 한다. 지성의 전당이라는 대학에서조차 중국인과 저개발국가의 외국유학생을 차별하고 왕따시키고 있다. 한국에 체류하는 기간이 길수록 만족도는 떨어지고 한국을 혐오하는 마음이 깊어지고 있다.

북한 이탈주민은 한달 평균 소득이 150만 원 이하인 경우가 전체 북한 이탈주민의 74.5%이다. 북한에 두고 온 가족 때문에 마음이 아프다. 북한에 남은 가족이 1년간 생활할 수 있는 2백만 원과 브로커 수수료를 송금하는 부담 때문에 더욱 빈곤하다.

이처럼 다문화는 편익과 비용이 함께 존재하지만 우리가 선진국으로 진입했기 때문에 일어나는 현상으로 한국이 더욱 크게 성장할 수 있는 기회라고 생각한다. 이에 대한 근거를 제시해보자.

현대사회를 이끄는 IT, 금융, 디자인, 첨단산업 등은 창의성을 기반으로 성장하는 산업이다. 창의성이란 다문화사회의 개방성과 다양성에서 나온다. 그 예로 가장 많은 인종이 함께 사는 샌프란시스코, 뉴욕, 시카코 등이 세계에서 가장 창의적인 도시로 인정받고 있다. 또 대표적인 이민국가인 미국과 호주, 캐나다 등은 이민자들의 문화를 수용하고, 이민자들의 힘이 보탬이 되어 국가발전을 이룩하였다. 이러한 맥락에서 다문화사회로 변화하는 것은 걱정할 일이 아니다.

또 미래사회의 화두는 저출산과 고령화, 다문화다. 한국은 세계에서 가장 낮은 저출산(2010년 합계 출산율 1.23명)과 세계에서 가장 빠른 고령화로 고용 악화, 생산성 저하, 투자 위축, 재정 고갈, 연금 부담, 세대 간 갈등 등으로 심각한 사회문제가 예고되어 있다.

저출산과 고령화 문제를 해결하는 것은 다문화다. 그 이유는 한국은 2016년부터 생산인구의 감소가 시작되어 더 많은 외국인 근로자가 유입될 수밖에 없다. 또 여성의 가치관 변화, 맞벌이 증가 등으로 결혼을 선택하지 않는 여성이 늘어남으로써, 내국인 여성을 선택할 수 없는 남성의 국제결혼도 증가될 것이다. 앞으로 3년 이내 다문화 트렌드는 한국사회에 일반적인 현상으로 자리 잡을 것으로 보인다.

2011년 스위스 국제경영개발원(IMD)의 발표에 따르면 한국 국가경쟁력은 역대 최고인 종합 22위를 기록했다. 하지만 '문화적 개방성' 분야에서는 58개국 가운데 52위에 머물렀다. 문화적 개방성이 없다는 것은 그만큼 소수집단을 인정하지 않는다는 의미다. 사실 우리는 단일민족이라는 오랜 사고의 틀을 벗어나지 못하고 있다. 그래서 이질적인 문화를 수용하지 못하고, 동질성과 획일성을 습관적으로 강조하고 있다.

이러한 한국의 사회 환경 속의 다문화는 감로수가 담긴 유리병과 같다. 그 감로수로 우리의 갈증을 해소하지만, 관용이 없으면 유리병이 깨진다.

그 유리 파편은 서로에게 큰 상처를 주고 모두를 불행하게 한다. 이러한 불행이 오지 않도록 다양성이 우리 삶의 자연스러운 현상이라는 것을 인식해야 한다. 우리가 그들의 언어와 문화, 감수성을 존중할 때 비로소 우리도 그들에게 존중받을 수 있다.

한국의 다문화정책은 사회통합이라는 과제와 함께, 선진국에서는 찾아볼 수 없는 결혼이민자들의 '가족의 통합'이라는 과제도 만만치 않은 문제다. 하루빨리 다문화청이 신설되어 미래를 준비하는 다문화정책과 다문화 이민에게 체계적인 서비스가 제공될 수 있기를 간절히 바란다.

지난 2010년 9월 발간된 「다문화코드」는 단시간 내에 모두 판매되었다. 그만큼 우리 사회에 다문화에 대한 관심이 많다는 증거인 것 같다. "책을 살 수 없어 전화했다"는 독자들에게는 전체 분량을 파일로 전송해 줬다. 「다문화코드」 발간 이후 다문화사회의 1년 2개월이라는 세월은 놀라울 만큼 빠르게 변화했다. 우선 한국에 체류하는 외국인은 18만 5천 명이나 증가되었다. 또 「다문화코드」에 정책제언으로 제시했던 내용들이 법과 제도에 상당 부분 수용되었다. 외국인 근로자와 해외동포의 목소리도 커졌다. 오히려 우리 영세기업주가 그들을 모시는 분위기로 바뀌었다. 중국과 CIS 지역 출신 해외동포는 중국과 CIS지역 출신만 한국 체류를 제한하는 것은 차별이라고 헌법소원을 제기해 놓고 있다. 그리고 눈에 뜨이지 않던 안티 다문화세력도 나타나기 시작했다.

결혼이민자들 때문에 내국인 저소득층이 역차별 받고 있다는 소리도 여기저기서 나온다. 벌써부터 다문화와 관련해 사회갈등이 빚어지는 형국이다. 결혼이민자에 대해서 우호적이던 기업과 언론도 조금씩 평정심을 찾아 가는 모습이다. 국가와 지방자치단체의 재정 부담은 눈덩이처럼 늘고 있다. 다문화가족의 지원은 지역 공동체의 문제로 접근하여 주민의 자원봉사가 함께 할 때, 지역갈등과 재정 부담이 완화될 것이다. 또 다문화가족으로 인해 얽히고설키는 사회현상을 볼 때 다문화정책은 결혼이민자뿐 아니라, 외국인 근로자와 해외동포, 유학생, 북한 이탈주민을 큰 틀에 넣고, 내국인과의 관계와 미래의 가능성, 코리안 드림의 실현 등을 고려하여 좀 더 세밀하게 접근해야겠다는 생각이다.

이 책에서는 법적인 다문화가족인 결혼이민자 외에도 외국인 근로자, 해외동포, 유학생, 북한 이탈주민의 최근 통계와 삶의 현장, 그리고 코리안 드림을 소개했다. 한국의 다문화정책, 선진국의 다문화정책, 사회통합, 정책제언 등을 제시하였다. 특히 다문화가족과의 문화 차이와 한국이 역사적·과학적으로 다문화사회였음을 보여 주고, 해외에 사는 동포들의 삶을 객관적으로 기록하였다.

무거운 주제이지만 다문화 현장을 쉽고, 재미 있고, 따뜻하고, 감동 있게 표현하고자 노력했다. 아울러 그들의 삶이 녹아 있는 생생한 사진, 다문화 현장 정보 등을 제공함으로써 다문화를 이해하는 데 도움이 되게 하고 싶었다.

아울러 독자가 제한적이라는 것을 알면서도, 우리 사회에 꼭 필요한 책이라는 사명감으로 출간을 서둘러 주신 박영사 안종만 회장님께 존경과 감사의 마음을 드린다.

마지막으로 이 책을 통해 다문화가족과 소통하여 다양성과 수용성, 관용의 분위기가 확산됨으로써 그들의 코리언 드림이 실현되고, 우리나라가 더욱 발전하는 기회가 된다면 더 이상의 기쁨이 없겠다.

2012년 2월 북한산 자락에서

이성미

차 례

PART 5 다문화정책

PART 6 개방성과 수용성, 관용이 필요하다

PART 7 역사와 문화에서 배우는 다문화

정책제언 미래사회의 해법

서론

다문화사회로 진입한 한국

인터넷과 통신, 유비쿼터스와 교통의 발달로 이미 국가 간의 경계가 무너진 지 오래다. 또 세계화, 시장 개방, 정보의 공유 등으로 과거와는 비교도 안 될 만큼의 속도로 한국사회가 변하였다. 벌써 우리 사회는 혈연이나 지연, 국적과 언어를 기준으로 '우리'와 '남'을 결정하기에는 너무나 복잡한 사회가 되어가고 있다.

자동차 엔진의 부품은 모두가 독립적이지만 부품 하나에 문제가 생기면 자동차가 갈 수 없듯이, 국내 상황과 국외 상황이 모두 서로 독립적이지만 의존적이다. 따라서 '네'가 살아야 '나'도 살고, '내'가 살아야 '너'도 살 수 있는 구조다. 이처럼 지구가 한 마을로 묶이면서 한 국가에서 일어나는 정치, 사회, 경제, 문화 등은 세계 각국에 영향을 미치게 되었다.

최근 사례를 들어보자. 미국의 금융 위기가 세계의 경제를 위기에 빠뜨

렸다. 또 아이슬란드 화산재가 유럽과 러시아 전역을 뒤덮어 항공대란이 일어나고, 주식시장에도 영향을 미친다. 또 화산재가 제트기류를 타고 한반도 전역에 도달하는 것을 보면, 하나의 문제가 세계에 파생되는 문제가 얼마나 큰지를 알 수 있다. 이렇게 의존적인 사회에서 요구되는 것은 다문화에 대한 수용성과 문화적 개방성, 관용, 다양성, 상호존중, 사회통합이다. 특히 '다르다'는 것은 '차별'이 아니라 '차이'라는 것을 인식해야 한다.

1 한국 속에 세계, 180개국 139.5만 명이 살다

우리는 '세계 속의 한국'이라는 말을 듣고 자라왔다. 그러나 불과 몇 년 만에 '한국 속에 또 하나의 세계'가 들어와 있다. 한국에 체류하는 외국인은 1990년에 5만 명에 그쳤다. 하지만 2011년 12월 31일 현재 180개국에 1,395,077명으로 전체 인구 4천 9백만 명 중 2.8%를 차지하며 국적취득자는 116,000명이다.[1]

외국인 수는 주요 선진국의 평균 10.3%보다는 낮지만,[2] 지난 10년간 24.2배로 아주 빠른 속도로 유입되고 있다. 외국인 증가요인은 외국인 근로자의 증가, 결혼이민자 증가, 중국 동포에 대한 입국문호 확대 등으로 분석된다. 체류 외국인의 연령별 분포를 보면 20~49세까지가 전체의 74%를 차지하고 있다.

---

1 「출입국·외국인정책 통계월보」, 법무부, 2011. 12.

2 UN DESA, Population Division 2009 International Migration Database.

그림 1 체류 외국인 증감추이 (2011. 12. 31 현재, 단위: 명, %)

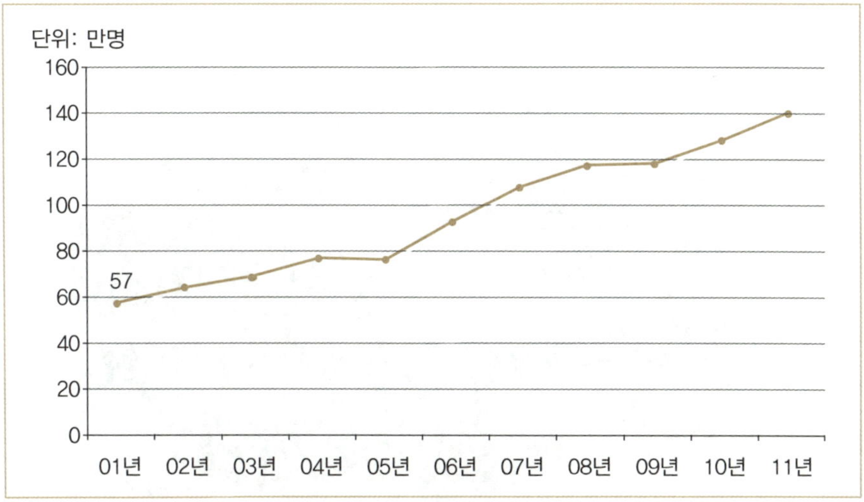

자료: 「출입국·외국인정책 통계월보」(2011. 12월호), 법무부.

그림 2 체류 외국인 연령별 분포 (2011. 12. 31 현재, 단위: 명, %)

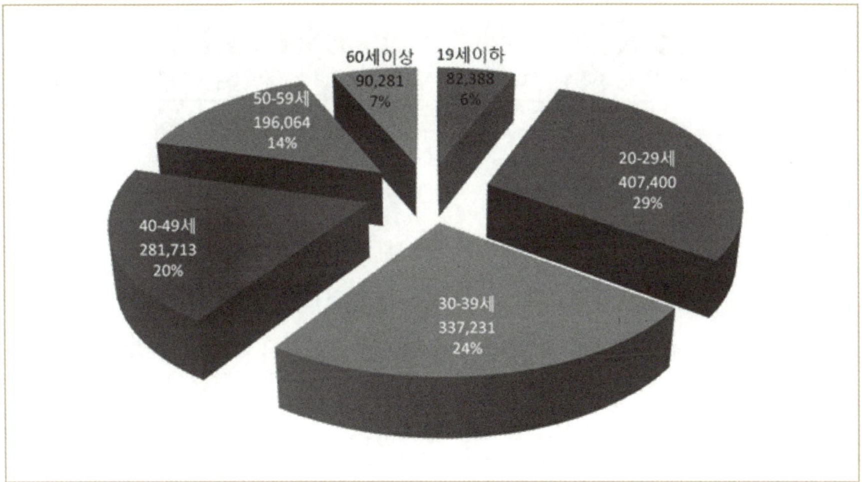

자료: 「출입국 · 외국인정책 통계월보」(2012. 12월호), 법무부.

그림 3 등록 외국인 거주지역별 분포현황 (2011. 12. 31 현재, 단위: %, 명)

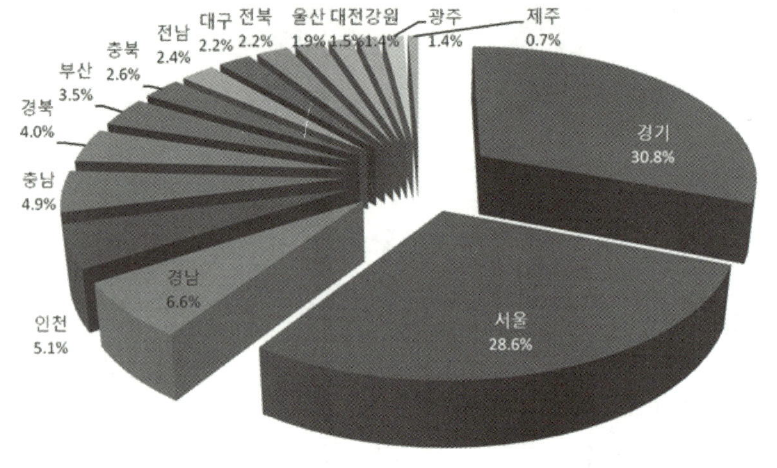

계	서울	부산	경기	강원	충북	충남	전북	전남
982,461	279,220	35,116	302,447	13,332	25,730	48,091	21,851	23,797
	경북	경남	제주	울산	대구	인천	광주	대전
	39,984	65,960	7,128	18,421	22,014	50,217	14,106	15,047

자료: 「출입국·외국인정책 통계월보」(2011. 12월호), 법무부.

외국인 1,395,077명을 체류 비자별로 구분하면 취업자격 595,098명, 방문취업자 자격 550,931명,[3] 결혼이민자 144,681명[4](혼인 귀화자 제외), 유학생 88,468천 명, 불법체류자 167,780명 등으로 분류하였다.[5] 등록 외국인의 거주

3 해외동포 자격비자는 방문취업비자 등도 포함되어 있다.

4 법무부 통계는 외국인 통계이다. 즉 외국인이 국적을 취득했을 경우는 외국인으로 포함하지 않는다. 행정안전부 통계는 외국인 주민 통계로 국적취득자를 포함한다. 그러므로 법무부 통계와 행정안전부 통계는 다를 수밖에 없다.

5 「출입국·외국인정책 통계월보」, 법무부, 2011. 12.

표 1 체류 외국인 국적별 현황 (2011. 12. 31 현재, 단위: 명)

구 분	총체류자	합법체류자	불법체류자
총 계	1,395,077	1,227,297	167,780
중 국[6]	677,954	610,920	67,034
한국계	470,570	453,286	17,284
미 국	132,133	124,657	7,476
베 트 남	116,219	97,343	18,876
일 본	58,169	56,933	1,236
필 리 핀	47,542	35,679	11,863
타 이	45,634	31,539	14,095
인도네시아	36,971	31,253	5,718
우즈베키스탄	29,742	24,714	5,028
몽 골	28,634	18,966	9,668
타 이 완	26,316	25,366	950
캐 나 다	21,812	21,098	714
스 리 랑 카	21,554	18,939	2,615
캄 보 디 아	17,320	16,006	1,314
방글라데시	13,465	8,486	4,979
네 팔	13,256	11,497	1,759
러 시 아	10,547	9,469	1,078
파 키 스 탄	10,341	6,968	3,373
오스트레일리아	9,711	9,382	329
인 도	7,500	6,299	1,201
미 얀 마	6,479	5,293	1,186
영 국	6,382	6,270	112
홍 콩	5,398	5,185	213
뉴 질 랜 드	3,858	3,682	176
기 타	48,140	41,353	6,787

자료: 「출입국·외국인정책 통계월보」(2011. 12월호), 법무부.

6 한국계 포함.

지역별 분포현황을 보면 경기가 30.8%로 가장 많고, 서울이 28.6%. 경남, 인천 등 순이며 전국 각지에 외국인이 살고 있음을 알 수 있다.

국적별로 체류 외국인의 분포를 보면 중국이 677,954명(중국 동포 470,570명 포함) 48.5%. 미국 132,133명 9.5%, 베트남 116,219 명 8.3%, 일본, 필리핀, 타이, 인도네시아, 우즈베키스탄, 몽골 등 순이다.

2 다문화가족은 누구인가?

한국의 다문화가족은 법적으로는 결혼이민자만 포함한다. 하지만 이 책에서는 다문화가족을 5가지 유형으로 구분하였다.

첫째, 결혼이민자로, 우리 국민의 배우자다. 그들은 가난한 나라에서 코리언 드림을 꿈꾸며 한국에 왔다. 하지만 남편은 부자나라의 가난한 사람이다. 그래서 빈곤을 벗어나기는 쉽지 않다. 그들은 국경을 넘는 순간 한국인의 배우자이다. 자녀를 낳고 이 땅에서 영원히 산다.

둘째, 외국인 근로자이다. 그들은 한국에서 최대 4년 8개월간 취업할 수 있다. 2개월간 출국 준비 기간을 가질 수 있으며, 만 5년 이내에는 출국해야 한다. 그들은 6개월후에는 다시 입국할 수 있다. 고용계약기간이 끝났음에도 계속 한국에서 돈을 버는 불법체류자와 그들의 자녀도 있다. 외국인 근로자를 돈 벌러 온 가난한 나라 사람이라고 폄하해서는 안 된다. 그들은 한국에 입국하고자 하는 그 나라 젊은이들과의 치열한 경쟁에서 나름대로 승리한 사람들이다. 그들은 우리의 산업을 가동시키는 주인공이자 원동력이다.

셋째, 해외동포이다. 한국에 체류하는 해외동포는 중국 동포가 87%로 가장 많다. 미국이나 캐나다, 오스트레일리아에서 온 해외동포는 10%도 안 된다. 중국과 CIS(Commonwealth of Independent States, 구 소련 붕괴 후 형성된 독립국가연합: 러시아, 우즈베키스탄, 카자흐스탄, 우크라이나, 키르기스스탄, 타지키스탄)지역에서 온 동포는 한국인이 기피하는 업종에 주로 종사하며 코리안 드림을 꿈꾸고 있다. 이들을 한민족으로 인식하는 사회분위기는 아닌 것 같다. 외국인 근로자로 한국에서 단순노동에 종사하고 있으나, 고향 가족에게 송금하는 보람으로 만족도는 높은 편이다.

넷째, 유학생이다. 한국의 경제소득이 높아지자 세계의 많은 젊은이들이 한국을 알고 싶어한다. 물론 유학생이라는 이름으로 들어와 취업을 하는 가짜 유학생도 있다. 유학생은 한국의 학문과 문화를 자신의 고국에 전파할 우리의 우군이며, 글로벌 네트워크로서 중요한 인적자원이다.

다섯째, 북한 이탈주민이다. 이들은 언어와 역사가 같음에도 체제의 차이에서 오는 문화 격차와 긴장감 등으로 한국에 적응하기 힘들다. 북한 이탈주민도 이 땅에 영원히 살 사람이다. 5가지 유형의 다문화가족에 대해 알아보고자 한다.

1) 결혼이민자, 67개국 21만 1천 명

행정안전부의 '지방자치단체 외국인주민현황조사'에 따르면 2011년 1월 현재 한국에 체류하는 결혼이민자는 67개국에서 온 211,458명으로 집계되었다.[7] 여성 결혼이민자는 188,580명(89.1%), 남성 결혼이민자가 22,878명

7 행정안전부 통계는 법무부 통계와는 달리 귀화자를 포함하여 발표한다(2011년 지방자치단체 외국

표 2 결혼이민자 국적 취득현황 및 자녀현황

결혼이민자									자녀현황		
계			국적 미취득자			국적 취득자					
계	남	여	계	남	여	계	남	여	계	남	여
211,458	22,878	188,580	141,654	18,561	123,093	69,804	4,317	65,487	151,154	76,985	74,169

자료: 「지방자치단체 외국인주민현황조사」, 행정안전부, 2011. 6월(2011. 1월 기준).

(10.9%)이다. 이중 국적취득자는 69,804명(33%)으로 남성이 4,317명, 여성이 65,487명이다.

여성 결혼이민자는 결혼중개업을 통해서 들어오는 경우가 가장 많으나, 최근에는 이미 정착하고 있는 결혼이민 여성이 자신의 친구나 자매를 이웃 남성에게 소개하여 들어오는 경우가 늘어났다. 남성 결혼이민자는 외국인 근로자로 한국에 체류하다가 한국 여성을 만나 결혼하는 경우가 상당수를 차지한다.

1990년대 이전까지의 국제결혼은 한국 여성이 미국 남자나 일본 남자와 결혼하여 미국이나 일본에서 거주하는 경우가 대부분이었다. 그러나 1990년 중반에는 한국 남성이 중국 조선족과 결혼하여 여성이 입국하는 경우가 증가하기 시작하였다. 2002년 무렵부터는 국제결혼 중개업자들이 필리핀, 태국 등의 현지인과 사업제휴를 맺고 국제결혼 중개과정에서 거짓 정보와 과다한 중개 수수료, 룸살롱식 집단맞선, 가정폭력 등으로 끊임없이 문제가 발생하였다. 정부도 결혼중개업법을 개정하고 비자제도를 강화하여 진정성이 결여된 결혼에 대해 제재를 가하고 있다.

인주민현황, 2011. 6월).

2) 외국인 근로자, 180개국 59만5천 명

한국은 1970년대 까지만 해도 노동력 송출국가였다. 그러나 1990년대에 들어서면서 미국과 일본으로는 노동력을 송출하는 반면, 중국·동남아시아 등에서 많은 외국인 노동력을 수입하게 되었다. 1987년 강력한 노동운동은 국내 대기업의 생산직 임금을 상승시켰고, 동시에 저임금 노동력에 의존한 3D업종은 인력난이 심각해짐으로써 외국인 근로자가 들어오게 되었다.[8] 이것이 외국인 노동력이 유입된 배경이다. 정부는 1991년 11월 해외투자기업 연수생제도를 도입한 데 이어, 1993년 11월에 산업연수생제도를 도입하고, 2004년 8월 고용허가제를 실시하여 합법적으로 외국인 근로자를 수입하고 있다.[9] 2011년 12월 31일 현재 취업자격 비자로 입국한 외국인은 595,098명이다. 이 가운데 전문인력은 47,774명(8.0%)이며 단순인력 547,324명(92.0%)이다. 전문인력은 단기취업, 교수, 외국어 회화지도, 연구, 기술지도, 전문직업, 예술흥행, 특정활동으로 구분한다. 이 중 외국어 회화지도(E-2)는 22,541명으로 전문인력의 47.9%를 차지한다. 외국인 회화지도를 제외한 전문인력은 25,233명에 불과하다. 한국은 선진국과는 달리 전문인력이 얼마나 들어오지 않는지 알 수 있다.

취업자격으로 입국하여 불법체류자로 남은 54,839명을 포함하여 관광, 유학 등의 비자로 들어와 비자 기간을 넘기고 출국하지 않고 한국에 체류하고 있는 불법체류자는 167,780명으로 조사됐다.[10] 외국인 근로자는 합법

8 「이민정책에 관한 연구」, 대통령자문 고령화 및 미래사회위원회, 2005.
9 이규용, 「외국인력 고용구조와 외국인력정책」, 2009.
10 「출입국·외국인정책 통계월보」, 법무부, 2011. 12.

표 3 외국인 근로자 체류자격별 현황 (2011. 12. 31 현재, 단위: 명)

구 분		총체류자	합법체류자	불법체류자
총 계		595,098	540,259	54,839
전문 인력	소계	47,774	44,730	3,044
	단기취업(C-4)	679	466	213
	교 수(E-1)	2,474	2,468	6
	회화지도(E-2)	22,541	22,435	106
	연 구(E-3)	2,606	2,599	7
	기술지도(E-4)	202	199	3
	전문직업(E-5)	629	614	15
	예술흥행(E-6)	4,246	2,800	1,446
	특정활동(E-7)	14,397	13,149	1,248
단순 기능 인력	소계	547,324	495,529	51,795
	비전문취업(E-9)	234,295	189,190	45,105
	선원취업(E-10)	9,661	6,629	3,032
	방문취업(H-2)	303,368	299,710	3,658

〈참고〉

산업연수(D-3)	4,324	1,733	2,591

자료: 「출입국·외국인정책 통계월보」(2011. 12월호), 법무부.

적인 체류기간을 넘기고 불법체류자로 숨는 경우가 있고, 합법적인 체류기간 중에 본국에서 아내와 자녀가 입국하여 불법체류자로 남는 경우도 있다. 18세이하의 불법체류 자녀는 118,510명으로 추산하고 있으나, 불법체류자가 한국에 체류하면서 출산한 자녀가 있기 때문에 이보다는 상당히 많을 것으로 추산하고 있다, 불법체류자는 법적 보호대상에서 제외되어 급여와 인권과 복지, 의료, 자녀교육의 사각지대로 많은 문제를 안고 있다. 외국인 주민이 1만 명 이상 거주하는 시·군·구가 38개이고, 외국인이 인구 대비 5%인 시·군·구는 16개이다.[11]

1) 외국계 주민 집중거주지역(1만 명 이상): 38개

- 서울(17): 영등포, 구로, 관악, 금천, 용산, 광진, 동대문, 동작, 강남, 송파, 서대문구, 종로, 마포, 성북, 성동, 중구, 강서
- 경기(14): 안산, 수원, 화성, 성남, 부천, 시흥, 용인, 고양, 평택, 김포, 광주, 포천, 파주, 안양
- 인천(3): 남구, 서구, 부평
- 충남(2): 천안, 아산
- 경남(2): 김해, 창원

2) 인구대비 5% 이상 지자체: 16개

- 서울(6): 영등포, 금천, 구로, 중구, 용산, 종로
- 부산(1): 강서
- 인천(1): 중구
- 경기(5): 포천, 안산, 김포, 화성, 시흥
- 충북(2): 음성, 진천
- 전남(1): 영암

11 「2011년 지방자치단체 외국인주민현황 조사결과」, 행정안전부, 2011. 6. 24(2011. 1월 기준).

3) 해외동포 55만 명, 중국 동포가 86.6% 차지

법무부 출입국·외국인정책 통계월보(2011. 12월호)에 의하면 2011년 12월 31일 현재 한국에 체류하는 해외동포는 550,931명, 불법체류 동포는 18,035명이다. 체류 동포 중에는 중국이 477,163명으로 86.6%를 차지하고 다음이 미국, 캐나다 등 순이다. 중국 동포는 1990년 초반까지는 같은 민족으로 접근하는 우호적인 시각이었으나, 1998년 글로벌 금융위기 후 내국인에 대한 고용보호가 강조되면서부터는 외국인 근로자로 바라보는 시각이 확산되었다. 대다수의 중국 동포는 방문취업 자격으로 단순 노무직에 종사하고 있다.[12] 방문취업제란 내국인의 고용을 침해한다는 우려에 따라 재외동포비자(F-4) 취득을 제한해온 중국 및 CIS(러시아, 우즈베키스탄, 카자흐스탄, 우크라이나, 키르기스스탄, 타지키스탄)지역의 국가를 대상으로 한다. 만 25세 이상의 일정한 요건을 갖춘 동포에게 5년간 유효한 복수사증을 발급(H-2)로 한번 입국하면 최장 3년까지 체류가 가능하다. 이들은 출국 후 1년 후에 한국 재입국이 가능하다. 체류기간 내에는 재입국 허가를 받지 않고 자유로운 출입국이 가능하다. 이들이 국내 취업을 할 경우에는 취업교육 및 구직 신청 등 절차를 거쳐 출입국관리법 시행령에서 정한 건설업, 영세제조업, 농수산임업, 서비스업 등 46개 업종에 취업이 가능하다. 무연고 동포는 중국 현지에서 한국어 시험에 합격해야 하며, 매년 외국인인력정책위원회에서 정하는 연간 쿼터의 범위 내에서 추첨을 통해 입국하고 있

12 방문취업은 한국에 연고가 있는 동포가 우리 국민의 초청을 받아야 하나, 1내국인 1인당 3명 이내의 동포만 초청할 수 있다. 또 방문취업제로 입국하는 동포는 3만 3천명 이내로 제한하고 있다.

표 4 해외동포 국적별 체류현황 (2011. 12. 31 현재, 단위: 명)

계 \ 국적	중 국	미 국	캐나다	오스트레일리아	기 타
550,931	477,163	40,786	11,351	3,251	18,380

자료: 「출입국·외국인정책 통계월보」(2011. 12월호), 법무부.

다. 재외동포(F-4)자격 소지자 국적별 체류현황을 보면 131,361명으로 미국, 캐나다 등 선진국 동포 위주로 주어진다.

한편 한국에서 체류 중인 중국 동포가 한국에서 송금하는 외화로 옌벤 자치주는 가장 부유한 자치주 중 하나로 부상했다. 그러나 결혼 적령기의 여성이 한국에 체류하게 되면서 조선족끼리의 결혼문화가 사라지고 한족과의 결혼하거나, 인근지역인 라오스 등에서 국제결혼을 하는 사례도 보이고 있다. 또 부부가 서로 떨어져 사는 기간이 길어지면서 이혼건수도 매년 증가하고 있다.

4) 유학생, 175개국 8만 8천 명

유학생이라 함은 외국국적을 가진 사람이 국내에 거주하면서 대학과정과 한국어 연수과정에 다니는 사람을 말한다. 법무부에 의하면 2011. 12월 31일 기준 유학생은 175개국에서 88,468명으로 대학 정규과정이 68,039명, 어학연수가 20,429명으로 조사되었다.

국적별 체류 현황을 보면 중국이 65,271명(중국 동포 2,212명 포함)으로 전체 유학생의 72.4%를 차지하고 있다. 이어서 몽골 4,958명, 베트남 3,100명, 일본 2,083명, 미국 933명 등 순이다.

▌그림 4▐ 외국인 유학생 연도별 증감 추이 (2011. 12. 31 현재, 단위: 명)

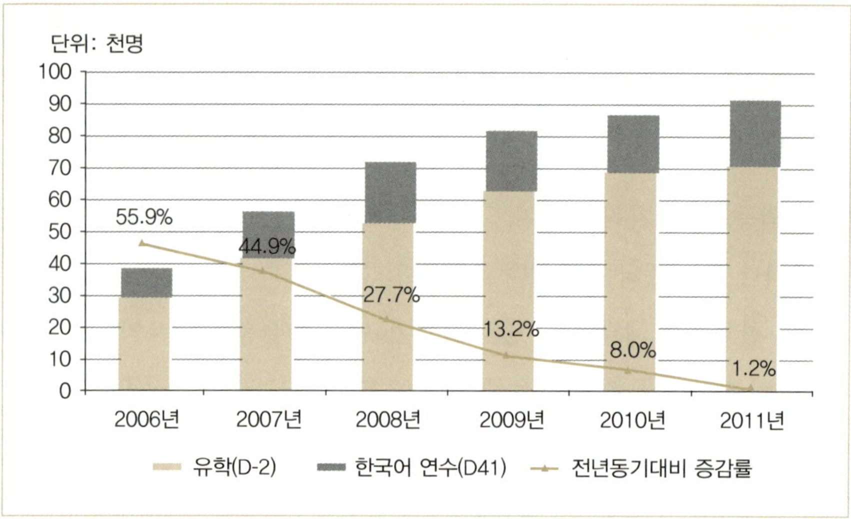

자료: 「출입국·외국인정책 통계 월보」(2011. 12월호), 법무부.

▌표 5▐ 유학생 연도별 증감 추이 (2011. 12. 31 현재, 단위: 명)

연 도	2006	2007	2008	2009	2010	2011
합 계	38,649	56,006	71,531	80,985	87,480	88,468
유학(D–2)	30,101	41,780	52,631	62,451	69,600	68,039
한국어연수 (D–4·1)	8,548	14,226	18,900	18,534	17,880	20,429
전년대비 증감률	55.9%	44.9%	27.7%	13.2%	8.0%	1.1%

자료: 「출입국·외국인정책 통계 월보」(2011. 12월호), 법무부.

5) 북한 이탈주민, 2만 3천1백 명

북한 이탈주민은 2011. 12. 31일 현재 23,100명이다(통일부). 이 중 여성이 15,929명으로 69%를, 남성은 7,171명으로 31%를 차지한다. 1993년까지

표 6 연도별 북한 이탈주민 입국 현황 (2011. 12. 31 현재, 단위: 명, %)

구분	~'98	~'01	~'02	~'03	~'04	~'05	~'06	~'07	~'08	~'09	~'10	~'11	합계
남	829	563	506	469	626	423	509	570	612	666	579	819	7,171
여	118	480	632	812	1,268	960	1,509	1,974	2,197	2,261	1,800	1,918	15,929
합계	947	1,043	1,138	1,281	1,894	1,383	2,018	2,544	2,809	2,927	2,379	2,737	23,100
여성비율	12%	46%	56%	63%	67%	69%	75%	78%	78%	77%	76%	70%	69%

자료: 통일부

그림 5 연도별 북한 이탈주민 현황

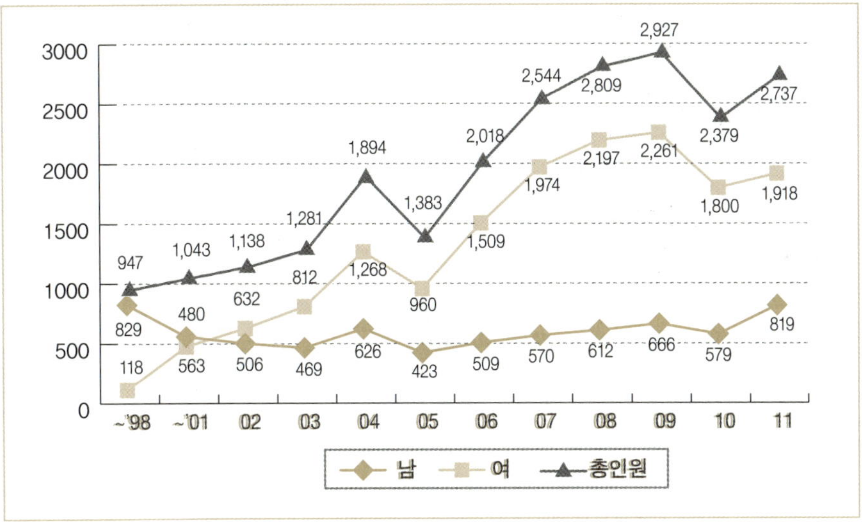

자료: 통일부

북한 이탈주민은 총 641명(남성 596명, 여성 45명)으로 북한 이탈동기는 대다수가 정치적 이유를 들었으며, 20대 군인이 많았다.

그러나 1995년 이후 계속되는 수해와 가뭄으로 식량배급제가 중단되고, 수십만 명이 기아로 사망함으로써 굶주림을 피해서 오는 경우가 많아졌다.

최근에는 자녀의 미래와 보다 나은 삶을 위해서 가족단위의 탈북이 늘고 있다. 그리고 과거의 입국자가 무직자·노동자·저학력자였던 것에 비해 최근에는 북한사회의 중상류층 입국이 늘어나고 있다.

PART 1

결혼이민자

01

국제결혼의 현대사

국제결혼은 일반적으로 가난한 나라의 여성과 부자나라의 가난한 남성의 만남이다. 여성의 입장에서 보면 빈곤의 탈출이고, 남성의 입장에서는 가족형성을 위한 유일한 길이다. 다른 나라를 보더라도 영어가 가능한 필리핀 여성은 호주의 빈곤층 남성과 결혼했으며, 말레이시아 여성은 대만의 빈곤층 남자와 결혼했다. 한국 여성도 한국전쟁 후 미군들과 결혼해 미국으로 갔고, 일본의 빈곤층 남성과 결혼했다.

한국 국민이 국제결혼으로 인해 해외로 이주한 규모는 1970년 3,700건에서 서서히 증가하여 1979년 6,300건으로 가장 많았다. 그러나 1990년 중반에는 국제결혼 부부가 해외에 나가서 사는 경우가 1,100건으로 감소하였다. 2000년대로 들어서면서 한국의 경제력이 향상되자 국제결혼중개업자들이 특정한 나라의 여성을 대상으로 결혼을 못한 한국 남성에게 국제결혼을 유도하기 시작했다. 결혼이민자는 2011년 1월 현재 67개국에서 21만 1천 명이 한국에 거주하고 있으며, 국제결혼은 저소득층 남성 결혼의 트렌드(trend)처럼 자연스러운 현상이 되었다. 또 다른 국제결혼 모습은 한국에 사는 결혼이민자가 친구나 자매를 소개하여 들어오는 경우도 있다. 또 외국인 근로자가 늘어나면서 한국 여성과 외국인 근로자와의 결혼도 늘어나고 있다. 뿐만 아니라 유학, 사업 등으로 인한 해외진출이 활발해지자 한동안 서로 사귄 후 이뤄지는 국제결혼도 증가하고 있다. 이 장에서는 한국의 국제결혼 현대사에 대해 알아보기로 한다.

1 미군 기지촌 여성은 국제결혼의 시발점

한국전쟁 이후 미국은 한국의 주요 도시별로 미군부대를 주둔시켰고, 미군부대를 중심으로 기지촌이 형성되었다. 미군 기지촌은 서울 이태원, 부산의 범전동과 해운대·완월동·초량리 텍사스촌, 송탄, 평택 안정리, 군산 아메리카 타운, 파주, 왜관, 대구 문산, 광주 송정, 목포, 진해 등 전국 여러 곳에 자리 잡고 있었다.[1] 이곳에서는 기지촌 여성과 암달러 상, 포주 등의 직업을 가진 여성들이 생활전선에 뛰어들었다. 이러한 여성을 고객으로 하는 미장원, 양품점, 사진관 등의 상권이 조성되었다.

기지촌에서 일하던 여성들은 자연스럽게 미군을 만나게 되었고, 그들과

1 「기지촌 여성·혼혈아동 실태와 사례」, 새움터, 1997.

결혼하여 미국으로 떠나면서 국제결혼이 시작되었다. 결혼하여 남편과 함께 미국으로 떠난 한국 여성은 문화차이와 전 직업에 대한 멸시로 대부분 결혼생활이 불행하게 끝났다. 미군과의 사이에서 태어난 자녀들은 1982년 8월에 개정된 미국의 이민특례법에 의해 대부분 미국으로 이민을 갔으나 400~500여 명 정도가 한국에 남아 있는 것으로 추산된다.[2] 한국에 남은 자녀는 부계혈통을 중요시하는 한국의 가부장적 문화와 어머니의 과거로 인한 차별과 편견뿐만 아니라, 생김새와 빈곤으로 인해 학업을 중단할 수밖에 없었다. 뿐만 아니라 이들은 병역법에 의해 군대에도 갈 수 없었으며, 배운 것이 없어 버젓한 직업도 가질 수 없었다. 이처럼 한국전쟁은 국제결혼과 이로 인한 '혼혈아'라는 가슴 아픈 현실을 탄생시켰는데, 국가정책은 혼혈인의 해외입양을 알선한 것이 전부였다.

미군을 따라가지 못한 여성들은 혼혈인 자녀와 먹고살기 위해 매춘을 계속할 수밖에 없었다. 여성의 경제활동 참여가 매우 어려웠던 시절에 기지촌 여성들은 매춘으로 번 돈을 자신의 고향으로 송금하고, 동생들을 학교에 보냈다. 하지만 가족들은 유교적 가치관으로 인해 기지촌 여성을 가족으로 인정해주지 않았다. 그들은 고향으로 갈 수 없어, 기지촌을 떠날 수 없는 불행한 생활을 지속할 수밖에 없었다. 나이를 먹어 돈벌이를 할 수 없게 되자, 포주가 되거나 젊은 여성들의 가정부로 일하며 생계를 이어갈 수밖에 없는 극빈층 생활을 하며 질병과 외로움의 삼중고를 겪으며 지냈다. 지금 미군 기지촌에서는 연예인 비자로 입국한 필리핀 여성들이 미군 클럽에서 노래

2 「기지촌 혼혈인 인권 실태보고서」, 국가인권위원회, 2003.

하고 있다. 미군과 필리핀 여성과의 국제결혼으로 한국에서 아기가 탄생하고 또다시 미군은 떠나고…. 이처럼 역사의 수레바퀴는 돌고 있다.

2 일본으로 시집간 한국의 또순이, 기무치 탄생시켜

일본에서는 1980년대 농촌의 노총각이 결혼을 못하게 되자 이것이 사회문제로 대두되었다. 그러자 일본경제가 최전성기라는 배경을 등에 업고 한국의 결혼중개업체는 일본행 국제결혼을 적극적으로 홍보하기 시작했다. 한국의 가난한 여성과 혼기를 놓친 노처녀, 한국사회에서 편견으로 살기 힘든 이혼녀들이 일본행 국제결혼을 선택하였다. 일본으로 시집간 한국 여성들은 부자나라인 일본으로 시집가서 못사는 친정을 도와주겠다는 의지가 강하였다.[3]

1990년대 이후에는 이혼경력자나 혼기를 놓친 도시 출신 고학력 여성이 많았다. 한국 여성은 현재의 한국 실정과 마찬가지로 일본의 농촌 노총각, 단순노동자, 재혼 등 결혼시장에서 선택받기 어려운 일본 남성의 배우자로 일본에서 정착했다. 일본으로 시집온 한국 여성들은 재일동포들에게도 '일본으로 팔려온 여자'로 무시당하고 차별당하며 일본에서 살았다.

일본에서 해방을 맞은 '올드커머' 재일동포 47만 명과 달리 1980년대 이후 일본으로 건너간 한국인은 '뉴커머'로 불린다. 2005년도 재일동포는 모두 60만 7,419명이며 이 가운데 배우자 자격으로 입국한 한국인이 7만 9천

[3] 유연숙, 『외국인처의 세대내 젠더 관계의 재편－농촌거주 한국인처 사례 연구』, 2007.

그림 1 일본 야마가타현 남성의 외국인 처와의 혼인 추이 (단위: 명)

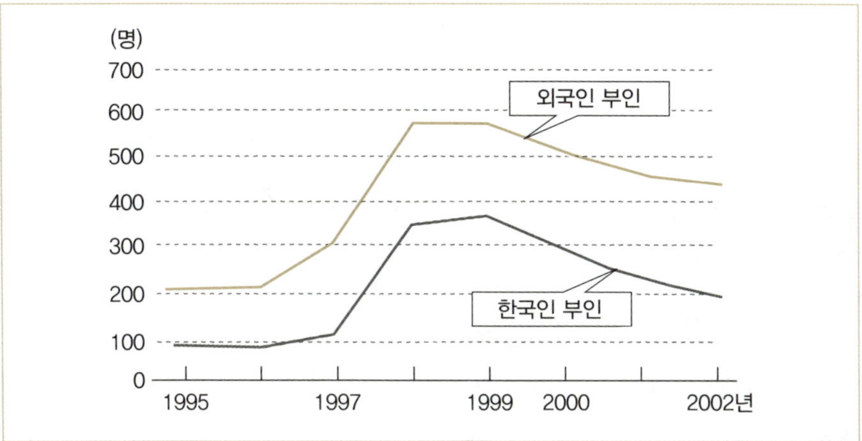

자료: 일본 후생노동성.

명(13%)을 차지한다. 약 3분의 1가 량이 도쿄, 오사카 등 대도시 인근에 거주하고 있으며, 이 가운데 약 10%가 일본 동북부 산악지대인 야마가타현에 거주하고 있다. 야마가타현이 '아사히 마을 방식'[4]의 농촌 총각 장가보내기 운동을 적극적으로 추진한 결과다.[5] 1997년 말 외환위기 때는 야마가타현에 한 해에 300여 명의 한국 여성이 건너갔다.

야마카타현에서는 국제결혼 부부의 원만한 결혼생활이 마을의 존속에 관한 중대한 문제라는 공동의식이 있었다. 이러한 의식 때문에 지역의 중년부인들이 자원봉사로 일본어 교육, 문화차이 극복, 고부 간 갈등 해소 등의 문제에 직접 참여하였다. 유명 관광지로 가는 길목에 위치한 마을에서

4 '아사히 방식'이란 야마카타현 아사히 마을사무소가 실시한 마을 총각과 와국인 여성과의 국제결혼 프로그램.

5 김범수 외, 『다문화사회복지론』, 양서원, 2007.

는 지역특산품을 개발하기 위해 많은 노력을 하였으나 번번이 실패하였다. 그러던 중 국제결혼 부부를 위한 마을 행사에서 한국에서 시집온 여성이 김치를 선보이자 선풍적인 인기를 얻었다. 다시 마을 특산물로 김치를 선보이자 반응이 놀랄 만큼 성공적이었다. 다음 해에는 야마타현에 고추와 배추, 무를 재배하기 시작했고 NHK에서 김치가 홍보되자 전국에서 김치 주문이 쇄도했다.

야마가타현에 거주하는 2천 명 정도의 한국 출신 부인들이 주축이 되어 매년 늦가을 '기무치 마쓰리(김치 축제)'가 열린다. 김매영 씨(일본 이름 아베우메코)는 요리경연대회에서 야마가타산 포도주를 이용한 요리를 선보여야 하는 부문에서 포도주에 재운 한국 갈비찜으로 최우수상을 받은 것을 계기로 동네 사람들을 상대로 김치 강습을 시작했다.

1996년에는 '우메찬 김치'라는 브랜드로 사업을 시작했다. 지금은 도쿄의 유명 슈퍼체인 78개 점포에 납품할 정도로 회사 규모가 커졌다. 연 매출액은 약 1억 엔(약 13억 원)으로 같은 마을에 시집온 한국인 며느리 등 25명이 함께 김치를 만든다. 그녀는 지자체가 여는 한식 요리강좌를 10년째 맡고 있으며, NHK 문화센터에서도 한국문화를 알리는 강의를 하고 있다. 도쿄를 비롯한 일본 각지에서 열리는 야마가타현 관련 마쓰리(축제)나 소개 행사에도 빠지지 않고 참가해 김치와 전 등 한국음식을 선보이고 있다(Joins뉴스, 2010. 2. 17). 이렇듯 세계의 입맛을 사로잡는 일본의 기무치는 야마가타현으로 시집간 한국 여성의 손맛에서 유래한다.

3 1980년대 이후 국제결혼

1) 농촌 총각 성혼사업의 역사

한국은 1970년대로 들어서면서 산업화와 도시화 현상으로 농촌에 거주하는 혼인 적령기의 여성이 대부분 도시로 떠나게 되었다. 도시는 여성이 근무할 수 있는 단순생산직, 서비스업종 등이 많이 있어 여성이 취업하기에 수월했다. 농촌 일이 힘든 데 비하여 소득이 낮고 주거환경 등이 열악하기 때문에 도시로 떠난 농촌 여성들은 고향인 농촌으로 돌아오지 않았다. 그러나 남성의 경우 농토와 가계를 지키려는 의식이 여성보다 강했다. 혼인 적령기 전에 농촌을 떠난 여성은 돌아오지 않고, 혼기를 놓친 농촌 총각은 연로한 부모님과 함께 고향을 지키고 있었다.

농촌 총각 결혼사업은 농촌진흥청에서 시작됐다. 1980년대 후반에서 1990년대 초반까지 농촌진흥청의 주요사업으로 지방 농촌지도소(현 농업기술센터)를 통해 '농촌 총각 성혼돕기사업' 이벤트를 실시하였다.

1. **1980년대 후반**: 농촌 총각과 공단지역의 생산직 여직원과 결혼이벤트를 실시하였다. 1980년 후반까지는 공단지역 여성 생산직의 학력 수준이 국졸, 중졸 등이 많아서 농촌 총각 성혼돕기사업의 진행이 가능하였다.
2. **1990년대 초반**: 1990년대 초반 이후에는 공단지역의 여성 생산직 대부분이 고졸 이상으로 바뀌어 결혼사업을 진행하기가 불가능했다. 그래서 사회복지법인에 의뢰하여 조선족 여성과 결혼 이벤트를 추진

하였다. 그러나 이 사업은 결혼 브로커의 사기로 농촌 총각에게 피해가 잇따랐고, 이혼할 경우 농촌지도소에 책임을 돌리는 등 부작용이 발생되어 중단되었다.

③ 2000~2005년: 여학생들의 전문대 이상 진학률이 높아지면서 농촌 총각의 결혼은 더욱 어려워지고 있다.[6] 농협중앙회에서 농촌 총각 결혼사업으로 '고향을 생각하는 주부들의 모임' 등 농협의 2개 여성단체 협조로 추진하였다. 그러나 농촌으로 시집가겠다는 여성이 없어 5년간 2쌍의 결혼을 성사시킨 후 중단되었다. 이 기간에 중국, 필리핀, 베트남 등에서 들어오는 여성과의 국제결혼이 차츰 증가하였다.

2) 중국 동포(조선족)와의 결혼으로 국제결혼 본격화

중국은 1978년 개방 이후, 사유재산을 인정하고 직업의 선택이 자유로워졌다. 중국의 농촌은 직업을 찾아 도시로 이주하는 인구가 급증하였다. 중국의 56개 민족 중 문맹률이 가장 낮은 조선족도 도시 진출이 폭발적으로 증가하였다. 1992년 한중수교 이후 한국말에 익숙한 조선족 상당수가 한국으로 이주했다. 1996년 12월 조선족의 해외 취업자는 30여만 명을 초과했으며 그중 대부분이 한국으로 이주했으며, 절반은 여성이었다(김충일, 1997). 여성들은 대부분 식당과 입주 도우미 등으로 종사했으며, 이들이 한국에서 버는 한 달 수입은 중국에서의 1년 수입과 맞먹는다고 했다.

조선족 여성이 한국에 많이 체류하게 되자, 농촌의 영농후계자 단체들과 여성단체들이 조선족과의 결혼을 주선했다. 1992년 한중수교 후에는 지방

6 2004년의 경우 여학생의 전문대 이상 진학률은 79.7%이다.

자치단체에서 중국의 도시와 자매결연을 맺으며 지역발전을 도모하고 국제결혼을 주선하기도 했다. 그러나 조선족 여자가 위장결혼 후 취업을 위해 가출하는 등 한국 남자의 피해가 발생하면서부터 지자체 중심의 결혼사업은 도중에 중단되었다.

더욱이 1996년에 중국 교포 여성과의 위장결혼이 사회문제가 되자 법무부에서는 한·중 양해각서를 체결하여 중국인과의 결혼절차를 강화함으로써 중국 동포와의 결혼은 급격하게 감소되었다. 그러나 2003년에 양해각서를 폐지하여 한국과 중국 어느 한 국가에서 혼인신고를 했을 경우 한국인의 배우자로서 한국에 입국할 수 있도록 함으로써 중국 동포와의 결혼은 꾸준히 증가하여 2011년 1월 기준 결혼이민자의 29.8%(63,110명)를 조선족이 차지하고 있다.[7]

한편, 중국 내에서의 조선족은 조선족끼리만 결혼하여 정체성을 유지하고 있었으나 조선족 여성의 한국행으로 인하여 결혼 적령기의 여성이 부족하게 되었다. 이로 인해 조선족이 한족과의 결혼이 불가피하게 되었는데, 조선족사회에서는 한족과의 결혼은 한족에 동화(同化)된다는 위기감이 자리하게 되었다. 그래서 부족한 처녀를 북한에서 수입하고 이에 따른 소개비가 붙게 되자, 북한 처녀를 인신매매하는 일도 생겼다(김보근, 1997).

3) 10명 중 1명이 국제결혼

통계청 인구통계에 의하면 2004년부터 현재까지 한 해 접수되는 혼인신고 건수의 11% 정도가 국제결혼이다. 국제결혼이 많아지는 이유는 한국

7 「지방자치단체 외국계주민현황조사」, 행정안전부, 2011. 6.

그림 2 결혼이민자 지역별 체류 현황 (단위: 명, %)

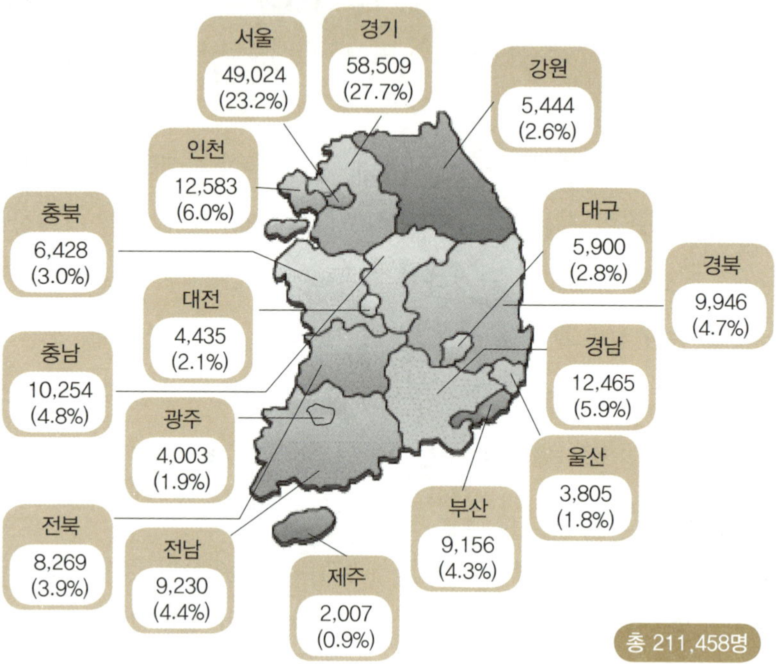

* 「지방자치단체 외국계 주민 현황」, 행정안전부, 2011. 6(2011. 1월 기준).
* 국적취득자도 포함한 통계임.

여성들의 가치관 변화로 독신여성이 증가한 데서 가장 큰 원인을 찾을 수 있다. 여성에게 육아부담과 가사부담, 그리고 경제활동까지 같이해야 하는 부담까지 가중되자 아예 결혼을 포기하고 일을 선택하는 여성들이 많아졌기 때문이다. 또 남아선호사상으로 태아가 여자일 때 낙태를 선택하면서 남녀성비의 불균형을 초래한 것도 중요한 원인이 되었다. 어떻든 결혼시장의 수요와 공급의 불균형으로 국내 여성에게 선택되지 못한 남성은 국제결

그림 3 결혼이민자 출신 국가별 체류 현황 (단위: 명, %)

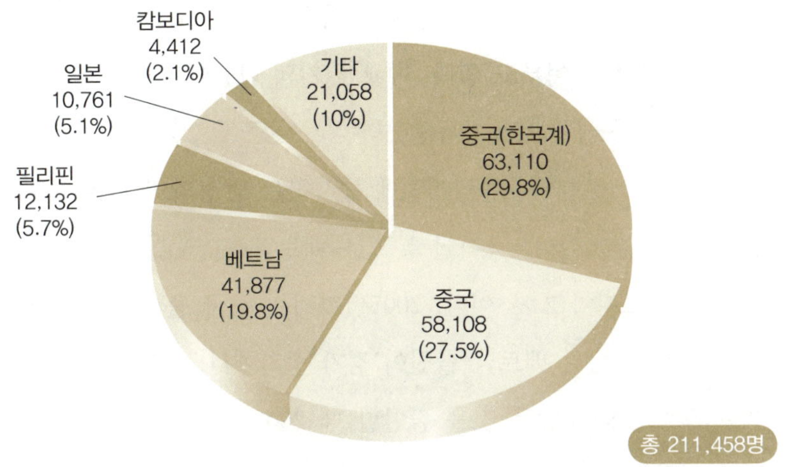

* 「지방자치단체 외국계 주민 현황」, 행정안전부, 2011. 6(2011. 1월 기준).
* 국적취득자도 포함한 통계임.

혼을 선택할 수밖에 없다.

국제결혼을 선택한 한국 남성은 대부분 안정적인 직업이 없거나, 소득이 낮거나, 너무 나이가 많거나, 병든 부모님을 모셔야 하거나, 남성 자신이 신체적·정신적 결함이 있거나, 이혼이나 사별 후에 전 부인의 자녀가 있어 재혼이 어려운 경우가 많다. 결혼할 여성을 구하고 싶은 남성과 가난한 나라 여성의 한국행 결혼 욕구가 맞아떨어져 국제결혼이 급증하였다.

4) 농림어업 종사자 혼인 10명 중 4명이 국제결혼

가장 보수적인 한국농촌에서 외국인 며느리가 많이 살고 있다. 가장 글로벌한 사회처럼 보인다. 이들은 오랫동안 아기의 울음이 끊어진 농촌사회에 새로운 활력을 주고 있다. 여성 결혼이민자는 노총각으로 있던 남자의 아내로, 과거에는 대가족으로 살았으나 외롭게 살던 노인의 며느리로, 아기의 엄마로, 가정을 이루고 있다. 폐교 위기의 학교에 아이들이 뛰어다니고, 버려진 농토가 생명으로 가득해졌다.

2006년부터 2010년까지 농림어업에 종사하는 남성의 결혼은 10명 중 4명 정도가 국제결혼이다. 국적별 분포는 베트남(45.5%), 중국(28.4%), 필리핀(8.6%), 캄보디아(7.0%)이다. 2005년까지는 중국 출신이 가장 많았으나 2006년 이후부터는 베트남 출신이 점가 증가했다. 이러한 현상은 농촌 주민의 사회이동성이 낮은 것을 감안할 때 2006년에 태어난 자녀가 초등학교에 입학하는 2012년부터는 농촌 초등학교 1학년 교실에는 다문화자녀가 10명 중에 4명을 차지하게 되는 것을 예고한다. 더욱이 남편과의 나이 차이가 17~18살임을 감안할 때 미래 농촌의 노동력은 결혼이민자 여성이 주도층일 것이며, 재배작목도 다국적 채소와 과일로 변화할 것으로 예측된다. 사실 양순미 박사에 의하면 농촌지역 결혼이민자 중 44%가 친정에서 아열대 씨앗을 가져와 심고 있다고 하니,[8] 기후변화에 대응하는 작목을 선점하는 긍정적인 측면도 있을 것 같다. 다문화가족이 거주하고 있는 농어촌마을은 전체의 3분의2 정도이고, 농촌주민 5명 중 1명이 다문화가족 친척이 있다. 다문화가족에 대한 인식은 긍정적이 84.4%를 나타났다.[9]

농촌에서는 여성 이민자 여성들이 아기를 낳고, 아이들로 인해 마을이 활기를 되찾자 그들을 바라보는 시선이 따뜻하다. 그들은 더 이상 낯선 이

[8] 양순미, 「농촌다문화이주민의 농업기반 구축 방안 연구」, 2010.

[9] 「농촌 다문화가족실태조사」, 농촌경제연구원, 2012. 1.

방인이 아닌 젊고 발랄한 새댁으로 받아들여지고 있다. 하지만 마을공동체를 떠난 사회와 직장의 차별과 편견은 여전하다.

5) 통일교를 통해 이루어지는 국제결혼

종교단체를 통한 국제결혼도 증가하였다. 통일교 본부 관계자에 의하면 1980년대부터 국제결혼을 통하여 한국인과 결혼한 사람은 145,742쌍(2010. 7 현재)이며 출신 국가는 일본, 필리핀, 몽골, 태국 등 다양하다. 그중 7,000쌍이 한국에 체류하고 있다. 통일교는 명칭을 세계평화가정연합으로 변경하고 가정의 사랑과 화목을 강조한다. 또 교회를 중심으로 가정문제를 해결하고 상담기능을 수행하고 있다. 그러한 이유인지는 모르나 통일교를 통해서 들어온 부부들은 이혼율이 낮은 편이다. 통계청에 의하면 2000년 이후에도 한국 남성과 일본 여성의 결혼이 매년 900~1,200건 정도 이루어진다.

6) 외국인 근로자와 결혼하는 한국 여성

국가 간 이주의 역사는 노동의 이주 역사다. 노동의 대가는 돈이기 때문이다. 노동자들은 노동력이 남아도는 곳에서 노동력이 부족한 곳으로 이주하고, 임금이 낮은 곳에서 임금이 높은 곳으로 이동한다. 다국적기업은 소비자와 노동력, 자원을 따라 국경을 초월하며 이동한다. 하지만 중소기업이나 영세기업은 국내에 있으면서 낮은 임금으로 근로자를 채용한다.

우리나라의 경우 3D업종에는 내국인 근로자를 찾을 수가 없게 되었다. 한국인이 일하기를 기피하는 직종, 즉 중소제조업, 농축산업 등에서 외국인 근로자는 3년간 한국에서 취업이 가능하며, 1년 10개월을 연장할 수 있다. 출국 준비기간 2개월을 포함하여 최대 5년이 되면 본국으로 떠나야 하며 6개월이[10] 지나면 다시 한국에서 취업할 수 있다.

5년으로 제한한 이유는 5년을 지속적으로 한국에 체류했을 경우 귀화신청을 할 수 있는 자격이 주어지기 때문이다. 외국인 근로자 중에는 고학력자와 사회적 신분이 높은 사람이 상당 부분을 차지하며, 한국어 시험에 합격한 사람만 입국이 가능하기 때문에 기초적인 의사소통은 가능하다. 외국인 근로자는 체류기간 중에 한국 여성을 만나 결혼하는 경우가 있다. 2011년 1월 현재 한국 여성과 결혼하여 한국에 사는 남성 결혼이민자는 22,878명으로 전체 한국 체류 결혼이민자의 10.8%를 차지한다.[11] 지역 공동체에서 여성 결혼이민자를 바라보는 눈은 따뜻하다. 그러나 남성 결혼이민자를 바라보는 눈은 차갑다. 한국의 딸을 빼앗아갔다는 것과, 한국의 딸을 고생시킨다는 두 가지 감정이 있는 것 같다.

---

10 2012년 7월 2일부터는 3개월이 지나면 재입국하여 취업이 가능하다.

11 「지방자치단체 외국인주민현황조사결과」, 행정안전부, 2011. 6(2011. 1월 기준).

02

중개업체를 통한 국제결혼

농촌의 노총각은 대부분 국제결혼을 했다. 이제는 도시 빈곤층의 결혼·재혼과 장애인들의 국제결혼이 늘어나는 양상이다. 결혼중개업체를 통해서 들어오는 국가는 중국, 베트남, 필리핀, 몽골, 캄보디아, 태국 등 다양하다.

사회주의 국가는 원칙적으로 영리를 목적으로 하는 결혼중개업이 금지되어 있으나 음성적인 결혼중개업이 이루어지고 있다. 베트남과 캄보디아에서는 업체를 통한 맞선의 경우 남성은 한자리에서 보통 30명 이상의 여성을 만날 수 있다. 시간이 돈인 업체의 입장에서도 단시간에 많은 여성을 동시에 보여주고, 결혼이 성사되므로 큰 이익이 나온다. 남성 입장에서 보면 많은 여성 중에서 마음에 드는 여성을 선택하니 흡족하다.

하지만 평생을 함께할 배우자를 한순간에 고르기 때문에 큰 불행이 따른다. 여성은 집단으로 합숙하며 지낸다. 합숙소 텔레비전을 통해 한류에 빠져 있고, 한국 남성은 모두 부자인 줄 안다. 중개업자는 한국으로 시집가면 남편이 친정으로 돈을 보내줄 것이라고 말했다. 그래서 여성은 자신을 선택한 남성이 나이가 많든 재혼이든 간에 경제적 이유 때문에 거부하기 어렵다.

중국의 국제결혼업체는 1 대 1 맞선을 원칙으로 하여 마음에 안 들면 또 다른 여성을 보여주는 식으로 진행한다. 나름대로 결혼중매의 원칙을 지킨다고 할 수 있는데, 이는 중국 공안의 단속에 걸리면 엄한 처벌이 내려지기 때문이다. 이러한 방식은 여성이 모멸감을 덜 받을 수 있고 서로에 대해 알아볼 수 있는 시간도 제공된다.

국제결혼 시장도 이동한다. 베트남에서 단속을 강화하자 캄보디아로 옮겨졌고, 캄보디아 집단맞선 사건이 언론에 크게 보도되자, 최근에는 네팔까지 결혼대상지역으로 확되대었다. 한순간에 신부를 선택하는 맞선은 당사자와 가족과 사회와 국가를 불행하게 만든다.

이러한 문제점을 개선하기 위하여 여성가족부는 『결혼중개업법의 관리에 관한 법률』을 개정하여 당사자 모두에게 그들의 언어로 직업,[1] 결혼 경력, 건강상태(정신질환 포함), 범죄경력(성매매알선·강요 및 최근 10년간 금고 이상의 형 포함) 등에 대한 정보를 제공하도록 하였다. 또 이러한 신상정보에 대하여 변호사의 공증을 받도록 했으며, 외국에서 공증을 받는 경우는 재외공관 영사관 등의 확인절차를 이행해야 한다, 또 18세 미만을 소개하거나 집단맞선을 보는 행위를 금지하였다. 아울러 중개업자가 법을 위반할

[1] 재직증명서, 사업자등록증 사본, 영농사실확인서 또는 그 밖에 직업이나 소득을 확인할 수 있는 서류 제공.

경우 영업정지, 최고 5년 이하의 징역과 5천만 원 이하의 과태료를 부과하는 등 벌칙조항을 강화했다. 그러나 외국 현지에서 이루어지는 일이라, 일일이 현장을 조사할 수 없다. 중개업자가 그동안 돈을 쉽게 벌 수 있는 집단맞선을 포기하고 적법한 절차에 의하여 중개업을 할지는 의문이다. 이 장에서는 국제결혼의 현장 모습과 문제점을 살펴보고자 한다.

1 한국의 집단맞선은 인신매매인가?

2008년 한국 남성이 캄보디아 여성과 집단맞선을 보다가 캄보디아 경찰에게 단속되었다. 결혼중개업자인 캄보디아 남성은 인신매매로 10년형을 선고받아 복역 중이다. 당시 우리나라 남성은 바로 한국으로 돌아가는 조건으로 석방되었다.

2007년 미국 국무부 인신매매보고서는 한국 남성과 동남아시아 여성과의 국제결혼을 매매혼으로 규정하였다. 그 증거로 '베트남 여성 절대 도망가지 않습니다'라는 플래카드 사진을 제시하였다. 미국 대사관과 인권단체는 매년 한국의 집단맞선 형태의 국제결혼에 대해 인신매매 성격이 있을 수 있다는 의구심을 제기하고 있다.

이에 미국 대사관의 인권 관계자가 매년 정부의 다문화가족과를 방문하여 한국의 다문화정책에 대해 설명을 듣고 분석하고 있다.

미국과 인권단체가 한국의 집단맞선에 대해 왜 인신매매라는 의구심을 갖고 있나? 한국의 집단맞선은 정말 인신매매인가?

국제법이 정의하는 인신매매의 속성은 사람을 모집하고, 이동하고, 관리하고, 통제한다는 특성이 있다. 그런데 인권단체는 맞선 희망 여성들에게도 이러한 4가지의 인신매매 속성이 있다고 주장한다.

인신매매 과정을 살펴보자. ① 신부 송출국의 나라에서는 지역의 새끼 마담들을 통하여 산간 오지에 있는 여성들을 꾀여서 코리언 드림의 환상을 심어 희망자를 모집한다. ② 새끼 마담들이 모집해 온 여성들을 한 곳에, 또는 몇 군데에서 나누어 합숙하고 이탈되지 않도록 관리한다. ③ 맞선을 볼 남성이 올 경우에는 승합차로 이동하여 남성이 있는 곳으로 모이기도 하고, 경찰의 단속을 피해 다른 곳으로 이동하기도 한다. ④ 남성에게 선택된 후, 한국행 비자가 나올 때까지 고향으로 돌아가기도 하지만, 대부분은 합숙소에서 생활하며 한국행 비자가 나올 때까지 기다린다. 여성이 결혼을 취소하거나, 행방불명이 될 경우를 사전에 예방하는 안전장치다.

중개업자 입장에서는 결혼을 파기하면 결혼중개비용을 받을 수 없다. 그 안에는 여성이 국제결혼을 희망한다는 입회비와 합숙소에서 머무르는 동안의 숙식비도 포함되어 있다. 중간에 포기하고 고향으로 돌아가고 싶어도 여성은 입회비와 숙식비를 상환할 수가 없어 그렇게 못한다. 남성의 나이나 결혼경력, 재산, 장애 여부 등을 알아볼 겨를 없이 남성에게 선택되었다는 것만으로 안도의 숨을 쉰다. 여성의 부채는 남성에게 선택되었을 때만이 남성의 중개비용에 포함되어 청산되기 때문이다.

뿐만 아니라 결혼 후 한국으로 입국한 여성이 6개월 이내에 가출할 경우 남편이 갚아줬던 입회비와 숙식비용뿐만 아니라 추가로 변상금을 지불해야 한다는 각서를 받기도 한다.

이러한 부채의 예속과 일방적 계약으로 인해 대부분의 여성은 국제결혼에서 자유로운 상황은 아니다. 집단맞선 국제결혼이 인신매매인지 아닌지는 각자의 판단에 맡긴다.

2 캄보디아, 여성의 인권과 국익 앞에서 갈등

2010년 2월 김연아가 밴쿠버 올림픽에서 여자피겨 싱글 금메달을 딴 바로 그 순간이었다. 보건복지가족부 전자문서란에는 외교통상부에서 온 문서가 접수되었다.

> 2009년 8월 우리나라 남성이 캄보디아 여성 25명과 집단맞선을 보다가 캄보디아 경찰에 단속되었다. 캄보디아 정부는 이를 인신매매로 규정하고 한국인 남성과의 국제결혼을 잠정적으로 금지시켰다. 캄보디아 대사관은 결혼비자 업무를 중단할 계획이다.

캄보디아 대사관 홈페이지에도 결혼중개업에 대한 내용이 떠 있었다. 당시 나는 보건복지가족부 다문화가족과장이었다. 그 문서를 보고 가장 우려되는 것은 한국의 국격이었다. '캄보디아 결혼 중단' 건은 언론에서 아주 선호할 만한 사건이었으며, 연이어 외신에서 한국 남자의 집단맞선을 대서특필할 것이다. 또 당장 캄보디아로 결혼하러 가는 한국 남자들의 피해가 문제였다. 이러한 상황에서 우리 대사관이 캄보디아 신부에게 비자를 내 줄 수 없기 때문이다. 피해를 줄이기 위해서 즉시 결혼중개업체 지도감독권이 있는 시도로 문서를 보내면서 언론에서 불필요하게 확대될 스토리는 최소화했다. 며칠 후 모든 신문과 방송은 캄보디아 건에 대해 기사화했다. 기사는 한결같이 '한국 남자, 국가 망신 캄보디아 여성과 집단맞선' 등이었다.

이 사건의 문제는 크게 세 가지다. 첫 번째, 한국의 중개업체와 집단맞선을 선호하는 한국 남자의 태도다. 여러 번 언론에서 기사화되었으나 변한 것이 없다. 두 번째, 한국도 상대국의 법을 존중해야 한다. 한국은 영리를 목적으로 하는 결혼중개업이 아무런 문제가 없다. 하지만 사회주의 국가는 영리를 목적으로 하는 결혼은 금지되어 있다. 한국 사람이 중개업체를 통해 결혼하기 위해 사회주의 국가의 국경을 넘는 순간 불법인 셈이다.

한국은 상대국인 사회주의 국가의 법을 존중하는 의미에서 그 국가에서 행해지는 영리를 목적으로 하는 중개업 자체를 금지시켜야 한다. 그 대신 양국이 비영리 결혼중개시스템을 개발하는 것이 필요하다. 세 번째, 캄보디아 정부의 태도다. 캄보디아 정부는 그동안 3천 명 넘는 여성이 한국에 입국할 때까지 몰랐다는 말인가? 경찰이 집단맞선을 강하게 단속하고, 캄보디아의 법대로 집행하면 결혼중개업체는 발을 못 붙였을 것이다.

하지만 여러 가지 여건 상 법대로 못하는 것이 개발도상국가의 특성이다. 캄보디아는 한국으로 간 여성들이 금액이 크든 작든 간에 고국으로 송금함으로써, 최소한 친정식구들이 굶주리는 일은 없게 된다는 것을 알고 있다. 그래서 신부 송출국인 캄보디아 정부도 자국 딸들의 인권과 국가의 경제적 이익 앞에서 갈등하는 것이다. 이러한 몇 가지 문제로 인해 김연아가 올려 놓은 한국의 국격이 엄청난 상처를 입게 된 것이다.

3 캄보디아 국제결혼 절차

최근 베트남 정부가 베트남 여성과 한국 남성과의 결혼을 까다롭게 심의하자 결혼중개업자들이 캄보디아로 이동하였다. 캄보디아는 영리를 목적으로 하는 국제결혼이 금지되어 있다. 혼인 당사자가 같이 캄보디아의 외교부와 내무부, 지방 관청을 방문하여 직접 혼인서류를 제출하도록 되어 있다.

캄보디아의 국제결혼 절차

1. **캄보디아 외교부 심사**(처리시한: 근무일 기준 5일): 캄보디아 국민과 외국인(양 혼인당사자)은 외교부에 혼인신청서류를 직접 제출하고 인터뷰에 출석.
2. **캄보디아 내무부 심사**(처리시한: 근무일 기준 5일): 양 혼인당사자는 외교부가 발급한 서한과 혼인신청서류를 내무부에 직접 제출.
3. **결과통보 및 지방관청 서류제출**: 허가신청이 성공적인 경우, 신청자에게 혼인서류와 함께 그 결과가 공식 통보됨. 신청자는 캄보디아 배우자의 거주지 지방관청에 혼인서류를 이송함.
4. **캄보디아 지방관청 혼인 공고 및 혼인등록**: 지방관청은 10일간 결혼공고문을 게시한 후, 혼인을 승인함. 양 혼인당사자는 혼인증명서 발급을 위한 혼인등록 및 지문날인을 위해 지방관청에 출석해야 함.

* 자료: 캄보디아 대사관 홈페이지(2010)

캄보디아의 국제결혼의 혼인등록 처리시한은 2010년 4월 이전에는 1달 이내였다. 그러나 한국의 집단맞선이 언론에 보도된 후 관련 법을 개정하여 20일 이내로 단축했다. 한국의 언론이 남성은 집단맞선을 집중 보도하기 전까지는 집단맞선 후 4~5일 정도에 결혼식과 신혼여행까지 마치고 남성은 귀국한다. 혼인등록은 당사자인 신랑 신부가 직접 하게 되어 있지만 중개업체의 대행을 묵인하는 실정이었다.

4 베트남, 몇 시간 만에 평생 반려자 선택

2005~2007년 무렵, 농촌 거리에는 인권침해성 플래카드가 곳곳에 걸려 있었다. '베트남 신부 절대 도망가지 않습니다' '재혼자, 장애인, 나이 많으신 분' '후불제 시부모에게 순종합니다'. 이러한 플래카드는 2008년 『결혼중개업의 관리에 관한 법률』이 제정되면서 근절되었다.

베트남도 캄보디아와 같이 한국 남성들이 5일 정도의 일정으로 관광성 집단맞선을 본다. 베트남은 캄보디아보다 현지 마담들의 활동이 훨씬 활발하다. 우리나라 국제결혼 중 조선족과 중국을 제외하고 베트남 여성이 가

▲ 인권침해성 국제결혼 플래카드는 관련 법률 제정 후에야 근절되었다.

장 많이 들어와 있는 것을 보면 현지의 국제결혼시장 규모를 알 수 있다.[2] 베트남의 결혼시장도 캄보디아와 마찬가지다. 혼인 적령기 여성들이 합숙을 하며 한국 남성을 기다리고 있다.

한국 남성들이 왔을 때는 현지 마담들이 서로 연계되어 각각의 합숙소에 있는 현지 여성들이 맞선 장소에 모여 한국 남성이 여성을 선택할 수 있는 시간을 최소화하고 있다. 남성은 한자리에서 5~6명씩 앉아 있다. 여성은 10명 정도씩 남성이 있는 방에 들어오게 한다. 남성은 1명씩 선택한다. 다음에 또다시 여성이 10명 정도 들어온다. 남성은 또다시 여성을 선택한다. 이렇게 선택된 여성들끼리 최종적으로 한자리에 앉는다. 남성은 자신의 배우자가 될 여성을 마지막으로 선택하고 그날 합방에 들어간다.

국제결혼 희망자의 베트남 현지 일정

1. 첫째 날: 도착
2. 둘째 날: 맞선(남성 1인당 여성을 30명 이상 볼 수 있음) → 신부 선택 → 합방
3. 셋째 날: 쇼핑(결혼 예물 구입, 신부 가족 선물 구입) → 결혼사진 촬영 → 합동 결혼식(이때 신부 부모와 친지 소수 참석) → 베트남 인민위원회(한국의 구청) 신랑 신부 인터뷰
4. 넷째 날: 신혼여행
5. 다섯째 날: 신혼여행 → 한국 남성은 인천공항으로 출발

* 신부는 한국행 비자가 나올 때 기다림(1~2개월 정도)

2 2011. 1월 기준 베트남 여성결혼이민자는 41,877명이다(「지방자치단체 외국계 주민현황」, 행안부, 2011. 6).

베트남에서도 영리를 목적으로 하는 결혼중개업은 금지되어 있다. 베트남 정부는 비인권적이고 불법적인 맞선에 대해 베트남 여론이 들끓자 서류만 보던 국제결혼 심사를 강화했다. 이제는 우리나라 구청격인 인민위원회가 신랑 신부를 인터뷰한다. 또 신랑의 재산, 혼인여부 등 10건이 넘는 서류를 제출하도록 하여 부양능력을 검증하고 있다. 한편, 한국 정부도 베트남 정부와 MOU를 맺고, 관련 법률과 제도를 강화하였다. 또 베트남에 이민관을 파견하여 비자 발급 시에 결혼의 진정성 등을 심사하고 있다.[3]

5 속성 집단맞선은 여성도 남성도 심각한 피해자

현재 일어나는 국제결혼의 중개현장은 통역서비스의 불성실 또는 의도적인 정보차단으로 인해 서로를 정확히 알 수 없다. 베트남 결혼적령기 여성의 월 평균임금은 한국 돈으로 10만 원 정도다. 베트남행 결혼을 선택한 한국 남성의 월평균임금은 150만 원 이내다. 중개업자는 베트남 여성에게 "배우자가 될 한국 남성은 여성들이 받았던 월급보다 평균 15배 정도 더 받는다"고 말한다. 사실대로 이야기했으나, 돈의 가치에 대해서는 말하지 않았다. 여성도 남성도 중개업자가 제공하는 정보를 검증할 수 있는 방법은 너무 어렵다. 남성은 여성과 합방하고 결혼식을 한 상태에서 한국으

[3] 2009년까지는 중국 여성과의 국제결혼이 베트남보다 훨씬 많았으나, 2011년에는 중국 여성(9,623건)과 베트남 여성의 국제결혼이 같다(9,623건). 2011년부터는 베트남 여성과의 국제결혼이 중국보다 증가하고 있다.

로 돌아가 여성을 초청하지 않는 경우가 있다. 그리고 신부를 바꿔달라고 중개업자에게 요구하는 경우도 있다. 신부를 인간으로 보지 않고 상품으로 취급하기 때문이다.

결혼이민자 중개비용은 1인당 1천 2백만 원 내외다. 왕복 비행기 요금과 맞선 후 하루 이틀 만에 이루어지는 합동결혼식, 피로연, 신혼여행비, 신부의 부모에게 드리는 선물 또는 현금이 포함되어 있다. 또 신부가 합숙소에 들어간 입회비용과 숙식비용, 그리고 중개수수료다. 그러나 베트남의 화폐 가치[4]와 비교할 때 중개업자 입장에서는 엄청난 이익이다.

남성이 마련한 1천 2백만 원 가량의 돈은 매우 큰 돈이다. 남성 중 일부는 결혼비용을 대출하는 경우도 있고, 가족들이 조금씩 거출하여 목돈을 마련하기도 한다. 그 돈을 이민자 여성이 한국에 와서 같이 갚아야 한다.

남성도 집단맞선의 피해자다. 빠른 시간 내에 가장 많은 이윤을 내야 하는 중개시스템으로 인하여 결혼 당사자들이 심사숙고하여 배우자를 선택할 시간을 주지 않는다. 남성의 입장에서 그 여성이 과거 어떤 생활을 했었는지, 어떤 인성을 가지고 있는지, 질병이 있는지 등 검증하기 어렵다. 남성이 여성을 선택하지 못하고 우물쭈물하면 옆에서 중개업자가 대신 선택해 주기도 한다.

2007년 이전에는 농촌 노총각이 국제결혼의 대다수를 차지하였다. 그 시절에는 중개업자들은 농촌 총각들이 호텔에 도착하면 남성들에게 성교육을 시키기도 했다고도 한다. 그 후 재혼, 전과자, 저소득자, 장애인의 국

4 한국 돈 1,000원은 베트남 화폐 13,000동이다.

제결혼이 증가하더니, 최근에는 평범한 직장인도 국제결혼을 선택하는 모습이 보인다. 외국 여성은 부모님과 함께 살 수 있고, 자신에게도 순종할 것이라는 이유이다. 어떻든 사랑하지 않는 배우자 선택은 남성 자신도 옳은 것인지에 대한 불안과 의문을 갖게 된다. 평생의 반려자를 한순간에 선택함으로써 가족갈등과 더 큰 불행을 초래할 수 있다. 이러한 측면에서는 집단맞선은 여성뿐만 아니라 남성도 심각한 피해자다.

03

가족통합이 더 시급하다

선진국으로의 이민은 근로자인 아버지를 중심으로 가족 모두가 이주하는 형태다. 이민생활이 힘들어도 사랑하는 가족이 있어 위로받고 용기를 얻는다. 이민자들은 가족과 함께, 미국의 한인 타운이나 차이나 타운처럼 국적이 같은 사람끼리 거주하며 그들의 문화를 향유하며 자신들의 공동체를 형성하며 산다.

그러나 코리언 드림을 꿈꾸며 한국으로 온 여성 결혼이민자는 의지할 가족이 없이 낯선 가정으로 혼자 들어온다. 누구와도 자신의 언어로 이야기할 사람을 찾기 힘들다. 새로운 가족, 남편과 시댁 식구들의 복잡한 관계 속에서 더 외롭다. 더군다나 남편은 나이가 너무 많고, 돈도 없고, 언어소통도 안 되고, 문화차이도 심하다. 가장 심각한 것은 국제결혼중개업체를 통해서 온 사람들은 여성을 돈 주고 사왔다는 마음이 있어 아내를 존중하지 않는다는 점이다. 이로 인한 가족해체도 심각하다.

이 장에서는 결혼이민자의 실태조사 결과를 근거로 결혼이민자 여성들이 코리언 드림을 이루기 어려운 원인을 살펴본다.

국제결혼으로 인한 불행은 개인의 불행으로 끝나지 않는다. 가족해체로 인한 자녀문제, 청소년문제, 사회문제 등 국가와 사회가 부담하는 비용도 커지고, 국가의 이미지 손상도 심각하다. 다문화가족 실태와 코리언 드림의 그늘을 살펴본다.

1 국제결혼 부부 혼인·이혼 증가

행정안전부 외국인주민현황조사(2011. 1월)기준에 의하면 결혼이민자는 211,458명으로 2010년 181,671명에 비해 16.4% 증가했다, 성별로는 89.2%가 여성이며, 국적 취득자는 33%이다.

2002년도에는 국제결혼 건수가 15,202건으로 전체 혼인의 5.0%, 2003년에는 24,776건 8.2%, 2004년에는 34,640건 11.2%로 증가하다가, 2005년에는 42,356건 13.5%로 가장 많이 국제결혼을 했다. 2005년을 정점으로 점차 국제결혼이 낮아져 2006년에는 38,759건 11.7%, 2007년에는 37,560건 10.9%, 2008년에는 36,204건 11%, 2009년에는 33,300건 10.8%, 2010년에는 34,235건 10.5%로 지난 4년간은 11% 정도의 국제결혼 비율을 보이고 있다. 즉 2006년부터 2010년까지 지난 4년간은 매년 혼인신고 10건 중에 1.1건 정도가 국제결혼인 셈이다. 2010년 한국 남성

그림 4 외국인과의 혼인 및 이혼 추이 (단위: %)

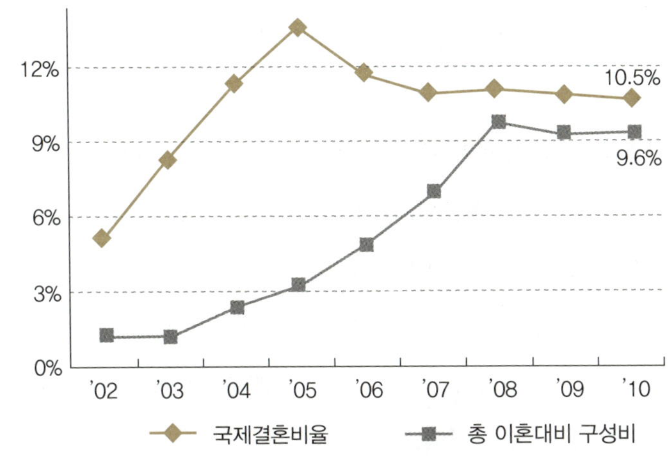

자료: 「2010년 이혼통계」, 통계청.

표 1 외국인과의 혼인 추이 (단위: 건수, %)

구 분	2003	2004	2005	2006	2007	2008	2009	2010
총혼인건수	302,503	308,598	314,304	330,634	343,559	327,715	309,759	326,104
국제결혼건수	24,776	34,640	42,356	38,759	37,560	36,204	33,300	34,235
국제결혼비율	8.2%	11.2%	13.5%	11.7%	10.9%	11.0%	10.8%	10.5%

자료: 「2010년 혼인통계」, 통계청.

표 2 외국인과의 이혼 추이 (단위: 건수, %)

구 분	2003	2004	2005	2006	2007	2008	2009	2010
총이혼건수	166,617	138,932	128,035	124,524	124,072	116,535	123,999	116,858
외국인과의 총 이혼	2,012	3,300	4,171	6,136	8,671	11,255	11,692	11,245
총 이혼대비 구성비	1.2%	2.4%	3.3%	4.9%	7.0%	9.7%	9.4%	9.6%

자료: 「2010년 혼인통계」, 통계청.

과 외국 여성와의 혼인은 총 26,274건으로, 중국 9,623건(36.6%), 베트남 9,623건(36.6%), 필리핀 1,906건(7.3%) 순이다. 2010년 한국 여성이 외국 남성과 결혼한 경우도 7,961명으로 2010년 국제결혼 건수의 23.2%를 차지한다.

통계청 이혼통계에 의하면 내국인 간의 이혼은 2003년을 기준으로 크게 떨어지고 있으나, 국제결혼의 경우는 이혼율이 증가하고 있다. 국제결혼의 이혼건수는 2002년 1,744건(1.2%)이었으나 2003년 2,012건(1.2%), 2004년 3,300건(2.4%), 2005년 4,171건(3.3%), 2006년 6,136건(4.9%), 2007년 8,671건(7.0%), 2008년 11,255건(9.7%), 2009년 11,692건(9.4%), 2010년 11,245건 (9.6%)으로 급증하였다.

2010년의 이혼 11,245건을 분석해 보면 외국인 아내와의 이혼건수가 7,904건(자녀 909명), 외국인 남편과의 이혼건수가 3,341건(자녀 513명)이다. 국제결혼은 같이 살아 온 기간이 짧은데도 불구하고 이혼율이 급증하고 있다. 그만큼 결혼생활을 하면서 갈등이 심했다는 것을 알 수 있다. 아울러 이혼 후 한 부모와 살고 있는 다문화자녀도 급증하고 있다.

2 부부 연령차, 캄보디아 18.6세 베트남 17.2세

여성 결혼이민자는 부부 간 연령 차이가 너무 크다. 결혼이민자 출신 국가별로 부부 연령차를 보면 2001년에서 2006년 사이에 연령 차이가 급격히 증가했다. 2008년의 경우 캄보디아 출신 부부의 연령차는 18.6세, 베트

그림 5 외국 출신 아내의 주요 국적별 부부의 연령 차이 (단위: 세)

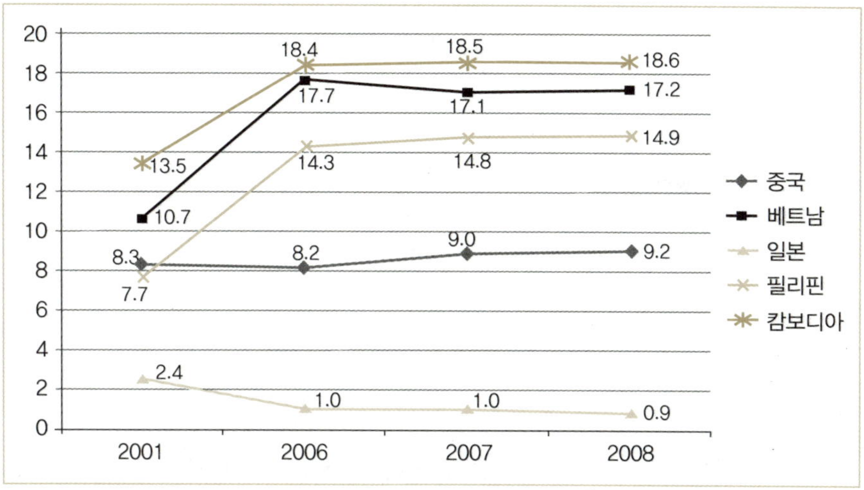

자료: 『다문화가족의 해체 문제와 정책과제』(여성가족부, 2010).

남은 17.2세, 필리핀은 14.7세, 중국은 9.2세로 조사되었다.[1] 부부의 평균 연령차는 10세로 나타났다. 부부 모두 초혼인 경우는 65.0%로, 한국인끼리의 초혼인 경우 76.1%(통계청)에 비교하면 낮다.

3 여성 이민자 60%가 월평균 가구소득 200만 원 이하

여성 결혼이민자의 월평균 가구소득은 100~200만 원 미만이 38.6%로 가장 많았고, 50~100만 원 미만이 16.4%, 50만 원 미만이 5.1%로 나

1 「다문화가족의 해체 문제와 정책과제」, 여성가족부, 2010.

표 3 결혼이민자의 월평균 가구소득 (단위: %)

소득	50만 원 미만	50~100만 원미만	100~200만 원미만	200~300만 원미만	300~400만 원미만	400~500만 원미만	500~600만 원미만	600~700만 원미만	700만 원 이상	모르겠다	계
전체	5.1	16.2	38.4	18.7	5.7	1.8	0.9	0.5	0.7	12.0	100
여성 이민자	5.1	16.4	38.6	18.5	5.4	1.6	0.8	0.4	0.6	12.5	100
남성 이민자	5.4	14.7	36.0	20.4	8.1	4.1	2.1	1.1	2.0	6.0	100

자료: 「전국 다문화가족실태조사 연구」(보건복지가족부, 2009년).

타났다. 남성 결혼이민자도 100~200만 원 미만이 36%로 가장 많았고, 50~100만 원 미만이 14.7%, 50만 원 미만이 5.4%로 나타났다.[2] 2009년 한국복지패널조사에서 한국의 월평균 가구소득이 332만 2천 원인 것에 비교하면 얼마나 낮은지 알 수 있다.

남성 결혼이민자는 외국인 근로자로 한국에 체류하다가 한국 여성을 만나 결혼한 경우가 대부분이며, 전문직 남성의 경우는 소수에 그친다.

4 가족 장애율, 평균보다 4배 높아

여성 결혼이민자 가족의 등록 장애비율은 17.9%이며, 이는 한국 장애 출현율인 4.6%에 비해 무려 4배나 높다. 가족의 장애 중에 남편의 장애비율이 42.5%로 가장 높고, 시어머니가 18.1%, 남편의 형제·자매가 15.5%, 자

2 「전국다문화가족실태조사」, 보건복지가족부, 2009.

표 4 여성 결혼이민자의 가족 중 등록 장애인 비율 (단위: %, 명)

여성결혼 이민자	다문화가족 등록장애인	등록장애인						
분석대상(명)	등록장애비율	본인	배우자	자녀	시부	시모	남편의 형제자매	기타
106,393	17.9	4.4	42.5	5.7	14.0	18.1	15.5	10.1

* 1990년 이후 결혼한 여성 결혼이민자만을 분석 대상으로 함.
* 자료: 「전국 다문화가족실태조사」(보건복지가족부, 2009).

녀가 5.7%로 조사되었다.[3] 등록장애의 종류로는 지체장애가 가장 많고, 시각장애, 청각장애, 언어장애, 지적 장애, 뇌병변, 정신장애 등이다.

5 울고 있는 사람들

- 남자는 신부를 한국에 입국시켜 놓고, 잠시 살다가 이혼을 요구하였다. 중개업자에게는 신부를 바꿔달라 한다. 중개업자에게 준 돈을 생각하면 이혼을 할 수 없다. 이혼해주면 또 다른 여자를 구할 때 중개비용을 내야 한다. 그러니 바꿔줄 때까지는 그냥 살 생각이다.
- 간이 나쁜 남편의 조카가 있었다. 남편이 부인에게 간을 떼어주라고 검사를 강요했다. 간은 떼어줘도 시간이 지나면 자란다고 한다.
- 72세 노인이 보톡스를 맞고 50세로 속이고 결혼했다. 딸만 다섯이었는데 큰 딸의 나이가 50살이었다. 아들을 낳으라고 성적 학대가 심했

[3] 「전국다문화가족실태조사」, 보건복지가족부, 2009.

다. 의처증도 심해서 고향으로 전화도 못한다. 못 알아들으니 무조건 다른 남자와 통화한 것으로 생각하고 때린다.

- 남편은 알코올 중독자로 생활능력이 없었다. 수없이 병원을 오가지만 고치려는 의지가 부족하다. 자신은 집에서 놀면서 아내에게 돈벌어 오라고 폭력을 쓴다. 큰 동서가 여성을 가정부처럼 일을 시키고 욕한다.
- 전 남편의 딸을 데리고 재혼했다. 새아빠가 딸을 성폭행했다. 항의하자 쇠파이프로 때려 병원에 입원했다. 남편이 병원비를 대주지 않아 병원을 나올 수밖에 없었고 지금은 쉼터에서 생활하고 있다.
- 예쁜 신부를 맞았다. 고향으로 돈을 안 보내준다고 패악이 심했다. 몇 번 빚을 얻어 친정으로 송금해주라고 돈을 건넸다. 여성은 끝없이 돈을 요구했다. 어느 날 시어머니의 금반지까지 가지고 집을 나갔다. 남편은 목을 메고 자살하고, 아들의 죽음을 보고 시아버지는 농약을 먹고 자살했다.
- 4대 독자 노총각이 아들을 얻었다. 여성의 잦은 가출로 불화가 시작되었다. 4살 난 아들은 남편이 키우기로 하고 협의이혼했다. 위자료도 줬다. 그러나 여성은 남편 몰래 아들을 데리고 고국으로 떠났고, 친정에서도 행방을 모른다고 한다.
- 외국인 근로자가 지적 장애가 있는 한국 여성에게 접근하여 결혼했다. 남자는 국적을 취득하고 이혼을 요구했다. 본국에 있는 전 부인과 아이들이 입국했다. 그리고 한국 아내와 함께 살고 있다.
- 신용불량자인 한국 여성이 외국인 근로자를 유혹했다. 그리고 남자의 집에서 동거했다. 그 남자가 몇 년간 번 돈은 여자의 빚을 갚고 여

자의 허영심을 채우기 위해 모두 사용되었다. 어느 날 여자는 남자의 집 보증금까지 빼서 사라졌다. 남자의 짐만 남아 있는 집으로 새로운 이삿짐이 들어왔다.

- 내가 만난 정신지체 아들을 둔 노인은 이렇게 말했다. "아들을 국제결혼시키고 눈을 감는 게 소원이다. 돈이 없어 차일피일 미루다가 눈 감을까 봐 걱정이다. 나 죽으면 저놈을 누가 보살피지" 아들은 51살이지만 정신지체로 5살 정도의 지능을 가지고 있다.

국제결혼이 외국인 여성만 피해를 본다고 알려져 있지만 꼭 그렇지만은 않다. 한국 남성도 피해자인 경우도 있다. 위의 사례는 이주여성긴급지원센터의 상담사례와 내가 직접 만났거나, 현장활동가를 통해 들은 이야기로 가공하지 않았다.

04

코리언 드림, 그 꿈을 위하여

1 결혼이민자, 국경을 넘는 순간 한국인의 가족으로

잘사는 나라 한국, 코리언 드림(Korean Dream)을 안고 입국한 여성 결혼이민자들은 어떻게 살고 있을까? 그녀들은 한국에서 꿈을 이루었을까? 대다수가 생활은 어렵지만 행복하게 정착하고 있다. 2009년 보건복지가족부가 실시한 전국 다문화실태조사가 그 해답을 준다. 그녀들은 배우자와 시부모의 관계에서 한국 여성보다 훨씬 만족도가 높은 것으로 나타났다. 여성 결혼이민자는 배우자와의 관계에서 매우 만족이 36.2%, 만족이 37.6%다.[1] 그러나 한국 여성은 매우 만족은 23.7%, 만족은 37.0%로 나타났다.[2]

1 「전국 결혼이민자 실태조사」, 보건복지가족부, 2009.
2 「사회통계조사」, 통계청, 2008.

그림 6 여성 결혼이민자와 한국 여성의 가족관계 만족도 비교

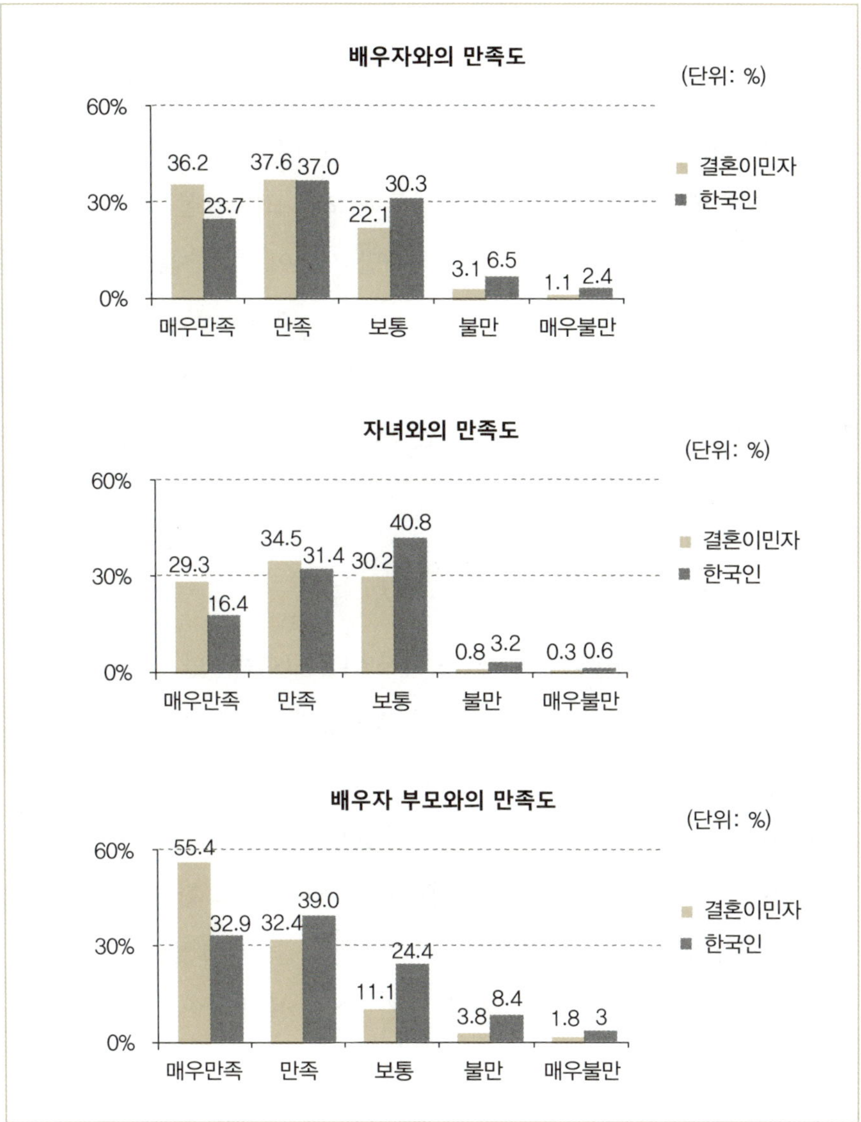

자료: 「전국 결혼이민자 실태조사」(보건복지가족부, 2009).
「사회통계조사」(통계청, 2008).

배우자 부모와의 관계에서도 여성 결혼이민자는 매우 만족이 55.4%인데, 한국 여성은 매우 만족이 32.9%이다.[3] 결혼이민자의 60%가 일주일에 적어도 1번 또는 그 이상으로 모국가족과 연락을 취하고 있었고 여성 결혼이민자의 50%, 남성 결혼이민자의 37%가 모국가족(부모, 형제자매)를 한국에 초청한 경험이 있었다.[4] 그녀들은 한국에 오면 모두 잘살 것으로 기대하고 오기 때문에 처음에는 실망한다. 하지만 시간이 지날수록 돈보다는 남편과 아이들과 함께 행복하게 사는 것이 더 중요하다는 것을 깨닫는다. 공직에 진출한 결혼이민자는 여성가족부, 법무부, 지자체, 경찰서 등에 50여 명에 이른다. 한국에 정착해서 다양한 모습으로 행복을 일구어가는 여성 결혼이민자들을 직접 만나본다.

1) 컨테이너 박스의 칸, 이혼 후 상추 농장 사장으로 성공

베트남 여성 칸, 지지리 운도 없는 여자였다. 그녀는 6년 전, 28살 때 결혼중개업체를 통해서 46살 한국 남자와 결혼했다. 베트남에서는 미싱 공장에서 일했다. 칸은 초혼이고 남편은 재혼이었다. 산속의 무덤 바로 앞에 오래된 컨테이너 박스가 그녀의 신접 살림집이었다. 무덤의 후손이 무덤의 풀을 깎아주는 조건으로 컨테이너 박스를 마련해줬다고 한다. 산 위에 물이 있을 리 없었다. 한참을 내려가 남의 집 물을 길어와야 밥을 지을 수 있었다. 물통 2개면 하루를 살 수 있었다. 겨울에는 물이 얼어서 밥을 못하는

[3] 이와같은 조사결과는 결혼생활에 불만족인 여성이나 이혼한 여성은 응답을 안했을 가능성이 크고, 이혼한 후 본국으로 떠난 여성은 조사할 수 없었기 때문에 신뢰도의 문제는 있다.

[4] 「전국다문화실태조사」, 보건복지가족부, 2009.

경우도 있고, 얼음판에 넘어지기도 했다. 만삭의 몸으로도 칸은 물을 길어 왔다. 딸을 출산하고는 빨래감이 많아졌다. 아랫집에서 빨래를 하지만 미안하고 눈치가 보였다.

남편은 마음이 내키면 상추 하우스에서 일을 했으나, 노는 날이 더 많았다. 그나마 일당은 술값으로 모두 들어가고, 집에 오면 칸과 딸에게 함부로 했다. 칸도 상추 하우스에 나가며 생계를 꾸렸다. 남편이 기초생활수급자라 딸을 어린이집에 무료로 맡길 수 있었다. 남편은 계속 이혼을 강요했다. 칸은 컨테이너 박스를 나오면 아무 데도 갈 데가 없었다. 딸과 같이 죽는 것과 마찬가지였다. 칸은 이혼을 안 하겠다고 남편에게 애원했다.

2009년 칸은 남편의 끈질긴 강요로 이혼하고, 6살 난 딸과 함께 쓰러져가는 빈 집으로 입주했다. 칸은 딸이 어린이집에 있는 시간을 이용해서 다시 상추 하우스에서 일했다. 어느 날 SBS 김미화의 〈유〉에서 칸의 삶이 소개되자, 방송을 본 농어촌진흥공사가 칸의 집을 수리해줬다. 목욕탕, 주방, 차양과 마루를 마련해주고 방을 도배해주었다. 물도 없이 살던 컨테이너 박스에서 쫓겨나지 않으려고 사정하던 칸이 궁궐같은 집을 갖게 된 것이다.

▲ 컨테이너 박스에서 살던 칸은 주위 사람의 도움으로 궁궐같은 집에서 산다.

또 SBS측으로부터 촬영 협조비로 300만 원을 받았다. 그 돈으로 상추 하우스를 임차하여 상추를 직접 농사짓기 시작했다. 하루 일당 인부가 아니라 어엿한 농장 사장이 된 것이다. 칸은 하우스 온도가 너무 높아 상추가 너무 빨리 커서 걱정이다. 상추 박스를 상추 판매 집결지까지 가져다줘야 돈이 나왔다.

베트남어로 된 운전면허시험에 5번 도전한 끝에 합격해 중고차 하나를 샀다. 넘어야 할 산은 또 있었다. 상추 박스에 생산자의 이름이 명시되어야만 하고, 내국인이어야만 판매가 가능하다. 칸은 그때까지 귀화하지 못했다. 귀화할 겨를도 없이 힘겹게 살았다. 칸은 출입국관리사무소를 찾아가 사정 이야기를 했다. 속성으로 귀화가 승인되었고, 이제 그녀의 이름은 '장하영'이다.

그녀는 베트남의 친 여동생을 한국의 건실한 남자에게 소개하여 바로 이웃에서 살게 했다. 오랜만에 행복한 시간들을 보냈다. 그러나 여동생의 남편은 6개월짜리 유복자를 남겨두고 갑자기 사망했다. 한참 후에 여동생은 시부모의 적극적인 권유로 미혼의 시동생과 다시 결혼하여 안정을 되찾았다.

워낙 부지런하고 따뜻한 칸에게 베트남 이민 여성이 몰렸다. 일이 없는 날은 자신의 집에서 베트남 음식을 해먹으며 향수를 달랬다. 그러다 보니 농장 주인들은 일손이 부족하면 칸에게 전화를 하고, 칸은 이민 여성을 보내준다. 소문이 나자 칸의 전화는 쉴 새가 없다. 가장 불쌍하게 시집왔다는 베트남 여성 칸, 이제는 동네 사람들이 '칸 사장'이라고 부른다. 나는 인터뷰를 마치면서 "건강하세요"라고 했더니 칸 사장은 이렇게 말했다. "그럼요. 하느님이 지켜줄 거예요. 나 죽으면 우리 딸 어떻게 하라고요."

2) 꼭대기 집에는 보물이 셋

동네 사람들은 응우 메티라이(베트남, 26세)를 '예쁜 새댁'이라고 부른다. 그녀가 사는 곳은 33가구가 사는 조그마한 농촌마을이다. 이 동네에는 모두 다 나이 드신 노인들이고, 젊은 여자는 그녀 혼자다. 당연히 '예쁜 새댁'이라는 말이 나올 수밖에 없다. 그녀가 동네에 왔을 때는 "외국 여자가 살 수 있을까"하는 걱정 반, "30년 만에 젊은 새댁이 들어와 동네가 다 환하다"는 환영 반이었다.

그녀가 가장 먼저 터득한 것은 동네 어른들에게 인사하는 법이었다. 한국과 달리 베트남은 인사문화가 뿌리 깊지 않아 익숙지 않았지만 어른들을 볼 때마다 남편이 가르쳐준 대로 배꼽인사를 했다. 동네 어른들이 칭찬이 대단했다. "예쁜 새댁이 인사도 잘하더라"는 소문이 돌았다. 그때부터는 어느 누구도 "가난한 베트남에서 왔다"는 말은 하지 않았다.

그녀의 친정은 농사를 조금 짓고 있었다. 그러나 아버지의 병이 자꾸만 심해져 돈 들어갈 곳은 늘어나는데, 오빠들은 학교 졸업 후 직장을 잡지 못해 집에 있었다. 그녀가 고등학교를 졸업하던 해 동네의 한 아주머니가 "너 한국에 시집가지 않을래?"하고 말했다. 한국으로 시집을 가면 친정을 도와줄 수 있다는 말도 솔깃하여, 시집을 가겠다고 말했다. 그녀는 빨리 한국으로 오고 싶어 새로운 세계에 대해 마음이 들떠 있었다. 이런 그녀를 보고 어머니는 걱정하셨지만, 철이 없어 오히려 어머니에게 짜증을 부렸다. 베트남에서 중매인은 "남편이 부자라 친정으로 큰 돈을 줄 것"이라고 말했다. 그녀는 정말 한국에 가면 친정이 금방 벼락부자가 되는 줄 알았다.

처음 그녀가 한국에 도착하여 남편을 따라 집에 들어선 순간 너무 실망

◀ 요리교실에서 배운 솜씨로 동네 어른들께 음식을 나눠 드린다.

을 하였다. 막연히 동경했던 화려한 한국이 아니라 그녀가 살던 시골마을과 비슷했기 때문이다. 남편은 가난하지만 열심히 일했다. 그녀는 다문화가족지원센터의 단골손님이다. 한국어를 배우는 것이 재미있고, 한국어 요리교실은 빠지지 않고 배우러 다녔다.

그녀는 가끔 김치를 넉넉하게 담아 거동이 불편하신 어른들께 나눠 드린다. 또 이웃 어른들을 집으로 초청하여 베트남 국수를 대접한다. 국수 맛을 본 어른들은 “둘이 먹다 하나 죽어도 모를 맛”라고 치켜 올려준다. 월남쌈도 동네 사람이 모두 좋아하는 베트남 음식이다. 동네 어른들은 “예쁜 새댁이 우리 동네로 시집와서 동네가 다 살았다”고 칭찬해주신다. 큰 아이 첫 돌 때는 동네에서 쌀을 거출해서 동네 잔치를 해주셨다. 동네 사람들은 그녀가 사는 동네 “꼭대기 집에는 보물이 셋”이라고 말한다. 바로 그녀와 여섯 살짜리 딸, 네 살짜리 아들이다.

남편은 가끔씩 장모님께 보내라고 돈을 준다. 작은 돈이지만 친정에서는 큰 돈으로 아주 요긴하게 쓰여진다. 남편은 아이들에게 베트남 말을 가르치라고 권한다. 남편은 아이들이 베트남 말을 잘하면 칭찬해준다. 아이들이 베트남 말을 쏟아내는 것을 보면 신기하게 여긴다. 책을 놓고 가르치는 것은 아니지만 그녀가 일상생활에서 하는 말을 아이들은 스펀지처럼 흡수한다. 큰 딸은 화상전화로 베트남 외할머니와 어렵지 않게 통화한다. 남편도 화상전화로 간단한 인사는 베트남 말로 한다. 그녀는 "이번 여름에 온 가족이 친정에 가기로 했다"며 "벌써부터 하나둘씩 선물을 사고 있다"고 했다.

3) 한국 김치와 겨울에 반했어요!

필리핀에서 온 웰마 팔레는 농사를 지으시는 아버지와 어머니, 오빠와 동생 셋이 함께 살았다. 그녀도 공장에 다니며 열심히 일했지만, 항상 힘들고 가난했다. 그녀는 한국으로 시집오고 싶었다. 그녀가 생각하는 한국은 부자나라, 어느 집이나 돈이 많아 풍족한 생활을 하는 나라였다. 그래서 20살 때 37살 남자와 결혼했다. 처음 한국에 왔을 때 한국말도 모르고, 모든 것이 다 어렵고 힘들었다. 우선 음식을 먹을 수가 없었다. 된장국을 먹었는데 냄새가 너무 이상해서 토할 것만 같았다. 또 모든 음식에 고춧가루가 들어가서 너무 매웠다. 특히 김치를 김치냉장고에 넣어두었다가 꺼내 먹는 것은 필리핀에서는 상상조차 하기 어려웠다.

이제 김치를 기름에 볶기도 하고, 찌개도 하고, 김칫국도 끓이고, 여러 가지 음식을 만들어 먹는 것에 익숙해졌는데, 특히 삼겹살에 구워 먹는 것을 좋아한다. 김치를 너무 잘 먹어서 남편은 그녀가 "이제 한국 사람이 다 되었다"고 좋아한다. 그녀는 김치 때문에 몸무게가 5킬로그램이 불었다고 한다. 그녀는 겨울에 한국에 왔는데 얼마나 추웠는지 고향으로 돌아가

◀ 치킨가게에 필리핀 친구들이 모여 고국 음식을 만들어 먹는다

고 싶었다. 그러나 지금은 한국의 겨울을 좋아한다. 그녀가 살았던 필리핀에는 겨울이 없기 때문에 눈을 구경할 수 없었는데 한국에 와서 눈을 처음 봤을 때 너무 놀랍고, 눈이 꽃처럼 예쁘다는 생각을 했다. 그녀는 단풍으로 물든 가을도 아름답지만, 눈이 오는 겨울을 더 좋아한다.

하루는 찜질방에 갔는데 너무 덥고 숨이 차서 힘들어 죽겠는데 한국 아줌마들은 "아 시원해, 시원해"라고 해서 이상하다고 생각했다. 그런데 시댁 형님이 땀을 빼면 시원해진다고 조금만 참고 있으라고 해서 눈을 딱 감고 헉헉거리며 있다가 나왔다. 나와서 조금 있으니까 정말 몸이 날아갈 듯이 가볍고 시원해져서 정말 좋았다. 또 전화만 하면 모든 것을 집으로 배달해 주는 일, 부산에 갈 때 타봤던 KTX 고속열차는 비행기만큼이나 빠른 것 같아서 너무 놀랐다. 그녀는 컴퓨터 교육을 받을 때가 가장 신이 났다. 컴퓨터로 주문해 옷을 살 수 있는 것도 좋고, 컴퓨터에 글을 쓸 수 있고 친구들과 찍은 사진도 올리는 일, 이 모든 것이 그저 신기하고 재미있다.

그녀는 남편과 함께 조그마한 치킨가게를 한다. 가끔 필리핀 친구들이 낮에 자신의 가게에서 필리핀 음식을 만들어 먹고 논다. 그녀는 한국이 모두 다 잘사는 나라는 아니라고 생각한다. 그러나 열심히 일하면 부자가 될 수 있다는 꿈을 꾸며 치킨을 튀기고 있다.

4) 남편이 한국어 가르쳐주며 뽀뽀해줘

카추(캄보디아, 22세)는 한국말이 재미있다고 생각한다. 처음 한국말을 몰랐을 때는 아무것도 할 수 없었다. 밖에 나갈 수도 없었고 사람을 만나는 게 무서웠다. 한국말을 몰라서 남편이 젓가락을 찾는데 국그릇을 갖다주는 날이 많았다. 남편이 "밥 먹었어?"하면 "없어요" "추워?"해도 "없어요"라고 대답하는 등 무조건 "없어요" "몰라요"였다. 지금 생각해보면 웃음이 절로 난다. 또 형님한테 "밥 먹어"라고 해서 남편과 형님이 놀라면서 웃었던 기억이 난다. 그렇게 한국말을 제대로 몰라 답답해하고 있었는데 마침 이장님이 다문화가족지원센터에서 한국말을 무료로 가르쳐준다고 알려줬다.

그녀는 30분을 걸어 나와 버스를 탄다. 집에서 나오는 버스는 하루에 네 번 왔다. 다문화가족지원센터에서 한국어 교재만 타오고, 차비가 아까워서 집에서 남편으로부터 한국말을 배웠다. 남편은 그녀가 한국어를 잘할 때마다 뽀뽀해주며 좋아했다. 남편이 칭찬해주면 더 열심히 했다. 남편은 농번기에는 너무 바쁘고 피곤해서 한국어를 가르쳐줄 시간이 없었다. 이제 남편은 중고 트럭을 사서 읍내 센터까지 데려다준다. 트럭에서 단둘이 데이트하는 시간이 즐겁다.

센터에 오면 한국어도 배우지만 캄보디아 친구들을 만날 수 있어 너무 좋다. 오랜만에 캄보디아말로 이야기하니 정말 살 것 같았다. 남편이 시간

◀ 그녀의 꿈은 제과점 사장이 되는 것이다.

이 나면 끝나는 시간을 맞춰 집에 같이 간다. 돌아오는 길에는 가끔 자장면도 사 먹는다. 집에 오면 또 남편과 함께 한국어를 공부한다. 남편은 선생님처럼 잘 가르쳐준다. 잘생기지는 않았지만, 그녀 눈에는 이 세상에서 가장 멋있는 사람이다. 남편과 한국어로 이야기하면 더 정겨운 마음이 든다. 한국말을 할 수 있으니까 집 밖에 나가도 무서운 마음이 덜 든다. 먼저 온 친구들보다 그녀가 한국어를 더 잘한다. 남편이 과외공부를 해줘서 그렇다. 그리고 훗날 태어날 아이들을 위해서도 한국말을 더 열심히 공부해서 부끄럽지 않은 엄마가 되고 싶다.

그녀는 요사이 제빵기술을 배우러 다닌다. 그녀의 꿈은 빵집 사장이 되는 것이다. 같이 다니던 이민자 친구들이 점점 줄어들어 지금은 서너 명만 온다. 아기를 낳아서 오지 못하고, 공장에 취직한 사람도 있고, 시어머니가 아파서 오지 않는다. 내일은 읍내 사는 친구 집에 모여 캄보디아 음식을 해 먹기로 했다. 그녀는 "한국어를 먼저 배우는 일이 가장 중요한데, 그럴 수 없는 여자들을 보면 많이 안타깝다"고 아주 정확한 발음으로 말했다.

5) 몽골 여성 A씨는 K도청 계약직 공무원

몽골 국립대 농대의 식물생리학 석사 출신인 A씨(36세)는 K도청 계약직 공무원이다. 그녀는 모교에서 장래가 촉망되는 강사였다. 2002년 한국에 왔다가 지금 남편을 만나 결혼했다. 처음에 한국에 왔을 때는 의사소통이 많이 힘들었다. 그녀는 Y대학교 한국어 학당에서 한국어를 공부했다. 언어가 해결되자 점점 한국생활이 익숙해졌고 한국문화에 대해 재미를 느꼈다. 그녀는 한국어 솜씨가 거의 한국 사람과 다름없다.

그녀는 '이주여성 긴급전화 1366'에서 1기 상담원으로 2년간 상담했다. 몽골 여성의 가정폭력 피해 등을 전화로 상담하면서 같이 울었다. 또 부부간에 고부 간에 서로 말이 안 통해서 어려움을 겪을 때 삼자통화를 하며 갈등을 해결했다. 2009년 K도청이 결혼이민자 1명을 계약직 공무원으로 채용하게 되었다. 많은 여성이 지원했으나 당당히 A씨가 선발되었다.

그녀는 도내 다문화가족지원센터와 외국인복지센터 등 29개 기관을 다니며 다문화가족의 어려움을 듣고 해결해주는 일을 하고 있다. 요새는 영어, 중국어, 베트남어, 한국어로만 되어 있는 '외국인 주민 안내 책자'를 몽골어로 번역하는 일로 분주하다. 그녀의 상사는 한국어 이해력과 순발력, 다문화가족에 대한 열정이 다문화가족 전담 공무원으로서의 역할을 10배 이상 해낸다고 말한다.

K도의 몽골 공동체 활동도 열심히 참여한다. 몽골 공동체는 해마다 몽골 독립기념일인 7월 11~12일에 맞춰 나담축제를 한다. 축제에는 한국에 체류하는 몽골인 1천여 명이 참석한다. 그녀는 매년 통역을 맡고 있다.

▲ 몽골 나담축제에서 씨름선수들이 대기하고 있다.

그녀의 몽골 가족은 7남매다. 일년 내내 오빠네, 동생네, 언니네 부부들이 오고 가고, 조카들이 수시로 드나든다. 어떤 때는 친정가족들이 단체로 온다. 1년 12달 중 몽골 친척들이 안 오는 달이 없을 정도다. 몽골가족들이 한국에 오면 그녀에게 몽골에서 즐겨 먹던 양고기 만두, 볶음 칼국수, 야채국, 고깃국을 해준다. 그녀는 몽골 친정식구들이 좋아하는 김치를 만들어 미리 익혀둔다. 그들이 한국에 왔다가 몽골로 돌아갈 때는 한국의 옷과 라면, 초코파이 등을 많이 사 가는데, 몽골에서 한국제품은 인기 최고다.

몽골 친척들은 한국 팬이기도 하다. 2010년 남아공 월드컵 축구를 할 때도 한국 응원에 목이 메일 정도다. 이기면 신이 나서 전화가 오고, 지면 속상해서 전화가 온다. 그녀는 축구 한 경기에 3번 이상 안부전화를 받는다. 한 통화에 바꿔주는 친척이 3명이 넘는다. 그녀와 아이들은 방학 때마다 몽골 다칸시에 있는 외가에서 지낸다. 아이들은 그녀가 특별히 가르치지는 않았지만 엄마와 외가 친척들이 말하는 소리를 어렸을 때부터 듣고 자라서인지 몽골어를 거의 알아 듣고, 간단한 몽골어는 제법 잘한다. 친정식구들이 자주 한국에 오니 몽골과 한국이 가까운 나라라는 생각이 든다. 그녀는 끊임없는 학구열로 H대학교 석사학위를 받았다.

2 희망과 용기를 주는 다문화가족센터 종사자들

다문화가족지원센터에는 이민자 여성을 위해 함께 일하는 사람들이 많다. 우선 센터장이 다문화가족지원센터 업무를 총괄한다. 프로그램을 짜고 행사를 주관하고 종사자와 이민자 여성들에 대한 서비스와 기업의 협조 유도 등 대외적인 활동을 한다. 종사자는 대부분이 사회복지학과 출신이 많으나 가정학과 출신도 상당수 있다. 방문지도사는 한국어 지도사와 아동양육 지도사가 있으며, 상담사, 통·번역 전문인력이 있다. 그리고 강사도 한국어 강사, 다문화 강사 등 교육과정별로 다양하다. 이들은 이민자 여성에게 코리안 드림을 실현시키는 일등 공로자들이다.

1) 이민자 여성의 대모, "돈! 돈! 돈을 벌어야지!"

N군 다문화가족지원센터 K센터장은 10년간 자원봉사로 이민자 여성을 위해 현장을 뛰어다녔다. 그녀는 이민자 여성만 보면 "돈 벌어야지. 한국에 뭐 하러 왔어? 부자 되려고 왔지! 그럼 돈을 벌어야지"라고 외치고 다닌다.

N군에 사는 이민자 여성은 모두 돈을 번다. 이민자 여성이 처음 센터에

오면 은행에 같이 가서 통장부터 개설한다. 최초 입금액 1천 원은 각자가 부담하는 것을 원칙으로 한다. 1천 원도 가져올 수 없는 사람은 본인이 빌려준다. 그리고 빨리 돈을 벌어서 갚으라고 하면서 돈 버는 법을 가르쳐준다. “한국어를 빨리 배워야 돈을 벌어. 누가 속여 먹으면 어떻게 할 거야? 누가 돈 준다고 하는데 못 알아들으면 어떻게 할 거야? 한국말을 알아야 돈을 버는 거야.” K센터장의 잔소리(?)는 끝이 없다.

대부분의 한국어 교실은 일주일에 3번 정도 하지만 N센터 한국어 교실은 기초반, 초급반, 중급반, 고급반을 매일 운영한다. 아침 10시부터 시작되는 한국어 강의 2시간을 공부하면 점심시간이다. 돌아오는 길은 배가 고프다. 이제 갓 스물 정도의 여성이니 보는 것마다 먹고 싶고 보는 것마다 갖고 싶다.

그녀는 버스비를 아끼기 위해 며칠씩 건너서 오는 이민자들을 매일 나오는 조건으로 인근 김치공장을 연계하였다. 김치공장 봉고차는 한국어 교실이 끝나는 시간에 맞춰 센터에 도착한다. 이민자 여성들은 한국어를 배

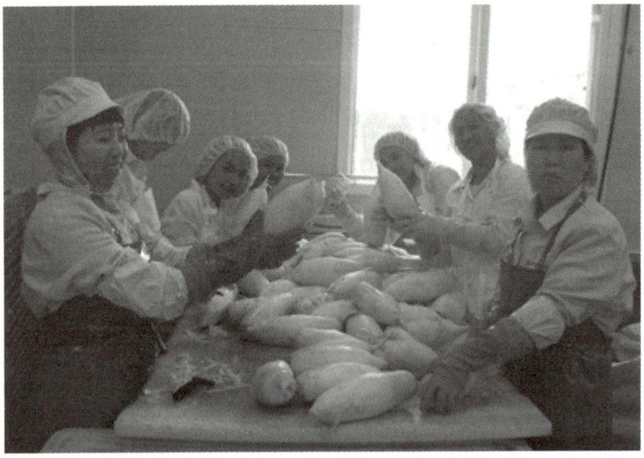

◀ 한국어 교실이 끝나면, 김치공장에서 일하고 반나절 인건비를 번다.

운 후 김치공장으로 가서 무를 자르고 파 다듬는 일을 한다.

이들은 1시간에 4,580원, 오후 반나절 일하면 2만 원 이상을 매일 받아간다. 그녀는 한국어가 좀 익숙해지면 이민자 여성들을 딸기, 상추, 방울토마토, 수박밭으로 소개시켰다. 하루 일당 4만 원에서 4만 5천 원이다. 더운 하우스에서 일하는 것은 힘들지만, 돌아오는 손에 큰 돈이 쥐어지는 기쁨은 무엇과도 바꿀 수 없다. 이민자 여성이 돈을 벌어오니 입김이 세졌다. 남편도 아내에게 잘하고, 살림에 보태기도 한다. 돈을 모아 고국으로 송금도 하고 고국의 부모와 형제자매를 초청하기도 한다. 고국에서는 한국으로 시집간 딸 자랑이 끝이 없다.

K센터장은 "우리 새댁들 정말 고마워요. 돈 없는 남자들에게 우리 여자가 시집오겠어요? 저 새댁들이나 되니까 살지. 처음에는 돈이 없어서 실망하지만 아이 낳고 행복하게 살아요. 저 사람들 없으면 아기들 구경을 하겠어요? 늙은 시부모를 누가 밥을 해주나요? 농촌에서 일할 사람이 있겠어요? 한국 사람들이 저 새댁들에게 고맙게 생각해야 해요"하고 바쁜 걸음을 내딛었다.

2) 이민자 여성을 통해 힘을 얻는 사회복지사

내가 만난 다현 씨는 사회복지학과를 졸업하고 다문화가족지원센터에 취업했다. 첫 직장인 셈이다. 신문에는 이민자 여성에 대한 기사가 매일 나왔다. 대기업이 이민자 여성을 지원하는 일, 친정 엄마 맺기, 합창단 등 언론에서는 다문화라는 말을 단 하루도 안 하는 날이 없을 정도로 관심이 높아졌다. 그들을 위해 자신도 한몫하고 싶다는 생각을 하던 차에 다문화가

◀ 컴퓨터 시간이 가장 재미있다.

족지원센터에 취업할 기회가 온 것이다.

그녀가 근무하는 센터는 방문교육, 한국어 교육, 요리교실, 운전면허 시험반, 시어머니교육, 남편 교육, 검정고시반, 다문화 강사 교육, 컴퓨터 교육, 요양보호사 교육 등의 프로그램이 있다.

교육과정별로 시간표를 짜고, 교수법이 좋은 강사를 선정하기 위해서 활동했던 기관에 전화를 걸어 확인해본다. 출근하면 우선 프로그램을 체크하고 교재를 준비한다. 복사할 강의안이 무엇인지, 교재는 무엇인지 미리 점검하여 준비한다. 강사가 늦지는 않는지, 교육에는 몇 명이나 왔는지 출석 체크를 한다. 한국어 교실에 잘 오다가 안 오는 사람은 전화로 왜 안 오는지를 물어본다. 혹시 가정에 안 좋은 일이라도 있는지 확인하는 차원이다. 방문지도사들의 가정방문 배치와 시간표 짜는 일도 사회복지사들의 몫이다.

회계관리도 보통 일이 아니다. 예산은 국비와 지방비 지원, 사회복지공동모금회, 사회복지재단 등에서 주는 비용이 별도로 있기 때문에 사업내용과 지출내용을 바로 정리한다. 또 정부와 시청이나 사회복지공동모금회, 농협 등에서 다문화가족을 위한 프로젝트가 공고되면 사업계획을 잘 만들어서 응모해야 한다. 인근의 산업체와 연계해서 맞춤형 취업교육을 시키기도 하며, 취업을 알선하기도 한다. 이런 때는 작업장에 어려움은 없는지 미리 체크하고, 면접 때는 같이 가서 월급이나 애로사항 등을 대신 말해주기도 한다.

부부의 갈등을 중재하기도 하고, 이혼하는 이민자에 대해서는 쉼터로 안내하고 한국 체류나 출국을 도와주기도 한다. 이민자를 위한 자조모임도 정기적으로 자리를 마련해서 본국의 이민자 여성들끼리 서로 의지하고 정서적으로 안정감을 찾을 수 있도록 지원한다. 그녀는 국적별 자조모임에 항상 참여한다. 이민자 여성들의 애로사항과 건의사항 등을 듣고 서비스에 반영하기 위해서다. 그녀는 공적 업무보다 이민자 여성들과 어린아이와 함께 있을 때가 더 좋다. 이들과 함께 있으면 자신의 직업에 대한 사명감과 애정이 솟구친다.

정부가 실시하는 다문화가족지원센터의 종사원 교육에도 참석해야 한다. 이런 때는 전국에서 관련자들이 모이기 때문에 서로 네트워크를 연결하고, 새로운 것을 배울 수 있어서 좋다. 시청이나 도청에서 행사 때 이민자 여성을 동원해 달라는 요청도 많다. 요사이 이민자 여성은 반드시 참여해야 할 주요 인사다. 다문화축제도 많아서 특색 있는 아이디어를 가지고 축제에 참여한다. 뿐만 아니라 가끔 센터를 방문하는 사람들을 위해 PPT를 만들고 브리핑하는 것도 사회복지사의 몫이다.

사실 센터에 올 정도의 여성이면 한국사회에 성공적으로 정착한 여성들

▲ 남편은 아내가 한국에 왔을 때가 가장 행복하다고 했다. 태국 여성이 그린 고국의 수상 가옥과 한국의 산과 들.

이다. 그들은 남편의 가정폭력 같은 것은 찾아볼 수가 없다. 지난 이민자 부부교육 때에는 가장 행복했을 때와 슬플 때를 그려보라고 했다. 남편들은 아내가 한국에 왔을 때를 가장 행복했다고 하고, 아내들은 고향이 그립다는 표현을 많이 했다.

이러한 센터가 있는지 모르는 사람도 있고, 가족의 반대나 교통이 불편해서, 돈 버느라고, 농사일 때문에, 아이 키우느라, 임신해서, 교통비 부담 때문에 센터에 못 오는 여성들이 너무 많다. 물론 이들을 위해 방문지도사가 가정으로 들어가서 교육을 시키고 있다. 하지만 방문지도사가 없는 지역도 있고, 생업 때문에 방문교육도 받을 수 없는 여성도 있다. 함께 어울릴 수 있다는 것이 삶의 큰 힘이 될 텐데. 그들의 생활이 안타깝다.

언젠가는 센터에 자주 오던 여성이 한동안 안 나오더란다. 알아봤더니 시어머니가 지병이 악화되어 병간호를 하느라고 못 온다는 것이었다. 또 어떤 여성은 남편이 일자리를 잃어 공장에 다닌다고 했다. 센터에 오는 여성들은 모두가 소설 같은 사연의 주인공이라고 한다. 이민자 여성들이 어려운 환경 속에서도 희망을 잃지 않고 살아가는 모습을 보면 오히려 다현 씨 자신에게 힘이 된다고 했다.

3) 가정으로 방문해서 한국어 가르쳐요

최은미 씨는 S시 다문화가족지원센터의 방문지도사다. 센터에서 한국어 방문지도사를 모집한다는 공고를 보고 신청하여 자신의 또래인 많은 중년 여성들과 함께 면접을 보았다. 합격통지를 받고 그녀의 새로운 삶은 시작되었다. 그녀는 요새 너무 행복하다. 그녀의 꿈은 선생님이 되는 것이었는데, 대학 졸업 후 바로 결혼해서 그 꿈을 이루지 못했지만 자녀들이 다 성장한 후에야 선생님이 되었다. 생활이 안정권에 들어서자 봉사하고 살아야겠다는 희망을 가졌다. 이제 선생님도 되었고 봉사하며 지내는데, 월급도 나오니 일석삼조의 기쁨이다.

퇴근 후엔 남편과 자녀들에게 자신의 활동 이야기를 하고, 가족들은 이민자에게 더 효율적인 수업이 될 수 있도록 멘토가 되어 한마디씩 거든다. 텔레비전 앞에 있거나 각자 자기 방으로 들어가던 가족들은 이제는 은미 씨가 오늘은 무슨 일을 했는지 궁금해 한다. 가족끼리 대화가 많아지자 가족 모두 다 행복해졌다. 남편과 딸은 은미 씨를 자랑스럽게 생각한다. 한때 갱년기우울증으로 시달리던 그녀가 어딘지 급히 나갈 데가 있고, 자신을 기다리는 사람이 있고, 그 사람에게 한국어를 가르치고 희망을 준다.

그녀가 처음 만난 결혼이민자는 라이라 씨(필리핀, 21세)였다. 은미 씨는 첫 수업이라 기대 반 긴장 반으로 한국어 기초교재와 함께 낱말카드, 그림카드, 조사카드를 가지고 학습자의 집을 찾았다. 그녀는 눈이 퉁퉁 부은 채로

울고 있었다. 함께 사는 시어머니는 며느리에게 공부를 가르치지 말고 자기 말 좀 들어보라고 했다. 며느리가 일을 시키면 못 알아들은 척하고, 시어머니가 농사일을 나가도 집에서 빈둥거리고 논다고 했다. 고집이 세서 한번 울면 그칠 줄 모른다는 것이다. 경준이(손주)가 말 배울 때가 되어 가정방문 교육을 신청했는데 내일부터는 오지 말라는 것이다. 아들은 마흔 살로 공사판을 따라다닌다고 했다. 경기가 안 좋아서 집에 노는 날이 더 많다고 한다.

그녀는 시어머니의 말씀을 다 듣고 앞으로 한국어뿐만 아니라 문화차이도 함께 가르치겠다고 약속드리고 한국어 공부를 시작했다. 선물로 가져간 네모 칸 노트와 연필, 지우개, 연필 깎는 칼을 주고 공부를 시작했으나 공부할 분위기가 아니었다. 더군다나 시어머니가 공부하는 방에 앉아서 감시했다. 행여 외부인이 와서 다른 이야기를 하는 것이 아닌가 하는 우려 같았다. 한국에 온 지 3년 가까이 되었지만 한국어 실력은 단어 몇 개 나열하는 정도였다. 가족과의 대화가 전혀 없이 산 것처럼 보였다. 밥상을 펴놓고 앉아서 가르치자니 다리도 아프고 엉덩이도 아팠다. 시어머니 기분도 맞춰드

▲ 다문화지원센터의 방문지도사가 가정으로 방문하여 한국어 교육, 부모 교육, 자녀생활 서비스를 지원한다.

리며 수업하자니 2시간이 얼마나 길던지.

다음 날엔 작은 케이크를 사 가지고 갔다. 아들 경준이랑 시어머니랑 라이라랑 같이 앉아 촛불을 불게 했다. 누구의 생일은 아니지만 한 번은 할머니, 한 번은 엄마, 한 번은 경준이 생일이 되어 번갈아 생일축하 노래를 불렀다. 모두들 좋아서 어쩔 줄 몰랐다. 스마트폰으로 사진을 찍어 보여줬더니 모두 신기해 한다. 공부 분위기는 급전되었다. 지난번에는 팔짱을 끼고 눈을 부릅뜨며 감시하던 시어머니가 고맙다는 말을 하셨다. 얼굴이 어둡던 라이라도 생기발랄한 얼굴로 돌아왔다. 경준이는 신이 나서 소리를 지르곤 했다. 시어머니는 경준이가 공부에 방해된다며 데리고 나갔다.

다음 날, 시어머니는 은미 씨가 오는 시간에 맞춰서 고구마를 쪘다며 먹으라고 권한다. 남은 건 집에 가져가라고 했다. 수업이 끝났는데도 못 가게 하며 자신이 서른 둘에 사별하고, 고생고생하며 지낸 이야기를 하셨다. 며느리도 때로는 불쌍하다고 했다.

가정방문 때마다 라이라는 시어머니와 남편이 함부로 하는 것을 은미 씨에게 하소연했고, 시어머니는 며느리의 게으름과 고집을 하소연했다. 중간자 입장에서 서로를 이해시키려고 노력했다. 살아온 경험으로 이 두 사람에게 말하지만 스스로 부족함을 느꼈으며, 상담기법이 필요하다고 절감했다. 은미씨는 의욕이 넘쳤으나 라이라는 한국어 배우기를 너무 힘들게 생각했다. 그녀는 고국에 있을 때 너무 가난해서 초등학교를 다니다가 중퇴했다는 것이다. 학습에 대한 수용능력이 부족한 것이었다. 한글을 그리던 실력이 시간이 갈수록 제법 모습을 갖추기 시작했다.

방문지도사는 이민자와 그 가족과 가장 밀접한 관계를 유지하고 있다.

가정에서 이루어지는 학습이라 그들의 속마음을 털어놓을 수 있는 단 한 사람이다. 라이라는 은미 씨를 한국에서 유일한 자신의 지지자이며 친정어머니와 같은 존재라고 느끼고 있었다.

한번은 센터에서 시어머니와 며느리가 함께 공짜로 찜질방에 가는 프로그램이 있었다. 시어머니는 다른 이민자들을 만나면 비교될까봐 센터에 나가는 것을 망설이기도 했다. 하지만 찜질방의 유혹을 거절하지는 못했다. 라이라는 한국에 온 지 처음으로 읍내를 간다고 했다. 읍내 아파트를 보며 "저기 한번 들어가고 싶다"고 해서 안쓰럽기도 했다. 그녀는 대중탕에 놀라 안 들어가겠다고 떼를 썼다. 이리저리 어르다가 은미 씨와 함께 맨 나중에 같이 들어가는 것으로 합의를 보았다. 찜질방은 낮이라 한가했다.

구석에 자리 잡은 며느리를 발견한 시어머니가 며느리의 등을 밀어주었다. 라이라에게 시어머니 등도 밀어주는 것이라고 했더니 서로 등을 밀어주기도 했다. 찜질방에 나와서는 둘이 손을 잡고 이 방 저 방으로 옮겨 다녔다. 무슨 이야기를 하는지 나란히 같이 누워서 깔깔거렸다. 주변 사람이 시끄럽다고 눈치 주는 것도 모르는 것 같았다.

약속된 한국어 교육 80시간이 끝났다. 일주일에 2번, 2시간씩, 5개월을 한 번도 거르지 않고 학습자의 집을 방문했다. 한국어 실력은 월등하게 향상되었다. 라이라는 시어머니와 남편과의 관계도 아주 좋아졌다. 한국어 교육이 끝날 무렵 서로 말은 안 해도 은미 씨와 라이라의 관계는 친정어머니와 딸과 같은 관계로 발전했다. 한국어 교육이 끝나고 경준이를 위해 아동양육지도사가 파견된다. 역시 80시간 동안에 라이라에게 경준이를 양육하는 방법이 집중적으로 교육된다. 이때는 경준이와 함께 놀이를 통한 지도가 이루어진다.

사실 라이라의 집을 가는 데 한 시간 남짓 걸린다. 은미 씨는 라이라 외에 3가정을 방문하고 있었다. 월급의 대부분이 주유비와 아이들 간식비로 충당되었지만 이민자 여성들이 한국어 실력이 향상되는 것이 큰 보람이었다. 이제 라이라는 센터로 나와 중급단계의 한국어를 배우고 있다. 센터에 나오면 고국의 말을 쓰는 친구들을 만나서 좋다고 한다. 라이라가 그녀에게 시누이가 결혼한다고 청첩장을 준다. 어느새 은미 씨는 라이라의 새로운 가족이 되어 있었다.

4) 한국 대학 졸업하고, 통역 전문가로 일해

10년 전, 고향에서 영어교사였던 하잉 찌는 베트남에서 산업연수생으로 한국에 왔다가, 한국에서 남편을 만나 결혼했다. 그녀는 한국 대학의 사회복지학과를 졸업하고 사회복지사 자격증을 받았다. 마침 정부에서 통·번역 전문인력을 채용한다고 했다. 테스트를 거쳐 서울에서 5일간 합숙교육을 했다. 전국에서 올라온 100명의 예비 통·번역 전문인력은 전문가로서 옷 입는 법부터 통역하는 법, 상담기법까지 많은 것을 배웠다. 그녀는 합숙교육이 처음이라 남편과 아이와 떨어져 있어야 하는 것에 대해 어려워하기도 한다. 하지만 5일간의 합숙훈련은 자신의 정체성과 자긍심, 이민자 여성을 위한 사명감 등을 느끼기에 충분하였다. 5일간 합숙이 끝나는 날은 전국에서 온 남편과 아이들로 학교 졸업식과 같은 분위기였다.

합숙교육 후, 그녀는 한국어를 공부하던 다문화가족지원센터에서 통·번역사로 일하고 있다. 월 고정 수입이 100만 원이다. 새로 입국한 베트남 여성이 한국어를 배울 때 바로 옆에서 개인지도를 해주기도 한다. 고부와 부부가 와서 상담을 하기도 한다. 서로 언어소통이 안 되는 부분을 설명하고 이해시킨다. 또 4개월 된 아기가 눈에 문제가 있다고 병원에 같이 가자는 연락이 왔다. 동행했는데 초진 검사결과 안암이라는 것이다. 통역을 하며 함께 울었다.

이민자가 귀화신청을 할 때 이민자 고국에서 온 간단한 서류에 대해서 번역해야 한다. 번역사무소에 가면 비용이 많이 든다. 이민자 여성이 이혼할 때는 대부분 집을 나와서 쉼터에서 머무른다. 이때 법원에 동행해서 통역을 해준다. 베트남 여성은 가족을 무엇보다 소중하게 여긴다. 남편의 폭력에 시달리다가도 결국은 '아빠 없는 아이'를 만들고 싶지 않아서 이혼을 포기하고 집으로 가는 경우도 보았다. 부부 간이나 고부 간에 서로 말이 안 통할 때 전화로 3자통역을 하는 경우도 많다. 학교에서 안내문을 베트남말로 번역해달라고 가져오기도 한다.

가끔은 파출소에서 와 달라는 요청이 있다. 대부분 가정폭력 문제이지만, 베트남 여성이 베트남 근로자와 문제를 일으켜 남편이 신고하는 경우도 있었다. 시청에서도 베트남과 MOU를 맺는다고 통역과 자문을 구하기도 한다. 그녀는 통·번역 전문인력으로 활동하면서 자긍심과 사명감을 느끼고 있다.

5) 보다 나은 내일을 노래하며

나는 P군에 있는 다문화가족지원센터를 방문했다. 아기를 업고 오거나, 유모차에 아기를 태우고 오거나, 걷는 아이와 같이 오는 이민자 여성들은 한국 여성들과 크게 다르지 않다. 아이들은 영락없이 한국 아이였다. 한두 명의 아이가 피부색이 조금 검은 것 외에는 생김새는 크게 다르지 않았다. 들어오면서 만나는 사람끼리 "안녕하세요"하며 웃었다. 엄마들이 한국어를 배우러 갈 때 보육실에서 자원봉사자들이 아이를 봐준다. 보육실은 너무 좁고, 선풍기 하나로 더위를 이기고 있다. 쌔근쌔근 잠자는 젖먹이도 있고, 기어 다니는 아이도 있고, 이제 막 걸음마를 시작한 아이, 또 서너 살 되는 아이는 뛰어다녔다.

엄마와 떨어지지 않으려는 아이는 한국어 교실에 데리고 들어가 안은 채 공부했다. 한국어 교실에서는 여성가족부와 국립국어원이 개발한 한국어 교재를 쓴다. 기초반에서는 그림과 함께 '오이, 가지, 배추'를 가르치고 있었다. 오래 전에 입국한 모국의 자원봉사자가 옆에 앉아 통역을 하며 지도하기도 했다. 네모 칸 노트에 정성을 들여 쓰는 그들의 얼굴에 땀방울이

▲ 같은 국적 여성들끼리 모여서 모국어로 이야기하는 시간이 즐겁다.

◀ 결혼이민 여성들은 입국 후 바로 임신·출산으로 이어진다.

송글송글 맺혀 있었다. 초급반에서는 '오른쪽으로 가면 학교가 있어요' 이런 글들을 가르쳤다. 어리디 어린 얼굴들에서는 가난의 흔적을 찾을 수 없었다. 그저 대학 캠퍼스에서 만나는 그런 싱그러운 얼굴들이다.

오전 10시부터 시작한 한국어 교실은 12시에 끝났다. 멀리 버스를 타고 돌아가는 여성들은 서로 모여서 나무 그늘에 앉아 도시락을 먹는다. 아이를 먹이느라고 자신은 한 수저도 뜨지 못하는 여성도 있었다. 반찬은 김치, 계란부침, 장아찌, 멸치와 같이 한국인이 먹는 음식과 똑같다. "맛있냐"고 물어봤다. "처음에는 너무 짜고 매워서 못 먹었지만, 이제는 맛있다"고 말한다. 가끔 같은 고국 사람들끼리 한 집에 모여 고국의 음식을 해먹기도 한다고 했다. "남편이 우리 음식 냄새를 싫어해서 문을 활짝 열어놓는다"는 말을 하며 까르르 웃는다.

한 여성이 버스를 타야 한다고 급히 뛰어나갔다. 이민자 여성들이 센터 근처에 사는 것은 아니다. 하루에 몇 번만 오가는 버스를 타고 1시간 이상 가기도 한다. 이민자 여성에게는 시간도 문제지만, 버스요금이 더 부담이

▲ 한국어 교실, 네모 칸 노트에 쓴 한글은 노력과 정성이 가득하다.

다. 한국어를 배우러 오는 데 편도 1,200원, 왕복 2,400원이 든다. 벽지에 사는 사람은 버스를 2번 갈아타고 온다. 하루에 4,800원이 교통비로 든다고 한다. "교통비를 지원해주면 좋겠다"고 말하는 여성의 얼굴이 '너무 미안하다'는 표정이다. 그럴 것이다. 대부분 저소득자인 이민자 가정은 농사일을 거들 때 약간의 현금을 만져볼 뿐, 그 외에는 현금을 보는 일이 쉽지 않다. 그러니 한국어 교실에 오고 싶어도 며칠씩 거르고 올 수밖에 없다. 정부가 예산이 넉넉해서 버스 쿠폰을 나눠줄 수 있다면 얼마나 좋을까?

여러 여성들이 "취직해서 돈 벌고 싶다"고 말했다. "무슨 일을 하고 싶냐"고 물었더니 컴퓨터 강사, 미용실, 영어학원, 빵집 등 다양했다. 베트남 여성이 '국제결혼중개업'을 하고 싶다 해서 발음이 안 좋아서 잘못 들었나 싶어 다시 물었다. 자신의 친구가 가정폭력 때문에 이혼하고 베트남으로 귀국했는데, 한국에 두고 온 딸이 보고 싶어서 매일 운다고 했다. 거짓말

안 하고 진실한 사람들끼리 소개하면서 돈 벌고 싶다고 했다. 그녀들도 속은 게 많다고 했다.

커피까지 싸온 사빈(캄보디아)이 내게 커피를 권하며 말했다. "한국말은 너무 어렵다"며 자신과 친구가 직접 겪은 일화를 말했다. 정확하지 않은 문장이지만 충분히 알아들을 수는 있었다. 웃다가 눈물이 났다. 내가 어떻게 저들을 행복하게 해주랴.

살려드릴까요? 죽여드릴까요?

시누이가 결혼하는 날이었다. 결혼식 때 입었던 한복을 차려 입고 미장원에 갔다. 미용사는 칼 같이 길쭉한 고대기를 들고 "앞머리 살려드릴까요? 죽여드릴까요?" 물었다. 그녀는 혼비백산하여 얼굴이 파래졌다. 그녀에게 들리는 말은 "죽여드릴까요"뿐이었다.

강아지라고?

그녀는 남편과 21살 차이다. 그녀가 하는 짓은 모두 이쁘고 귀엽다. 남편은 그녀의 엉덩이를 토닥이며 말했다. "아이고 우리 강아지~, 우리 강아지." "뭐라고! 내가 강아지라고?"

내가 사람이 아니라고?

아내가 아파서 남편과 함께 병원에 갔다. "우리 안사람이 허리가 아파서…" 아내는 버럭 화를 냈다. "아픈 사람은 사람이 아니라고?"

05

다문화자녀

2008년 11월 5일 미국 대통령으로 혼혈인인 오바마가 당선된 것은 미국 뿐만 아니라 인류역사상 최대 사건의 하나로 기록되고 있다. 오바마의 당선은 미국사회에서 노예로 차별을 받아왔던 흑인 혼혈인이 당당히 최고 통수권자가 됐다는 점에서 미국사회의 패러다임(paradigm)이 변하고 있다는 것을 보여준다. 또 미국이 관용과 개방(tolerance and openness)을 통해 창조적 사회(creative society)로 성숙하고 있다는 것을 입증하는 것이다. 이는 다문화사회로 고속질주하는 우리에게도 그대로 적용되는 게 아닌가 생각한다.

이 같은 일은 바로 교육을 통해서 가능하다. 오바마의 참모들은 「미국의 변화(Change for America)」(2009)라는 오바마 정책제안서에서 오바마가 교육사령관(Commander-in-chief in education)이 돼야 한다고 밝혔다. 취임 후 오바마는 몇 차례나 교육이야말로 성공의 열쇠가 된다고 강조하며, 한국의 교육열을 본받아야 한다고 했다.

한국의 사회구조는 부모의 사회적·경제적 지위를 자녀들이 대물림 받는 경우가 많다. 다문화자녀들은 부모의 경제소득이 낮고, 부모의 맞벌이, 엄마의 한국어 능력 부족 등으로 학습부진으로 이어질 우려도 있다. 한국어 미흡과 학습부진으로 학교에서 왕따가 될 수 있다. 이로 인하여 소외감 속에 학업을 중단하거나 한국사회에 대하여 저항감을 드러낼 수 있다. 교육기회의 불평등은 소외계층을 형성하고 양극화를 심화시킨다. 그리고 체제 저항적인 집단을 형성하여 사회분열과 충돌을 가져올 수도 있다. 다문화사회로 들어선 한국도 제2, 제3의 오바마가 탄생할 수 있는 환경을 조성해야 한다. 획일화된 한국식 교육이 아닌, 그들이 가진 문화적 감수성과 다양성을 개발해야 한다. 그러면 제2, 제3의 오바마 탄생은 가능하다. 이 장에서는 다문화자녀의 현황과 실태에 대해서 논의한다.

1 다문화자녀 15만 1천 명이 살고 있다

국제결혼이 증가하면서 다문화가족의 자녀가 크게 늘어나고 있다. 행정안전부는 2011년 1월 기준 「지방자치단체 외국계주민현황조사」에서 18세 이하 다문화자녀는 151,154명이라고 발표했다(2011년 6월). 만 6세 이하는 93,537명(61.9%), 만 7세 이상~12세 이하는 37,590명(24.9%), 13세 이상~16세 이하 12,392명(8,2%), 17세 이상~18세 미만은 7,635명(5.1%)로

그림 7 다문화가족 자녀의 증가 추이 (2011. 1월 기준, 단위: 천 명)

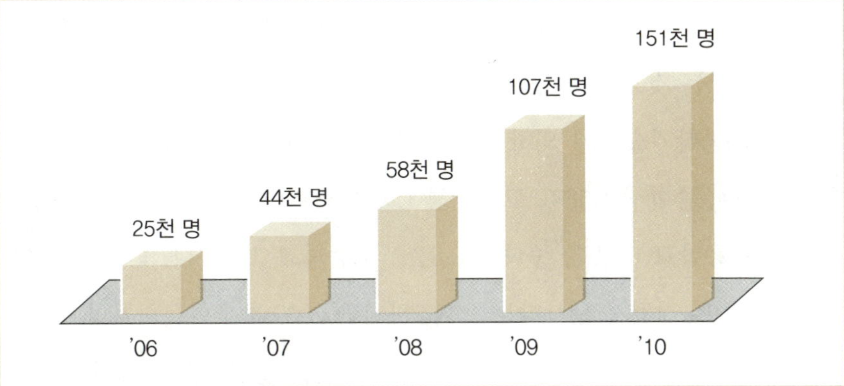

자료: 「지방자치단체 외국계 주민현황조사」, 행정안전부, 2011. 6.

그림 8 다문화자녀 연령별(18세미만) 현황 (2011. 1월 기준, 단위: 명, %)

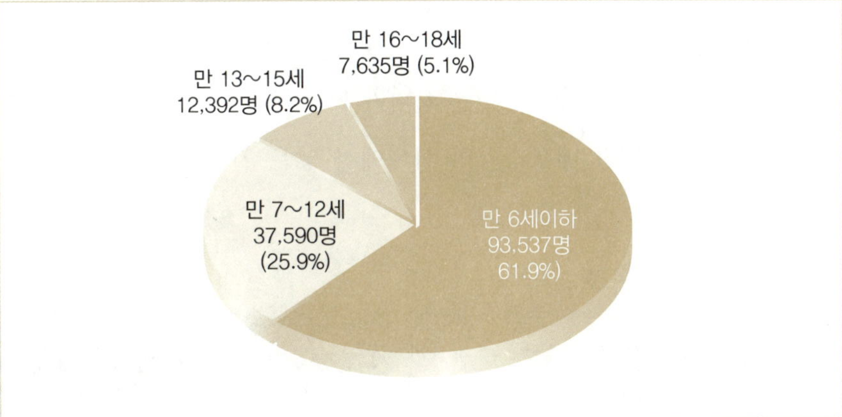

자료: 「지방자치단체 외국계 주민현황조사」, 행정안전부, 2011. 6.

표 4 다문화자녀 연령별(18세 미만)현황 (2011. 1월 기준, 단위: 명, %)

구 분	계	만 6세 이하	만 7~12세	만 13~15세	만 16~18세
자녀수	151,154	93,537	37,590	12,392	7,635
비율(%)	100	61.9%	24.9%	61.9%	5.1%

자료: 「지방자치단체 외국계 주민현황조사」, 행정안전부, 2011. 6.

나타났다. 교육과학기술부에 의하면 2011년 연도별 다문화 초중고생 추이는('09)26,015명 → ('10)31,788명 → ('11)38,890명으로 해마다 평균 20% 정도 급증하는 것으로 조사되었다.

또 교육과학기술부에 의하면 다문화자녀의 2010년 학업중단율은 초등학생 0.39%, 중학생 1.58%, 고등학생 1.92%다. 2010년 전체 학생의 학업중단율은 초등학교 0.31%, 중학교 0.83%, 고등학교 1.72%다. 다문화자녀의 학업중단율은 전체 학생보다는 높다. 하지만 2009년의 다문화자녀 학업중단율과 비교했을 때는 학업중단율이 낮아진 것을 알 수 있다.[1] 특히 다문화자녀 중학생은 전체 중학생에 비해 학업중단율이 매우 높은 것으로 나타났다. 이민자 가족의 자녀 현황을 보면 한국인과 이민자 사이에서 낳은 자녀가 126,317명으로 전체의 83.5.%를 차지하고 있으며, 한국인이 재혼했을 경우 전 배우자와의 사이에서 낳은 자녀가 15,216명 10.1%, 이민자가 재혼했을 경우 고국의 전 배우자와의 사이에서 낳은 자녀(중도입국 자녀)가 9,621명 6.4%다.

표 5 다문화자녀 유형 (2011. 1월 기준, 단위: 명, %)

구 분	계	외국인-한국인 부모	한국인 부모[2]	외국인부모[3] (중도 입국자녀)
자녀수	151,154	126,317	15,216	9,621
비 율	100%	83.5%	10.1%	6.4%

자료: 「지방자치단체 외국계 주민현황조사」, 행정안전부, 2011. 6.

1 다문화자녀의 2009년 학업중단율은 초등학생 0.53%, 중학생 2.55%, 고등학생 1.99%다.

2 한국인 부모는 한국인이 재혼하기 전, 한국인 배우자와의 사이에서 낳은 자녀.

3 외국인부모(중도입국 자녀)는 외국인이 본국에 있을 때, 본국의 전 배우자와 결혼하여 낳은 자녀임. 외국인이 한국인과 재혼한 후, 모(또는 부)를 따라 한국으로 들어와 새아빠(또는 새엄마)와 같이 사는 자녀.

사실상 다문화자녀 통계는 한국인과 한국인 사이에서 낳은 자녀를 다문화자녀에 포함하여 통계로 잡는 것은 모순으로 보인다. 향후에는 한국인과 한국인 사이에서 낳은 자녀를 다문화자녀의 통계에서는 제외하고, 별도로 한국인과 한국인 사이에서 낳은 자녀를 보여주는 방향으로 개선하는 것이 좋을 것 같다. 특히 행정안전부에서 발표한 2010년 6월 기준 중도입국자녀 통계는 6,971명이었으나, 2011년 1월 기준은 9,621명으로 급격하게 증가된 것을 알 수 있다

한편, 국방부는 다문화자녀들의 군복무 조기적응을 위해 다문화 장병(귀화자, 북한 이탈주민, 국외 영주권자, 결혼이민자 등) 동반입대 복무제도를 시행하고 있다. 한편 다문화자녀도 내국인 자녀와 같이 병역의무를 이행하여야 한다. 국방부에 의하면 입대한 다문화자녀는 2010년에 112명, 2011년에는 139명이다.

2 이민자 여성, 출산자녀는 0.9명

다문화가족 실태조사(보건복지가족부, 2009)에 의하면 결혼이민자와 현재 배우자와 관계에서 자녀가 없는 가정이 39.3%에 이른다. 둘 사이에 태어난 자녀가 1명인 경우는 38.4%이며, 2명 이상의 자녀는 22.3%에 불과하다. 전체 평균으로 보면 이민자 여성과 현재 배우자가 낳는 자녀는 0.9명에 그친다. 결혼이민자가 최소 1명 이상은 낳을 것이라는 기대와는 어긋나는 셈이다.

이는 결혼이민자 부부 중에 한 사람이라도 재혼인 경우가 35%에 이르고

있고 전 배우자의 자녀가 있거나, 소득이 낮아 자녀 출산을 기피하는 것으로 보인다.

결혼이민자의 출산비율이 많은 국가는 일본 출신이 1.8명으로 가장 많고 필리핀과 태국은 1.3명, 중국 동포가 0.8명, 중국이 0.6명으로 조사됐다. 특히 일본 출신 여성은 3자녀 이상인 경우가 32.4%인 것으로 조사되었다. 다문화가족은 현존 자녀수와 추가 희망 자녀 수를 합한 기대자녀 수는 1.4명으로 나타났다.[4]

3 육아시설 이용은 한국 평균과 비슷

다문화가족의 유아교육 실태를 분석해보자. 미취학 자녀의 보육·교육시설·기관 이용률은 57.0%다. 보육·교육시설 이용자 가운데 57.5%가 어린이집을, 40.0%는 유치원, 2.6%는 사설학원 및 기타 시설을 이용하는 것으로 조사됐다.

한국 전체의 육아지원시설 이용률이 59.4%(2008년 어린이집 40.1%, 유치원 19.3%)인 것을 보면 한국 평균과 비슷한 실정이다. 보육·교육시설·기관을 이용하지 않는 경우 영유아를 주로 돌보는 사람은 '본인 또는 배우자'(82.3%)가 가장 많다. 돌봐주는 사람 없이 아이 혼자 지내는 경우는 4.1%를 차지했다.[5]

4 「전국다문화가족실태조사」, 보건복지부, 2009.
5 「전국다문화가족실태조사」, 보건복지부, 2009.

4 자녀교육, 사교육비가 가장 힘들어

초등학교 교육도 만만치 않다. 초등학생 자녀를 둔 결혼이민자의 83.5%는 자녀를 교육하는 데 어려움을 겪는다고 호소하였다. 여성 결혼이민자는 초등학생 자녀를 교육할 때 가장 어려운 점으로 27.4%는 학원비 마련을 꼽았다. 23.2%는 예습과 복습 등 학습지도를 그리고 20.6%는 숙제 지도하기를 들었다.[6] 특히 학교생활 부적응과 학습부진의 어려움이 4.9%를 차지하고 있다.

한국사회의 고질적인 문제로 지적되는 사교육과 과도한 경쟁체계가 다문화가족에게도 똑같이 고민거리다.

5 청소년과 아동의 1/3이 다문화자녀와 사귀기 싫다

헌법 11조 1항에는 '모든 국민은 법 앞에 평등하다. 누구든지 성별·종교 또는 사회적 신분에 의하여 정치적·경제적·사회적·문화적 생활의 모든 영역에 있어서 차별을 받지 아니 한다'라고 명시돼 있다. 그러나 한국사회에서는 차별받는 소수집단이 있었다. 차별받는 소수집단으로는 장애인, 에이즈 환자, 전과자 등으로 이들에게 차별과 편견을 가지고 있었다. 이제 다문화시대로 접어들면서 다문화자녀가 차별받는 소수집단으로 등장할 수도

6 「전국다문화가족실태조사」, 보건복지부, 2009.

있어 특별한 지도가 필요하다.

모상현(2009)에 의하면 '다문화자녀를 친구로 사귈 의향이 있는가'라는 질문에 대해서는 아동의 32.3%가 친구로 사귀는 것에 대해 부정적인 반응을 보였다. 남녀별로는 남자 아동의 부정적인 반응이 38%로 여자 아동의 26%보다 더 많았다. 청소년의 경우, '다문화자녀를 친구로 사귈 의향이 있는가'라는 질문에 대하여는 청소년의 34.6%가 다문화자녀를 친구로 사귀는 데 부정적인 반응을 보였다.

피부색과 생김새가 다르다는 이유로 차별을 받은 아동과 청소년은 읍면지역이 6.7%로 중소도시 3.8%, 대도시 3.9%보다 더 심하게 나타났다. 뿐만 아니라 남자청소년(5.4%)이 여자청소년(4.5%)보다, 고등학생(5.4%)이 중학생(4.4%)보다 피부색과 생김새로 인한 차별을 많이 경험했다고 조사됐다. 특히 부모의 학력이 낮을수록, 경제수준이 낮을수록 차별을 더 많이 경험하였다.

또한 다문화가정 자녀가 '왕따' 등 학교폭력에 심각하게 노출되고 있는 것으로 나타났다. 서울의 다문화 거점학교인 한 초등학교는 전교생 800명 가운데 8%인 60여 명이 다문화가정 자녀로, 한 반에 1~3명꼴이다. 이 학교는 다문화가정 학생·학부모를 대상으로 한국어교실 등 다양한 교육 프로그램도 시범 운영하고 있지만 다문화자녀의 왕따 현상은 여전하다.

다문화자녀 '왕따' 등 학교폭력에 심각하게 노출

방글라데시 출신 아버지와 한국인 어머니를 둔 A(11세)군은 요즘 부모에게 '자살하고 싶다'는 말을 종종 한다. 초등학교 4학년인 A군은 "가장 고통 없이 죽는 법을 알고 싶다"라는 말까지 했다. 담임교사가 오전 늦게까지

출근하지 않은 데다 대체 교사도 들어오지 않아 아이들만 교실에 방치된 날이었다. 지루해진 아이들은 한 학생의 주도로 '반에서 가장 재수 없는 아이'를 뽑는 투표를 했다. 단 두 표를 제외하고 모두 A군을 지목했다. 결과가 나오자 남학생 3명이 A군을 교실 뒤쪽으로 끌고 가 바닥에 쓰러뜨리고서 발로 마구 찼다. A군은 다리에 상처가 부어오르도록 맞기만 했다.[7]

6 다문화자녀, 한국어 구사 능력이 부족하다

다문화자녀의 언어지능은 유아 81.22, 초등 88.15로 국내 저소득층 자녀의 언어지능 유아 98.39, 초등 96.22에 비해 상당히 낮은 수준(복지부, 2007)이다. 부모를 통한 언어습득 기회 및 또래문화 경험 부족 등으로 언어 발달이 지연된 게 그 이유인 것 같다. 한국의 가정 내 문화는 엄마가 양육의 대부분을 차지하고 있다. 아기들은 태어나면서부터 엄마와 끊임없이 눈을 맞추며 '엄마'라는 소리를 들은 후 드디어 '엄마'라는 발음을 한다. 그러나 이민자 여성들은 한국어를 할 수 없어 아기에게 언어 자극을 충분하게 주지 않는다. 가족은 이민자 여성이 모국어로 아기에게 말을 하면 "아기가 한국말을 못 배운다"며 한국말만 사용하기를 원한다.

그러나 한국말을 잘 모르는 이민자가 아기에게 말을 가르쳐 주기가 쉽지 않다. 남편이나 시어머니가 아기에게 말을 가르치면 좋은데, 나이 많은

7 연합뉴스(2012. 1. 8), '피부색 다르다. 왕따' 인용.

남편은 아기에게 말 거는 것이 낯설고, 밤 늦게 돌아오는 경우가 많아 말을 가르치기가 어렵다. 부부만 사는 가정의 아기는 더 말을 못 배운다. 그리고는 주변 사람들은 "엄마가 말을 못해서 아기가 말을 못 한다"고 말하니 엄마의 마음이 편하지 않다. 주변에서는 "너희 엄마는 한국말도 못하는 바보"라고 아이에게 말하니 엄마를 존경하기는커녕 엄마에 대한 반항심도 일어난다고 한다. 성장한 다문화자녀는 자신의 언어장애가 외국인 엄마 때문이라고 생각한다.

다문화자녀는 엄마가 한국어를 잘 못하기 때문에 아빠가 아기 때부터 말 가르치는 것을 주도해야 한다. 엄마에게만 맡겨놓았을 때 언어발달에 문제가 있을 수 있다. 취학 전에 가정 내에서 말을 배우지 못하면 학교에 들어간 후 학습부진과 정서장애, 왕따 등의 문제가 발생될 가능성이 크다. 언어발달에 지체가 있는 가정을 조사해보니 부부 간의 갈등이 많은 가정, 남편이 집에 와서 말이 없는 가정 등이 대다수를 차지했다. 가족끼리 많은 말을 해야 아기가 언어 자극을 받아 언어를 쉽게 익힐 수 있다. 다문화가족들이 아기를 위해서라도 더 많은 대화를 하면 좋겠다.

7 중도입국 자녀가 급증하고 있다

중도입국 자녀, 학교에서도 부담

추이잉(중국·여, 13세)은 중국에 있을 때 아빠가 돌아가시고 엄마는 한국 남자와 재혼했다. 엄마의 재혼 후 1년이 지난 후 한국에 왔다. 추이잉은 한국말도 못하는데 학교에 연락도 없이 수시로 무단결석을 한다. 부모는 학교보다는 출하 시기를 맞춰야 하는 상추 잎 따는 일과 방울토마토를 딸 때 어린 손이라도 함께 해야 한다고 생각한다. 또 의붓동생을 돌봐야 하는 경우에도 결석한다. 아이들은 자꾸 "띵호아" 하며 놀린다. 학교에서도 학급 분위기를 저해하는 추이잉이 부담스럽다.

베트남 소년, 한국 사람이 되고 싶지만 군 입대는 걱정

응웬 꾸억 치우(베트남·남, 15세)는 한국에 온 지 2년이 지났다. 새아빠가 입양을 해줘서 가족등재부에는 한국 국민의 아들이다. 학교에 가려 했지만 6개월 동안 한국어를 배우고 오라고 했다. 돈이 없어서 학원에 갈 수 없었다. 다문화가족지원센터 한국어 교실을 다니다가 그만두었다. 친구도 없고 아줌마들이 자꾸 쳐다봐서 재미없었다. 지금은 고등학교에 다닌다. 공부하기 싫은 아이들과 함께 어울려 다닌다. 다행히 엄마는 귀화하여 한국 국민이 되었다. 응웬 꾸억 치우도 이제 특별귀화[8] 신청을 해서 한국 사람이 될 수 있다. 이때 군 입대는 의무병이 아니라 안 갈 수 있다. 즉 입대는 본인의 의지대로 선택할 수 있다.

'중도입국 자녀'는 9,621명이다.[9] 이들은 언어소통의 부재와 생김새로 인해 차별을 받으며, 학습부진과 차별에 따른 왕따, 학업중단 등의 부작용이 따르고 있다. 학업을 중단한 이들은 취업을 하거나, 집에 있기도 하고, 본

---

8 중도입국 자녀는 사실상 2가지 요건이 해당될 때 특별귀화가 가능하다. 친모(또는 친부) 가정에 입양이 되어 있어야 하며, 친모(또는 친부)가 대한민국 국민으로 귀화했을 경우이다. 이때 군입대는 의무병이 아니라 선택할 수 있다.

9 「지방자치단체 외국계주민현황조사」, 행정안전부, 2011. 6(2011. 1월 기준).

국으로 귀국하는 경우도 있다. 하지만 폭력서클이나 성매매 촌으로 유입되는 경우도 상당하다.

중도입국 자녀는 자라온 환경이 다르다 보니 제도권 내 학교교육에 적응하기가 쉽지 않다. 학교는 중간학생 수준의 정도에 맞춰 전체를 이끌어 가야 하기 때문에 교사가 중도입국 자녀 한 사람을 위해 진도를 맞추기는 어렵다. 그렇다고 중도입국 자녀를 위한 별도의 학급이 있는 것도 아니라, 일반 학생들과 같이 수업을 받을 수밖에 없다.

중도입국 자녀를 위한 교육지원 프로그램이 없는 상황에서[10] 이들이 제도권 내 교육에 성공적으로 적응하기를 기대하는 것은 무리다. 한국도 선진국처럼 학교 제도권 교육 이전에 6개월 정도 사회적응과 학교적응을 할 수 있는 예비교육과정이 필요하다. 중도입국 자녀를 위해 특별학급이 지원되는 곳은 안산 원곡동 등 8개 학교이다.

8 이중언어는 엄마 뱃속에서부터 가르쳐야

아버지의 인도네시아 언어로 자원투자 전문가로 성공

김경수 씨(인도네시아 이름 유스기안토로)는 20대 후반으로 인도네시아 자원투자 전문가다. 그의 어머니는 한국인이고 아버지는 인도네시아인으로 한국에서 살았다. 부모는 그가 아기일 때부터 아버지 말을 가르쳤다. 공부에는 관심이 없던 그는 고등학교를 졸업하고 바로 군대에 간 후 인도네시

10 여성가족부는 중도 입국자녀를 위한 (재)무지개센터에 위탁하여 Rainbow School을 운영한다.

아 외가에서 3년간을 살게 되었다. 그는 끝없이 펼쳐진 나무와 석유와 천연가스, 구리, 니켈, 주석, 나왕에 관심을 갖게 되었다. 인도네시아가 자원의 보물창고라는 것을 알게 된 그는 현장을 찾아다녔고 이 경험을 바탕으로 인도네시아 투자기업에 들어가게 되었다. 그는 이제 한국의 투자 컨소시엄 관계자와 함께 인도네시아 천연자원시장을 이웃집처럼 오고 간다.

"언제부터 인도네시아 말을 배웠냐"는 말에 그는 "아마 엄마 뱃속에서부터 배웠을 것이다. 한국어 소통이 가능한 아버지는 나와 이야기할 때는 항상 아버지의 언어를 쓰셨다. 어머니도 아버지와 이야기할 때는 아버지 말을 쓰라고 가르쳤다. 아버지는 내가 한국말로 말을 걸면 한국말로 답을 할 줄 알면서도 대답을 안 하셨다."

"인도네시아의 면적은 한반도보다 9배가량 넓다. 풍부한 자원을 바탕으로, 지난 금융위기 이후에도 4%대의 경제성장을 이룩한 잠재력을 지닌 국가다. 아버지가 인도네시아인이 아니었다면 내 성공은 어려웠을 것이다"라고 말했다. 그는 아버지와 아버지 나라에 대한 자부심이 대단했다.

언어는 움직이는 최고의 자원이다. 이제 이중/다중언어는 개인적인 능력의 지표가 되었고 지구촌을 어디든지 자유롭게 왕래할 수 있는 수단이 되었다. 국가 간의 경계가 무너지고, 시장이 개방되어 언제든지 교류가 가능한 사회에서 국민이 자국어 외에 다른 언어를 쓸 수 있다는 것은 국가의 경쟁력이 증대되는 것이다. 미국의 경우 러시아 정보를 입수하고도 러시아어를 정확하게 해석하지 못하여 큰 손실을 입은 적이 있었다.

미국 연방정부는 이에 따라 관계가 불편한 5개 국가(아랍어, 중국어, 러시

▲ 이중언어를 구사하는 다문화자녀는 미래의 글로벌 인재로 성장할 수 있다.

아어, 힌두어, 이란어)의 언어전문가를 육성하기 위하여 전략적으로 관련 대학에 예산을 투입하고 있다. 2009년의 전략언어 예산은 2008년 예산과 비교하여 6배나 늘어났다. 이중언어의 중요성을 인식하게 하는 대목이다.

그러면 이중언어를 언제부터 가르치는 것이 좋을까? 답은 태아일 때부터 가르치는 것이 좋다. 『사이콜로지컬 사이언스(Psychological Science)』의 브리티시 컬럼비아대 유아연구소의 재닛 워커(Werker) 박사 논문 "언어는 엄마 뱃속에서부터 시작된다"는 연구결과를 소개한다. 영어만 사용하는 엄마와, 영어와 필리핀어 2개를 함께 쓰는 엄마에게서 태어난 신생아들이 각 언어에 대해 보이는 반응을 조사했다. 그 결과 영어만 쓰는 엄마가 낳은 아기는 영어에만 반응을 보이고, 영어와 필리핀어를 쓰는 엄마가 낳은 아기는 두 개의 언어에 대해 모두 흥미를 보였다고 한다.

이중언어의 중요성을 강조하는 학자들은 이중언어 사용자는 단일언어 사용자에 비해 지적 유연성이 뛰어나다고 말한다. 이중언어는 종전에는 하나의 '사회적 문제'로 보던 관점에서 '인간의 권리'로 보는 관점으로 바뀌었다 라고 말한다.

9 이중언어, 가족이 싫어한다

한국의 다문화자녀는 별도로 사설학원을 다니지 않아도 부모(이하 엄마로 표현)를 통해 이중언어를 배울 수 있는 좋은 조건에 놓여 있다. 그러나 다문화자녀의 이중언어는 우리가 생각하는 만큼 쉬운 일은 아니다.

결혼이민자의 배우자와 그 가족들은 아기에게 엄마 나라 말을 가르쳤을 때 한국어를 배우는 데 부정적인 영향을 줄 것이라고 생각한다. 더 큰 문제는 그들의 가족이 엄마나라 말에 대해 매우 부정적이다. 가난한 나라의 언어라는 생각을 벗어나지 못하고, 그 언어를 사용하는 배우자와 산다는 것에 대해 열등의식이 있다.

일부 한국 남성은 자신의 아내가 친정식구와 통화하는 걸 싫어한다. 자신이 모르는 아내의 언어로 자신을 흉본다고 생각한다. 이는 아내와 아내나라에 대한 존중감이 없는 데서 오는 반응이다. 이러한 가정환경 속에서 결혼이민자조차도 자신의 모국어를 가족들 앞에서 사용하는 것을 기피하는 게 현실이다. 그럼에도 불구하고 결혼이민자들이 자신의 아이에게 엄마의 모국어를 가르칠 만한 사람이 흔치는 않을 것이다.

그들이 이중언어를 사용하면 자녀의 언어표현이 풍부해진다. 엄마로 인해 다양한 언어구사력을 습득하기 때문이다. 또 자녀와 문화적 공감대를 형성하여 더욱 친밀해질 수 있다. 자녀가 한국말만 하고 성장했을 경우, 한국말 표현이 짧은 엄마와는 폭넓은 대화를 하기 어렵다. 뿐만 아니라 외가식구들과 언어소통의 단절되어 관계 맺기가 쉽지 않다. 다시 강조하지만 엄마가 짧은 한국말로 자녀를 가르치는 것보다 유창한 모국어로 가르치는 것이 자녀의 지능발달과 자녀가 글로벌 인재로 성장할 수 있는 역량을 제공할 수 있다.

10 '다르다'는 '차별'이 아니고 '차이'다

우리의 교육은 타민족에 대해 이중적인 사고를 가지고 있다. 백인에 대해서는 지나치게 우호적이고, 유색인종에 대해서는 지나치게 배타적인 마음이 내재되어 있다. 고아라(2005)[11]에 의하면 초등학교 아동의 백인에 대한 인식은 '매우 친절하다', '지적이다', '위생적이다', '좋은 성품을 가졌다'로 나타났다. 그러나 흑인에 대한 인식은 '불친절하다', '지적 수준이 낮다', '비위생적이다', '폭력적이다'로 대조를 보인다. 그러나 초등학생이 백인과 흑인을 만난 경험은 거의 없다.

우리는 교육과정에서 은연중에 미국 백인의 우월성을 배우고 흑인은 노예라는 것만 인식하게 된 편견의 결과다. 흑인은 아프리카만을 떠올리지만 사실은 아프리카에 대해 아는 것이 거의 없다. 또한 다문화 학생이 따돌림 당하는 이유(교육과학기술부, 2005)는 엄마가 외국인이기 때문(34.1%), 의사소통이 되지 않아서(20.7%), 특별한 이유 없이(15.9%), 태도와 행동이 달라서(13.4%), 외모가 달라서(4.9%)로 조사되었다.

학부모 회의를 하면 이민자 여성들은 학교에 오지 않는다. 자녀들에게

11 고아라, 『초등학교 아동이 각 인종에 대하여 어떤 인식을 가지고 있는가』, 2005.

상처를 줄까봐 그런다고 한다. 아이들도 자신의 엄마에 대해서 전혀 말을 하지 않는다. 엄마가 외국인인 것이 아이들에게는 상처다. 학교의 적극적인 다문화 이해교육이 필요하다.

우리는 일단 외국인의 얼굴을 보고 '부자나라냐, 가난한 나라냐'로 분별한다. 우리 사회는 미국이나 유럽의 백인보다는 베트남, 필리핀, 인도네시아, 파키스탄 등에서 많은 사람이 들어와 있다. 이들을 가난하다는 편견으로 그들을 폄하한다. 교육과정에서 배우지 않았기에 편견이 작용하는 2가지만 들어보자. 무슬림은 모두 다 아랍인이다? 아니다. 전 세계 무슬림 인구 중에서 아랍인은 5분의 1에 불과하다. 우리는 '무슬림=아랍인'이라는 편견이 이미 자리하고 있다.

아프리카는 역사적으로 문명국가가 아니다? 고대 아프리카는 고도의 문명국가였다. 아프리카는 기원전 4000년대에는 나일강 하류를 중심으로 고도의 문화가 일어나 기원전 1000년경까지 인류사에서 가장 오래된, 그리고 가장 빛나는 문화가 번영하였던 곳이다. 이드리스 왕국, 알모라비드 왕국, 알모하드 왕국, 잔지왕국은 문명의 전성기로 그리스와 중국, 아랍 등과도 활발하게 교류했으며 유럽 이상의 문명국가였다.[12] 아프리카=노예라는 편견이 자리한 결과다. 우리는 이처럼 배우지 않은 제3국의 문화에 대해 스스로 터득한 단편적 지식과 편견으로 무시하고 폄하한다.

다문화자녀도 마찬가지다. 엄마가 저개발국가에서 온 사람이라는 이유로, 생김새가 다르다는 이유로, 소득이 낮을 것이라는 이유로 차별하고 괴

12 『다문화교육 이론과 실제』, 학지사, 2010.

롭힌다. 다문화사회에서 '차별'은 사회통합을 저해한다. 다르다는 것은 '차별'이 아니라 '차이'임을 알아야 하겠다.

11 최초로 공립형 다문화 대안학교 탄생

'외국인 새날학교'(광주 광산구 삼도동 옛 삼도남초등학교)는 2011년 6월 광주교육청으로부터 학력인증이 되는 대안학교(초, 중, 고)로 탄생했다. 새날학교는 2007년 1월 지역 기업인과 의료인, 교사 등의 도움으로 광산구의 학교 교실 3칸을 빌려 3명으로 문을 연 후, 2008년에 23명, 2009년에 72명, 2012년에는 83명으로 학생이 늘어났다. 이제는 경기 부천시, 충북 청주시 등 전국 12곳에 분교를 둘 정도로 자리를 잡았다. 학생들은 대부분 중도입국 자녀로 엄마가 이혼 또는 사별한 후 한국인 남자와 결혼한 경우다.

대부분은 엄마가 한국에 정착한 후 혼자서 입국하게 된다. 이때 한국인 새아빠의 가족등재부(구 호적)에 입양으로 올린다. 새아빠의 기족등재부에 올려주지 않아 방문비자로 온 아이는 방문기일이 넘어가 불법 체류자로 남는 경우도 있다.

새날학교 아이들은 사연도 많다. 새아빠가 아이를 끝까지 받아주지 않아 온 아이, 새아빠의 구타 때문에 나온 아이, 가정불화로 엄마가 가출해 새아빠 집에 있기 어려워 나온 아이, 한국 학교에서 입학을 거부당한 아이, 왕따 문제로 전학온 아이, 엄마와 새아빠가 일하러 나가고 2살짜리 의붓동생을 돌보느라고 2년 동안 집에만 있다가 온 아이 등 상처받은 아이, 외국인

▲ 외국인 새날학교는 모국어와 한국어 교육을 함께 한다.

근로자로 자녀가 관광비자로 입국했다가 불법 체류하는 경우 등이다. 아이들은 새날학교에 와서 서서히 상처를 치유해갔다. 모두 생김새가 다르고, 전에 다니던 학교에서와 같이 외모로 인해 왕따 당하지 않는다. 언어나 성적도 자신의 처지와 비슷하다. 처음에 학교에 왔을 때 문제행동을 보이던 아이도 친구들의 도움과 교사의 사랑과 헌신적인 노력으로 점차 적응하기 시작했다.

재학 중인 학생들은 한국에서 산다는 것에 대해 대단한 자부심을 느끼고 있었다.

12 전교생의 45.8%가 다문화자녀

미원초등학교(경기도 가평군 설악면)는 2011년 7월 현재 전체 학생수가 330명이다. 이 가운데 국제결혼으로 인한 자녀가 151명, 외국인 근로자 자녀가 7명으로 총 158명 47.8%가 다문화자녀이다. 농촌학교가 국제학교의 모습을 띠는 것이다. 2·3학년은 일반아동보다 다문화자녀가 더 많다. 이 학교는 2010년 경기도교육청으로부터 다문화교육 연구학교로 지정되었다. 인근에 청심학원, 청심종합병원, 청심재단 등의 통일교의 유입으로 인해 꾸준히 다문화자녀가 늘고 있다. 다문화학생 부모의 국적은 일본이 가장 많고(83%), 필리핀, 미국, 중국, 우즈베키스탄 등의 순으로 나타나고 있다. 이 학교의 다문화수업 내용은 매우 다양하다.

- 세계지도를 통해 반 친구들의 출신국가 위치 알아보기.
- 베트남 음식문화 이해, 베트남 초등학교 알아보기, 베트남 의복 입어보기.
- 팝송 배우기: 〈Lemon Tree〉, 〈I Will〉, 〈All You Need Is Love〉.
- 동물과 게임을 통해 히라가나를 익히기.
- 여러 나라 인사하는 법, 인사말 배우기.
- 유부초밥, 월남쌈밥, 샌드위치 만들기.
- 전통 옷(한복, 기모노 등) 가지고 와서 입어보기.
- 필리핀의 전통의상, 대중가요, 관련 퀴즈.
- 외국 여행 경험 또는 가고 싶은 나라 이야기하기 등.

베트남 문화이해 시간에 제시된 골든벨 문제를 소개한다.

문1. 베트남의 수도는?

문2. 베트남 화폐 단위를 쓰시오.

문3.(○.×) 베트남전쟁에 우리나라도 참전했다.

문4.(○.×) 베트남 전통음식에는 주로 돼지고기를 넣는다.

문5.(○.×) 베트남은 유교의 영향을 많이 받는 나라다.

문6.(○.×) 베트남의 주된 종교는 불교다.

문7.(○.×) 베트남의 인구는 1억을 넘는다.

문8.(○.×) 베트남은 미국의 식민지였다.

문9.(○.×) 베트남은 사회주의 국가다.

문10.(○.×) 베트남 사람들은 자국어로 된 글자가 있다.

이 밖에 방과 후 영어, 일본어교실은 다문화가족 학부모를 강사로 활용(영어 1명, 일본어 2명)하고 있다. 희망학생은 매주 2회(2시간씩) 일본어와 영어를 배운다. 아울러 한국어 사용이 어려운 학생에게는 주 7시간 한국어를 교육한다.

학부모인 이민자를 위한 프로그램으로는 '허브를 이용한 천연비누 및 화

▲ 캐나다, 필리핀, 베트남 문화이해 수업.

▲ 미원초등학교는 2011. 6월 전국 다문화어린이 합창대회에서 대상을 받았다.

장품 만들기'를 주 1회 운영한다. 또한 '미원 가족 외국어 경연대회'는 학생과 가족이 참여하여 제2외국어의 역량을 자랑하는 프로그램이다. 이 학교는 차별이나 편견은 없다. 모두가 친구다.

다문화자녀를 지원하는 예산은 교육과학기술부, 교육청, 경기도청, 가평군청 등에서 지원한다. 그러한 예산은 지속적으로 지원되지 않아 프로그램을 운영하다가 예산이 없으면 중단해야 한다. 특히 다문화자녀만을 위한 예산이 지원되는 바람에 내국인 자녀가 역차별 당한다고 생각하기도 한다. 예를 들면 다문화자녀를 위한 문화유산 공부하기 프로그램이 지원되었다. 그 지역 내국인 아이들도 구경을 안 해본 경복궁을 다문화자녀만 구경가는 것이다. 이러한 문제는 학부모와 교사·학생간의 갈등을 유발한다. "왜 다문화자녀만 구경 가느냐" "왜 우리를 지원한 예산인데 내국인 자녀를 포함하느냐"의 입장 차이이다. 다문화자녀끼리만 구경가는 것도 낙인 효과 때문에 문제가 있다고 지적한다. 이제 미원초등학교에서는 모든 학생이 함께 하는 프로그램으로 진행하고 있다. 또 다문화 가정이 소득이 낮아 개별적으로 납부해야하는 여행경비 등도 학교에 의존하려는 성향이 있다고 한다. 다문화자녀가 많을 수록 학교가 다문화자녀에게 더 지원해야 하는 상황이 발생할 수 있다. 미원초등학교의 연구사례를 발전시켜 더 많은 학교에서 적용하길 바란다.

06

문화차이

결혼이민자들은 이제 우리 사회의 중요한 구성원으로 자리 잡았다. 그녀들도 가족과 사회로부터 존중받고 싶어한다. 존중이란 무엇인가? 차이를 인정하는 것이다. 그들의 문화를 이해하고 인정하고 수용하는 것이다. 해산물을 먹어보지 못한 몽골 출신 산모에게 미역국이 몸에 좋다고 계속 먹으라고 하는 것이 그녀를 위하는 일인가? 그녀가 먹고 싶은 것은 양고기다. 인도 사람은 젓가락 없이 손으로 식사를 한다. 손가락으로 식사를 한다해서 그들의 문화수준이 낮다고 할 수는 없다.

그녀들이 살아온 문화를 존중해야 한다. 그녀의 말에 귀를 기울이고, 그녀의 가치를 인정해야 한다. 또 그녀가 소중하게 생각하는 것에 대해 우리도 소중하게 생각하고, 그녀의 상처를 우리의 상처로 받아들이는 것이 존중이다. 그녀의 문화와 정체성을 잃지 않고, 한국에서 하루빨리 안정적으로 살 수 있도록 지원하는 것이 존중이다. 이민자가 국적을 취득했다고 해서 한국 사람이 되는 것이 아니다. 가족과 사회가 차별하지 않고, 동등한 권리를 누릴때 진정한 한국 사람이 될 것이다. 이때 그들도 한국을 존중하고, 더 나아가 우리 사회의 발전에 당당하게 참여할 것이다. 이 장에서는 문화차이를 소개함으로써 우리가 그들의 문화를 이해하고, 그들이 우리 문화에 대해 낯설어하는 것이 무엇인지 알아보기로 한다.

1 이민자 국가에 대한 문화 이해

1) 삼겹살이 무서운 인도네시아 아줌마

인도네시아 출신의 안나 쿠스마는 주말에는 가족들만 외식하러 나가고 자신은 집에서 혼자 식사를 한다. 가족들이 삼겹살을 먹으러 가기 때문이다. 그녀 때문에 집에서는 삼겹살이나 제육볶음을 먹는다는 것은 상상도 못한다. 시어머니는 "한국에 시집 왔으면 한국 사람이 되어야 한다"며 돼지고기를 요리하고 먹게 하였다. 그녀는 돼지고기 때문에 이혼할 생각까지 했다. 무슬림들은 돼지고기를 먹지 않는다. 소나 양 등 기타 육류의 경우는 도살 후 피를 완전히 빼내는 '할랄'방식으로 도축된 것만 먹는다. 그녀는 고국에서는 잘 먹던 양고기가 먹고 싶다. 그녀의 남편은 가끔 이태원까지 나가서 할랄방식으로 도축된 양고기를 사온다. 돼지고기는 한때, 집안에서 서로에게 심리적 압박감을 주는 존재였으나, 이제는 서로 다른 문화를 이해하고 배려한 결과 더욱 사랑하는 가족으로 자리 잡았다.

2) 몽골 여성은 고기가 먹고 싶어

몽골의 주 음식은 고기와 우유다. 첸은 생선을 먹을 줄 모른다. 드넓은 초원이 5분의 4이고, 나머지가 알타이산맥과 사막이다. 러시아 국경 근처의 회브스괼 호수 근처 사람들만 물고기를 먹는다.[1] 거대한 대륙이 대부분인 몽골은 생선을 먹을 기회가 거의 없다. 그녀는 한국에 온 지 8년이 지났지만 생선탕이나 회는 먹지 못하고, 구운 생선은 조금 먹는다.

한국 반찬은 거의 채소와 생선이다. 고기는 어쩌다 한번 먹는다. 시집와서 시어머니에게 고기와 우유가 먹고 싶다고 했더니, "가난한 나라에서 온 사람이 고기와 우유 찾는다"고 혼냈다. 그녀는 한국에서는 고기가 너무 비싸서 살 수 없다. 우유를 물처럼 먹고 자랐지만 비싸서 아이에게만 우유를 사준다.

아이를 낳았을 때는 계속 미역국을 주었다. 바다 음식을 먹어본 적이 없는 그녀는 미역국을 먹을 수가 없었다. 아이락과 호르혹이 먹고 싶었다. 아이락은 가죽부대에 말젖을 넣고 하루나 이틀 막대기로 휘저어 만든 발효된 우유다. 호르혹은 나무를 태워 구운 염소 고기를 돌과 양파와 함께 통에 넣고 찌는 요리다.

3) 손으로 직접 음식 먹어야 맛있어

태국에서 온 추안은 젓가락이 불편하다. 혼자 밥을 먹을 때는 손을 깨끗하게 씻고 손가락으로 밥을 먹는다. 가족들과 같이 먹을 때는 "상놈처럼 밥

[1] 김종래, 『유목민 이야기』, 김진디자인, 2008.

을 먹는다"고 혼을 내서 젓가락을 사용한다. 상놈이 뭔지는 모르지만 어떻든 나쁜 것으로 생각한다. 캄보디아에서 온 카이도 야채, 풋고추, 계란 등을 같이 요리해서 손으로 먹어야 맛있다. "아이가 따라서 한다"고 젓가락 사용하라고 하지만 손으로 먹는 것이 편하고 맛있다. 인도도 오른손으로 식사를 한다. 필리핀도 수저, 포크, 젓가락이 있지만 손으로 먹는 것이 더 자연스러운 일이다.

4) 베트남에서는 죽은 자에게만 절해

한국에 도착한 브이띠또란은 "시부모에게 절을 하라"는 동서의 말에 깜짝 놀랐다. 동서가 절하는 모습을 보이며 그녀에게 따라서 하라는 것 같은데 차마 절을 할 수가 없었다. 베트남에서는 죽은 사람에게만 절을 하기 때문이다. 살아 있는 사람에게 절하면 그가 빨리 죽기를 바란다는 뜻으로 오해받기 쉽기 때문이다. 집안 식구들이 모두 웃으며 반기는 자리라 눈치껏 절은 했지만, 속으로는 어떤 불상사가 날지 겁을 먹었다. 한국에서는 무릎을 꿇고 하는 절이 최고로 예우를 갖추는 인사라는 것을 알게 된 것은 한국생활이 한참 지난 후였다.

5) 더운나라 습관 고치기 힘들어

베트남에서는 날씨가 덥고 습해서 낮잠을 잔다. 특히 임신하면 하루 종일 잔다. 그러나 시어머니는 아기가 태어날 때까지 움직여야 힘들지 않게 아기를 낳을 수 있다고 한다. 임신 후에도 커피를 즐겨 먹었더니 시어머니는 아기에게 안 좋다고 먹지 말라 한다. 베트남은 세계 제2의 커피 주산지로 모든 사람이 커피를 즐겨 먹는다.[2] 아침밥을 하는 일도 쉽지 않다. 베트남의 아침 식사는 좁은 집에서 불을 피워 밥을 해먹기가 힘들기 때문에 먹지 않거나, 가판대에서 비빔 쌀국수나 바케트빵을 사먹는다. 시어머니는 게으르다고 혼낸다. 베트남에 있을 때는 더운나라라라 양말을 한번도 신은 적이 없었다. 처음에는 양말 뒤꿈치를 맞춰 신는 것도 매우 어려운 일이었다.

6) 식사 약속시간은 늦게 도착하는 것이 예의

D군의 군수가 결혼이민자와 오찬을 하며 격려하는 기회가 있었다. 그중 필리핀 여성 2명이 시간보다 훨씬 늦게 음식점에 도착했다. 알고 보니 필리핀은 식사 약속시간을 지키는 것은 예의가 아니라고 한다. 초대시간에 정확하게 나타나는 사람은 먹을 것을 너무 밝히는 사람으로 격이 떨어지는 것으로 취급한다는 것이다. 보통은 15분 정도 지난 후에 나타나지만, 특별한 손님이 올 때는 한두 시간 늦어도 이해한다. 빨리빨리를 외치는 한국생활에는 적합하지 않은 문화다.

7) 검지 손가락으로 사람을 가리키는 것은 죽이겠다는 뜻

몽골여성 첸이 아직 한국말이 익숙하지 않을 때 남편은 자신을 검지로 손가락질하며 큰소리를 쳤다. 자신이 새파랗게 질려 울자, 남편이 더 당황해 하며 어쩔 줄 몰라 했다. 몽골은 검지로 사람을 가리키는 것은 죽이겠다는 뜻이다. 그 후 남편은 절대 손가락을 쓰며 말하지 않는다.

---

[2] 정혜영, 『It's 베트남』, 미다스북스, 2010.

8) 무릎 꿇고 방 닦는 것은 엄청난 치욕

필리핀에서 온 루피나는 한국에 처음 왔을 때 깜짝 놀랐다. 시어머니가 무릎을 꿇고 다니며 방을 닦는 것이었다. 시어머니가 그녀에게도 이렇게 방을 닦으라고 시켰다. 필리핀에서는 무릎을 꿇는 것은 엄청난 치욕이다. 그것도 방을 닦는 동안 계속 무릎을 꿇는다는 것은 도저히 이해할 수가 없었다. 이제 그녀는 진공청소기와 스팀걸레로 방을 청소한다.

9) 출산 후에 먹는 음식

국가마다 출산 후에 먹는 음식이 다르다. 한국의 미역국만 고집할 것이 아니라 그들의 문화에 익숙한 음식을 권하는 것도 좋을 것 같다. 몽골에서는 양고기가 여성에게 좋은 음식으로 알려졌는데, 보통 특별한 양념 없이 고기만 넣고 끓여서 먹는다. 베트남에서는 출산 후 산모는 미역국 대신 생선소스와 후추 등을 넣어 짜고 맵게 오랫동안 졸인 돼지고기를 먹는다. 아이를 낳은 후 매운 돼지고기를 먹고 땀 한번 쏟으면 기운이 돋는 느낌이 난다고 한다. 스리랑카에선 직접 갈은 커피가 산모에게 보약이다. 보양식으로 고기를 주로 먹는데, 커피는 하루에 한 잔씩은 마신다고 한다. 중국은 한국과 마찬가지로 미역국에 쇠고기와 닭고기를 넣어 먹는다.

출산 후에 먹는 각국의 음식

〈중국〉

- **좁쌀죽**(싸오미터우): 좁쌀죽을 끓여서 3일 먹고, 계란을 삶아서 한 달 동안 간장에 찍어서 먹는다.

- **미역국**: 미역국에 소고기나 닭고기를 넣어 끓여 먹는다.

〈베트남〉

- **돼지족발**(여해우함): 물이 끓으면 족발을 넣어 오랫동안 끓인 후 당근, 양파, 파, 소금, 설탕, 후추를 넣어 끓인다.
- **민물고기**: 소금, 설탕, 후추, 민물고기, 간장, 마늘을 한꺼번에 넣고 끓여서 먹는다.
- **삶은 양배추**: 간장에 찍어 먹는다.

〈필리핀〉

- **닭탕**(디놀라): 물을 많이 잡아 닭과 생강을 넣고 푹 삶는다. 고기와 국물을 먹는다.

〈일본〉

- 특별히 먹는 음식은 없고 된장국이나 고기국에 밥을 말아 먹는다.

〈캄보디아〉

- **돼지고기**(거세추름): 물에 설탕, 마늘, 간장, 소금, 다시다, 후추를 넣고 끓인 후 돼지고기 썰은 것을 넣는다. 한국 장조림과 비슷하다.
- **양배추**: 양배추를 삶아서 먹는다.

〈인도네시아〉

- 특별히 따로 먹는 음식은 없고 고기는 먹지 않도록 한다.

〈스리랑카〉

- 직접 갈은 커피와 고기를 먹는다.

〈몽골〉

• **양고기새국물**(헌니쉴술): 양 한 마리를 새로 잡아서 끓여서 한달 동안 국물과 고기를 먹는다.

〈우즈베키스탄〉

• **쇠고기국**(고랴쥐수프): 쇠고기, 미역 또는 무를 잘게 썰어서 끓여 먹는다.
• **닭고기국**(구리니수프): 닭고기를 하얗게 끓여서 밥 말아서 먹는다.

〈태국〉

• 우리나라 찌개처럼 요리한 고기를 많이 먹는다.

〈페루〉

• **양고기국**(칼로데골데로): 여러 가지 야채와 양고기를 넣고 국을 끓여 먹는다.
• **닭고기국**(칼로데갈리나): 산에서 키우는 닭으로 국을 끓여 먹는다.

2 한국문화에 대한 낯설음

1) 어디에 숨겨 놓은 여자가?

남편이 밤늦게 들어오는 것은 참을 수가 없다. 그녀가 외국 여자라고 무시하는 것 같다. 어디에 다른 여자가 있는 것 같다. 그녀의 고국은 남편이 퇴근과 동시에 집에 돌아오는 문화다. 한국처럼 서로 어울러 밤늦게까지

술 마시고 돌아온다는 것은 상상할 수 없다. 그녀의 생각으로는 남자가 밤 늦게 오면 반드시 다른 여자가 있는 경우다. 그게 우리나라 밤문화라고 설명해도 그녀는 이해할 수 없다.

2) 한국의 시어머니는 정말 무서워

중국은 부모가 막내아들이랑 산다. 막내아들 집에서 살면서 가사와 육아를 맡아 해준다. 한국은 장남이 부모를 모신다. 며느리는 아이를 시어머니에게 맡기고 직장에 가거나 취미활동을 한다. 중국의 시어머니는 아기 봐주는 것이 시어머니의 의무라고 생각한다. 며느리는 친정에도 자주 간다. 친정어머니에게 용돈도 주고 선물도 준다. 시어머니는 시어머니의 딸에게 용돈도 받고 선물도 받는다. 결혼이민자들은 자신이 외국 여자라서 시어머니가 함부로 하는 줄 알았다. 알고 보니 시어머니는 한국 며느리에게도 함부로 한다. 시누이는 공주처럼 지낸다. 집안의 대소사 결정권은 모두 시어머니에게 있어 남편은 아이 옷을 하나 사주더라도 시어머니에게 물어보고 결정한다. 뭐든지 알려고 하고, 뭐든지 시어머니 뜻대로 해결하는 것도 적응이 안 된다. 남편이 부부만 알아야 할 일도 모두 시어머니에게 이야기하는 것은 아직도 이해할 수 없다. 중국에 있을 때 한국 드라마를 통해 한국인의 가부장적인 문화와 시어머니가 무섭다는 것을 알게 되었지만, 한국의 시어머니는 정말 무섭다.

3) 집안 식구에게 하루에 몇 번씩 인사해야

베트남 며느리를 둔 시어머니들이 이구동성으로 하는 말이 있다. 며느리가 '인사할 줄 모른다'는 것이다. 베트남은 인사하는 문화가 없다. 말로만 "씬자오(안녕하세요)"한다. 하루 종일 시부모와 같이 있다가 시부모가 외출하면 "다녀오세요", 돌아오면 "다녀오셨어요" 하고 허리 숙여 인사하고, 눈에서 잠시 안 보였다가 보이면 매번 인사를 해야 한다. 한국에서는 어른을 보면 머리를 깊이 숙여 인사할수록 이쁨을 받는다는 것을 알면서도 실천하기는 여간 어려운 것이 아니다.

4) 가부장적이고 불평등한 한국의 가정문화

그녀들의 가장 큰 불만은 가정 내 가사와 육아부담이 그녀에게만 치우쳐 있는 것이다. 대부분의 아시아 국가에서는 가정 내에서 남자 일, 여자 일을 구별하지 않고 서로 도와가며 가정을 꾸린다. 또 친정과 시댁을 구별하지 않고 동등하게 도와준다. 필리핀은 자녀가 아버지의 성이나 어머니의 성을 선택해서 사용할 수 있다. 필리핀에서는 아들보다 딸을 더 중시하는 문화다. 맏딸은 시집을 가더라도 친정을 도와줄 의무가 있다. 필리핀에서 한국으로 시집온 여성 중에 맏딸들은 친정에 대한 의무를 다하지 못해 가슴이 아픈 여성들도 많다.

베트남은 너무 더워서 아침 식사는 거의 안 한다. 먹고 싶은 사람이 각자 간단하게 차려 먹거나, 거리에서 쌀빵이나 쌀국수를 사서 먹는다. 자신이 먹지도 않을 것인데, 늦게 들어 온 남편을 위해 별도로 식사를 챙겨주는 것은 매우 낯선 문화이다. 중국, 태국, 몽골, 캄보디아 등도 가사와 육아를 부부가 같이 한다. 한국처럼 아내에게만 치우쳐 있지 않다. 한국문화에 익숙하지 않은 자신이 외국인이라서 가정 내에서 차별 받고 소외된다고 생각한다. 결혼이민자 가정의 평등한 문화는 아무래도 좀 더디게 변화할 것으로 예상된다. 다문화가족지원센터에서는 그녀들에게만 '시부모 잘 봉양하고 남편에게 잘하라'고만 가르치지 말고, 시부모와 남편 교육을 통해 그녀들의 고국에 대한 문화와 가정 내 평등한 문화에 대해 이해시키는 것도 중요하다.

PART 2

외국인 근로자·해외동포

세계는 산업자본에서 국제 금융자본으로 패권을 넘겨준 지 오래다. 그나마 남아 있는 산업자본의 일자리는 고도의 기술로 사람이 할 일을 기계가 대신 해결하게 됨으로써 일자리 부족현상은 가속화되었다. 이 같은 현상으로 노동시장이 불안하게 되자, 가난한 나라 근로자들이 부자나라로 돈 벌러 가는 현상은 일반화되었다. 특히, 교통과 통신수단의 발달, 다국적기업으로 인하여 자본과 기술과 상품도 근로자와 함께 국경을 넘고 있다. 한국도 돈을 따라 국경을 넘는 일이 많았다. 1960~1978년 독일로 건너간 한국 간호사와 광부가 1만 6천 명이었으며, 1974~1975년 중동으로 간 근로자는 111만 2천 명이었다. 그들이 한국으로 보내온 임금은 경제발전을 위해 지대한 기여를 했다.

그러나 1987년 강력한 노동운동은 국내 대기업의 생산직 임금을 상승시켰고 동시에 저임금 노동력에 의존한 3D업종은 인력난이 심각해짐으로써 외국인 근로자를 수입하게 되었다.[1] 2004년부터 8월부터 시행되고 있는 외국인 고용허가제는『외국인 근로자 고용에 관한 법률』에 근거하고 있으며, 외국인 근로자를 체계적으로 도입·관리함으로써 원활한 인력수급 및 국민경제의 균형 있는 발전을 도모하고 있다.

KDI에 의하면 외국인 근로자가 대만이나 홍콩보다 한국을 희망하는 이유는 임금이 주변국보다 높기 때문이다. 2008년 한국의 생산과 단순직종 외국인 근로자 임금은 120만~150만 원으로 대만(60만~70만 원), 싱가포르(60만~90만 원), 두바이(20만~30만 원), 홍콩(30만~40만 원) 등보다 월등하게 높다. 국제기준으로 보면 외국인 근로자도 내국인과 같은 대우를 해주기에 이들의 임금은 최저임금에 시간외 근로수당을 더한 정도에서 결정된다. 한국과 대만의 최저임금은 각각 78만 원, 56만 원이다. 이에 비해 싱가포르, 홍콩, 두바이는 최저임금제가 없어 외국인 근로자의 임금이 상대적으로 낮다. 한국은행에 따르면 2010년 계약기간 1년 미만의 외국인 단기 근로자에게 지급된 급료는 10억 8,000만 달러였다. 이것은 2009년 6억 5,000만 달러보다 66% 늘어난 금액이다. 여기에 해외 송금이전 지급액 88억 9,000만 달러를 포함하면 해외로 나간 총 금액은 99억 7,000만 달러에 달한다.

이 장에서는 외국인 근로자와 해외동포들이 어떻게 생활하는지 살펴본다.

---

[1] 이규용,「외국인력 고용구조와 외국인력정책」, 2009.

1 외국인 고용허가제로 체불임금과 퇴직금 걱정 없애

1987년대 후반 한국의 산업자본은 인건비에 대한 부담이 높아지자 공장, 완구 등 노동집약적인 산업은 인건비가 싼 중국, 베트남 등으로 이전했다. 하지만 건설업, 농수산업, 광업, 기계 제조업, 가사보조 등은 해외 이전이 불가능한 산업이다. 이러한 산업은 힘이 들고 인건비가 낮아 한국 근로자는 기피하는 직종이다.

이와 때를 맞춰 한국과 중국과의 교류가 재개되면서 중국 동포인 조선족 200명이 한국에 들어온 것이 한국에 취업한 외국인 근로자의 시발점이었다. 한국에 취업했다가 중국으로 귀환한 중국 동포는 사실상 목돈을 챙겨 갔다. 중국 동포사회는 동요되면서 많은 중국 동포들이 한국행을 희망했다. 당시 한국에 올 수 있는 길은 산업연수 초청과 국제결혼, 친척 초청방문, 유학밖에는 방법이 없었다. 한국행이 어려워지자 브로커를 통해서라도 한국에 들어오길 희망했다. 당시 위장결혼 등으로 비자를 발급받는 데 드는 비용은 중국인의 평균 9년간의 수입과 같은 금액[2]이었음에도 불구하고 높은 이자 빚을 얻어 한국에 입국했다. 뿐만 아니라 밀항, 위장결혼으로 인한 농촌 총각 피해 등으로 인해 한국 내에서도 사회문제가 컸다. 중국 동포사회에서도 가족해체와 빚, 기아 등으로 엄청난 회오리바람이 지나갔다.

정부는 제조업, 농축산업, 어업 등에 국내인력만으로 노동공급이 불가능해지자, 외국인 근로자를 합법적으로 우리 산업에 활용하는 정책을 도입했

2 설동훈, 「외국인 노동자와 한국사회」, 서울대 출판부, 2002.

▲ 외국인 근로자 축제에는 전국에서 외국인 근로자가 모인다.

다. 1991년 11월 해외투자기업 연수생제도를 도입하고, 1993년 11월에 산업연수생제도를 도입하였다. 그러나 산업연수생은 근로기준법상 근로자가 아닌 학생으로 저임금, 장시간 노동, 노동법 비적용, 4대보험 가입 불가 등의 문제와 인권침해, 체불임금 등 사회문제를 유발시켰다. 또 브로커에게 많은 돈을 내고 입국한 후, 산업체를 이탈하여 보다 나은 일자리로 옮겨 불법체류자로 전락하였다.

정부는 이러한 문제를 보완하기 위해 2004년 8월 고용허가제를 실시하였다.

외국인 근로자는 현지에서 한국어 능력시험에 합격한 사람에 한하여 한국행 자격이 주어진다. 이 시험은 한국 산업인력공단에서 사전에 한국어 시험 문항을 선정하여 송출국에 배부하고 그중에서 출제한다. 현지 한국어 학원에서는 한국어 강의를 희망하는 외국인 근로자를 대상으로 강의를 하고 있다. 이때 외국인 근로자의 한국 입국 시 수개월 임금에 해당하는 수강료를 요구하고 있어 고용허가제의 문제점으로 대두되고 있다. 한편, 고용허가제는 외국인 노동자 국가의 민간업체와는 상대하지 않고 현지 정부만

표 1 고용허가제 업종별 현황(2004년 ~2011. 5월 말) (단위: 명, %)

계	제조업	건설업	농축산업	서비스업	어업
650,112 (100.0)	342,516 (52.7)	85,815 (13.2)	20,156 (3.1)	195,290 (30.0)	6,335 (1.0)

출처: 유길상, 「고용허가제 7주년 평가세미나」, 한국교육기술대, 2011. 8. 17 .

상대하고 있다. 민간업체의 횡포를 없애고 신뢰 있는 정부를 상대로 능력 있는 외국인 근로자를 추천받기 위해서다.

외국인 근로자를 채용하는 고용주는 임금체불에 대비하여 임금채권보장법이 적용되지 않는 사업장 또는 상시 300인 미만의 사업장의 사업주는 '임금체불이행 보증보험'에 가입해야 한다. 또 외국인 근로자를 피보험자 또는 수익자로 하여 '출국만기 보험' 또는 '출국만기 일시금 신탁'에 가입하여야 한다. 이는 외국인 근로자 고용만기 시 지불해야 하는 퇴직금에 대한 부담을 완화하고 외국인 근로자에도 만기 근로 시 퇴직금을 받음으로써 출국을 유도할 수 있다. 이러한 제도로 인해 임금체불 문제와 퇴직금 문제는 해결된 셈이다.

2004년부터 2011년 5월말까지 고용허가제를 통해 들어 온 외국인력은 총 650,112명으로 제조업이 52.7%로 가장 많고 건설업, 농축산업, 서비스업, 어업 순이다.

한편, 유길상(2011년)에 의하면 영세중소기업주가 외국인 근로자를 선택하는 이유로는 한국인 근로자를 구할 수 없어서가 가장 많은 것으로 조사되었다.

표 2 내국인 근로자 대신 외국인 근로자를 채용하는 이유 (단위: 명, %)

	사례수	한국인 근로자를 구할 수없다	한국인 근로자 이직률이 잦다	외국 인력의 임금이 싸다	외국 인력이 일을 더 잘한다	외국 인력이 말을 더 잘 듣는다	외국인력이 장시간 근로를 잘 받아들인다	무응답	계
전체	(679)	60.7	14.0	11.9	4.0	2.2	4.9	2.4	100.0
제조업	(355)	62.5	16.3	9.0	3.7	1.1	5.9	1.4	100.0
건설업	(80)	25.0	11.3	48.8	3.8	5.0	5.0	1.3	100.0
서비스업	(183)	70.5	11.5	4.9	3.8	2.2	2.7	4.4	100.0
농축산 및 어업	(61)	67.2	11.5	1.6	6.6	4.9	4.9	3.3	100.0

출처: 유길상, 「고용허가제 7주년 평가세미나」, 한국교육기술대, 2011. 8. 17.

2 외국인 근로자 인력 공급 턱 없이 모자라

고용허가제에서는 내국인근로자의 고용기회를 보호하기 위해서 외국인 근로자 고용을 원하는 사용자에게는 사전에 내국인을 구인하도록 노력해야 한다.[3] 고용주는 관할 고용센터에서 내국인 구인을 신청하고, 또 내국인 구인노력에도 불구하고 원하는 인력을 채용하지 못한 경우에는 내국인 구인노력 경과 후 3월 이내에 관할 고용센터에 외국인고용허가 신청을 할 수 있다. 이러한 신청 결과를 근거로 이러한 조사결과를 근거로 매년 3월 외국인 근로자의 규모와 직종, 출신국 등을 '외국인력정책위원회'에서 결정한

[3] 외국인 구인 노력 기간은 14일이며, 에외적으로 신문·방송·생활정보지 등 매체를 통하여 구인 노력을 한 경우 7일이다.

그림 1 고용허가제 만기도래자

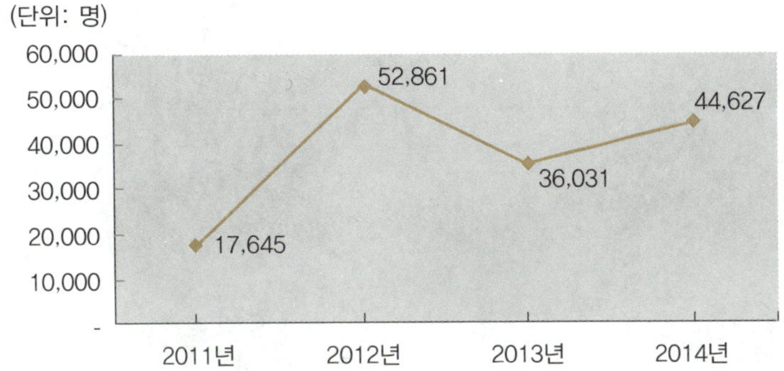

자료: 「2012년 외국인정책위원회」(2012. 1월), 국무총리실.

다. 2012년 배정된 외국인 근로자는 제조업 49,000명, 농축산업 4,500명, 어업 1,750명, 건설업 1,600명, 서비스업 150명이다. 외국인 노동자는 노동 현장에서 최대 4년 8개월간 종사할 수 있다. 2개월의 출국 준비기간까지 최대 5년 이내에서 출국해야 한다. 2012년 1월 외국인정책위원회 회의 자료에 의하면 고용허가제가 만기 도래자는 2012년에 52,861명, 2013년 36,031명, 2014년 44,627명이다.[4] 떠난 자리를 새롭게 들어 온 외국인 근로자가 메우지만, 문화와 기술, 언어 등의 충격으로 한동안 작업능률이 오르지 않는다.

외국인 근로자를 구하기 위한 경쟁은 치열하다.

그 예로 2012년 1월 12일 각 지방고용센터에서는 외국인 근로자 신청을 일제히 받았다. 외국인 근로자 채용이 선착순으로 배정되기 때문에 신

4 외국인 근로자가 5년 만에 떠나야하는 이유는 외국인이 한국에 지속적으로 체류했을 때 귀화신청을 할 수 있는 자격이 주어지기 때문이다. 즉 한국은 아직 근로자의 이민정책에 개방적이지 않다.

▲ 외국인 근로자 신청 접수 첫 날 3~400명이 몰린 의정부 고용지원센터.

청이 늦으면 결국 채용이 불가능하기 때문에 1월 매서운 추위를 무릅쓰고 접수일 3일 전부터 노상에서 밤을 새우며 줄을 서는 행렬이 끝이 없었다. 중소기업중앙회 조사에 의하면 중소기업이 원하는 외국인 근로자는 98,000명이라고 하니, 정부에서 배정하는 외국인 근로자 수는 턱없이 부족한 상황이다.

한편, 외국인 근로자가 한국에 체류할 수 있는 기간은 3년이며 연장하여 4년 10개월까지 경제활동을 할 수 있다. 이후 출국 준비기간 2개월을 포함하여 최장 5년 안에 출국해야 한다. 이 기간 중 최대 3번 사업장을 이동할 수 있으며,[5] 1년씩 근로계약을 갱신한다.

한편, 외국인 근로자 채용은 업체 규모에 따라서 종업원 10명 이하는 2

[5] '외국인 근로자의 사업장 이동을 3회로 제한'한 것에 대해 위헌 소송이 있었으나, 2011년 9월 헌법재판소는 합헌 판결을 내렸다. 한편, 그동안 사업주가 고용허가 취소나, 근로조건 위반으로 외국인 근로자가 사업장을 이동하게 될 경우 사업장 이동 횟수에 포함됐다. 하지만 '외국인 근로자의 고용 등에 관한 법률' 개정으로 2012, 7. 2일 부터는 이동 횟수에 포함하지 않는다.

명, 150명 이하는 4명까지 외국인 근로자를 고용할 수 있다. 이러한 제도가 내국인 고용을 보호하기 위한 것이지만, 사실 내국인 인력을 찾기가 쉽지는 않다. 그래서 이 가운데 한 명만 귀국해도 영세업체라 타격이 크다. 내국인은 오려고 하지 않고 외국인 근로자 구하기도 어렵다보니 현장에선 일할 사람이 없어 공장이 멈춰서기까지 하는 상황이다.

3 농어촌도 외국인 근로자 없이 일 못 한다

지난 2004년 신설된 고용허가제를 통해 농촌에서 일하는 외국인 근로자가 매년 1,000~3,000명가량 유입됐다. 2011년 7월 현재 농촌에서 일하는 외국인 근로자는 11,394명이다. 하지만 농촌은 젊은층은 도시로 떠나고, 고령화로 인해 여전히 일손이 부족하다. 올해 농촌에 배정된 외국인 근로자는 4,500명이다. 농림수산식품부 등 농촌 유관기관에서는 농촌 외국인 근로자를 10,000명 요구했으나 반영되지 않았다.

상추, 고추, 파프리카, 딸기 등 농장의 한국 노동인력은 대부분 70대 이상이다. 고령자들은 건강 상 이유로 일하다가 중단하는 경우가 많고 생산성도 매우 낮다. 외국인 근로자는 젊고 부지런해서 농장주의 만족도가 높다. 농장주들은 언제 떠날지 모를 외국인 근로자를 붙잡느라 숙식과 초과근무 수당은 물론이고 수시로 회식을 시켜주고 휴대폰까지 제공하기도 한다.[6] 그러나

6 '농촌까지 외국인 근로자 1만 명 시대', 「조선비즈」, 2011. 7. 22에서 인용.
경남 하동군 옥종면에 있는 상추농장 10곳에서 일하는 사람 40명 중 30명이 외국인 근로자다.

그림 2 줄여드는 농가 인구 비중/농촌의 신규유입 외국인 근로자 수

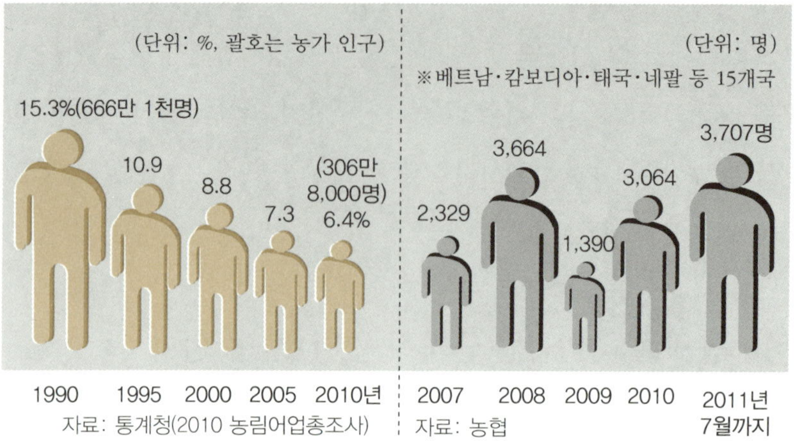

제한된 체류기간 안에 한 푼이라도 더 벌어야 하는 외국인 근로자들은 5만원만 더 준다고 해도 계약을 어기고 다른 농장으로 옮겨버리기도 한다. 오히려 농장주 입장에서는 외국인노동자가 상전인 셈이다.

한국농촌경제연구원에 따르면, 2010년 현재 우리나라 농어촌취업자수는 164만 8천 명이다. 정상적으로 농가를 운영하려면 21만 명의 인력이 더 필요하다고 한다. 현재 농촌 인력의 60%가 65세 이상이다. 5~10년 지나면 대부분 일을 그만둬야 할 처지이다. 농촌에서 외국인 노동자들이 주 생산인력이 될 날이 멀지 않았다.

4 외국인 근로자의 차별과 임금 실태

2011년 8월 외국인이주노동운동협의회(외노협)가 전국의 외국인 노동자 931명을 대상으로 조사한 결과 응답자의 78%가 일하면서 욕설을 들었다, 26.8%는 폭행을 당한 경험이 있다고 했다. 13.5%는 성희롱을 당했다고 대답했다. 문화적, 종교적 차별을 받은 경우도 많았다. 이주 노동자를 산업현장의 '파트너'로 대하기보다 노동력이나 제공하는 가난한 외국인 집단으로 여기는데서 오는 잘못 때문일 것이다. 노동자들은 하루에 10~12시간 일하는 근로자가 34.9%로 가장 많았다. 50% 정도가 야근을 하고 있다. 그들은 한국인이 꺼리는 이른바 3D 업종에서 주로 일하고 있다. 수입은 최저임금 이하가 12.9%, 120만~140만 원은 32.4%였다. 160만 원 이상은 9.8%다.

고용노동부가 조사한 외국인 노동자 임금은 기본급 + 매월 고정적으로 받는 수당(표준근로계약서 기준)이 70만 원에서 80만 원 이상이 37.87%로 가장 많고, 80만~90만 원이 32.82%, 90만~100만 원은 19.03%이다. 초과근무 수당과 특별 상여금을 을 합치면 월 약 146만 5천 원(백 46만 5천 원)으로 추정하고 있다.[7]

이것은 고용허가제를 통해 입국한 외국인 노동자 가운데 300인 미만 중소제조업과 농축산업, 건설업, 어업 등 비전문업종에 종사하는 E-9의 통상임금이다. 한편, 이들의 1주 평균 근로시간은 50.65시간이며, 1주 평균 근로일은 6일로 조사되었다.

[7] 유길상, 「외국인고용허가제 3주년 및 평가 및 제도개선방안」, 한국교육기술대학교, 2007.

표 3 비전문외국인력(E-9) 임금별 현황 (2010. 5월말 현재) (단위: 명, %)

구 분	계	70만 원 미만	70만 원~80만 원이상	80만 원~90만 원이상	90만 원~100만 원이상	100만 원~120만 원이상	121만 원 이상
계(%)	244,214 (100.00)	18,389 (7.54)	92,491 (37.87)	80,154 (32.82)	46,486 (19.03)	4,841 (1.98)	1,853 (0.76)

**주1: 통상임금 기준임 : 기본급 + 매월 고정적으로 받는 수당 (표준근로계약서 기준) 즉, 외국인력이 표준계약서 기재된 임금으로써 초과근무수당 등은 포함하지 않은 것임.

**주2: 2007년 조사결과를 보면(외국인고용허가제 3주년 및 평가 및 제도개선방안, 한국교육기술대학교) (월정액급여+초과근무수당+특별상여금) 약 146만 5천 원으로 추정.

** 출처: 고용노동부.

표 4 한국에서 받는 월급과 본국에서 일할 때 받았던 월급의 비교 (단위: 명, %)

		사례수	현재 월급이 본국에서 일할 때 받았던 월급은 몇 배													
			같다		2~3배		4~5배		6~7배		8~9배		10배 이상		잘 모름	
			명	%	명	%	명	%	명	%	명	%	명	%	명	%
전체		684	30	4.4	283	41.4	162	23.7	70	10.2	40	5.8	36	5.3	63	9.2
현재 직업	농업어업	15	2	13.3	5	33.3	4	26.7	2	13.3	1	6.7	0	0.0	1	6.7
	공장의 생산직	522	22	4.2	216	41.4	130	24.9	54	10.3	33	6.3	25	4.8	42	8.0
	건설현장	29	0	0.0	12	41.4	7	24.1	3	10.3	1	3.4	3	10.3	3	10.3
	기타	56	4	7.1	22	39.3	9	16.1	6	10.7	3	5.4	4	7.1	8	14.3
	현재 일안함	27	0	0.0	12	44.4	3	11.1	3	11.1	2	7.4	3	11.1	4	14.8
	잘 모름	35	2	5.7	16	45.7	9	25.7	2	5.7	0	0.0	1	2.9	5	14.3

자료: 「외국인력 실태조사」, 한국노동연구원(2009).

또한 외국인 근로자의 본국에서 받았던 임금과 한국에서 받는 임금을 비교한 결과 본국에서 일할 때 받았던 월급이 어느 정도 차이가 나는지를 조사한 결과 평균 2~3배 한국에서 더 받는다는 응답이 41.4%로 가장 많다. 10배 이상이라고 응답한 비중도 5.3%로 나타났다.[8]

8 「외국인인력 실태조사」, 한국노동연구원, 2009.

5 외국인 집단거주지는 새로운 문화권

외국인 근로자는 대부분 같은 나라 사람들끼리 모여 살며 그들만의 공동체를 이루고 있으며, 방값이 싼 공단과 전철 종점 지역에 모여 산다. 물론 오래전부터 외국인 집단촌으로 서울에는 용산 이태원의 미군촌, 방배동 서래마을 프랑스인촌, 이촌동의 일본인촌 등이 형성되어 있었으나 선진국 외국인이 사는 지역에 비하면 그들의 집단 주거지는 매우 열악한 환경이다.

전국에 외국인 근로자가 1만 명 이상 거주하는 곳은 38개 지역[9]에 이르며, 대표적인 집단거주지는 서울 구로구 '가리봉동(옌벤동) 우마길~구로동길 주변이다. 90년대 중반 이후 구로공단의 입주업체가 안산의 시화공단과 반월공단으로 이전하자 그 자리에 중국 동포가 입주하여 현재 32,000명 정도가 거주하고 있다. 이곳은 재개발 지역으로 예정되어 있어 생활 환경이 낙후되어 있다. 최근에는 대림과 신길 지역으로 중국 동포 거주지가 확대되고 있다.

매일 새벽이면 인력업체의 봉고차가 줄을 지어 서 있다. 건설현장에서 일용노동자로 일할 해외동포를 이동시켜주기 위해서다. 이들은 1평짜리 쪽방촌에서 월세 10만~15만 원 정도를 내며 지내고 있다. 천 원으로 입장할 수 있는 사교댄스장도 있고 국제전화를 할 수 있는 전화방도 있다. 이들은 한국 생활이 힘들지만 대부분 만족도는 높은 편이다.[10] 한국에서 번 돈을 고향에 송금해서 자녀가 대학에 다니고, 집과 농토를 마련하고 있다는

9 「지자체 외국계주민 현황조사」, 행정안전부, 2011. 1월 기준.

10 이진영 외, 「방문취업제에 대한 실태조사 및 동포 만족도 조사」, 법무부, 2008.

▲ 3만 명이 넘는 중국 동포가 거주하는 가리봉동 풍경, 중국의 거리같다.

자부심이 크다. 하지만 오랫동안 가족과 떨어져 있어서 이혼 후, 한국 체류 중국 동포나 중국인과 재혼하는 경우도 증가하고 있다.

남양주시 마석에도 동남아와 아프리카 등 10개국에서 온 8,000여 명 외국인노동자들은 이곳의 가구·도금·기계류 공장에서 일하며 나라별로 작은 공동체를 이루고 있다. 특히 이 지역 외국인 노동자 중 방글라데시인 비율은 절반을 넘는다. 이들은 돈을 모아 이슬람 성원(모스크)을 세웠고, 이슬람 성직자인 '이맘샤이브'까지 초청해 정식예배를 드리고 있다. 방글라데시 축제일에는 전국의 방글라데시인들이 모여 축제를 벌인다. 그러나 마석 지역의 60%가 위생상태가 열악한 무허가 컨테이너 박스에 거주하고 있어 새로운 빈곤지역을 형성하고 있다.

손기술이 좋은 베트남 근로자들은 봉제공장이 밀집한 서울 동대문구 창신동 일대에서 밀집해 살고 있다. 창신동 일대는 양꼬치구이집이 즐비하

▲ 외국인 근로자가 집결한 마석지구는 신빈곤지역이다.

다. 또 미얀마, 네팔 등 불교국가들은 경기도 부천 서광사에 본국의 고승을 모셔와 대규모 집회를 열기도 한다.[11] 이슬람 국가 근로자들은 돈을 모아 전국에 이슬람 사원 11개를 건설하였으며 이슬람 성직자를 모셔와 예배를 드리고 있다. 미군들이 주로 찾는 이태원에도 최근 나이지리아, 가나 등 아프리카인들이 몰려들어 아프리카인 쪽방촌, 아프리카 전통음식점도 생겨났다.

서울 혜화동 성당에서 동성고등학교 정문 아래쪽 500여 미터 거리 주변은 매주 일요일 전국에 흩어져 살던 필리핀 사람들이 발 디딜 곳이 없을 정도로 모인다. 일요일 오후 1시 30분 필리핀 외방선교회 알빈 파란타(45) 신부가 집전하는 이 미사에는 800여 명에서 1천여 명이 참석한다. 경기도 안산시와 광명시, 의정부시, 포천시 등지에서 사는 필리핀인들이 2~3시간이 걸려 찾아온다. 혜화동 성당에 계시는 필리핀 신부님과 미사를 마친 필리

11 김범수 외, 『다문화사회복지론』, 양서원, 2007.

◀ 매주 일요일, 서울 종로구 혜화동 성당 주변은 필리핀 장터가 선다.

핀 사람들은 모두 거리에 서서 이야기해서 지나갈 틈이 없다. 그들이 소통할 공간이 따로 없기 때문이다. 도로변 트럭에는 담배·과자·과일·신문 등 '필리핀제' 물건들이 가득하다. 여기가 한국인지 필리핀인지 모를 정도다.

그러나 2010년 2월 종로구청에서는 주한 필리핀 대사관으로 문서를 발송하여 필리핀 노점상을 단속하겠다고 밝혔다. 주변 상가 앞에 필리핀이 너무 많이 서 있어 내국인이 들어오지 않고, 노점상이 떠난 후 쓰레기를 처리하지 않는다는 이유로 근처 상인들의 민원이 들어왔다는 것이다. 외국인들의 집결지는 내국인과의 갈등이 있기 마련이다. 어떻든 필리핀 장터는 필리핀 사람들에게 단순히 고향의 음식과 일상용품을 교환하는 자리를 넘어 타국생활의 애환과 고국의 그리움을 나누는 탈출구로 자리 잡고 있다.

또 미국 일색이었던 이태원은 이미 다국적 도시로 변하였다. 1979년 이태원 이슬람 사원이 건립된 후 이슬람교를 믿는 국가 노동자들이 주택임대료가 싼 이태원 2동과 보광동에서 많이 거주한다. 이태원은 파라과이, 태국, 인도, 터키 등의 음식점이 공존하고 있어 한국에서 세계를 볼 수 있는 거리이다.

이러한 외국인 집단지역은 초기에는 이들이 정착하기 용이하고, 민족적 정체성을 유지할 수 있으며 관광자원으로 부상하여 지역경제 발전에 기여할 수 있다. 그러나 주류사회와의 단절과 이질적인 문화의 정체가 지속되고 빈곤지역으로 남을 수 있어 사회통합의 갈등 요인으로 작용할 수 있다. 이에 행정안전부는 2011년 외국인 거주 밀집지역을 대상으로 생활환경 개선사업을 추진하기 위해 31억 7천만 원을 확보하였다. 사업내용은 슬럼화

표 5 외국인 집단지역의 유형

구 분	공단배후 노동자 거주지	대도시 저렴주택지	외국관련시설 주변지역	전문인력의 고급거주지
국 적	• 필리핀인, 베트남인, 인도네시아인 등	• 한국계 중국인 중심	• 다국적	• 프랑스인, 일본인 등 선진국 국적인
특 징	• 동남아 외국인 노동자들 집적 • 90년대 이후 형성 • 급속히 증가하고 있으나 비가시적	• 한국계 중국인의 주거 및 상업지역 • 90년대 이후 형성 • 인구가 급속히 증가	• 역사가 오래되고 인구 정체 • 최근 지방정부에 의한 관광지화 경향 뚜렷	• 고급 주거단지로 형성 • 70-80년대 이후 형성 • 인구는 정체되어 있으나 내방객 증가
입지 특성	• 수도권 및 지방산업단지 주변지역에 분포	• 서울시의 주택가격이 저렴하고 교통이 편리한 지역	• 조계나 군부대 등 주변 • 역사가 오래되어 도심지가 됨	• 서울시의 고급주거단지
관련 시설 유형	• 음식점, 식료품점, 핸드폰점 등	• 중국음식점 및 관련상업시설 집중분포	• 학교, 종교시설 • 음식점 및 상업시설	• 외국인 학교 및 대사관
지 역	• 안산시 원곡동, 시흥시 정왕동, 남양주 마곡 등	• 서울 가리봉동, 서울 대림동, 서울 자양동 등	• 인천 선린동, 부산 초량동, 서울 이태원 등	• 서울 서초구 서래마을, 동부이촌동, 한남동 등

출처: 박세훈, 「다문화시대의 도시 관리 전략」, 국토연구원.[12]

[12] 「제4차 다문화가족정책위원회 발표자료」, 총리실, 2011. 11.

방지 사업으로 방범용 CCTV와 보안등 설치, 쉼터와 공원, 커뮤니티센터 등 외국인 주민 편의시설 조성사업, 다목적 체육센터 등 인프라 등을 지원한다.

표 6 외국인 밀집지역의 인구 및 특징

마을 및 거리 이름	외국인 인구	위 치	특 징
서래마을	600	서초구 반포4동	• 프랑스학교를 중심으로 형성 • 구청의 지원을 바탕으로 성장
일본인 마을	1,900	용산구 이촌1동	• 유치원 등 교육시설과 종교시설, 상권이 갖추어진 주거복합형 마을 • 문화적 공유는 높으나 이국적인 특징은 적음
필리핀 거리	500	종로구 혜화동	• 성당을 중심으로 필리핀 풍물장터 개최 • 전국의 필리핀 노동자들의 정보교류의 장
이슬람 거리	2,000	용산구 이태원	• 이슬람 사원을 중심으로 상권 형성
조선족 거리	3,200	구로구 가리봉동	• 구로구, 영등포구, 부천 일대 중국인 노동자들 집적 • 불법체류 인구 다수
몽골타워	300-400	동대문구 광희동	• 1990년대 후반 생성, 2007년 차이나타운 조성계획 있었으나 무산됨
리틀 차이나타운	2,500	서대문구 연희동	• 1997년 이후 화교 급증, 2007년 차이나타운 조성계획 있었으나 무산됨
네팔인촌	2,300	숭인동·창신동	• 2000년 전후 형성, 네팔 상가 조성 • 가톨릭 성당을 중심으로 공동체 활동
독일인 마을	170	용산구 한남동	• 각국 대사관, 관저 및 영사관 밀집지역 • 독일 외국인학교가 위치하고 있으며, 독일인 외 OECD국적 외국인이 다양하게 분포
러시아·중앙아시아촌	2,300	을지로 및 광회동	• 동대문 의류시장과 연계 • 카자흐스탄, 우즈베키스탄 등지의 고려인들이 투자자 자격으로 들어와 상권 개척
이태원 관광특구	-	용산구 이태원	• 중고차 매매를 통해 이익을 본 아프리카 노동자들을 통해 나이지리아인 등 집적

인천 차이나타운	500	인천 북성동, 선린동	• 1884년 4월 청국의 조계지로 형성 • 현재 화교 2·3세들이 170여 가구 500여 명 거주
안산 국경 없는 마을	30,000	경기 안산시 원곡동	• 90년대 초반부터 인근 반월, 사회국가 공단에 취업한 외국인 노동자들이 저렴한 비용으로 방을 구하기 위해 밀집 • 현재 15여 개국 외국인들로 구성
성남시 태평역 주변	10,000	경기 성남	• 서비스업, 중국 동포 비율이 높음 • 지원 NGO : 성남외국인노동자의 집/중국 동포의 집
마석 가구단지	8,000	경기 남양주 마석	• 미등록체류 이주노동자들이 밀집 • 방글라데시, 필리핀, 네팔, 중국, 인도네시아, 태국, 나이지리아 등 10개국에서 온 다양한 국적 • 지원 NGO: 남양주이주노동자지원센터 –샬롬의 집
중국인 공동체	3,200	경기 부천	• 부천외국인 노동자 집의 지원/무료진료 실시 • 생활·취업정보 교환
대구 성서 공단 주변	7,000	대구광역시 달서구	• 중국, 한국계 중국인, 베트남, 인도네시아인 등이 성서공업단지 내 기숙사나 주변 주택지구에 거주
부산 외국 인상가거리	-	부산 동구 초량동	• 텍사스거리로 불리며 미군이 많이 왕래하던 지역이었음. 이후 러시아선원과 보따리 장수들이 많이 찾고 있음
부산 차이나타운	500	부산 동구 초량동	• 역사적으로 화교상업의 중심지, 부산 최고의 화교 집단상가 • '상해거리' 조성이 추진되었고, 중국풍 식당 등을 쉽게 볼 수 있음

출처: 박세훈, 「다문화시대의 도시 관리 전략」, 국토연구원.[13]

6 다문화 1번지 안산시 원곡동, 65개국의 문화의 힘

경기도 안산시의 경우 반월공단과 시화공단을 중심으로 2011년 11월 30일 현재 65개국에서 온 44,891명(전체인구의 5.9%)의 외국인이 거주하고 있

13 「제4차 다문화가족정책위원회 발표자료」, 총리실, 2011. 11.

다.[14] 안산시 반월공단과 시화공단에서 일하는 외국인 근로자는 전체 공단 직원의 25% 정도를 차지하고 있다. 특히 화공약품을 다루는 염색, 기계, 전기, 전자 등 영세한 하청업체는 외국인 근로자가 없이는 공장이 돌아가지 않을 정도다.

외국인 집결지인 원곡동은 '국경없는 마을'로 불리운다. 주민 중 3명 중 1명이 외국인이다. 특히 원곡동에는 중국 동포와 중국인이 많이 살고 있다. 상가의 빨간 간판과 한문 등은 중국의 거리 분위기를 자아낸다. 중국사람이 좋아하는 향신료 등으로 거리에는 중국 냄새가 넘쳐난다.

2010년 5월 원곡동 일대가 다문화특구로 지정된 후 중앙로는 '다문화 음식거리'로 단장하여 외국인 대상 업소는 550개 정도이다. 만남의 광장에는 이를 상징하듯 전 세계의 음식을 담은 접시를 젓가락으로 지탱하는 조형물이 설치됐다. 또 외국인이 운영하는 외국 음식전문점은 자리가 없을 정도로 성업 중이다. 안산시는 '거주외국인 지원조례'를 제정(2007년 4월)하여 외국인 주민들의 행정수요를 충족시키고 다문화 공동체 형성을 지원하고 있다. 지난 2008년 2월 원곡동에 외국인주민센터를 열었다.

이곳에는 외국인 무료진료센터와 이주민 통역지원센터, 외국인 송금센터, 다문화 작은 도서관, 글로벌 아동센터 등을 설치하고 연중무휴로 운영하고 있다. 대부분의 센터가 민간에게 위탁하여 운영하고 있지만, 안산시는 외국인도 엄연한 주민이라는 차원에서 공무원이 직접 운영한다.

센터 운영도 외국인 주민들의 생활 사이클에 맞췄다. 토요일과 일요일에도 문을 열고 있으며, 보건소에서 나온 직원들이 매주 수요일 오후 7~9시,

---

[14] 안산시 인구는 2011. 11. 30 현재 총 760,832명(내국인이 715,941명, 외국인이 44,891명)이다.

▲ 안산시 외국인주민센터는 외국인도 엄연한 주민이라는 차원에서 공무원이 직접 운영한다.

2째 4째주 토요일 오후 2~5시, 매주 일요일 오후 3~5시에 무료진료센터를 오픈한다. 외국인 근로자들이 진료를 받기 위해 1시간 이상 기다려야 할 정도다. 외환송금센터도 평일 오후 8시 30분까지 영업하고 있으며 휴일에는 고국으로 송금하러 온 사람이 많아 발디딜 틈이 없을 정도다. 외환은행 원곡동 지점 관계자는 "해당 지점을 통해 외국으로 매월 평균 500만달러 정도가 송금된다"고 한다.

또 인도네시아와 베트남 등 동남아시아 4개국의 도서를 갖추고, 국가별 자원봉사자를 활용해 외국인들이 원하는 책을 대여하거나 열람하고 있다. 특히 이주민 통역지원센터는 미얀마와 파키스탄, 몽골, 베트남, 태국 등 12개국 출신으로 한국에 오랫동안 거주했던 외국인들이 직접 상담원으로 나서, 언어소통 장애로 어려움을 겪는 거주 외국인들을 상대로 임금체불 문제 등에 도움을 주고 있다. 매일 저녁에 운영하는 태권도 교실은 150명 정도 참여한다. 또 배드민턴, 축구, 농구, 사물놀이 등의 동아리 활동과 결혼이민자로 구성된 어머니 배구단이 활발하다.

한국인과의 갈등은 외국인들이 기초질서를 지키지 않는다는 것이다. 예를 들면 쓰레기봉투에 쓰레기를 넣지 않는다든지, 거리에 휴지를 버린다거나, 금연구역에서 담배를 피우고, 큰소리로 말하는 등의 문제다. 그들 고국의 습관을 하루아침에 버리기가 쉽지는 않을 것이다. 그리고 외국인의 범죄율도 높아지고 있어 또 다른 사회문제로 대두되고 있다.

외국인 범죄는 폭력, 사기, 여권 위조 등으로 자국 사람들끼리 이루어지는 경우가 많다. 안산 사람들은 "외국인 근로자가 안산 지역경제를 살리는 주요 생산자이며 주요 소비층이고, 자신들의 이웃이다"고 말한다. 그리고 외국인을 텔레비전에서 보는 것보다는 거리에서 수시로 스치는 것 하나로도 글로벌마인드를 키울 수 있고 '한국 속에서 세계'를 만날 수 있다고 말한다.

안산시의 경우 불법체류자를 단속할 때는 시민들이 나서서 단속반대에 가담하기도 했다. 안산시 사례에서 보듯이 외국인 근로자는 시간이 지날수록 우리 사회의 새로운 구성원으로 자리 잡고 있다. 안산시 원곡동이 내국인과 외국인이 함께 상생하는 좋은 모델이 되어 '한국 속의 아름다운 세계'가 실현되기 바란다.

7 인권 · 복지의 사각지대에 노출된 불법체류자와 그 자녀

"엄마, 아빠 잡히지마"

한국에서 태어난 몽골인 예은이(7세)의 부모는 불법체류자다. 예은이는 부모가 출근할 때 "엄마, 아빠 잡히지 마"하고 인사를 한다. 예은이 부모는 외국인 근로자로 한국에 체류하다가 예은이를 낳았다. 체류기간이 끝났음에도 한국을 떠나지 않았다. 부모는 남의 집 농장으로 일을 갈 때는 비닐하우스 같은 방문에 자물통을 걸고 나간다. 예은이는 어른스럽게 두 살짜리 동생에게 밥을 먹이고 기저귀까지 갈아준다. 예은이는 생긴 모습도 말하는 것도 우리 아이와 똑같다. 부모는 예은이를 어린이집에 보내고 싶어도, 예은이 뒤를 밟아 불법체류자인 부모를 잡아갈까 봐 보낼 수 없다.

"우리나라는 한국이야"

챠밍(11세)와 갓에(9세) 자매는 한국에서 태어났다. 한국 학교에 다니다가 불법체류자 단속에 걸려 부모와 함께 필리핀으로 강제추방되었다. 필리핀 말을 전혀 할 줄 모르고 음식도 입에 맞지 않는다. 필리핀에서도 한국에서 읽던 책만 본다. 필리핀 학교의 책은 읽을 수 없다. "김치가 먹고 싶다", "한국으로 가고 싶다" 하며 칭얼거린다. 엄마는 견디다 못해 말했다. "한국은 너희를 버린 나라다. 너희 나라는 필리핀이야" 하는 엄마의 말에 자매는 닭똥 같은 눈물을 흘리며 말했다. "아니야, 우리나라는 한국이야."

"내 소원은 한국 사람이 되는 것이에요"

바타르는 10살에 한국으로 왔다. 한국 초등학교에서는 반에서 1, 2등을 다툴 만큼 공부를 잘했다. 그러나 한국 중학교에서는 부모가 불법체류자라고 입학을 거부하여 세 번째 찾아간 학교에 입학했으나 통학시간이 1시간 반이나 걸렸다. 부모는 바타르가 중학교 3학년 때 불법체류자 단속에 걸려 추방되었다. 바타르의 부모는 "너는 남아서 꼭 한국 대학에 가라"고 아들을 숨겼다.

체격이 큰 바타르는 중학교를 졸업한 후, 나이를 속이고 공사장을 전전했다. 이제는 아예 단속의 눈을 피할 수 있고, 생활비도 절약할 수 있는 공사장 간이숙소에서 숙식한다. 수입의 일부는 부모님께 보내고, 나머지는 대학에 가기 위하여 공부하고 저축한다. 하지만 불법체류자는 한국의 검정고시도 볼 수 없다. 한국에 온 지 8년이 지난 그는 외모뿐만 아니라, 언어와 사고도 영락없는 한국 청소년이다. 그러나 영원한 이방인이다. 그의 소원은 "한국 사람이 되는 것"이다

법무부에 의하면 2011. 12. 31일 현재 한국에 체류 중인 불법체류자는 167,780명이며, 불법체류자의 자녀 1만 7천 명 정도가 복지와 인권의 사각지대에서 살고 있다. 부자나라 사람은 세계 어디든 자유롭게 갈 수 있다. 그러나 가난한 나라 사람들은 부자나라의 국경을 넘는 것을 철저히 통제한다. 부자나라는 자국의 이익과 보호를 위해 노동통제정책을 통해 외국노동인력을 조절하기 때문이다. 외국인 근로자로 한국에 왔다가 계약기간이 끝났음에도 본국으로 출국하지 않고 일을 계속하거나, 관광 등의 비자로 왔다가 숨어서 일하는 사람들이 미등록 이주노동자(undocumented migrant), 즉 불법체류자다.

이들은 불법체류자 단속에 걸려 언제 추방될지 모르는 불안감에 하루하루를 지낸다. 불법체류자인 줄 알면 일부 고용주는 제값의 임금을 안 준다. 고용주도 불법체류자 단속에 걸렸을 경우 범칙금을 물어야 한다. 불법체류자 또한 범칙금을 내고 본국으로 추방당한다. 그들은 건강보험이나 퇴직

표 7 불법체류자 연도별 증감 추이 (2011. 12. 31 현재, 단위: 명)

연 도	총 계	등록외국인	단기체류외국인	거소신고
2001년	272,626	67,064	205,562	0
2002년	308,165	83,779	224,386	0
2003년	154,342	72,500	81,842	0
2004년	209,841	89,857	119,216	768
2005년	204,254	107,049	96,373	832
2006년	211,988	106,657	103,835	1,496
2007년	223,464	107,278	114,295	1,891
2008년	200,489	93,461	106,486	542
2009년	177,955	83,729	93,613	613
2010년 12월	168,515	78,545	89,238	732
2011년 12월	167,780	82,848	84,354	578
증감률(%)	−0.4	5.5	−5.5	−21.0

자료: 「출입국·외국인정책 통계 월보」(2011. 12월호), 법무부.

그림 3 불법체류자 증감 추이 비교 (2011. 12. 31 현재, 단위: 천명)

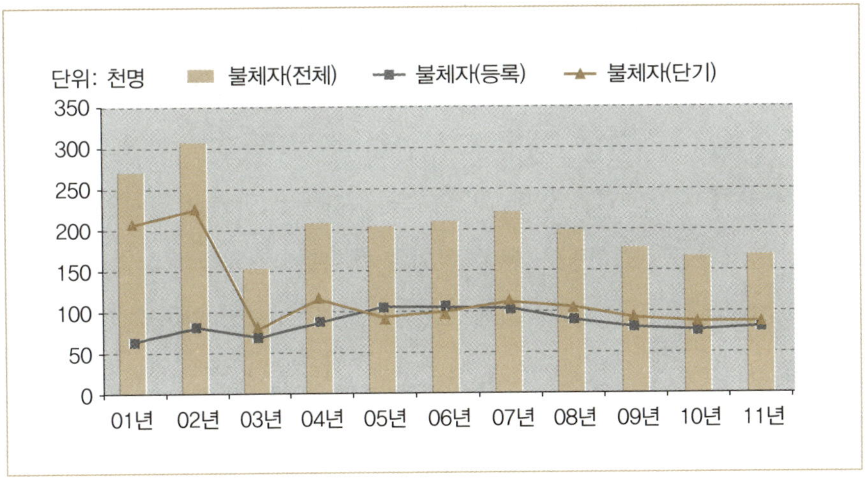

자료: 「출입국 · 외국인정책 통계 월보」(2011. 12월호), 법무부.

▌그림 4▐ 불법체류자 기간별/연령별 분포도 (2011. 12. 31 현재, 단위: %)

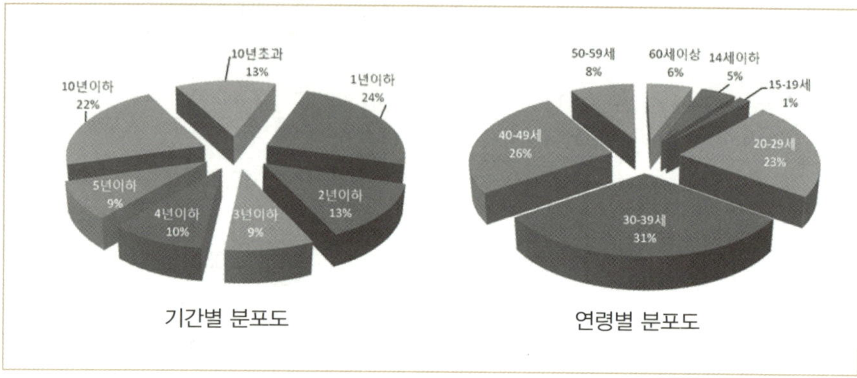

자료: 「출입국 · 외국인정책 통계월보」(2011. 12월호), 법무부.

금, 산재보험 등에 가입할 수 없다. 어쩌다 아프면 엄청난 의료비를 부담해야 한다. 의료비 부담은 그만두고라도 병원에서 불법체류자를 치료해주지 않으려고 한다. 병원에서도 불법체류자로 신고의무를 다하지 않았을 때, 행정적 불이익을 우려하여 치료를 거부하는 경우도 있다.[15]

자녀는 초등학교 의무교육을 받을 수 있다. 그러나 중학교부터는 학교장이 학습부진, 같은 반 학생들과의 나이 차이로 인한 학급 분위기 저해 등을 이유로 입학을 거부할 수 있다. 또 학업을 중단했을 경우, 검정고시를 볼 수 있는 자격이 차단되어 있다. 외국인 근로자들 사이에서 한국에 태어난 아이는 언어와 음식, 행동은 한국 아이와 똑같다. 부모가 저소득자임에도 보육비 지원이 없으니 보육시설에 보낼 수 없다. 부모가 일하러 가면 아이는 하루 종일 방에서 텔레비전과 컴퓨터를 보며 논다. 불법체류자 단속에 걸려 가족이 귀국했을 때의 경우도 심각하다. 아이가 본국의 말을 전혀 모

15 보건복지부에서는 불법체류자를 위한 무료 의료비 지원을 실시하고 있다.

◀ 불법체류자의 노동권을 인정해 달라는 집회가 열리고 있다.

르고, 본국의 음식에 적응하지 못하기 때문이다. 불법체류자의 청소년 자녀가 새롭게 입국할 때는 더욱 심각하다. 한국어 소통은 불가능하고 생김새에서 차이가 나기 때문에 학교에 입학했다 하더라도 차별과 편견으로 학업을 중단하는 경우가 많다. 이들은 돈벌이에 나서거나 비슷한 처지의 청소년끼리 어울려 다니며 사회문제를 일으키기도 한다. 어떻든 불법체류자는 한국의 법을 어긴 범법자다. 그들에 대해서는 출입국사무소가 수시로 단속하여, 강제추방이나 자발적 귀환, 그리고 합법화하는 정책이 있다. 그러나 합법화시켰을 경우, 불법체류자를 양산할 수 있다.

한편, 불법체류자들의 목소리도 커지고 있다. 2010년 5월 20일 '세계인의 날' 행사를 하는 같은 시간에 서울을 비롯한 인천, 대구, 청주, 광주에서 '세계인의 날 규탄, 단속추방 중단 동시다발 집회'를 열었다.(《참세상》, 2010. 5)

이날 집회에서 "이주노동자 탄압을 중단하라!", "이주노동자를 합법화하라!" 등의 구호를 외치며 정부를 대상으로 이주노동자들에 대한 권리를 요구했다. 또한 민주노총, 외국인이주노동운동협의회 등 이주노동자들의 인권과 노동권을 요구하는 여러 사회단체들은 「누구를 위한 세계인의 날인가?」라는 성명서를 발표하고 정부를 비판했다. 그들은 "재한외국인처우기본법은 본질적으로 이주민의 인권과 권리를 외면한 차별적 논리를 기반으로 마련되었으며, 세계인의 날 역시 주인 없는 껍데기에 불과하다"고 주장했다. 또 "세계인의 날을 맞아 이주민을 들러리 세워 가식적인 행사를 하려는 정부는 즉각 이를 중단하라"고 외쳤다.

그리고 정부에 대해 사업장이동 제한 철폐, 이주노동자에게도 가족의 결합권 보장, 미등록이주노동자에 대한 위법적이고 불법적인 강제단속 즉각 중단, 출입국관리법 개악 철회, '세계인의 날' 철폐하고 'UN 이주노동자 권리협약' 비준, 이주민의 정당한 권리와 인권 보장 등을 요구했다.

8 중국과 CIS지역 동포를 대상으로 방문취업제 도입

선진국에 거주하는 동포는 한국에 재외동포비자((F-4)로 쉽게 방문할 수 있다. 재외동포비자는 미국과 캐나다, 오스트레일리아 등의 해외동포들을 대상으로 하고 있다. 하지만 중국 및 CIS(러시아, 우즈베키스탄, 카자흐스탄, 우크라이나, 키르기스스탄, 타지키스탄)지역의 동포는 한국에 체류하면서 경제활동을 하며 내국인의 일자리를 빼앗을 수 있다는 우려[16]에서 입국을 제

[16] 2009년 KDI에 의하면 해외동포가 주로 건설업과 음식·숙박업 분야에서 국내 단순직 인력을 대체한 것으로 추정했다. 실제 건설업 일용직·임시직의 국내인력 비중은 2007년 상반기 50.13%였으나 2008년 상반기에는 46.47%로 급락했다. 이에 비해 외국인력 비중은 같은 기간 5.71%에서 9.13%로 껑충 뛰었다. 음식·숙박업에서도 임시·일용직의 국내인력 비중은 이 기간 38.15%에서

한했다. 이러한 조치는 동포임에도 외국인 근로자만한 대우도 받지 못한다는 여론이 비등하자 정부는 2007년 중국과 CIS지역 동포를 대상으로 방문취업제를 실시하였다.[17]

방문취업제로 입국한 해외동포 중 96%가 중국 동포이다. 방문취업은 한국에 연고가 있는 친척이 초청을 해줄 경우 방문취업비자로 한국에 입국이 가능하다.[18]

만 25세 이상의 일정한 요건을 갖춘 동포에게 5년간 유효한 복수사증을 발급(H-2)로 한번 입국하면 최장 3년까지 체류가 가능하다. 체류기간 내에는 재입국 허가를 받지 않고 자유로운 출입국이 가능하며, 출국 후 1년 후에 한국 재입국이 가능하다. 이들이 국내 취업을 할 경우에는 취업 교육 및 구직 신청 등 절차를 거쳐 출입국관리법 시행령에서 정한 건설업, 영세제조업, 농수산임업, 서비스업 등 46개 업종에 취업이 가능하다.

단순인력 중심의 외국인 근로자 유입은 내국인 중졸 이하 근로자의 실직을 증가시킨다고 한다.[19] 사실 고용노동부에 의하면 제조업과 음식숙박업, 건설업 등 중국 동포가 주로 채용되는 업종에서 32만 7천 개의 내국인 일자리가 사라졌다고 추산했다.[20]

무연고 동포는 동포임에도 불구하고 외국인 근로자와 같이 중국 현지에

37.35%로 하락한 반면 외국인력 비중은 3.26%에서 4.78%로 높아졌다.

17 곽재석, 『외국국적동포 취업실태와 취업지원 방안』, 한국산업인력공단, 2010. 12.

18 한국인이 중국 동포를 초청을 한다고 해서 모두 입국하는 것은 아니다. 정부는 내국인고용보호를 위해 방문취업 상한선을 30만 3천 명으로 결정하고, 출국자만큼만 입국을 허용하고 있다. 국민 1인당 초청 가능한 친척도 3명으로 제한하고 있다.

19 유경준·김정호(2010) 「외국인력의 대체성과 통계문제」 「KDI정책포럼」 제226호, 한국개발연구원.

20 「줄여야 vs 늘여야 동포근로자 딜레마」, 서울신문, 2010. 3. 12.

표 8 해외동포 국적별 체류현황 (2011. 12. 31 현재, 단위: 명)

계	중 국	미 국	캐나다	오스트레일리아	기 타
550,931	477,163	40,786	11,351	3,251	18,380

자료: 「출입국·외국인정책 통계월보」(2011.12월), 법무부.

표 9 해외동포 체류자격별 현황 (2011. 12. 31 현재, 단위: 명)

계	방문취업 (H-2)	재외동포 (F-4)	일반연수 (D-4)	영주 (F-5)	방문동거 (F-1)	기 타
550,931	303,368	136,702	15,447	36,162	14,781	44,471

자료: 「출입국·외국인정책 통계월보」(2011.12월), 법무부.

표 10 방문취업(H–2)자격 소지자 국적별 체류현황 (2011. 12. 31 현재, 단위: 명)

계	중 국	러시아	우즈베키스탄	기 타
303,368	293,132	1,932	7,610	694

자료: 「출입국·외국인정책 통계월보」(2011.12월), 법무부.

표 11 재외동포(F–4)자격 소지자 국적별 체류현황 (2011. 12. 31 현재, 단위: 명)

계	미 국	캐나다	오스트레일리아	뉴질랜드	중 국	독 일	기 타
136,702	40,567	11,290	3,240	1,436	74,014	799	5,356

자료: 「출입국·외국인정책 통계월보」(2011.12월), 법무부.

서 한국어 시험에 합격해야 하며 매년 외국인인력정책위원회에서 정하는 연간 쿼터의 범위 내에서 추첨을 통해 입국하고 있다.

대부분의 중국 동포는 건설업, 영세 제조업, 농수산임업, 가사도우미, 음식점에 취업 중이다.

2012년～2015년까지 매년 5만 명～9만 명 정도가 체류 만기 기한이 도

그림 5 방문취업제 만기도래자

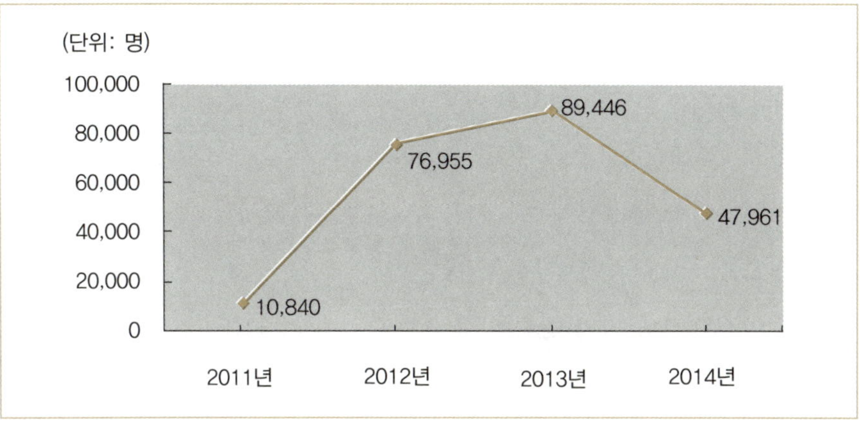

자료: 고용노동부, 2012.

래되어 대규모의 출국이 예상된다.[21] 이는 내국인의 노동시장을 보호하기 위한 정책이긴 하지만 내국인의 수요가 없어 제조업이나 농업 등 동포들이 일하고 있던 산업현장의 공백이 염려된다.

한편, 재외동포가 모두 5년 만에 출국해야 하는 것은 아니다. 내국인이 취업을 기피하는 분야, 즉 제조업, 농업, 기능사 자격을 취득한 사람, 간병인,[22] 가사도우미, 법인 기업대표 등은 특례고용허가제에 의해 한국에 장기적으로 거주할 수 있는 길이 있다.

반면, 중국 동포에 대한 출국은 5년으로 제한하면서 다른 지역 동포는 출국 기간을 제한하지 않는 것은 차별적 출입국임을 주장한다. 이에 중국 동포 1만 명이 연대하여 출입국관리 관계법령에 대한 위헌 소송을 제기하였다.

21 최홍, 「기로에 선 중국 동포정책의 현안과 해법」, 『SERI 경제포커스』, 삼성경제연구소, 2011. 8,

22 입주가사도우미와 간병인은 50~70%가 중국여성동포이다. 특례고용허가제가 아닌 방문취업으로 입국한 중국 동포는 만기 시 출국해야 하므로 인력란이 예상된다.

9 외국인 근로자 코리안 드림

외국인 근로자는 산업현장과 농촌의 인력공백을 메우는 매우 중요한 일꾼들이다. 그들이 없다면 우리 기업, 특히 중소기업은 돌아가기 힘들다. 우리 젊은이들이 중소기업에서 일하기를 꺼리기 때문이다. 농촌도 그들이 없으면 일손을 충당하기 힘들다.

그들의 코리안 드림이 실현될 때, 한국의 국가 위상이 높아지고 경제 발전을 앞당길 수 있을 것이다.

1) 한국생활 3년 만에 몽골에 집 사고, 요리사 꿈 키워

몽골인 잉흐터 남닥 씨는 여수 산업공단에서 한국생활을 시작했다. 한국어 시험을 보고 오긴 했으나, 혼자 나간다는 것은 엄두를 내지 못했다. 길을 잃어버릴까봐 매우 겁이 났기 때문이다. 어느 날 그는 혼자 "할 수 있다"고 마음먹고 시간을 내어서 자전거를 타고 여수시를 한번 둘러보았다. 어디를 가든 모두 한글로 쓰여 있었다. 내용을 알 수 없어서 답답하기도 하고, 다른 사람들에게 계속 도움을 받아야만 했다. 그는 어디에 무엇이 있고 회사 주변에는 어떤 것들이 있는지, 그리고 회사 주변의 길을 알기 위해 자세히 보고 다녔다. 처음 마트 갔을 때는 밀가루, 소금, 물 등을 구분 할 줄 몰랐는데 차츰 구분할 수 있게 되었고 조금 시간이 지나자 낯선 길도 아는 길이 되었고 마트에서도 물건 사는 게 쉬워졌다.

몸이 아파서 회사를 쉬고 싶을 때도 있었으나 아픈 것을 한국말로 다 표현하지 못하니까 회사에서는 일하기 싫어서 거짓말을 한다고 여겼다. 그럴 때마다 많이 힘들었지만 참고 견뎌야 했다. 병원에 가서도 아픈 곳을 말로 이야기 못하여 손짓 발짓으로 말할 수밖에 없었다. 매주 주말에는 근처 외국인 근로자 지원단체에 가서 본격적으로 한국어 공부를 시작했다. 한국어를 몰라 힘들었던 때를 생각하며 열심히 공부를 하였다. 사람들이 험한 말을 할 때마다 "사람 취급해 달라"고 말을 했다. 그래도 따뜻하게 해주는 동료가 더 많아지자 함부로 하던 동료도 점차 말투를 고치기 시작했다. 그의 꿈은 울란바토르에 아파트를 장만하는 것이었다. 한국 생활 3년 만에 그 꿈을 이루었다. 이제 두 번째 꿈은 한국의 웰빙요리를 몽골에 소개하는 것이다. 텔레비전에서 요리강습 프로그램을 많이 본다.

그는 한국산업인력공단의 귀국지원 프로그램을 통해 휴일에 요리교육을 받아서 자격증도 취득할 계획이다. 몽골인들은 양고기 등의 기름진 음식을 많이 먹고 다양하게 음식을 먹지 않는 식생활 습관이 있다. 몽골에 귀국하면 한국에서 배운 요리를 활용해 이런 식생활을 개선해 나가고 싶다. 요리학원에도 등록해 요리를 배울 계획이다. 본국에 귀국하여 몽골인들에게 안전하고 다양한 먹거리를 공급해주고, 한국의 좋은 음식문화도 소개하고 싶다고 했다. 그는 반드시 자신의 꿈은 꼭! 이루어진다고 말했다.

2) 수박밭 사고, 공무원 시험 합격, 대학도 진학

인도네시아 스라메트 프리요노 씨는 한국에서 외국인 근로자로서의 생활이 기반이 되어 고국으로 돌아가 세 마리 토끼를 잡았다. 그는 외국인 노동자로 한국에 입국하자 건강검진과 한국문화교육을 받았다. 교육이수 시간에 맞춰 그를 데리러 온 세명전자(경남 창원시) 직원을 따라 회사에 도착했다. 세명전자는 전압이 센 부품 등을 생산하는 회사이다. 근무시간에는 안전장비, 장갑, 귀마개를 항상 착용하도록 하였고, 작업은 동료들이 자세히 알려주었다. 야근 수당이 높아서 야근을 많이 하는 것도 나쁘지 않았다. 친구들과 그룹을 만들어 한국어 공부를 하고 주말에는 많은 곳을 여행했다. 인도네시아에 가면 대학에 진학할 생각으로 대학진학 공부도 열심히 했다. 그는 3년간 한국에 있을 때 번 돈을 은행에 넣지 않고 그 대신 인도네시아 고향에 수박 농사를 지을 밭을 조금씩 사들였다. 현재 그는 인도네시아에 귀국해 7천 제곱미터의 논에서 수박농사를 짓고 있으며 3명의 종사자를 고용하고 있다. 2개월에 한 번씩 수박을 거두고 그 때마다 1,500만 루피아의 소득을 올리고 있다. 또 스마랑 시 문교부의 언어학회(인도네시아 교육담당 기관)에서 공무원을 채용공고를 보고 응모하여 그가 합격됐다. 또 야간에는 스마랑의 KUC대학에서 회계학과에 재학하고 있다. 그는 공무원 생활을 하며 장학금으로 한국 대학원에 진학할 계획이다. 또 한국에 일하러 가는 인도네시아 청년들을 위해 한국어를 가르치려는 계획도 있다. 한국은 자신의 꿈을 실현시킨 제 2의 고국이라고 그는 말했다.[23]

3) 방글라데시에서 한국형 대형 마트 사장으로 성공

방글라데시 아부바카라 씨의 첫 한국직장은 길산업(경기도 안산)이라는 화학제조 공장이다. 한국어 책을 사서 동료들로부터 배우고, 기숙사에서 시간 나는 대로 공부했다. 처음에는 김치가 냄새 나서 먹지 못했으나 긍정적인 마음으로 바꾸자 김치가 너무 맛있어졌다. 한국에서 버는 돈의 30%

23 「happy Return」, 고용노동부·한국산업인력공단, 2011. 12.

는 집으로 송금하고, 20%는 생활비로, 50%는 자신의 개인통장에 저축했다. 귀국할 때가 되자 고민이 되었다. '고국에 가서 뭐하고 지내야지?' 고민하고 있던 중, 어느 날 할인마트에서 갔다가 딱 느낌이 왔다. '수도 디카에서 슈퍼를 차리자' 그때부터 장보러 가거나, 또는 일부러 마트를 찾아다니며 진열방법과 영업방법에 대해 유심히 보았다. 그는 고국에 돌아가자마자 수도 다카 상류층이 사는 지역 굴산 DDC 상가 일층에 60평 정도를 임대하여 슈퍼를 차렸다. 상품의 반 정도는 외제인데, 한국 코너에는 라면, 식료품, 과자 등 50여 종이 있다. 다른 제품보다 훨씬 비싸지만 질이 좋아서 상류층이 많이 찾는다. 슈퍼에 오는 한국 사람에게는 무조건 값의 3%를 할인해준다. 그는 한국에서 일한 대가로 차린 슈퍼이기 때문에 한국 사람이 만들어 준 가게나 마찬가지라고 생각한다. 이제 사업장은 자리를 잡았고 상품을 해외에서 직수입하기도 한다. 종업원은 15명이나 된다. 많은 사람들이 그에게 사업 자문을 구한다. 또 새로 한국으로 입국하려는 근로자들이 노하우를 배우러 오기도 한다. 그는 한국은 "오늘의 내가 있도록 키워 준 부모와 같은 나라"라고 말했다.[24]

4) 음식점과 폐금속 무역업으로 성공

조인희 씨는 숯불꼬치집(경남 김해시 부원동)과 순천무역회사 사장이다. 10년 전에 한국에 온 후 식당 종업원 등 안 해본 일이 없었다. 90평이 넘는 음식점은 늘 손님이 가득하다. 지금도 새벽 1시까지 일하며 식당과 무역업을 한다. 이 지역은 파키스탄, 베트남 등 외국인 근로자가 많다. 그들이 오면 주

24 「happy Return」, 고용노동부·한국산업인력공단, 2011. 12.

문한 요리 외에도 두어 가지를 더 서비스로 제공했다. 음식도 나라별 식성에 맞게 개발했다. 그녀의 노력은 헛되지 않아 원래 중국인들만 드나들던 음식점에 여러 나라 사람들도 자주 찾게 되면서 점점 호황기를 맞게 되었다.

음식점을 보다 효과적으로 홍보하기 위해 KBS 외국인 요리대회에 참가했다. 동남아 8개 나라 요리사들이 참여하는 이 대회에 그녀는 중국인의 대표로 선발되었다. 대회에서 각종 중국 볶음·채·요리 기술을 선보여 뜨거운 박수갈채를 받았고 그 후 더욱 많은 사람들이 음식점을 찾게 되었다.

어느날 음식점에 식사하러 온 한 중국인 손님이 중국에서는 유색금속무역을 번창하고 있으며 폐금속을 수집해서 무역을 하면 큰 돈을 벌 것이라고 했다.

그녀는 생소한 분야이기에 1년 동안이란 시간을 들여 공부하고, 10여 곳이나 되는 현장을 분주히 찾아다니며 폐금속을 회수하였다. 일정한 양이 차면 중국으로 보내졌으나 폐금속 가격이 갑자기 폭락하는 바람에 엄청난 손실을 보았다. 또 어떤 때는 동함량이 낮다는 이유로 헐값으로 처리하는 바람에 손실이 더욱 막대한 경우도 있었다. 조 사장은 아예 중국에서 기술원을 초빙하여 함께 식별작업을 진행했다. 이제는 중국과의 폐금속 무역업체 중에서 으뜸으로 자리 잡았다. 신뢰를 바탕으로 인정받은 후 중국 현지의 해당 업자들이 스스로 찾아와 계약을 맺고 주문을 요청한다. 이제는 성공한 조선족의 대명사가 된 조인희 사장은 언젠가는 중국으로 들어가 노인복지센터를 운영하고 싶다고 했다.[25]

25 “넘어진 땅에서 홀로서기로 거듭나” 2011. 7. 20, 길림신문.

PART 3

유학생

현대는 교통과 정보 통신기술의 발달로 경제, 사회, 문화의 측면에서 국경의 의미는 퇴색하고, 반면에 국가적 생존을 위해 첨예한 경쟁이 동시에 펼쳐지기도 한다. 이런 상황 속에서 각 국가는 생존전략으로 글로벌 인재 육성을 추진하고 있다. 중국은 10년 전부터 아프리카 국가에게 수많은 원조를 하면서 아프리카 지역의 학생들을 중국으로 유치했다. 학비를 면제해 주며 장학생을 양성하여 아프리카에서 요직에 근무하게 하고 있다. 이들을 통해서 아프리카와의 교역을 확대하고 중국의 이익을 위한 정보를 도움 받는다. 호주로 유학온 외국인 학생들이 호주에서 지출하는 등록금, 생활비 등은 양모 수출액보다 더 많다. 외국인 유학생 지원은 『고등교육법』에 법적 근거를 두고 있다. 외국인 유학생은 기업에서 우수한 인재를 안정적으로 공급받을 수 있는 통로다. 그렇기 때문에 우수 인재 유치 경쟁도 활발해지고 있다. 그러나 대학 현장에서는 중국과 동남아시아, 아프리카 등의 유학생에게는 차별과 왕따를 하고, 미국, 유럽 서구권 유학생에게는 지나치게 우호적으로 대하고 있는 모습도 보인다. 빠른 성장 과정을 거치며 경제 규모 순위로만 외국인을 평가하는 습성과 잘못된 교육으로 인해 백인에 대한 환상 때문인 것 같다. 어쨌든 유학생은 미래 한국에 필요한 인적자원이다. 또한 교육과학기술부에 따르면 외국인 유학생 1만 명이 늘면 1,600억 원가량의 유학·연수수지 개선 효과를 기대할 수 있다고 한다. 외국인 유학생 유치는 경제적 이득은 물론이고 해외에 친한 및 지한 인사를 늘릴 수 있어 글로벌 인재의 네트워크 구축이라는 의미를 지닌다.

1 174개국에서 9만 명의 외국인 유학생 체류

한국에서 공부하는 외국인 유학생 수는 2003년 12,314명이었으나 2011. 12. 31일 현재 88,466명(유학생 68,039명, 어학연수 20,429명)으로 9년 만에 7.2배 증가하였다.[1] 유학생의 유학형태는 자비 유학생 84.1%, 정부초청 장학생 2.8%, 대학초청 장학생 9.5%, 자국 정부 파견 장학생 0.6%, 기타 3%이다.[2] 외국인 유학생은 10년 전만 하더라도 서울의 주요 대학 내 한국어학당이나 국제대학원에서나 볼 수 있었다. 그러나 지금은 외국인 유학생은 수도권에 절반이 집중되어 있고, 절반은 각 지역에 분포되어 있다. 유학보

1 「출입국·외국인정책 통계 월보」, 법무부, 2011. 12.

2 교육과학기술부, 2011. 4월 기준.

표 1 연도별 유학생 증감 추이 (2011. 12. 31 현재, 단위: 명)

연 도	2006	2007	2008	2009	2010	11년
합 계	38,649	56,006	71,531	80,985	87,480	88,468
유학(D–2)	30,101	41,780	52,631	62,451	69,600	68,039
한국어연수 (D–4·1)	8,548	14,226	18,900	18,534	17,880	20,429
전년대비 증감률	55.9%	44.9%	27.7%	13.2%	8.0%	1.1%

자료: 「출입국·외국인정책 통계월보」(2011. 12월호), 법무부.

그림 1 외국인 유학생 연도별 증감 추이 (2011. 12. 31 현재, 단위: 천명)

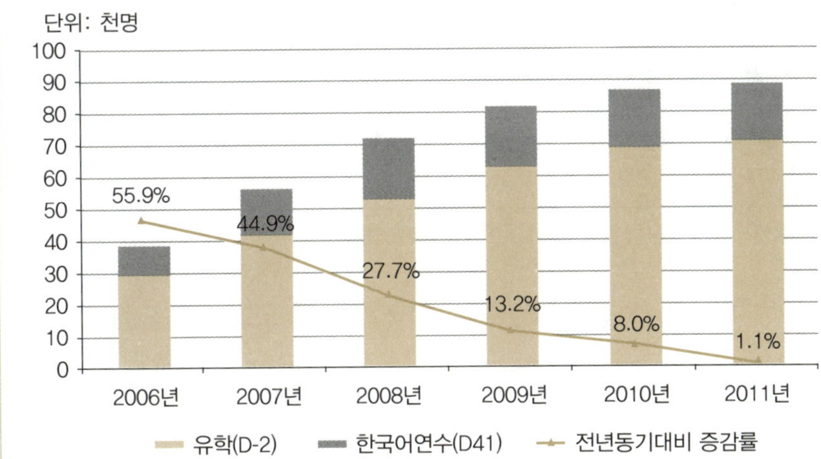

자료: 「출입국·외국인정책 통계월보」(2011. 12월호), 법무부.

다 한국어 연수가 증가한 것은 한류열풍으로 한국어를 배우려는 유학생이 늘어났기 때문으로 보인다.

주요 국가별 유학생 수를 보면 중국이 65,271명(74.5%), 몽골 4,958명

표 2 외국인 유학생 국적별 현황 (2011. 12. 31 현재, 단위: 명)

국적명	총 계	유학(D-2)	한국어연수(D-4-1)
총 계	88,468	68,039	20,429
중 국	65,271	50,558	14,713
한국계	2,212	1,988	224
몽 골	4,958	3,024	1,934
베트남	3,100	2,607	493
일 본	2,083	1,301	782
미 국	933	810	123
우즈베키스탄	701	412	289
인 도	753	709	44
말레이시아	581	546	35
방글라데시	593	545	48
러시아	503	393	110
인도네시아	615	549	66
타이완	570	356	214
필리핀	530	452	78
기 타	7,277	5,777	1,500

자료: 「출입국·외국인정책 통계 월보」(2011. 12월호), 법무부.

(5.6%), 베트남 3,100명(3,5%), 일본, 미국, 우즈베키스탄 등의 순이다.

이처럼 외국인 유학생이 늘어난 이유는 정부의 정책 지원과 대학의 외국인 유학생 유치 노력, 또 한류의 영향이다. 정부는 세계 인재를 유치함으로써 미래의 교류와 협력을 도모하고 있다. 그러나 일부 대학에서는 유학생으로 부족한 학생을 메우는 데 급급하고, 그로 인해 여러 가지 부작용을 낳고 있다.

이기정(2009)에 의하면[3] 한국을 선택한 이유에 관한 질문항목에서 전체

[3] 이기정, 「국내 외국인 학생 지원관리체제 방안」, 2009.

응답자 884명 중 다중 응답으로 22.7%(213명)가 '한국교육 프로그램의 우수성'을 들었다. '교환학생 프로그램' 20.4%(191명), '한국문화에 대한 호감' 15.7%(147명), '지인의 추천' 12.1%(114명) 순으로 나타났다. 특히, 교환학생 등 단기로 수학을 하다가 학위과정으로 유학을 택한 경우가 많았다. 동남아시아 등에서 일고 있는 한류의 열풍이 한국문화에 대한 관심과 한국유학으로 이어지는 것도 현상도 확인되고 있다.

2 유학기간 길수록 만족도 떨어져

외국인 유학생은 한류열풍으로 아시아 국가뿐 아니라 미국, 유럽, 중동이나 아프리카 출신 학생들도 입국하고 있다. 유학생이 증가하자 대학별로 외국인지원센터를 별도로 운영하고 있으며, 외국인들을 위한 취업특강과 이미지메이킹 스쿨, 국내기업 초청 취업박람회 등을 진행하고 있다. 교육과학기술부는 영어 전용강좌와 한국어 연수프로그램을 지원하기 위해 예산을 지원하는 등 외국인 유학생의 언어 불편을 최소화하고 있다. 또 서울 혜화동 국립국제교육원에 외국인상담센터를 개설하여 한국 유학 제도, 장학금, 학교와 학과 지원, 입학시험, 생활환경(기숙사, 취업) 등 한국 유학의 전반적인 내용에 관해 영어, 중국어, 일본어로 상담하고 있다. 특히 베트남, 몽골 출신 외국인 유학생 상담 자원봉사자를 활용하여 자국 유학생에 대한 상담활동을 지원한다. 아울러 한국유학안내시스템(www.studyin korea.go.kr) 내에 유학생 상담 메뉴를 신설하여 온라인을 통해 유학생 상담도

▲ 한류 열풍으로 외국인 유학생이 증가하고 있다.

지원하고 있다. 행사지원으로는 유학생의 날 행사(Global Festival in Korea)를 매년 개최하고 있으며, 재한몽골유학생협회 학술대회와 체육대회를 지원하고 있다. 그러나 외국인 유학생들은 한국에 체류기간이 길수록 생활 만족도가 떨어지고 있다. 이인영 씨가 서울대에 다니는 외국인 유학생 55명을 대상으로 설문조사한 논문에 따르면 유학기간이 6개월 미만인 학생은 만족도가 4.2점(5점 만점)이었지만 1~2년은 3.44점, 2년 이상은 3.29점으로 나타났다.[4]

[4] 이인영, 「외국인 유학생 실태 분석과 효과적 지원방안 연구」, 2011.

3 10명 중 1명은 가짜 유학생

법무부는 2005년 9월 대학의 철저한 외국인 유학생 관리를 위하여 외국인 이탈자 신고를 의무화하고 이 사실을 은폐한 학교에 대해서는 처벌규정을 신설하였다. 처벌규정이 생기자 유학생의 이탈신고가 대폭 늘어났다. 또 유학생을 대상으로 취업을 알선하는 브로커도 경찰에 적발되기도 했다. 외국인 유학생의 중도탈락률과 불법취업 실태를 조사한 결과 2005년부터 2008년까지 3년간 국내에서 전체 유학생 중 11.8%가 학교를 이탈한 것으로 드러났다.

전문대의 경우 상황이 훨씬 심각해 외국인 유학생 3명 중 1명이 불법체류자 신분이다. 이는 상대적으로 입국이 쉬운 유학을 일부 유학생들이 취업수단으로 악용하는 사례가 늘고 있기 때문이다. 이러한 문제는 일부 대학이 외국인 유학생을 무리하게 유치한 데서 비롯되고 있다. 또 현지 브로커, 유학을 가장한 불법 노동자들의 요구가 맞아떨어진 현상이다. 교육과학기술부는 외국인 유학생 이탈률이 지나치게 높거나 입학·학사관리가 부실한 대학에 대해 제재를 가했다.

특히 학생 이탈률이 50% 이상인 9개 대학에 대해서는 법무부와 협의, 사증발급을 제한했다. 외국인 유학생들의 이탈률이 지나치게 높은 것은 학생모집이 어려운 일부 학교가 재정충당을 위해 최소한의 안전장치도 없이 마구잡이로 유학생을 유치한 데서 비롯되고 있다. 물론 한국에서의 취업을 원하는 가짜 외국인 유학생과 대학의 이해관계가 맞았기 때문이다. 또 일부 전문대는 유학생 유치를 생존전략의 하나로 삼고, 일정한 금액만 내면 강의를 받지 않고 일하러 나간 유학생의 출석을 인정하고 있었다.

불법체류자를 출신국가별로 살펴보면 중국이 가장 많고 베트남, 몽골 순이다. 유학생은 양적 팽창보다 우수한 인재를 유치하여 유학생 자신과 서로의 국가에게 도움이 되는 전략이 필요하다.

4 '왕따' 또는 '지나친 호의'

동아일보가 26개 대학 125명을 심층인터뷰한 결과가 2011.11. 발표되었다 그 내용을 인용한다. '외국인 유학생 10만 명 시대'에 앞서 만난 유학생 125명 중에는 '제노포비아(외국인 혐오증)'에 시달리며 '왕따'를 당한 적이 68%가 된다.

특히 영미권이나 유럽보다 아시아, 아프리카 등 개발도상국 출신 학생들이 상대적으로 심한 차별을 겪고 있는 것으로 드러났다. 학내에서 겪는 차별이 가장 심각했다. 조 발표나 과제를 준비할 때 한국인 학생들이 뭉쳐 외국인을 따돌리거나 하찮은 일만 시킨다고 한다. 중국인 유학생 허윈씨는 "나와 같은 조가 된 한국인 학생들이 '에이 ××, 또 짱깨가 끼였네'라고 말하는 것을 들었다"며 "외국인을 강제로 내보낼 때도 있고 막상 같은 조가 돼도 컴퓨터 작업 등 간단한 일만 시킬 때가 많다"고 말했다. MT나 동아리 활동도 이들에겐 '그림의 떡'이었다. 가오아오씨는 "네 학기를 다녔지만 한국 학생들과 MT를 가본 적이 한 번도 없다"고 했다. 다수의 아프리카, 아시아 출신 유학생은 "영어가 능통한 백인 학생들은 환영을 받지만 우리는 차별과 배제의 대상인 것 같다"고 입을 모았다. 중국인 유학생 이레이 씨는 수업시간에 팀별 과제를 하려고 팀을 구성할 때마다 씁쓸함을 느낀다. 영어를 쓰는 싱가포르 유학생에게는 음료수를 사주며 "같이 과제를 하자"고 제안하지만 자신에게는 다가오는 사람이 없기 때문이다. 이 씨는 "한국 학생들이 영어권 국가에서 온 친구에 대해 이야기하면서 '빨리 친해져야지'라고 말하는 걸 자주 들었다"며 "같은 유학생인데 다른 대접을 받아 서운할 때가 많다"고 말했다.

외국인 유학생에 대한 차별이 만연하자 중국인들을 중심으로 일고 있는 혐한 분위기가 유학생 사이에서도 확산되고 있다. "한국인을 '가오리방쯔(高麗棒子·한국인을 얕잡아 부르는 말)'라고 부르는 중국인이 많다"며 "반한 사이트에는 한국에서 무시를 당한 사람들이 한국 비난 글을 많이 올린다"고 말했다.

캐나다인 유학생 크리스 매추라 씨는 최근 수업 시간에 큰 환호를 받았다. 발표 차례에 맞춰 자리에서 일어섰을 뿐인데 "외국인 친구 파이팅!"이라는 환호성과 함께 박수가 터져 나온 것. 교수도 "외국인 학생이니 박수를 더 크게 쳐줘라"고 했다. 당시 강의실에 있던 중국인 유학생 3명의 발표 땐 이런 반응이 없었다. 최근 학교에서 만난 매추라 씨는 "한국 학생들이 너무 친절해 부담스럽기도 했지만 기분은 좋았다"고 말했다.

서구권·영어권 국가 출신의 유학생 상당수는 "한국인은 친절하다. 한국 생활을 매우 즐기고 있다"고 응답했다. 중국이나 동남아 출신의 학생 또는 흑인 학생들이 차별과 괄시로 어려움을 호소하는 것과 상반된 모습이다. 러시아인 아쿨로바 에브게니야 씨도 "먼저 도와주겠다고 손을 내미는 한국인 친구들 덕분에 발표나 과제 모두 어려움 없이 해내고 있다"고 했다.

프랑스인 브누아 기야메 씨는 학교 안팎에서 늘 환영의 대상이다. 수업시

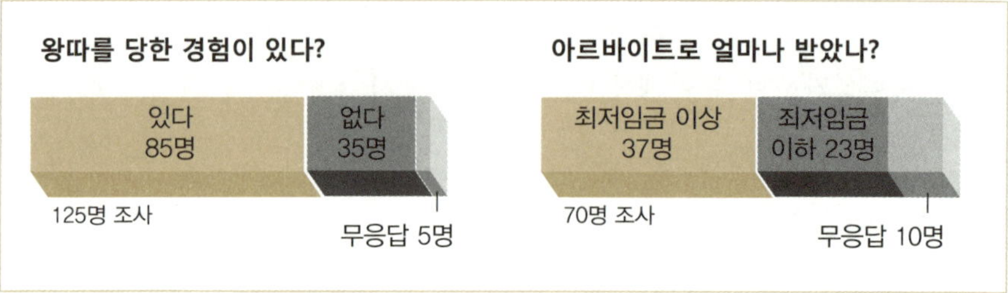

자료: 동아일보, '외국인 유학생 68% 왕따' 2011. 11.

간에 도와주겠다는 친구들이 줄을 서는 건 물론이고 학교 앞 식당이나 술집을 가도 서비스 음식을 받곤 한다. 같은 학교에 재학 중인 중국인 유학생 바샤 씨가 최근 한 식당에 갔다가 주인으로부터 "중국인들은 원래 많이 안 먹으니까 반찬 리필은 해줄 수 없다"는 말을 들은 것과 반대되는 상황이다.

교수가 '외국인 왕따'를 조장하는 경우도 적지 않았다. '전공필수 수업인데도 교수가 한국어를 못한다는 이유로 중국인은 모두 나가라고 했다' '부당하게 F학점을 받았지만 이유를 설명해주지 않았다' '외국인이어서 발표 순서에서 제외됐다'고 하는 등 11명이 자신의 차별 경험을 털어놨다.

외국인 유학생은 캠퍼스 밖에서도 차별을 받았다. 아르바이트 경험이 있는 유학생 70명 중 32.9%인 23명은 최저임금(시간당 4,320원) 미만의 월급을 받았다. 한양대에 다니는 한 중국인 유학생(29)은 학교 앞 편의점에서 휴일도 없이 하루 10시간 근무했지만 시급으로 4,000원을 받았다. 이마저도 아파 입원하자 사장은 "약속을 지키지 않았다"며 한 달 급여로 120만 원 중 40만 원만 줬다고 한다. 유학생 중 근로기준법이나 최저임금제에 대해 아는 사람은 22명에 불과했다.[5]

5 자료: 동아일보, '외국인 유학생 68% 왕따' 인용, 2011. 11. 21.

5 정부와 대학에서 우수 외국인 유학생 유치

2004년 교육인적자원부는 「Study Korea Project」를 발표하였다. 이 정책은 우수한 세계 인재를 유치하여 훌륭한 인재로 육성함으로써 한국과 개발도상국을 잇는 가교 역할을 할 수 있도록 하는 데 목적을 두었다. 또 국내 교육체계를 세계화하며 국제 경쟁력을 높이고, 외국인 유학생이 오고 싶어 하는 한국으로 만드는 데도 뜻을 두고 있다.

이에 따라 교육과학기술부는 외국인 유학생을 선발하여 한국에서 전액 장학금과 숙소를 제공하며 친한 글로벌 인재를 육성하기 시작하였으며, 2012년에는 세계 100여 국에서 2,200명을 선발할 계획이다. 선발 방법은 재외공관 추천과 국내대학 추천, 해외 한국입양인(재외공관과 국내입양인 단체 추천)으로 구분되어 있다. 지원액은 왕복항공권, 생활비, 연구비, 정착지원금, 귀국준비금, 어학연수비, 등록금 입학, 논문 인쇄비, 건강보험료 등이다.

각 대학에서도 외국인 유학생 유치에 노력하고 있다. 일부 대학에서는 중국에 유학생 유치 사무소를 개설하여 현지 유학원과 연계하여 각종 문화 행사와 유학 상담을 하고 있다.

세계화 추세에 발맞춰 대학도 변하고 있다. '세계적인 인재를 양성하겠다'는 목표를 달성하기 위해 대학들이 발 벗고 나섰다. 각 대학에서 외국인 유학생에게 기숙사를 제공하고 있으며[6] 세계적인 석학들을 국내 대학

[6] 2011. 4월 1일 현재 고등교육기관의 외국인유학생 기숙사 수용률은 38.2%(34,246명)이다.

◀ 외국인 유학생은 양국의 미래사회를 이끌어갈 네트워크이다.

에 초청해 학생들에게 그들의 전문 지식을 습득할 수 있는 기회를 제공하고 있다.

6 생의 최고의 선택, 한국 유학

2012년에는 외국인 유학생 10만 명 시대가 열릴 것 같다. 한류의 열풍으로 한국에 대한 관심이 더 높아졌기 때문이다. 글로벌 경쟁 시대에 외국인 유학생 유치는 국가 생존이 걸린 문제다. 국제화를 통해 대학 경쟁력을 높이고 해외 우수 인력을 끌어들여 고급 인적자원으로 양성·활용해야 하기 때문이다. 국제 사회에서 한국을 이해하는 친한(親韓)·지한(知韓)파 인사를 확보하는 효과도 있다. 이런 점에서 외국인 유학생 수가 급증하는 것은 바람직한 일이다. 한국에서의 유학 시절이 그들의 일생에서 가장 중요한 전환점이 될 수 있도록 지원해야겠다.

1) 한국에서 공부하는 것이 큰 축복

나는 타일랜드에서 지방 국립대학으로 유학 왔다. 처음 한국에 왔을 때 한국어를 전혀 몰랐기 때문에 힘들었다. 나를 답답하게 하는 것은 한국 사람들과의 의사소통이다. 1년 동안 언어교육원에서 한국어를 공부 할 때 한국 사람처럼 한국어를 잘 하려고 나는 많은 시간을 투자했고 노력도 많이 했다. 한국어가 서툴러서 수강신청을 할 때마다 고민을 많이 했었다. 두꺼운 교재로 공부해야 한 과목들을 피하려고 해서 그 대신 기초 한국어, 일본어, 그리고 영어 등과 같은 어학관련 과목을 신청했다.

첫 시간, 그 과목의 교수님께서 유학생들에게 선입견을 가지고 계시다는 것을 느꼈다. 출석을 부르실 때 학생 이름 대신에 나라 이름으로 부르셨다. 예를 들어, 나를 미스 타일랜드로 부르시고, 중국 친구는 미스 차이나, 몽골 친구는 미스 몽골이라고 부르셨다. 교수님께서 독특하신 분인 것 같다. 수업을 할 때마다 옷을 한국 스타일로 입으시고 간단한 운동화를 신으시니까 영어가 아닌 한국의 문화나 한국음악의 이해 같은 과목을 가르치시는 교수님으로 보이기 때문이다.

나의 문제점은 중급영어 중간고사를 보는 날에 일어났다. 시험지를 받자마자 당황했다. 내용과 문제가 어려워서 못 풀겠다는 것이 아니라 시험지에 긴 영어 문장을 한국어로 해석과 번역하고 한국어 문장을 영어로 번역하라고 나왔기 때문이다. 나는 그때 한국어를 그렇게 잘 하지 못했기에 영어 문장의 내용을 다 이해하는데도 답답하게 시험을 못 봤다. 강의실에 나오자마자 눈물이 났다. 태국에 계신 어머니께 전화 드리고 이야기를 해 드렸다. 시험 공부를 열심히 해왔고 그렇게 어려운 영어 문장도 아니었는데 시험을 못 봤으니까 슬펐다.

나는 유학생들의 지도 선생님을 찾아뵙기로 결심을 했다. 선생님께서 나의 이야기를 들어주시고 언어교육원 원장님한테 가보라고 조언을 해 주셨다.

소심하고 겁이 많은 나는 계속 고민을 했다. 원장님이라는 단어 때문에 무서웠고 모르는 분이라서 찾아갈까 말까 망설였다. 하지만 다시 생각해 보니까 혼자서 두려워하고 고민하기만 하면 문제가 해결이 안될 것 같아서 언어교육원으로 향했다. 떨리는 마음으로 계단을 올라 원장실 앞에 섰다. 그러나 문을 열지 못하고 한참을 망설였다. 1부터 20까지 숫자를 세고 나서야 노크를 할 수 있었다. 들어가서 비서를 만났고 연락처를 달라고 했다. 원장님께서 안 계시니까 다시 오라고 했다. 마음이 급하니까 아무 일도 손에 안 잡혀서 정신을 차리려고 학교 캠퍼스 한 바퀴를 돌았다. 기숙사로 돌아갈까 생각하는 중에 전화가 왔다.

"여보세요? 언어교육원 원장 안병규입니다."

당장 언어교육원으로 오라고 하셨다.

원장님은 정말 친절하고 상냥한 분이셨기 때문에 긴장이 다 풀렸다. 나의 이야기 해 드리는 동안에 원장님은 열심히 들어주셨다. 원장님께서 나에게 2개의 질문을 하셨는데 그 질문들은 나를 벙어리로 만들었다.

"교수님께 영어로 답을 써도 되냐고 여쭤봤어요?" "교수님께 이름으로 불러달라고는 해봤어요?" 나는 "당연히 안 해봤지요. 얼마나 무서운데……"라고 마음 속으로만 답을 드렸다. 원장님께서도 유학생활을 해봤으니까 유학생의 마음을 충분히 안다고 하셨다. 교수님의 입장도 생각해 볼 필요 있다고, 우선 중급영어 교수님 모든 분들께 이메일을 보내 드려 보겠다고 하셨다. 그리고 나에게 교수님을 찾아뵙거나 편지 한 통을 써 드리는 것이 어떨까를 충고해 주셨다. 물론 나는 편지 쓰는 것을 선택했다.

교수님께 편지를 드린 후에 교수님은 나를 타씨카로 불러주셨다(그런데 다른 유학생친구는 그대로 미스 차이나, 미스 몽골). 그 다음 수업에서 교수님께 우리를 부르시고 같은 수업을 듣고 있는 한국인 친구를 한 명씩 소개시켜 주셨다. 나는 공부 잘하는 4학년 오빠한테 많은 도움을 받게 되었다. 한국어만 나오면 다 가르쳐주고 밥도 사주고 시험공부도 같이 했다. 나는 수업을 듣기 전에 항상 예습하고 과제도 꼬박꼬박 하고 발표까지 해 냈다. 그리고 학기 말에 B+를 받았다.

B+라는 점수를 받고, 처음은 속상했다. 다시 재수강하고 싶다고 친구한테 이야기 했더니 친구가 그러지 말라고 했다. 친구로 인해 나는 다시 생각을 해봤다. 원하던 점수를 못 받았지만 그 점수보다 얻은 것이 더욱 값지다. 좋은 선배를 알게 되었다. 그리고 나를 싫어하신 것 같았던 교수님께서 나의 열심을 보셨는지 많은 사랑과 관심을 표현해 주셨다. 무섭고 혼자서 겁먹은 것은 이제 정말 아무것도 아니라고 깨달았다.

지금은 그 교수님께서 나에게 자주 전화해주시고 학교생활 어떠냐고, 어려운 일이 없냐고, 아픈데 없냐고 따뜻하게 물어봐 주신다. 한 번은 친구와 사귀는 것 때문에 힘들어 했는데 교수님께서 나를 데리러 오셨고 같이 식사하면서 상담을 했다. 나는 감동을 받았다. 교수님께서 정말 나를 딸처럼 대해주시니까 나는 교수님을 '아짠매'(한국어로 어머니교수님을 뜻한다)라고 부른다. 교수님 덕분에 나는 더욱더 열심히 살고 싶고 큰 힘이 생겼다. 더불어 나를 항상 지켜봐 주시고 친절하게 대해 주신 언어교육원 선생님들과, 유학생들의 문제를 해결해 주시고 잘 챙겨 주시는 본부에 계신 선생님들, 마음이 따뜻하신 언어교육원 원장님, 좋은 조언을 해주시는 전공 교수님, 그 분들께 진심으로 감사드리고 싶다.

나는 지금 캠퍼스 생활하는 것이 매우 행복하고 만족스럽다고 말할 수 있다. 친구들이랑 같이 생활하고 나를 한 명의 한국 사람처럼 생각해줘서 뿌듯하다. 선배들은 잘 챙겨주고 모르는 것이 있을 때도 친절하게 가르쳐 준다. 좋은 교수, 선배 그리고 친구가 있어서 한국에서 매일 좋은 날을 보낼 수 있다. 나에게 축복인 것 같다.

이제 언어와 문화 차이가 별 것이 아니다. 한국에 있는 동안 믿을 사람이 있고 사랑도 받아서 외롭지 않고 힘차고 재미있게 시간을 보낼 수 있게 되었다. 나는 한국에 온 것이 정말 잘 했다고 생각한다. 갈수록 한국은 두 번째의 고국처럼 느껴진다. 나는 한국을 사랑한다.[7]

2) 10년 만에 이룬 한국 유학, 중국 모교에서 강의할 날 기다려

중국 동포 이선희 씨는 대학을 졸업한지 10년 만에 꿈에도 그리던 서울 Y대학에 다니고 있다. 그녀에게 한국은 동경의 고국이고 할아버지, 할머니의 태가 묻힌 곳이기도 하다. 조상들의 고향이라 한국에 오고 싶었고, 부자 나라에서 공부를 하고 싶었다. 10년간 중국에서 직장생활을 하며 저축한

[7] '유학생 수기 공모' 당선작에서 인용, 국립교육원, 2011.

돈과 부모님이 빚까지 얻어 챙겨 준 돈으로 대학 문에 들어설 때 온몸의 피가 거꾸로 솟는 느낌과 설레고 흥분에 젖은 감회를 받았다.

한국계 중국인으로서 한국어를 모국어로 써 왔기 때문에 한국에서의 생활도 별문제 없을 것이라고 생각했다. 그러나 처음부터 영어 때문에 무척 스트레스를 받았다.

"선배님 필 있어요?"

"필이 뭐야?"

"필(筆), 쓰는 것?"

상대방은 웃으면서 "아, 펜~" 하고 수정해주었다.

"샤프 있어요?" 하는 친구의 질문에 도대체 뭘 줘야 할지 몰라 망설이던 그녀는 지금은 우습지만 그때는 창피하고 답답했다.

가장 답답할 때가 누구와 어디서 만나자는 약속을 정할 때였다. 만나는 장소마다 영어 이름이니 찾기는커녕 기억하기도 힘들었다. 화장품 매장, 메뉴, 놀이기구, 미용실, TV의 뉴스까지 한국에서 영어를 모르면 한국어를 모르는 만큼이나 답답하고 소통이 불가능하다는 것을 깨달았다.

또 쓰레기 분리수거에 대한 개념 자체가 없었기 때문에 익숙해지기까지 무척 고생했다. 하숙집에서 반년을 사는 동안 어느 날 그녀는 아줌마한테 분리수거를 하지 않는 '범인'으로 잡혔다. 아주머니는 당연히 그럴 줄 알았다는 표정이기도 했지만 아주 조심스레 분리수거에 대해 설명해주었다. 아니면 아주머니가 다시 재분리를 해야 한다고.

언젠가 매점 앞에서 라면 컵을 일반쓰레기에 넣다가 "그걸 거기다 버리면 어떡해요?" 하며 앙칼지게 따지고 들던 매점 아저씨도 있었다. 지금은 한국인 못지않게 익숙해져 있어 그때 생각을 하면 우습지만, 서운한 마음이 들었던 것은 사실이다.

이제 그녀는 한국 기업의 장학금으로 석사과정을 마치고 박사과정을 마무리하고 있다. 중국의 모교에서도 그녀의 논문에 많은 관심을 가지고 있다고 한다. 머지않아 중국의 모교에서 강의를 할 수 있으리라는 꿈에 부풀어 있는 그녀는 가족의 반대를 무릅쓰고 한국에 온 것이 최고의 선택이었다고 말했다.

3) 중국에서 최고의 미용실 차리는 게 꿈

중국 동포 저우 씨의 어머니는 한국 식당에서 일하고 있다. 저우 씨도 어머니와 함께 한국으로 왔다. 한국에 와서 제일 힘든 것은 한국인들의 사고방식이 다르다는 것이다. 한국 사람은 빨리빨리를 외치면서 성격이 급하다. 하지만 그녀의 성격은 느리다. 그리하여 아르바이트를 하면서 사장님에게 욕도 많이 먹었다. 지금은 무슨 일이든지 빨리빨리 하려고 한다. 그래야만 한국에서 생존할 수 있는 것 같다. 한국에서 생활하면서 많은 에피소드들이 있었다. 처음 한국에 와서 빨간버스를 타게 되었다. 버스요금이 1,800원이었다. 근데 교통카드가 없어서 현금 2,000원을 넣었다. 그런데 기사 아저씨가 얼마 넣었냐고 물었다. 그녀는 "량천 원" 넣었다고 말했다. 근데 기사 아저씨가 또 "얼마 넣었냐"고 물었다. 또 "량천 원" 넣었다고 말했다. 기사 아저씨는 알아 들을 수 없다는 표정으로 "천 원짜리 몇 장 넣었냐"고 물었다. 난 두 장 넣었다고 말했다. 그러니 기사 아저씨는 "왜 이천 원 넣었다고 말하지 않고 자꾸 다른 말을 하냐"고 말했다. 자리를 찾아 앉아 아무리 생각해도 뭐가 문제인지 몰랐다. 난 분명히 "량천 원" 넣었다고 말했고 "량천 원"이 천 원짜리 두 장 맞는데 왜 자꾸 물어보는지도 이해 안 됐다. 집에 와서 어머니께 "량천 원"이 뭐가 문제인지 물었다. 그러니 어머니께서 "그건 중국 조선족들이 말하는 사투리이고 한국 사람들은 못 알아들으며 이천 원이라고 해야 한다"고 했다. 그 말을 듣고 나니 기사 아저씨가 얼마나 답답했을까 생각했다.

숫자에 관한 이야기가 또 있다. 한 번은 한국 사람이 나한테 전화번호를 가르쳐줬는데 또 이상했다. "공하나 삼하나 오둘 칠하나 팔사" 이렇게 말하는 것이었다. 그녀는 이렇게 적었다. '0355784' 그런데 이런 전화번호가 있는지 참 그리고 계속 적은게 맞는가 물었더니 틀리다고 다시 불러주는데 그걸 받아쓰면 이렇게 되는 것이다. 그때 옆에 있던 친구가 전화를 받더니 이렇게 썼다. '0131527184' 이것과 내가 적은 번호는 많이 달랐다. 친구 말에 의하면 한국인들은 전화번호를 말할 때는 '일'과 '이'가 쉽게 헷갈려 '하나', '둘' 이렇게 말한다고 했다. 근데 이런 '하나', '둘'은 참 가리기 어려웠다. 지금도 전화번호를 체크할 때는 참 두렵다. 맞게 썼는지 그래서 전화번호는 꼭 세번씩 물어보고 확인하는 습관이 생겼다.

한국 슈퍼에서는 영수증이 필요한가를 많이 물어본다. 중국에서 영수증은 한국슈퍼에서 주는 물건을 산 리스트이다. 하지만 한국에는 영수증 카드도 있고 전화번호를 넣으라고 하고 한다. 한번은 "영수증이 필요하세요?" 하고 물었다. 그래서 그녀는 당연히 물건을 산 리스트인 줄 알고 달라고 했다. 그러니 나보고 영수증 카드나 전화번호를 입력해야 한다고 한다. 영수증 카드가 뭔지를 알리가 없어서 은행카드를 주었다. 그러니 아니라고 하면서 전화번호를 입력하라고 한다. 참 영수증 하나 받는 게 힘들다고 생각하고 싫다고 했다. 한국에는 중국에 없는 많은 카드들이 있다. 신용카드는 뭐고 체크카드는 뭐고 그리고 슈퍼마다 적립카드, 포인트카드 그리고 마일리지 적립이 된다고 한다. 중국에는 없는 이런 용어들은 배우기 어렵다. 서비스센터에 전화해 물어보면 뭐라고 말하는지 못 알아들을 때가 제일 힘들다. 한국 사람들은 참 대단한 것 같다. 그리 많은 외래어를 어떻게 외우는지, 그리고 줄임말, 신조어도 참 많다. 이런 것들은 어학원에서도 배우기 힘들다. 그리고 어학원 선생님들은 우리에게 이런 말들과 단어는 가르쳐 주지 않는다.

한국에서 살려면 영어는 꼭 잘해야 하는 것 같다. 영어 단어가 많이 사용된다. '키, 리모콘' 이러한 것까지는 쉽다. 하지만 컴퓨터 용어, 물건 살 때도 종류, 그리고 화장품 이름만 듣고는 어디에 바르는지 무슨 효과가 있는지 도무지 알 수가 없다. 그녀는 어학원을 마치면 미용기술을 배우려 한다. 중국으로 돌아가 최고의 미용실을 차리는 것이 그녀의 꿈이다.

PART 4

북한 이탈주민

북한 이탈주민은 1993년까지는 정치적 망명이었고, 2005년부터는 굶주림을 피해 탈출한 생계형이었다. 그러나 최근에는 자녀의 교육 문제 등 보다 나은 생활을 위한 미래형과 가족동반 탈북이 늘고 있다. 북한 이탈주민은 『북한 이탈주민의 보호 및 정착 지원에 관한 법률』에 정치, 경제, 사회, 문화 등 모든 생활영역에서 신속히 적응·정착하는 데 필요한 보호와 지원을 하고 있다. 북한 이탈주민은 3국에서 가족들과 헤어져 생사를 모르거나, 입국과정에서 헤어지는 경우도 있어 북한 이탈주민의 상처와 갈등은 매우 크다. 기대를 안고 온 한국사회에서의 빈곤도 견디기 어려운 현실이다. 이들은 인도주의와 인권차원에서 접근해야 한다. 이들은 북한의 가난과 기아, 억압 공포 속에서 생명을 걸고 탈출하여 자유를 찾은 사람들이다. 사회와 직장에서 이들에 대한 편견은 외국인 근로자보다 훨씬 더 크다는 지적이다. 이들이 사회적 취약계층으로 남아 있지 않도록 우리가 보듬어야 할 또 다른 다문화가족이다.

1 북한 이탈주민 기본 현황

통일부에 의하면 2011년 12월 31일 기준으로 북한 이탈주민은 23,100명으로 남성이 7,171 명(30%), 여성이 15,929명(70%)이다. 연령별로는 20~39세가 가장 많으며, 북한에 있을 때 직업은 무직이 50%를 차지한다. 또 학력별로는 고등학교 졸업이 70%이며, 지역별 거주 현황은 서울, 경기, 인천 순이다.

탈북 동기로는 '식량 부족과 경제적 어려움' 때문이라는 응답이 50.7%로 가장 높고, 이어서 '자유를 찾아서'(31.2%), '북한체제가 싫어서'(26.2%) 등의 순이다. 출신지역으로는 국경지역인 함경북도 지역이 64.2%로 가장 높다.

언어는 같으나 문화 차이로 인해 생활하기 어렵다. 이들을 위해 전국에 하나지역센터와 지역협의회를 운영하여 문화탐방, 내국인 가정 방문, 남북 명절 한마당 등 다양한 프로그램을 통해 지원한다. 이들은 북한에서의 영양결핍, 탈북과정의 공포와 긴장, 죄책감 등으로 심리적 고통을 겪고 있다.

표 1 북한 이탈주민 현황

입국 현황(~'11. 12월 입국자기준) (단위: 명, %)

구분	~'98	~'01	'02	'03	'04	'05	'06	'07	'08	'09	'10	'11 (잠정)	합계
남	829	563	506	469	626	423	509	570	612	666	579	819	7,171
여	118	480	632	812	1,268	960	1,509	1,974	2,197	2,261	1,800	1,918	15,929
합계	947	1,043	1,138	1,281	1,894	1,383	2,018	2,544	2,809	2,927	2,379	2,737	23,100
여성 비율	12%	46%	56%	63%	67%	69%	75%	78%	78%	77%	76%	70%	69%

연령별 유형(~'11. 7월 입국자기준) (단위: 명, %)

구 분	0-9세	10-19세	20-29세	30-39세	40-49세	50-59세	60세	계
누계(명)	872	2,564	5,999	6,910	3,506	1,079	1,007	21,937
비율(%)	4	12	27	31	16	5	5	100

재북 직업별 유형(~'11. 7월 입국자기준) (단위: 명, %)

구 분	무직부양	노동자	관리직	전문직	예술체육	봉사분야	군인 등	계
누계(명)	11,048	8,411	391	457	189	838	603	21,937
비율(%)	50	38	2	2	1	4	3	100

재북 학력별 유형(~'11. 7월 입국자기준) (단위: 명, %)

구 분	취학전 아동	유치원	인민학교	고등중	전문대	대학 이상	기타(불상)	계
누계(명)	591	202	1,397	15,434	2,009	1,596	708	21,937
비율(%)	3	1	6	70	9	8	3	100

지역별 거주 현황(~ ~'11. 12월 현재) (단위: 명, %)

지역	서울	경기	인천	부산	경남	충남	대구	경북	충북
인원(명)	5,930 (29%)	5,591 (27%)	1,910 (9%)	836	743	800	660	764	675
지역	광주	강원	대전	전남	전북	울산	제주	계	
인원(명)	556	531	443	455	419	264	140	21,717명	

＊ 사망·말소자와 주소 미등록, 보호시설수용자 제외.
자료: 통일부(2012. 1월).

2 하나원과 하나센터에서 사회적응교육

북한 이탈주민은 가장 먼저 탈북 동기, 입국 경위 등을 조사받은 후, 하나원에서 12주간 420시간 사회적응교육을 받는다. 하나원은 본원(안성)과 분원(시흥)으로 나뉘어져 있다. 본원에서는 성인 여성과 20세 이하 남녀 청소년이, 분원에서는 성인 남성이 숙식을 하며 교육받는다. 입소 후에는 신체검사와 건강검진을 실시한다. 교육내용은 북한 이탈주민들의 정서안정과 문화적 이질감 해소, 사회 경제적 자립 동기 부여, 정서안정과 건강증진, 우리 사회 이해증진, 진로지도, 직업 기초능력훈련과 초기 정착지원제도 안내 등을 교육한다. 또 한국인 가정에서 홈스테이, 시장이나 백화점에 가서 물건 사보기, 버스 전철 갈아타보기, 신호등 건너기, 은행 활용하기, 영농 체험, 대중가요 부르기, 영화, 연극, 역사탐방 등의 프로그램도 운영한다. 선택학습으로 컴퓨터, 운전면허, 육아방법, 네일아트 등 일상생활에 활용가능하고 취업에 도움이 되는 과목을 편성하고 있다. 남자의 경우 폴리텍 대학과 연계하여 하나원 입소 중에 완전히 기술을 익히도록 지원한다. 하나원 교육내용에 대한 교육생 만족도는 2005년 71.2%에서 2008년 91.1%로 향상되었다. 북한 이탈주민의 급격한 증가로 북한 이탈주민 교육을 위하여 하나원 분원을 시흥에서 양주로 이전하고, '제2 하나원' 건립을 위해 부지매입, 건축설계 등의 절차를 추진하고 있다.

하나원 교육이 끝나면 자신이 거주할 지역으로 떠나 지역적응기관인 하나센터로 이동한다. 하나센터에서는 지역생활에 적응할 수 있도록 3주간의 초기 집중교육과 1년간 지역 안내와 진학·취업·진로지도 등 종합적인 정착지원을 통해 자립·자활기반 조성을 지원한다. 아울러 전문상담사 100명을 육성하여 '찾아가는 상담서비스'를 제공하고 있다. 하나센터는 전국에 30개소(서울 4개소, 경기 6개소, 인천·광주·강원·충남·경북·경남 각 2개소, 부산·대구·대전·울산·충북·전북·전남·제주 각 1개소)를 설치 운영 중이다. 통일부에 의하면 북한 이탈주민정착지원사무소인 하나원 수료 후 최초로 배정받은 지역은 서울이 59.0%, 경기·인천이, 13.9% 기타 지역이 25.5%이나, 대부분 이사하여 서울이 83.1%, 경기·인천이 13.9%, 기타 지역이 3%이다. 즉 서울, 경기·인천 수도권에 97%가 거주하는 것을 알 수 있다.

3 유아와 청소년의 초기적응과 지원

유아와 청소년도 하나원에 입소하면 성인과 마찬가지로 신체검사와 건강검진을 한다. 학력을 테스트 한 후에 학급을 배정한다. 그러나 청소년은 제3국에서 생활하면서 학교에 다니지 못했던 기간이 너무 길었기 때문에 다시 학업을 진행하는 데 어려움이 있다.

유아와 초등학교 아동은 하나원에서 숙식을 하지만 시설부족으로 하나원 버스로 5분간 이동하여 인근 삼죽초등학교에서 오전에는 일반 학생과 함께 교육을 받고 오후에는 특별학급에서 북한 이탈청소년끼리 교육을 받는다.

청소년은 예비학교인 하나둘학교에서 성인과 마찬가지로 12주간 교육을 받으며 1박2일 체험 학습으로 서울로 나와 체험학습 프로그램에 참여한다. 이 프로그램은 지하철, 버스 갈아타보기, 교통카드 충전하기, 은행에서 입금·출금·송금하기, 파출소를 방문해서 하는 일 알아보기, 주민자치센터에서 하는 일, 먼저 정착한 선배와의 대화 시간 등으로 운영한다. 레크리에이션과 댄스, 한국 대중가요 부르기, 영화, 연극 등도 진행하고, 2박3일로 국립청소년수련원에서 캠프 활동을 하기도 한다. 청소년은 처음 입소할 때는 매우 긴장된 모습이지만, 수료 후에는 몰라보게 밝아진 모습을 보이고 있다. 한국 청소년과 같이 바깥 세상으로 나가는 것을 무척 좋아하며 학업 부진, 진로에 대한 고민 등을 한다.

하나둘학교를 수료한 청소년은 학력이 인증되는 한겨레중고등학교(경기도 안성시)로 진학하거나, 일반학교로의 진학도 가능하다. 한겨레중고등학교는 통합형 기숙학교로 청소년의 학력결손 보충과 적응지원을 통해 제도권 편입을 지원하고, 무연고 청소년을 보호하고 있다. 즉 일반학교로의 디딤돌 학교 역할을 하고 있으며 원래 정원이 120명이나, 급격한 청소년 증가로 인해 현재 180명이 공부하고 있다. 또 북한 이탈청소년을 위한 대안학교로 여명학교(서울 중구)가 있으나 고등학교만 학력이 인증되고, 중학교는 학력인증이 안 된다. 여명학교는 청소년이 집에서 등교하거나 또는 기숙할 수 있다.

35세 이하 북한 이탈주민이 대학을 진학할 때에는 특례입학이 가능하다. 청소년들은 고등학교와 국립대의 경우 등록금 면제를 받을 수 있으며, 사립대학에 입학할 경우 등록금의 50%를 보조하고 있다. 0~19세까지 탈북청소년은 3,436명(2011년 7월)으로 전체 입국자의 15.6%를 차지한다. 정규 교육과정 외에도(재)무지개청소년센터를 통해 단계별 특화프로그램 보급, 지역의 유관단체와 연계를 강화(CYS-net: 지역사회청소년 통합지원체계)하고 있다.

한편 탈북 초등학생의 부적응 요인을 보면 탈북과정에서 장기간 학습공백으로 기초학습 능력의 저하, 탈북 초등학생과 교사 간, 그리고 한국 학생 간의 원활하지 못한 의사소통과 그로 인한 오해와 편견, 학업 부진으로 인하여 실제 나이보다 낮은 학년에 배정되는 경우가 많아 교우 관계에 대한 문제, 탈북과정의 엄청난 충격으로 외상후 스트레스장애(PTSD: post traumatic stress disorder) 행동과 폭력성, 신체적인 왜소함으로 인한 자괴감로 나타났다.[1] 또 성장기 때 굶주림으로 인한 영양결핍 때문에 신장과 체중에 심각한 문제가 있다. 유럽연합, 유니세프, 세계식량 계획이 1998년 한 달간 북한 어린의 영양상태를 조사한 결과를 토대로 보면 7세 어린이의 경우 북쪽 어린이는 남한 어린이에 비해 키가 12센티미터나 작다고 한다.[2] 박순영(2006)은 1990년대 후반에서 2003년까지 탈북 청소년·아동의 283명의 신장과 체중을 조사한 결과 8~12세까지의 남아는 신장차이가 4~11센티미터의 차이가 나고, 여아는 3~11센티미터까지 차이가 난다고 밝혔다. 특히 16세 전 후의 청소년의 신장 차이는 평균 15센티미터나 차이가 나며, 왜소한 탈북 청소년은 외모에 대한 열등감이 있다.

4 북한 이탈청소년 통일한국에서 주도적 역할 기대

교육과학기술부와 통일부에 따르면 2011년 12월 31일 현재 우리나라에서 초·중·고교를 다니는 탈북 청소년은 약 1,681명이다. 학교 급별로는 초등학생 1020명, 중학생 373명, 고등학생 288명 순이었으며, 대부분 서울(31.3%)과 경기(28.3%), 인천(10.8%) 등 수도권에 거주하고 있는 것으로 파악됐다.

탈북 학생의 학업 중도 탈락률은 초교 2.5%, 중학교 4.4%, 고교 10.1%로 일반학생보다 훨씬 높은 것으로 지적됐다.[3] 특히 중국 태국·캄보디아·몽골

1 이종우, 『탈북 초등학생 특별학급 운영의 실제』, 2009.
2 이항규, 『새터민 청소년 학교 적응 실태와 과제』, 2009.
3 일반 학생의 학업중단율은 초등학교 0.31%, 중학교 0.83%, 고등학교 1.72%.

등 제3국에서 출생한 자녀는 총 608명으로 초등학교 585명, 중학교가 13명, 고등학교가 10명이다(2011. 4월 기준). 그러나 이들은 북한 이탈주민지원법에 의한 정착, 주거, 교육, 취업, 의료보호, 기초수급자 등의 지원을 받을 수 없다. 이들은 북한을 이탈한 주민이 아니기 때문이다. 또 이들의 부(또는 모)가 제3국 사람일 수도 있어 외교 분쟁이 될 수도 있다. 이러한 문제를 해결하기 위해 통일부에서는 2012년부터 북한 이탈주민지원재단에 각종 지원사업을 위탁하여 제3국 출생 청소년을 지원한다.

한국교육개발원의 북한 이탈청소년 교육실태조사에 의하면 2009년 탈북자 출신 학부모 520명을 대상으로 조사한 결과, 자녀의 교육에 대한 기대 수준은 대학교 졸업 50.6%, 대학원 이상 졸업 33.5% 등으로 나타났다. 또 전체 응답자의 55.5%는 자녀가 학원, 과외, 학습지 등의 사교육을 받고 있다고 답했고, 월평균 사교육비도 21만 7천 원으로 높은 수준이었다. 특히 초등학생은 북한이 아닌 중국 등 제3국에서 출생한 학생이 584명(57%)으로 북한 출신보다 많았다.[4]

또 한 학교에 20명 이상의 학생이 재학 중인 학교가 전국적으로 9개, 10명 이상~20명 미만은 15개 등이며, 전체 탈북학생의 69.3%가 수도권 학교에 재학 중인 것으로 나타나 탈북 학생의 특정지역, 특정학교 편중 현상이 심한 것으로 나타났다. 2011년 고교를 졸업한 탈북 청소년 99명 중 84명은 2년제 또는 4년제 대학에 들어가 대학진학률은 84.8%를 기록했다. 서

4 북한이 아닌 제3국에서 출생한 자녀는 『북한 이탈주민의 보호 및 정착지원에 관한 법률』에 의하여 지원받지 못해 복지의 사각지대에 있었으나, 2012년부터는 북한 이탈주민지원재단을 통하여 북한 이탈주민과 동등한 지원을 받게 되었다.

울 의대를 비롯한 유명 대학에 재학 중인 청소년이 상당수가 있으며, 미국 민간 재단의 후원으로 미국 유학 중인 학생들도 미국에서 크게 두각을 나타내고 있다. 대부분의 청소년들은 매우 적극적이며 미래지향적으로 한국사회에 쉽게 동화하고 있다. 이들은 통일한국이 되었을 때 각계 각층에서 크게 기여할 것으로 보인다. 그러나 한국에서 나고 자란 학생들과 또래문화를 공유하지 못하고 따돌림을 당하는 경우도 있다. 북한 말투를 고치기도 어렵지만 다른 애들이 자연스럽게 쓰는 줄임말이나 외국어 같은 것을 알아듣는 것도 힘들다. 일부 학생은 "북한 문제가 터질 때마다 친구들이 '너희 나라 왜 그러느냐'고 장난스레 물어볼 때도 스트레스를 받는다"고 했다. 부모는 경제적으로 어렵거나 한국 생활에 적응하지 못하는 경우가 많아 자녀에게 도움을 주기 어려운 형편이다. 더구나 부모나 가족 없이 혼자 한국에 들어온 무연고(無緣故) 탈북 청소년은 가족이라는 일차적 울타리가 없어 심리적으로 안정되기도 어렵다.

5 정착금과 각종 장려금 지원

북한 이탈주민에게 정착금은 세대원이 1인일 경우 600만 원, 주거 지원금은 1,300만 원을 지원하며, 세대원의 수에 따라 지원액이 다르다. 또 정착금은 만 60세 이상과 장애인, 장기 치료가 필요한 사람, 한부모 가정에게는 가산금이 지원된다. 이 밖에 주거, 취업, 사회복지, 교육 등의 혜택과 정착 도우미와 보호담당관을 지정하여 그들의 안정적인 생활을 지원하고

표 2 북한 이탈주민 정착지원 내용

구분	항목	내용
정착금	기본금	1인 세대 기준 600만 원 지급
	장려금	직업훈련, 자격증 취득, 취업장려금 등 최대 2,440만 원
	가산금	노령, 장애, 장기치료 등 최대 1,540만 원
주거	주택알선	임대 아파트 알선
	주거지원금	1인 세대 기준 1,300만 원
취업	직업훈련	훈련기간 중 훈련수당 월 30여 만 원 지급(노동부)
	고용지원금 (채용기업주에 지급)	급여의 1/2(50~70만 원 한도)을 최대 3년간 지원
	취업보호담당관	전국 55개 고용지원센터에 지정, 취업상담·알선
	기 타	취업보호(우선구매), 영농정착지원, 특별임용 등
사회복지	생계급여	국민기초생활보장 수급권자(1인 세대 月 약 42만 원)
	의료보호	의료급여 1종 수급권자로서 본인 부담없이 의료 혜택
	연금특례	입국 당시 50세 이상~60세 미만 국민연금 가입특례
교육	특례 편·입학	대학진학 희망자의 경우 특례로 대학 입학
	학비 지원	중·고 및 국립대 등록금 면제, 사립대 50% 보조
정착도우미	-	1세대당 1~2명의 정착도우미를 지정, 초기 정착지원 (전국 2,000여 명)
보호담당관	-	거주지보호담당관(200여 명), 취업보호담당관(55명), 신변보호담당관(800여 명)

자료: 통일부(2012. 1월).

있다. 특히 북한 이탈주민은 하나원 수료 후 6개월간 기초생활수급권자로 선정되며, 6개월이 경과된 후에는 내국인과 똑같은 기준으로 소득 등에 따라 기초생활수급권자로 지속되거나 또는 탈락된다.

북한 이탈주민이 혼자서 북한 국경을 넘는 것은 불가능하다. 대부분 중국과의 국경이 가까운 함경도 주민들이 브로커의 도움을 받아 국경을 넘는다. 중국에서는 북한 이탈주민이 발각되면 다시 북한으로 강제 송환되기

표 3 북한 이탈주민 정착금, 주거지원금 (단위: 만 원)

세대원수 세대원수	정착금 기본금			주거지원금 주거지원금	합 계 합 계
	초기지급금	분할지급금	소 계		
1인	300	300	600	1,300	1,900
2인	400	700	1,100	1,700	2,800
3인	500	1,000	1,500	1,700	3,200
4인	600	1,300	1,900	1,700	3,600
5인	700	1,600	2,300	2,000	4,300
6인	800	1,900	2,700	2,000	4,700
7인 이상	900	2,200	3,100	2,000	5,100

<table>
<tr><th colspan="3">정착금 가산금</th><td rowspan="6">*주거지원금 중 실입주보증금을 제외한 잔액은 5년 후 지급 원칙</td><td rowspan="6">*정착금 기본금은 1년간 분기별 지급
*가산금은 사회진출 1년 이후 4년간 분기별 지급
*정착금 기본금은 1년간 분기별 지급</td></tr>
<tr><th>구 분</th><th>지급기준</th><th>지급액</th></tr>
<tr><td>연 령</td><td>만 60세 이상</td><td>720</td></tr>
<tr><td>장 애</td><td>장애등급</td><td>1,540(1급), 1,080(2-3급), 360(4-5급)</td></tr>
<tr><td>장기치료</td><td>3월 이상 입원</td><td>개월×80 * 최대 720</td></tr>
<tr><td>한부모가정 아동보호</td><td>한부모 아동 (13세 이하)</td><td>360(세대당)</td></tr>
</table>

자료: 통일부(2012. 1월).

때문에 숨어 지내기가 매우 어렵다. 이러한 위험으로 인해 북한 탈출 후 중국에서 봉고차로 제3국(몽골, 태국 등)으로 이동하여 숨어 살면서 한국으로 오는 기회를 찾기도 한다. 북한에서는 당장 먹고살기도 힘들기 때문에 돈을 모은다는 것은 생각할 수 없다. 거의 빈손으로 나온 북한 이탈주민은 숙식, 이동 등 모든 과정에서 브로커의 도움을 받는다. 그리고 한국에 입국하면 그 보상을 하겠다는 계약서를 쓴다. 브로커는 한국에 도착하면 나오는 정부지원금을 알기 때문에 그동안의 북한 이탈주민에게 지원한 비용과 자

표 4 북한 이탈주민 각종 장려금 (단위: 만 원)

구분		기준		금액
취업 지원	직업훈련 장려금	500시간 이하		미지급
		500시간		120
		500시간~1220시간		120시간당 20(총120)
	*직업훈련 추가장려금	1년 과정, 기능대학, 우선선정직종		200
	자격취득 장려금	직업훈련 장려금 수혜자(1회 限)		200
	취업 장려금	1년차	• 6개월 이상 1년 이하 신청시 250 지급	550
		2년차		600
		3년차		650
	총액(직업훈련추가장려금 제외)			2,240
지방 거주	지방거주장려금 (2년후 지급)	서울특별시, 경기도, 인천광역시		미지급
		광역시(인천시 제외, 주거지원금의 10%)		130
		기타지역(주거지원금의 20%)		260

자료: 통일부(2012. 1월).

신의 수고비 등을 챙길 수 있다는 믿음이 있다. 그러니까 대부분 한국으로 오는 북한 이탈주민은 '빚더미'를 짊어지고 입국한다. 탈북 브로커에게 수수료 명목으로 600만~700만 원을 주기로 약속하고 제3국을 거쳐 입국하는 경우가 많다. 2년전 입국한 K씨는 "정부로부터 초기 정착금 600만 원을 받았지만 브로커에게 돈을 보내고 나니 한 푼도 없이 남한 생활을 시작해야 했다"고 말했다. 어떻든 브로커와 북한 이탈주민의 관계는 그동안의 부채를 받기 위해서, 북한 이탈주민의 보호자(?)로서, 북한에 남아 있는 가족에게 한국에서 번 돈을 전달하기 위해서 지속적으로 관계를 유지할 수밖에 없는 구조다. 브로커 조직은 한국인, 현지 국가인, 조선족, 북한주민 등으로 조직화되어 있으며, 북한 이탈주민이 한국에 정착한 후에도 북한에 남겨진 가족들에게 돈을 송금하는 연락책 역할을 하며 수수료를 받고 있다. 한편, 북한 이탈주민이 제3국 한국 대사관에서 조사를 받으며 지내는 숙식비나 입국할 때의 비행기 요금 등은 한국정부가 부담한다.

한편, 한국토지주택공사(LH)가 탈북자에게 공급하는 임대주택 1채를 짓는 데는 평균 1억 3,100만 원이 든다. 2011년 1,351채의 임대주택이 탈북자에게 제공됐다. 이미 탈북자에게 지급하는 임대주택은 부족해지고 있다. 수도권에는 임대주택이 부족해 3분의 1 정도는 어쩔 수 없이 지방으로 내려가고 있다.

6 훈련 수당 및 고용 장려금으로 취업 지원

취업지원정책의 경우 한국 정착 보호기간인 5년 후에도 북한 이탈주민이 필요한 시기에 무료로 직업훈련을 받을 수 있도록 지원하고 있으며. 훈련기간 중에 훈련수당을 지급한다.

뿐만 아니라 정부의 고용지원 프로그램 운영을 활성화하여 하나원 기초직업적응 훈련, 취업연계 프로그램을 개발·운영하고 있다. 인력부족 중소기업, 농촌 등 노동력 수급사정을 고려한 맞춤형 직업훈련과 취업 연계 프로그램을 강화하였다. 이러한 노력의 결과인지 북한인권정보센터에서 조사한 북한 이탈주민 직장 만족도를 조사한 결과(2010년 12월) 매우 만족이 33.1%, 약간 만족이 46.2%로 만족도가 상당히 높은 것으로 보인다.

북한 이탈주민을 고용하는 고용주에게는 북한 이탈주민의 임금 2분의 1을 3년간 지원한다. 뿐만 아니라 '북한 이탈주민 7인 이상, 전체 근로자의 7% 이상'을 채용하는 기업에 대해서는 정부 우선 구매 기업으로 선정하고 추가적 고용 인센티브를 제공하고 있다.

그러나 정부의 이와 같은 노력에도 불구하고 일부 고용주는 "정부 지원금액을 줄 테니 차라리 회사에 나오지 않았으면 좋겠다"는 의사를 북한 이탈주민에게 전달하기도 한다. 고용주는 북한 이탈주민이 회사 내에 들어와 같이 일하는 직원들에게 신경을 쓰이게 하는 것보다는, 차라리 정부보조금은 당사자에게 주고, 정부 우선 구매 혜택을 받겠다는 생각이다. 북한의 생활과 한국 입국과정에서 어떻게 살아왔는지에 대한 의심의 눈초리와 자신의 신변에 대한 불안감이 존재하기 때문이다.

7 북한 이탈주민을 대상으로 한 사회적 기업

서울 양천구 신월동에 소재한 예비사회적기업 '희망어패럴'은 500m^3(약 150평)의 작업장에서 7명의 여성 재봉사들이 재단을 마친 하늘색 남성용 재킷을 수북이 쌓아 놓고 분주히 전기재봉틀을 돌렸다. 이 공장은 31명의 근로자 가운데 10명이 탈북자다. 2011년 5월 탈북자단체인 탈북여성인권연대가 만든 회사다. 사장 강학실 씨도 탈북자다. 강 사장은 "북한 이탈 여성들 대다수가 식당에서 허드렛일 아르바이트를 하고 있는 게 현실"이라며 "봉제는 기술만 배우면 60대가 되어도 안정적으로 일할 수 있어 정착에도

도움이 된다"고 말했다.[5]

자유와 희망을 찾아 남한에 왔지만 그동안 서로를 경계해 교류를 꺼리던 그들이 '네트워크'를 구축하며 한국 생활에 적응하기 위해 손을 맞잡고 있다. 희망어패럴처럼 탈북자들이 탈북자들을 고용하는 사회적 기업을 만들고 있는 것이 대표적 사례다. 먼저 정착한 탈북자들이 늦게 온 탈북자들의 정착을 돕기 위해 나서면서 북한에서의 출신과 지역 등으로 갈라져 있던 탈북자들이 서로간 벽을 허물고 있다. 통일부에 따르면 탈북자 단체나 개인이 설립해 탈북자를 고용하고 있는 사회적 기업은 총 9개다. 고용노동부 인증을 받은 업체는 평양예술단이 속해 있는 사단법인 탈북문화예술인총연합회 1개소이고, 나머지 8개 업체는 예비 사회적 기업이다. 북한 이탈주민들이 직접 함흥냉면, 평양온반 등을 만들어 파는 류경옥도 이런 기업이다. 북한 이탈주민단체인 NK지식인연대가 운영하는 이곳은 총 5명의 직원 중 4명이 탈북자다. 그들이 서로 마음을 터놓고 함께 공동체 생활을 하는 것이 쉬운 일은 아니다. 경계와 감시가 생활이 된 북한 생활 습관이 몸에 밴 탈북자들은 같은 탈북자에게도 마음을 터놓지 않는 경우가 많기 때문이다. "같은 탈북자끼리도 '누가 간첩이진 않을까' 끊임없이 의심하고 아는 척도 안하며 홀로 남한 생활을 하는 경우가 많다"며 "북한 인권을 위해 대북 풍선을 날리거나 촛불을 드는 사람은 상대적으로 소수"라고 말했다. 정부의 정착 지원이 끝난 뒤 한국 사회에 제대로 적응하지 못하는 북한 이탈주민들을 돕기 위해 힘을 합치는 것은 생각하기 어려운 일이다. 미국 국

5 조선일보, 2011. 5. 14. 10면.

표 5 북한 이탈주민들이 만든 사회적 기업

	업 종	북한 이탈주민 직원
희망어패럴	남성의류 생산	10명
탈북문화예술인 총연합회	예술공연	17명
예원떡집	떡집	2명
류경옥	북한 음식점	4명
북한전통음식문화연구원	북한 음식 출장뷔페 사업	7명
진주코스메틱	화장품 도소매	3명
삼천리특수여객	장례 서비스 사업	11명
함께 일하는 사람들	택배	4명
새문화복지사업단	전자제품 조립 등	6명

자료: 통일부.

무부 연구 결과에 의하면 '난민이 난민을 도울 때 가장 정착률이 높다'고 한다. 전문교육을 받지 못하고 기술이 없는 대부분의 북한 이탈주민이 진정한 한국인이 되기 위해서는 북한 이탈주민끼리 서로 돕는 것이 정부 지원 못지않게 더욱 중요하다.

8 가족관계등록부, 질환 치료 등 생활지원

북한 이탈주민이 북한에서 결혼했다가 혼자만 한국에 입국해 재혼했을 경우 혼인신고 절차가 매우 어렵다. 하지만 이러한 문제를 해결하기 위해 북한에 있을 당시의 신원을 정리하기로 했다. 또 북한 이탈주민은 생계와 일상생활을 위해 운전면허가 필요하다. 그러나 경제적 어려움으로 운전학원 수강에 어려움을 겪어왔다. 이 같은 어려움을 해소해 주기 위해 운전학원 수강비의 50%를 할인받을 수 있도록 하였다. 또 북한 이탈주민이 탈북 과정 중 발생한 우울증, 불안감 등의 정신질환 치료를 위해 정신치료 정기 방문상담 서비스를 추진하고 있다. 북한 이탈주민에게 의료비 감면(입원비 100%, MRI·CT·초음파 50%, 건강보험 본인부담금 30% 혜택)을 확대하기 위해 기존 지방의료원(34개소) 외에 여성전문병원 등을 의료지원 병원으로 추가 지정·운영할 계획이다.

아울러 '하나원에서 가정까지' 정착경로 전 과정을 관리하는 토털케어(Total Care) 정보시스템을 구축하여 거주지 편입 이후 정착상황의 체계적 관리기능을 수행하고 있다. 뿐만 아니라 '북한 이탈주민 연구지원센터'를 설치하여 북한 이탈주민의 적응실태, 방안, 분야별 정착실태에 대한 체계적·종합적 연구를 통해 안정적 정착을 지원하고, 분야별 실태조사, 연구활동 지원, 통계 DB를 구축하고 있다.

2010년 3월에는 『북한 이탈주민의 보호 및 정착지원에 관한 법률』이 일부 개정되어 북한 이탈주민을 채용하는 우수업체에 세제혜택을 주고, 자금을 대여해주는 특례조항과 북한 이탈주민 지원재단, 탈북청소년 예비학교 설립근거 등을 마련되었다. 그리고 북한에서 취득한 학력과 자격에 상응하는 국내 학력과 자격을 인정할 수 있다.

9 북한 이탈주민의 생활실태[6]

북한 이탈주민들의 대부분인 95.6%가 타인 소유의 주택에 거주하고 있으며, 타인 소유 주택에 거주하는 경우 주로 '영구 임대 아파트'(52.2%) 및 국민임대 아파트(36.4%), 일반아파트(2.5%), 열립, 빌라, 고시원 등에 에 거주하고 있다.

남한 생활에 대해 '만족한다'(매우 만족+대체로 만족)는 응답은 69.3%, '불만족한다'는 4.8%(불만족+매우 불만족)로, '만족한다'는 응답이 상대적으로 높으며, 주요 만족 이유로는 '내가 일한 만큼의 소득을 얻을 수 있어서'(48.0%) 등 이었다.

세대주 중 '취학 전 자녀가 있다'는 응답은 20.3%로 취학 전 자녀의 수는 '1명'이라는 응답이 81.1%로 가장 높고, 이어서 '2명'(17.6%), '3명 이상'(1.3%)의 순이다. 취학 전 자녀가 '남한'에서 태어났다는 응답이 89.7%로 가장 높은 가운데, 이어서 '중국'(21.2%), '북한'(8.3%)의 순이다.

가족이 생활하는 생활비 총액에 대해서는 '100만원 이하'라는 응답이 69.6%, '101만원~150만원'이 19.3%로 대부분 150만원 이내의 생활비를 지출하고 있다. 또 한 달 생활비로 가장 많이 지출하는 항목에 대해서는 아파트 임대료, 관리비 등을 포함한 '주거비용'이라는 응답이 73.6%로 가장 많았으며, 이어서 쌀이나 채소 등 '식료품'(45.7%), 휴대폰이나 인터넷 사용 등 '통신비용'(16.3%) 등의 순으로 나타났다.

6 「2011 북한 이탈주민 경제활동 실태조사」, 북한이탈주민지원재단, 2011. 12.

그림 1 취학전 자녀 유무, 수, 출생국

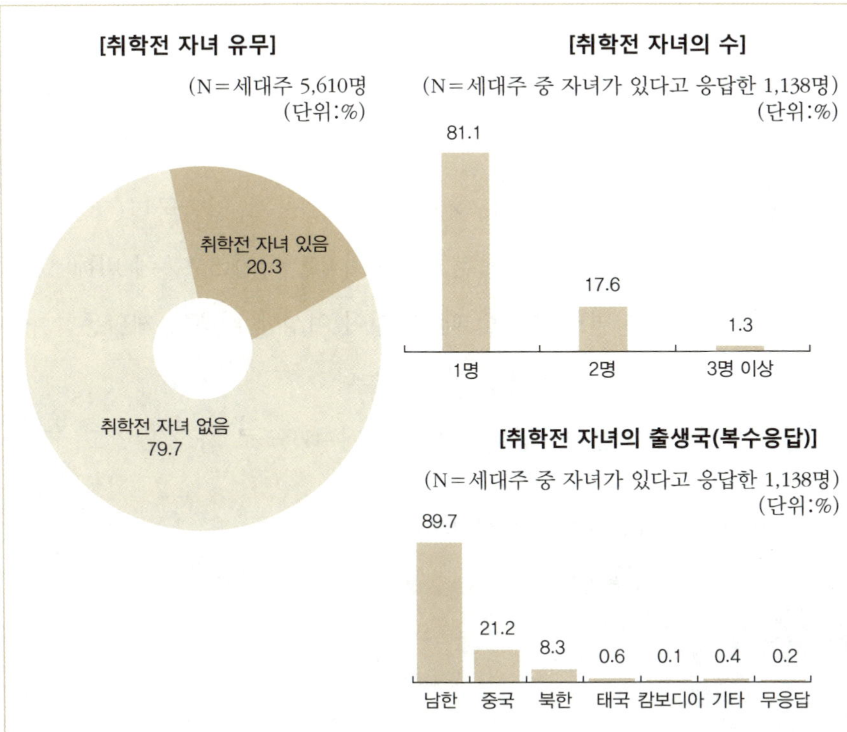

자료: 「2011 북한 이탈주민 경제활동 실태조사」, 북한이탈주민지원재단, 2011, 12월.

그림 2 가족 생활비 (N=세대주 5,610명, 단위: %)

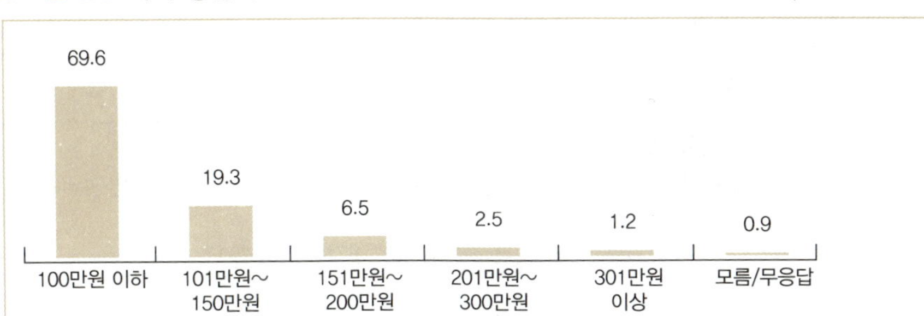

자료: 「2011 북한 이탈주민 경제활동 실태조사」, 북한이탈주민지원재단, 2011, 12월.

10 북한 이탈주민의 경제활동 실태[7]

2011년 북한 이탈주민의 경제활동 참가율은 56.5%로 일반 국민 61.0%와 비교 시 낮게 났다.

고용율(취업자/경제활동가능인구×100)은 49.78%로 일반국민(58.70%)과 비교 시 상대적으로 낮고, 실업률은 12.1%로 일반국민(3.7%)에 비해 3.3배 높게 나타났다. 또 성별로 비교할 때, 남성이 여성에 비해 경제활동참가율과 고용률이 높은 반면, 실업률은 여성이 높다.

월평균 근로소득액은 101만원~150만원이 41.3%로 가장 많았고, '50만

표 6 북한 이탈주민과 내국인의 경제활동상태 비교 (단위: 명, %)

구분		사례수 (명)	2011년 북한이탈주민 (%)[2)]	일반국민 (%)[3)]
경제활동 인구		4,028	–	–
	취업자	3,541	–	–
	미취업자	487	–	–
비경제활동인구		3,101	–	–
판별 불가[1)]		431	–	–
경제활동 참가율			56.5	61.0
비경제활동 비율			43.5	39.0
고용률			49.7	58.7
실업률			12.1	3.7

1) 판별 불가는 설문지 기입 미비 및 오류로 경제활동상태 자체를 판별할 수 없는 경우임.
2) 2011년 북한 이탈주민의 비율은 '판별 불가'를 제외한 취업자, 미취업자, 비경제활동인구 비율임.
3) 통계청, 2010년 경제활동인구조사 기준임.
자료: 「2011 북한 이탈주민 경제활동 실태조사」, 북한이탈주민지원재단, 2011. 12.

7 「2011 북한 이탈주민 경제활동 실태조사」, 북한이탈주민지원재단, 2011. 12.

그림 3 북한 이탈주민과 내국인의 연령별 경제활동 비교 (단위: %)

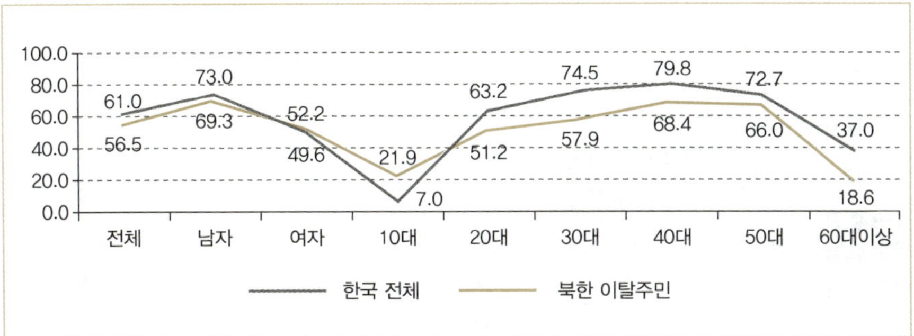

주: 1) 국내 경제활동참가율은 경제활동인구조사(2010) 자료임.
2) 북한 이탈주민의 경제활동참가율은 만 19세 이상을 조사 대상으로 하여 계산된 수치임.
자료: 「2011 북한 이탈주민 경제활동 실태조사」, 북한이탈주민지원재단, 2011, 12월.

그림 4 북한 이탈주민 월 평균 근로소득액 (N=취업자 3,541명, 단위: %)

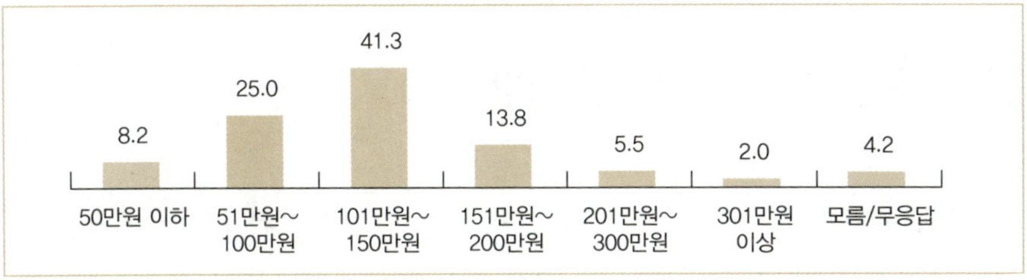

자료: 「2011 북한 이탈주민 경제활동 실태조사」, 북한이탈주민지원재단, 2011, 12월.

원 이하'라는 응답이 8.2%, '50만원~100만원'이 25.0%로 북한 이탈주민 취업자 30% 이상이 월평균 100만원 이하이다.

2011년 북한 이탈주민 중 취업자의 종사상 지위로 '상용직' 근로자가 45.4%로 가장 많은 가운데, 이어서 '일용직'(32.2%), '임시직'(15.2%) 등의 순이다. 이는 일반국민과 비교 시 '비임금 근로자'(자영업자, 고용주 등)의 비율이 상대적으로 낮고, '일용직' 근로자의 비율이 상대적으로 높다.

표 7 종사상 지위

구 분		사례수(명)	2011년 북한이탈주민(%)[1]	일반국민(%)
임금 근로자	상용직 근로자	1,563	45.4	42.3
	임시직 근로자	524	15.2	21.3
	일용직근로자	1,107	32.2	7.6
비임금 근로자	자영업자(고용원 없음)	179	5.2	17.2
	고용주(고용원이 있음)	43	1.2	6.3
	무급가족 종사자	27	0.8	5.3
모름/무응답		98	-	-
실업률		3,541	100.0	100.0

1) 2011년 북한 이탈주민의 비율은 '모름/무응답'를 제외하고 나머지 항목에 대한 응답자의 비율임.
자료: 「2011 북한 이탈주민 경제활동 실태조사」, 북한이탈주민지원재단, 2011. 12월

11 죽음을 딛고 일어선 희망

2011년 6월 통일부가 김일성종합대학 교수 출신인 조명철 씨를 고위공무원 가급(1급)인 통일교육원장으로 선임했다. 탈북자로는 첫 고위공무원이다. 또 탈북자 석영환 씨는 한의사 시험에 합격해 한의원을 개업했다. 동아일보 주성하 기자는 북한 김일성대학을 졸업하고, 북한 모 대학의 교수로 재직했었다. 탈북 후 동아일보 공채 기자 모집에 300대1의 경쟁률을 뚫고 합격했다. 그가 개설한 블로그 '서울에서 쓰는 평양이야기/북한 RT'는 인기 최고이다.

북한 이탈주민으로만 이루어진 자원봉사단도 많다. 다문화 가정과 취약계층을 찾아가 청소, 도배, 김장김치를 담아 주기도 한다.[8] 예술인 단체인

[8] 북한 이탈주민의 봉사단은 푸른하늘자원봉사단, 동해시 새터민자원봉사단, 새터민향우회, 남북사

◀ 주성하 탈북 출신 동아일보 기자의 블로그, '서울에서 쓰는 평양이야기'는 인기 최고이다.

탈북예술인단체총연합회, 평양통일예술단 등의 활동도 활발하다.[9] 북한에서 고등교육을 받은 사람을 재교육을 시켜 전공에 맞는 일자리를 준다면 통일 후 남북한의 이질감을 줄이는 핵심역할을 할 것이다. 이들이 지방의회나 국회의원 비례대표로 영입되어 제 목소리를 내는 날을 기대한다.

1) 북한 이탈주민 취업설계사 1호 노은지 씨

경기도 여성비젼센터 경기새일지원본부에서 일하는 취업설계사 노은지 씨, 그녀는 북한 이탈주민이다. 그녀는 취업을 하고 싶은 경력단절된 여성들에게 구직상담을 한 후, 그들의 눈높이에 맞춰 취업을 해준다. 여성들이 중소기업 등으로 면접을 갈 때는 동행해서 하고 싶은 이야기를 대신해 주기도 한다. 이를테면 월급은 얼마인지? 몇 시에 퇴근하는지? 점심은 제공하는지 등이다. 처음 면접에 질문하기 어려운 내용을 당사자를 대신해서

랑회, 보금자리봉사단 등 지역별로 구성되어 있다.

9 「희망나무, 행복숲」, 북한 이탈주민지원재단, 2012. 1.

묻고, 이러한 근무여건을 기업 관계자와 조정하기도 한다.

출신 성분이 좋지 않고, 끼니를 걱정해야 하는 가난으로 대학에 진학하기 어려웠으나, 전국 글짓기 대회에서 1등을 차지해 인근 대학에 특기생으로 입학할 수 있었다. 그러나 대학에서 한국 노래인 '홍도야 울지 마라'를 부르다 퇴학당하고 시골 담배공장에서 일했다. 굶어 죽는 아이들을 보고 북한을 탈출한 후 중국 흑룡강에 머물다가 남편을 만났고 아이를 낳았다. 아이에게까지 고단한 삶을 물려줄 수 없어 한국행을 선택했다. 아파트를 배정받고 생활의 어려움은 없었으나 세상의 편견과 외로움은 갈수록 더 했다. 아이를 생각해 컴퓨터 학원을 다니며 IT관련 자격증을 7개나 취득했다. 사무직으로 일하고 싶어서 이력서와 자기소개서를 60여 통을 썼으나 아무도 받아 주지 않았다. 처음으로 그녀에게 주어진 직장은 대형차 부품을 만드는 작은 공장의 현장직 사원이었다. 어느 날, 경기새일센터지원본부에서 북한 이탈주민을 대상으로 하는 취업설계사에 응시하였고 교육을 거쳐 취업설계사가 됐다. 그녀는 타고난 성실함과 열정으로 1년 동안 363명을 구직 상담했고 122명에 대해 취업을 성공시켰다. 그녀는 한국에서 새로운 인생을 시작하며 북한 이탈주민의 외로움과 두려움을 누구보다도 잘 알기 때문에 진심과 정을 담아 북한 이탈주민이 정착할 수 있도록 지원하고 있다. 많지도 작지도 않은 월급이지만 같은 날이면 항상 나온다. 자신으로 인해 취업에 성공한다는 보람도 크다. 또 이곳 저곳에서 북한 이탈주민 사업에 대해 자문을 구해달라고 찾고 있다.[10]

[10] 그녀를 만난 날 그녀는 우산을 전철에 두고 왔다고 했다. 비는 계속 쏟아지고 있었다. 내 우산을 주며 '한국의 고단한 삶'을 막아 주는 우산이 되길 기원했다.

2) 중국집 배달에서 국수집 사장으로 성공

함경북도 청진에서 2001년 탈북해 중국집 배달부로 남한 생활을 시작한 김철남(44) 씨는 10년 만에 2억 원 가량의 목돈을 모아 2010년 12월 인천 계양구에 181.5㎡(55평) 크기의 집을 샀다. 올 4월에는 인천 동양동에 국수집을 열었다. 그는 입국한 후 경기도 안성의 공단에서 프레스 가공일을 하며 돈을 벌었다. 3.5t 트럭 운전도 했고, 크레인 중장비에 들어가는 부품 생산 업체에서도 일했다. 김 씨는 "탈북자라 했더니 처음엔 '무식하고 게으를 것'이라며 무시하더라"며 "오기가 생겨 더 열심히 일했다"고 말했다. 아내 채 씨도 식당에서 일하며 억척스레 돈을 모았다. 부부는 매달 300만 원씩 적금을 부었다. 김 씨는 "당시 내 월급이 200만 원 정도, 아내 월급이 180만 원 정도였다"며 "생활비가 부족하면 그냥 굶을 정도로 열심히 돈을 모았다"고 말했다. 하루 매출이 60만 원인 음식점의 사장이 된 김 씨는 "탈북해서 몇년은 남한이라고 불렀는데 이제는 우리나라라고 한다"며 "더 열심히 살겠다"고 말했다.[11]

3) '스타라이트 픽처스' 영화감독 김규민 씨

영화감독 김규민 씨는 10년 전에 탈북해서 나주에서 배농사를 짓고 살았다. 배우의 꿈을 가지고 한양대학교 연극영화과에 입학한 그는 북한과 너무 다른 학교생활을 적응하지 못했고 동기들에게 왕따를 당할 정도로 힘든 시절을 보냈다. 그러다 우연한 기회에 북한을 소재로 한 영화 연출부 막

11 「미리 온 미래 탈북자 2만명 시대」, 2011. 5. 13, 조선일보 인용.

▲ 탈북자 출신 김규민 감독이 처음으로 메가폰을 잡은 영화 〈겨울나비〉

내로 들어가게 되면서 영화감독이라는 꿈을 키웠다. 그는 아무리 힘들어도 이겨내겠다는 다짐으로 서른 살이라는 늦깎이 나이에 연출부 막내 생활을 시작했지만 곧 '내가 탈북자라서 나한테만 이렇게 힘든 일을 많이 시키나?'라는 생각이 들었다고 한다. "지금 생각해보면 대한민국 영화계에서 일하는 연출부라면 당연히 해야 할 일이었죠." 김 감독의 '겨울나비'는 북한의 심각한 식량난을 보여 준 이 영화는 "모든 것이 진짜 목격한 실화"라고 말했다. 먹을 것이 없어 물로 배를 채우고 급기야 종이와 흙을 씹어 먹는 장면은 충격적이다.

김 감독은 "북한에서 살 때 이 같은 모습은 일상이었다"면서 "남한으로 넘어온 뒤 그곳의 일상이 존재하지 말아야 한다는 것임을 알게 됐다"고 설명했다. 김 감독은 "탈북자들의 증언을 녹화하면서 제작진이 눈시울을 붉힌 적이 수없이 많았다"며 "북한 강제수용소를 탈출한 탈북자들의 목소리를 통해 수만 명의 북한 사람들이 노동 교화라는 명분 아래 강제수용소에서 고문과 기아, 질병 등에 시달리며 중노동을 하는 현실을 사실 그대로 보여주고 싶었다"고 말했다. 김 감독의 첫 장편 데뷔작인 이 영화는 어느 날 잠을 자다 꿈을 꾼 뒤 곧바로 일어나 이틀 만에 시나리오를 완성한 벼락같은 작품이다. 그는 '국경의 남쪽', '타짜' 연출부를 거쳐 '크로싱'의 조감독으로 활동하면 야심차게 데뷔작을 준비해왔지만 뜻하지 않은 사건으로 무산됐다. 이후 낙심에 빠져 지내다가 8년 전 완성한 '겨울나비' 시나리오를 꺼내들었다. 이후 주변사람들의 반응이 너무 좋아 연출을 결심하게 됐다. 주변 응원에 힘입어 제작도 일사천리로 진행됐다. 여러 지인들이 무보수 합류를 약속했다. 최근 영화 '풍산개'가 2억대 제작비로 화제를 모았지만 '겨울나비'는 그보다 더 적은 예산으로 만들었다. 김 감독은 "일부 탈북자분들은 영화를 본 뒤 '북한의 실제 모습과 좀 다르다'고 지적하시는 분도 있다"면서 "워낙 적은 제작비로 만들다 보니 어쩔 수 없었다"며 겸연쩍어했다. 김 감독은 차기작으로 당초 데뷔작으로 준비하던 영화를 다시 꺼내들 생각이다. '탈북자 감독'으로서 소재 역시 또 북한 관련 내용이다. 김 감독은 "영원히 탈북자 감독이라는 타이틀이 붙어있겠지만 앞으로 코믹 등 다양한 장르의 영화를 선보이고 싶다"면서 "탈북자 감독 최초의 1,000만도 이뤄보고 싶다"고 했다.[12]

12 「탈북자 감독 김규민」, 2011. 7. 14. 아주경제 인용.

PART 5
다문화정책

01

한국의 다문화정책

우리 사회가 다문화사회로 진입하는 데 따라 정부는 2005년부터 다문화가족에 대한 정책적 지원을 추진하기 시작했다. 2006년 하인즈 워드의 한국방문이 발표되자 대통령정책자문위원회인 차별빈곤 및 시정위원회 주관으로「여성 결혼이민자 및 혼혈인·이주자 사회통합지원방안」을 마련하였고, 그 이후『재한외국인처우 기본법』(2007년 5월 법무부),『결혼중개업의 관리에 관한 법률』(2007년 12월 보건복지가족부),『다문화가족지원법』(2008년 3월 보건복지가족부) 등 다문화가족 정책관련 법률이 제정되었다. 또 다문화 관련 법은『북한이탈주민의 보호 및 정착지원에 관한 법률』,『외국인 근로자의 고용 등에 관한 법률』,『재외동포의 출입국과 법적 지위에 관한 법률』,『국적법』,『출입국관리법』,『재한외국인처우기본법』등이 있다. 한편 각 부처의 외국인정책과 다문화정책을 총괄·조정을 위해 민·관 합동으로 국무총리를 위원장으로 하는 『외국인정책위원회』, 『다문화가족정책위원회』를 구성·운영하고 있다. 중앙부처에서 다문화가족정책을 담당하고 있는 부처는 12개 부처로 총리실, 여성가족부(다문화가족과, 청소년자립과, 경력단절여성과, 복지지원과), 교육과학기술부(교육복지과), 기획재정부(사회정책과), 문화체육관광부(문화예술교육과), 행정안전부(다문화사회지원팀), 법무부(사회통합과), 농림수산식품부(농촌사회과), 고용노동부(외국인인력정책과), 보건복지부(복지정책과), 외교통상부(영사서비스과), 경찰청(외사과) 등 이다. 외국인을 위한 중앙부처 예산(북한 이탈주민 지원사업 제외)은 2009년 1,046억 원, 2010년 1,163억 원, 2011년 1,852억 원, 2012년 1,938억 원이다. 지방자치단체 예산은 2009년 2,392억 원 2010년 1,225억 원, 2011년 1,563억 원, 2012년 1,768억 원이다.[1]

1. 다문화가족의 생애주기별 지원

여성가족부는 결혼이민자에 대해 생애 주기별로 서비스를 제공하고 있다. 생애 주기별 내용을 보면 국제결혼 준비기, 가족 형성기, 자녀 형성기, 자녀 양육기, 자녀 교육기, 가족 역량 강화기, 가족 해체 시 등으로 구분하여 정책 과제를 정하고 이에 따른 세부과제에 대한 서비스를 지원하고 있다. 이러한 서비스는 재단법인 한국건강가정진흥원에 위탁하여 사업을 개

[1] 「2012년 외국인정책시행계획」, 국무총리실, 2012. 1.

발하고 있으며 각 지자체와 매칭펀드로 사업을 실시하고 있다.

아울러 전국의 201개 다문화가족지원센터에 국비를 지원하고 프로그램을 제공하고 있다.

한편 다국어 포털사이트(www.liveinkorea.go.kr) '다누리'가 개설되었다. 여기에서는 한국어, 영어, 중국어, 베트남어, 캄보디아어, 타갈로그어, 태국어, 우즈벡 등 8개 언어로 각종 정보가 제공된다. 또 한국어 교육, 외국인 체류지원, 체류 및 국적 취득, 한국의 생활문화 이해, 임신, 육아, 자녀교육, 건강, 사회보장, 육아 정보, 한국어 배우기, 요리 강습, 한국사회 이해, 운전면허 이해, 다국어 라디오 방송, 다문화가족지원센터 정보 등이 제공되고 있다. 뿐만 아니라 다문화가족들을 소개하고 정보를 제공하는 생활정보 매거진(Rainbow+)은 연 4회 매회 8만 부(10개 언어)를 발간하고 있다. 또 결혼이민자 실용 한국어 회화(3개 언어), 자녀용 부모나라 문화 소개(4개국) 등 온라인 교육 콘텐츠도 제작하여 활용하고 있다. 아울러 다누리콜센터(1577-5432)를 통해 결혼이민자의 한국생활 적응을 돕기 위한 생활안내, 정보제공, 상담서비스를 10개 언어로 제공하고 있다.

2 다문화가족센터에서 한국생활 정착 지원

여성가족부는 다문화가족지원센터(201개소)를 중심으로 한국어교육·다문화이해교육·가족교육·취업지원·이민자 여성들끼리의 자조 모임 등 사회적응 지원서비스를 제공하고 있다. 한국어교육은 기초과정·초급·중

▲ 다문화축제 시 베트남 전통의상 아오자이를 입고 있다.

급·고급과정을 운영하고 있다. 한국어 교재는 기초과정은 여성가족부에서 개발한 교재를, 초급과정과 중급과정은 국립국어원에서 개발한 교재를 활용하고 있다. 고급과정은 시중에 나와 있는 한국어 교재를 자율적으로 활용하고 있다.

또한 입국한 결혼이민자를 대상으로 은행에서 송금하기, 시장 보기, 물건 사는 법, 대중 교통 이용하기, 보건소, 병원 이용방법 등 사회적응 교육을 시키고 있다. 컴퓨터 교육, 한국 음식 만들기, 상담, 취업 교육 및 취업 알선 등의 종합 서비스도 제공한다. 센터별로 다르기는 하지만 초등학교·중학교·고등학교 검정고시반을 운영하거나, 이민자 여성이 자신의 자녀들 학습지도를 지원하기 위해 초등학교 교과서를 가르치기도 한다.

또 이민자 여성들이 다문화 강사가 돼 초등학교와 어린이집 등에서 강의를 하기도 한다. 다문화 강사로 갈 때는 모국의 전통 의상을 입고 모국의 인사법과 동화, 동요, 놀이, 본국의 문화, 음식 등을 가르친다.

또 남편·시부모 교육과 상담을 통해 가족갈등을 해소할 수 있도록 지원하고 있으며, 기업의 후원으로 시어머니와 찜찔방 가기 등 프로그램도 운영하고 있다. 뿐만 아니라 일정 기간 동안 취업 교육을 시킨 후 인근의 공장이나 농장 등으로 취업을 시키는 센터도 있으나, 육아와 가사, 장시간 노동으로 인해 지속적으로 일하는 경우는 많지 않다. 그리고 같은 국적 여성들끼리 어울려 자신들의 언어를 쓰면서 자신의 음식을 요리해서 나눠 먹는 등 자조모임을 활성화하고 있다. 또한 통역·번역 서비스도 시행하고 있다. 통·번역 전문 인력 282명이 12개 언어로 활동한다. 이들은 결혼이민자 중 한국어에 능숙한 여성을 대상으로 시험을 거쳐 선발하며 신규양성교육, 보수교육, 온라인 교육 등 총 122시간의 교육을 받는다. 신규양성 합숙 교육 후 각자의 센터에서 같은 국적 여성을 대상으로 서비스를 제공한다. 이들은 새로 입국한 이민자에게 자국어로 서비스와 한국 생활에 대해 안내해 줌으로써 정서적 안정감과 유대감을 가질 수 있다. 센터에서 한국어 교육 등 프로그램 진행시 필요할 경우 통역을 해 주기도 한다. 또 가족끼리 의사소통이 필요한 경우 통역을 해주고 병원, 주민자치센터, 법원, 학교 등에 관련된 일, 유치원·어린이집·학교 관련 알림장 등을 번역해 주기도 한다. 이들에게 매월 정기적으로 100만 원의 인건비가 지원되고 있어 자신의 일에 대한 자부심도 크고, 가정 내에서도 상당한 도움이 되고 있다.

뿐만 아니라 육아문제, 가족의 반대, 접근성 등으로 인해 집합 교육이 어려운 이민자를 대상으로 방문교육도 실시하고 있다. 방문교육 지도사(3,200명)는 한국어교육 지도사와 부모교육 지도사, 자녀생활 지도사로 구분하며 전액 무료로 서비스를 제공하고 있다. 서비스 내용은 한국어지도사는 입국 초기의 이민자와 12세 이하의 자녀, 18세 이하의 중도입국 자녀에게 한국어 서비스를 제공한다. 부모교육 서비스는 부모역할, 관계 형성, 자녀의 영양과 건강관리 등을 직접 방문하여 가르친다. 자녀생활 지도사는 학업 성취가 낮은 자녀가 있는 가정을 대상으로 자녀에게 독서, 일기, 발

▲ 자녀생활지도사가 아이들을 가르치고 있다.

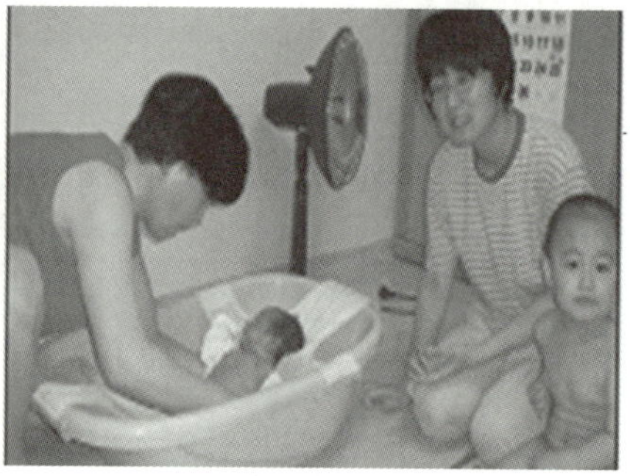

▲ 신생아 목욕시키는 법을 알려주고 있다.

표, 토론, 숙제지도 등을 지원한다. 지도사들은 가족 상담을 병행하고 있어 가족해체에 이르지 않도록 사전에 예방하고 있다.

이민자 여성의 가족은 대화가 없어 한국어 실력이 늘지 못하는 경우도 있다. 그러나 방문지도사가 들어옴으로써 남편과 시부모, 시누이 등과의 갈등문제, 경제적 어려움, 아이의 재롱 등을 방문지도사에게 서툰 한국어로 이야기할 수 있어 한국어 실력이 향상되는 장점도 있다. 또 별도의 시간을 내어 병원을 가거나 은행에 가야될 일이 있을 때, 동행하기도 한다. 사실 과거에 가정 폭력이 있을 때는 이민자 여성은 경찰서로 신고했지만, 방문 서비스를 받은 가정은 모두 방문지도사에게 연락한다. 방문지도사와 이민자 여성의 관계는 딸과 친정어머니 같은 관계로 발전하였다. 같이 웃고, 같이 울고 지내며 형성된 친밀감으로 방문기간이 끝나도 지속적으로 챙기며, 이민자 가족의 대소사에도 참여하고 있다.

표 1 다문화가족지원센터(201개소)의 사업 내용

사업명	사업 내용	비 고
한국어 교육	단계별(1~4단계), 한국어능력시험대비반 운영	400시간 교육
생활현장 교육	은행에서 입금·송금하기, 시장에서 물건사기, 도서관 가기, 병원, 보건소 등 생활 현장 교육	
한국사회 이해교육	인권교육, 국적취득, 출입국관련 유의사항 등	
방문교육	한국어교육 자녀양육을 위한 부모교육(부모역할, 건강관리, 학교생활 지도 등) 자녀 생활서비스(자녀의 숙제지도, 생활습관, 사회성 개발, 진로 지도 등)	가정으로 방문
이중언어 교실	한국어에 익숙한 결혼이민자가 모국이 같은 자녀들을 대상으로 엄마 나라 말을 교육	
통역서비스	한국어에 익숙한 결혼이민자가 새로 입국한 같은 국가 출신의 결혼이민자에게 병원, 보건소, 파출소 등에서 통역을 해주거나, 학교 알림장 등을 번역	
언어발달 지원	다문화가족 자녀의 언어발달을 진단하고 교육	
다문화 축제	결혼이민자들이 국가별로 전통의상을 입고 춤과 노래, 음식, 전통 놀이 등 행사	내국인 참여
다문화 강사	결혼이민자들이 유치원, 초등학교 등을 방문하여 고국의 문화와 언어, 의상 등 홍보	
취업·창업교육	결혼이민자에게 취업교육 및 취업 연계	
가족교육	부부교육, 남편교육, 시부모교육 및 부부캠프 등 행사 제공	
자조 모임	출신국이 같은 여성들끼리 모임을 운영하도록 하여, 초기 입국자에게 정서적 유대감을 제공	고국 음식만들기, 육아 상담 등
한국문화 체험	역사 유적지, 문화 관광지 탐방 및 공연 관람 등	
한국요리 교실	김치담그기, 전 부치기 등 한국요리 실습	

자료: 여성가족부.

3 한국 입국 전에 한국문화 이해교육

현지 결혼이민자는 한국 남성과 현지에서 결혼한 후, 남편은 한국으로 떠나고 여성은 한국행 비자를 받기 위해 2개월 정도 기다리는 시간이 있다. 여성가족부는 전문 기관에 위탁하여 현지 사전 정보 프로그램을 실시하고 있으며, 교육 내용은 인사말, 남편이름과 자신의 이름을 한글로 쓰기, 한국의 기후와 음식, 국적 취득방법, 다문화가족지원센터 안내 등이다.

대상 국가는 3개국 4개소(베트남(하노이, 호치민), 필리핀, 몽골)에서 1일 8시간을 운영한다. 2011년 11월부터는 베트남 컨터시에서 심화교육(24시간)을 시범적으로 운영하고 있다,

또 여성가족부는 2011년 3월 '국제결혼이민관'을 파견하여 결혼이민여성을 대상으로 교육과 상담 등의 업무를 수행하고 있다. 이 교육은 한국에 대한 아무런 정보 없이 입국하는 여성들에게는 소중한 시간이 되고 있다. 이러한 교육은 외교통상부의 협조로 현지 영사관에서 한국행 비자 신청 시

◀ 한국에 입국하기 전, 현지에서 한국생활 정착을 위한 교육을 받는다.

에 사전교육 프로그램 이수증을 요구함으로써 사전 정보 제공 프로그램의 효과를 제고하고 있다. 한편, 이 교육에 참석하는 현지 공무원, 강사 등을 한국으로 초청해, 다문화가족지원센터를 방문하고 고국의 여성들과도 만나는 기회도 제공하고 있다.

4 폭력 피해 여성을 위한 지원

여성가족부는 이주여성긴급지원센터(1577-1366)에 결혼이민자 상담 업무를 위탁하고 있다. 센터는 전국 7개 지역에서 56명의 상담원이 전구 7개 지역 365일 24시간 10개 언어(베트남어, 중국어 등)로 전화 상담을 하고 있다.

이주여성긴급지원센터의 상담은 2007년 13,277건, 2008년 19,916건, 2009년 43,454건, 2010년 54,194건, 2011년 68,794건 등으로 꾸준히 늘어

그림 1 이주여성긴급지원센터 1577-1366 상담실적 (단위: 건)

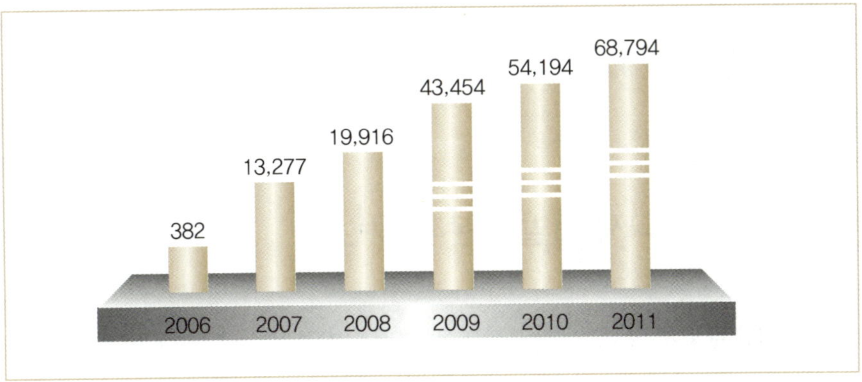

자료: 이주여성긴급지원센터.

나고 있다.

2011년 주요 상담 이유별로 보면 부부갈등이 9,350건, 가정폭력은 5,744건, 가족갈등도 3,389건, '이혼' 법률상담도 9,069건 등이다.

또한 가정폭력 등으로 더 이상 결혼생활을 유지하기 힘든 여성들을 위해 쉼터(18개소)에서는 이민자 여성들과 동반한 자녀에게 전액무료로 숙식을 제공하고 상해에 대해 의료지원, 법률지원, 이혼절차, 출국지원을 도와주고 있으며 최대 2년간 이곳에서 머무를 수 있다. 이주여성자활지원센터(1개소)도 운영하고 있다. 여기서는 쉼터와 같이 숙식을 제공하면서 취업훈련도 지원한다. 또 교육훈련 이수 후 취업한 여성이 이주여성자활지원센터를 최대 2년이 지나서 나와야 할 경우, 거주지만 제공(전기 요금, 난방 요금 등 자부담, 음식 등 직접 해결)하는 그룹 홈(1개소)을 운영하고 있다. 국제결혼으로 인한 개인의 불행을 국가가 부담해주는 것이다.

이민자 전용 쉼터를 운영하는 것은 우리 내국인이 이용하는 쉼터에 이민자 여성이 갔을 때, 한국인 여성이 이민자 여성을 차별하고 편견을 보여 또 다른 상처를 받을 수 있기 때문이다. 이민자 여성 전용 쉼터는 처지가 비슷한 여성들끼리 정서적 공감대를 형성하여 위로받을 수 있다.

5 한국어 교재 개발과 문화 지원

문화체육관광부 소속 국립국어원은 다문화가족을 대상으로 단계별 맞춤형 한국어 교육자료와 교육과정을 개발·보급하여 한국어 교육의 전문성을 강화하고 있다. 2009년에는 외국인을 위한 한국어 교육방송 프로그램을 제작하였으며, 다문화자녀를 대상으로 하는 한국어 방문학습지를 개발하였다. 또 다문화가족 한국어 교원양성 과정 교재를 개발하였다. 이와 함께 여성 결혼이민자와 함께하는 한국어 1, 2 교재와 교원용 지침서, 부부공동학습 교재 알콩달콩 한국어(중국어/베트남어), 이주노동자를 위한 한국어 1을 개발하였다. 결혼이민자들이 한국어 교원자격(3급)을 취득할 수 있도록 강좌를 구성하고 있으며, 3급 자격을 취득한 결혼이민자는 여성가족부가 운영하는 다문화가족 방문교육지도사로 활동하고 있다. 또 2011년에는 취학 전 다문화가족 자녀대상 한국어 방문 학습교재를 개발하여 활용하고 있다. 한국어 교재는 이민자 여성들의 교재로 여성가족부가 구매하여 다문화가족지원센터에 배부하고 있으며, 이민자 여성들은 무료로 활용하고 있다.

뿐만 아니라 다문화 이해교육을 위한 강사 양성과 파견, 교안, 교육도구, 교육 프로그램을 개발하여 확산하고 있다, 문화체육관광부는 다문화가족 밀집지역을 중심으로 도서관에 다문화 자료실(서울 은평구 구립도서관 등 11개소)을 설치하였고, 서울시 고척도서관 등 30개 도서관에서 다문화프로그램을 운영하고 있다. 또한 박물관에 전시된 내용을 이해할 수 있도록 다국어(영어, 일어, 중국어, 베트남어 등) 안내책자를 개발하여 배부하고 있다. 또 아시아 우수 그림책 130여 종을 5개 국어로 번역하여 구연 동화, 애니메이션을 만들어 도서관에서 활용하도록 지원하고 있다. 아울러 2011년에는 다문화가족 어울림 생활체육교실(100개소)와 생활체육축제(16회), 이주민 대상 연극, 미디어, 합창단 등 문화예술 프로그램(53개 사업)을 지원하였다. 또 다문화가족이 전액 무료로 복지관광을 다녀오게 하거나 민속박물관 나들이 지원 등의 사업도 벌이고 있다. 그리고 이주민의 정보격차 해소와 일반 국민이 다문화를 이해하고 연구하는 데 도움이 될 수 있도록 다문화정보 채널(http: //multiculture.dibrary.net)을 운영하고 있다.

6 다문화자녀의 언어교육 지원

다문화가족 자녀들이 다문화 감수성을 지닌 글로벌 인재로 성장할 수 있도록 '언어 영재 교실'을 운영하고 있다. 7개국 106명의 이중언어 강사는 다문화가족지원센터에서 다문화자녀를 대상으로 엄마나라 말을 가르친다. 또 언어학 전공자 등으로 언어발달지도사 200명을 선발하여 교육시킨 후 다문화가족센터에 배치하고 있다. 이들은 이민자 여성의 자녀와, 인근 보육시설을 이용하는 다문화자녀의 언어발달 정도를 진단하고 치료를 위한 교육을 병행한다. 엄마와 자녀가 함께 맞춤형 교재 교구를 통해 언어 치료를 받고 있으며, 귀가 후에도 엄마가 아이를 가르칠 수 있도록 교육하고 있다. 현장에서 활동한 언어발달지도사의 말에 의하면 "부모가 불화 등으로 인해 대화가 없을 때 자녀가 말을 잘못하는 경우가 많다"고 한다. 또 동반 중도입국 청소년 을 위한 초기 적응을 위해 'Rainbow School' 프로그램[2]을 운영하고 있는데 중도입국 청소년 600명과 전문 멘토 120명이 참여하고 있으며, 전국의 다문화가족지원센터 및 청소년 관련 기관에서 주 5일, 전일제 4개월 과정으로 한국어 교육, 문화이해 교육을 실시하고 있다.

2 'Rainbow School'은 여성가족부에서 무지개청소년센터로 예산을 지원하고 있다.

7 학교를 통한 다문화자녀의 건강한 성장 지원

다문화가족 자녀의 취학이 증가하면서 이들의 특성에 맞는 교육 지원 필요성이 급증하고 있다. 다문화가족 자녀의 경우, 부모의 언어·문화 차이, 경제적 사정 등으로 인해 교육기회 부족, 학습·교우관계에서 어려움을 경험하고 있다. 교육과학기술부는 교육청, 지역 내 대학 및 관련기관과 연계하여 다문화가족 자녀에 대한 종합적인 교육 지원 추진하고 있다. 교과부와 16개 시·도교육청 합동으로 「다문화가정 학생 교육 지원방안(2009~2012)」을 마련(2008. 10)하였다.

교육과학기술부는 다문화교육 거점학교[3](80개교)에 1천만 원씩을 지원하고 있으며, 연구학교 16개를 지정하여 연구결과를 반영하고 있다. 또 교대와 사범대학교에 '다문화교육 강좌'를 개설하였다. 또 도덕과 사회교과서에 '다문화이해 과정'을 포함하였다. 교대, 사대생을 대상으로 다문화자녀의 학습과 숙제지도, 문화체험 등을 지도하는 대학생 멘토(7천 명)가 활동하고 있으며, 다문화자녀 지도비용으로 50억 원을 지원하고 있다. 또한 참여 대학생에게 근로장학금과 봉사학점이 부여된다. 다문화가족 유아의 기초 학습 능력 및 정서·자아 존중감 증진을 위한 교육과정 및 프로그램 개발, 교사 연수 등을 지원하고 있다. 아울러 다문화자녀에게 방과 후 프로그램과 체험 활동 등을 지원하고 맞춤형 학습지도, 정서·부적응 문제 파악을 위한 상담, 진로지도도 강화하고 있다. 또한 이중 언어 강사교육성을 위해 한국어·모

3 '다문화 거점학교'는 학교 내 다문화자녀가 10명 이상 재학하고 있는 학교를 말한다.

국어 등 이중언어가 가능한 고학력 다문화가족 학부모를 서울교대·경인교대와 교육청에 위탁하고 있다. 6개월간 900시간을 교육시킨 후 유치원과 거점학교에서 학생의 한국어·외국어 교육, 학부모 상담·통역 등을 지원한다. 또 글로벌 브릿지사업으로 초등학생 4학년 이상을 대상으로 이중언어 능력과 글로벌 인재로 육성하고 있으며 이들에게는 부모나라 방문 등의 인센티브가 있다. 그 외에도 다문화가족 자녀교육 관련교재와 프로그램 개발·보급을 위해 서울대학교 다문화교육 연구센터를 '중앙다문화교육센터'로 지정하여 지속적으로 연구·개발 수행하고 있다. 또 학부모 지원으로는 다문화가족 학부모의 자녀교육 지원을 위해서는 초·중·고 학교 급별로 4개국어(영어, 일본어, 중국어, 베트남어)로 교재를 개발하고, 180개 지역교육청에서 다문화가족 학부모 연수를 실시하고 있다. 또 교사 지원으로는 교장·교감, 교사 등의 인식 개선을 위해 관련 연수를 강화하고 있으며, 예비교사의 다문화 이해를 위해 교육대학에 '다문화교육 강좌'를 개설하여 운영 중이다

8 기술 및 일반 대안학교 개교

사회통합위원회, 교육과학기술부와 고용노동부, 관련 지역 교육청은 업무 협약을 맺어 다문화자녀에게 언어와 문화, 기술교육을 실시하고 학력을 인증하는 대안학교로 기능사 자격을 취득할 수 있는 교육과정을 운영한다. '서울 국제다솜학교'[4]는 서울시 교육청이 설립 주체(공립)가 되고 교육과학

4 '다솜'이란 말은 '사랑'이라는 우리의 옛말이다.

기술부가 운영 재원을 지원한다. 서울 국제다솜학교(교과정 120명)는 2012년 3월 서울 성동공업고등학교 일부를 활용하여 개교하고 추후 아현산업정보학교로 이전할 계획을 추진 중이다. '인천 국제다솜학교'는 초중고과정으로 210명(13년 3월 개교 예정). '충북 국제다솜학교'도 고교과정으로 사립으로 추진 중이다. 기술교육은 고용노동부 산하 직업교육전문 대학인 한국폴리텍이 설립·운영하며 교과부와 관련 교육청은 학교설립과 운영에 필요한 제도적·행정적 지원을 하고 교육여건 개선을 위한 재정도 지원한다. 다솜학교는 기숙사 시설을 기본적으로 제공하며 입학금과 수업료, 기숙사비는 전액 국비로 지원한다. 또 고용노동부 고용센터와 연계해 학생들에게 직업지도 프로그램 등 취업지원서비스를 하고 졸업과 동시에 취업할 수 있도록 지원한다. 아울러 2011년에는 광주 새날학교와 부산 아시아 공동체학교, 서울 다애다문화학교, 서울 지구촌국제학교가 정규학교로 인정받았다.

9 중도입국 자녀교육 지원 확대

결혼이민자 중에 본국에 있을 때 결혼했으나 사별 또는 이혼한 경우가 있다. 그 여성이 한국 남성과 재혼하면서 본국의 자녀와 함께 오거나(동반입국 자녀), 나중에 그 자녀를 데리고 오기도 한다(중도입국 자녀) 2011년 5월 교육과학기술부 자료에 의하면 동반·중도입국 자녀 9,621명(행정안전부, 2011년 지방자치단체 외국인 주민현황) 중 학생은 총 2,532명(초등학교 805명, 중학교 647명, 고등학교 1,080명)이다. 거주지별로 보면 서울이 666명으로 가장 많고 경기 579명, 인천 151명, 경남 146명, 부산 121명, 충남 116명, 경북 112명, 기타 지역이 641명으로 나타났다. 2011년부터는 학교장의 권한으로 학적이 없는 외국인 자녀에게도 외국인 출입국 사실이나 외국인 등록 사실증명, 거주확인서(임대차계약서, 거주사실에 대한 인우보증 등 서류 제출)로 초·중등학교에 입학하게 할 수 있다. 이로써 동반·중도입국 자녀뿐 아니라 불법체류자의 자녀까지도 학교에 입학할 수 있는 길을 열어 놓았다. 이 자녀들이 취학 전 예비과정(KSL)교육을 실시하여 초기 적응력을 강화시키고 있다.[5] 뿐만 아니라 단기간 내에 학교적응이 어려운 학생에게는 한국어와 사회 과목은 특별학급에서, 예능과 체육은 일반학급에서 운영하도록 하고 있다. 이러한 학생에게는 이중언어 강사와 상담교사를 추가로 배치하고 있다.[6] 그러나 이러한 과정은 예산상의 문제로 2011년의 경우 취학전 예비과정은 3개교에서, 특별학교은 5개교가 운영하고 있다.

10 사회통합 정책으로 더불어 살기

법무부는 결혼이민자와 외국적 동포, 유학생, 체류 외국인, 난민 등을 대상으로 사회통합 프로그램 이수제를 운영하고 있다. 사회통합프로그램 운영기관(2011년 150개)은 법무부가 다문화가족센터, 농협, 대학교 등을 대상

[5] 동반·중도입국 자녀 취학 전 예비과정은 포천다문화센터, 안산다문화가족 사례관리 네트워크, 가좌고 등에서 운영한다.

[6] 특별학급은 안산 원곡초등, 서울 시화초등, 대전 대덕초등과 전만초등학교 등이다.

으로 공모에 의해서 선정하고, 사회통합프로그램운영기관으로 지정한 후 운영비와 강사수당을 지원한다. 사회통합교육과정은 한국어 5개 과정과 한국사회 이해과정으로 구성되어 있다. 한국사회 이해과정은 국내 정치, 경제, 사회, 문화, 역사는 물론 법과 생활, 생활 법률 등에 대해 전반적인 내용을 교육한다. 사회통합기관으로 지정된 기관에서 교육을 받은 사람은 귀화필기시험 및 면접심사를 면제하고, 국적 취득을 심사하는 기간을 단축하고 있다.

국적 취득시간 단축이라는 인센티브가 주어지게 된 것은 외국인 수는 매년 급증하고, 외국인의 출입국, 등록 업무 등을 맡는 출입국관리사무소의 직원은 증원되지 않았기 때문이다. 이로 인한 업무 폭주로 일반적으로 귀화신청 후 오랫동안 대기해야 국적을 취득할 수 있지만, 사회통합 프로그램을 이수한 외국인과 결혼이민자에게는 우선적으로 국적 심사를 하겠다는 의미다. 다행히 2009년에 출입국사무소 직원을 증원한 결과 국적취득 처리기간이 상당히 줄어들었으나, 외국인 수가 증가하기 때문에 여전히 출입국사무소의 민원실은 발 디딜 틈이 없을 정도다.

또 다문화사회지도사를 육성하여 한국사회 이해과정의 강사로 활동하게 하고 있다. 이들은 다문화사회 이해 등 120시간의 교육을 수료한 후 현장에서 활동한다.

아울러 전국 14개 출입국사무소에서 한국에 입국하는 신규 결혼이민자를 대상으로 외국인등록 시 한국사회 적응에 필요한 기초정보를 제공하는 '행복드림(Happy Start)' 프로그램을 운영하고 있다. 이 프로그램은 국내에 처음 입국하는 결혼이민자와 그 가족을 대상으로 국내 적응에 필요한 기초

정보를 제공한다. 즉 한국사회 소개, 체류허가와 국적제도, 가족 초청, 사회통합 프로그램 안내, 기초생활 질서, 건강보험, 권리구제, 사회통합프로그램 이수제, 지역별 결혼이민자 지원프로그램 안내 등이며, 먼저 정착한 선배 결혼이민자들이 통역과 자원봉사 활동하여 상호교류하고 있다. 뿐만 아니라 결혼이민자 대표·명예 출입국관리 공무원 위촉, 출입국 관리행정 설명회, 결혼이민자 간담회와 어울림 행사 개최 등을 통해 사회통합을 지원하고 있다. 행복드림 프로그램은 매월 4째 주 목요일을 '결혼이민자 지원의 날'로 지정하여 운영 중이다.

뿐만 아니라 법무부는 '국제결혼안내프로그램'을 운영하고 있는데 전국 출입국관리사무소 내 '이민통합지원센터'에서 매주 또는 격주 수요일 운영하고 있다. 이 프로그램은 결혼이민자가 많은 7개국(중국, 베트남, 필리핀, 캄보디아, 몽골, 우즈벡, 태국)에서 외국인 배우자를 찾고 있거나, 이미 국제결혼 한 상태에서 외국인 배우자를 초청하고자 하는 사람을 대상으로 하고 있다. 이 프로그램에서는 국제결혼의 정보, 상담, 피해 사례, 경험담 등을 소개하여 국제결혼의 현실을 보여 주고 있다. 또 결혼사증 심사기준을 강화하여 특정 범죄 전력자, 빈번한 국제결혼 경력자 등에 대해서는 국제결

▲ 매년 5월 20일은 세계인의 날이다.

혼에 필요한 사증 발급을 제한하고 있다. 그리고 『출입국관리법 시행령』을 개정하여 결혼이민(F-6)비자를 새로 만들어 결혼 이민자의 국내 조기 정착과 체계적인 관리를 추진하고 있다. 결혼이민자의 범위에는 한국인 배우자와 법적 혼인 또는 사실혼 관계에 있거나 한국인 배우자의 사망이나 실종 등으로 정상적인 혼인관계를 유지할 수 없는 외국인이 포함된다.

또 국민의 미성년 외국인 자녀(중도입국자)가 증가함에 따라 2011. 3월 지침을 마련하여(F-2-2)를 발급하고, 2년 경과 후에는 영주권(F-5-3)을 부여하기로 했다.

한편, 재한외국인처우기본법 제19조는 매년 5월 20일을 '세계인의 날'로 하고, 이날로부터 1주간을 세계인 주간으로 규정하고 있다. 법무부와 지자체는 세계인 주간에 다양한 행사를 개최하며 국민과 재한외국인이 서로의 문화와 전통을 존중하면서 더불어 살아갈 수 있는 사회환경을 조성하고 있다.

11 국가경쟁력 강화를 위한 외국인 행정

법무부는 적극적인 개방을 통해 국가경쟁력을 강화하고 우수한 인재를 유치하기 위해 구직비자 발급실태를 분석하고 비자제도를 개선하고 있다. 외국인 근로자에 대해서는 대부분 근무처 이동을 제한하고 있으나, 우수인재의 경우 근무처를 이동할 수 있는 자유를 확대하고 있다. 이와 함께 비자심사 점수제인 '온라인 비자추천·심사시스템(HuNet Korea)'을 도입하고 있다. 해외 우수인력의 경우 온라인으로 비자 신청과 심사가 가능해져 비자 발급기간이 대폭 단축될 전망이다. 우수인력은 과학·기술, 사회·경제 또는 교육·문화·예술 등의 전문분야에서 뛰어난 능력이 인정되는 사람이며, 재외공관과 대한무역투자진흥공사(KOTRA)가 해당 인력을 선별해 추천한다. 추천된 해외 우수인력에 대한 정보는 HuNet KOREA의 데이터베이스(DB)에 모인다. 이들을 채용하고자 하는 기업들은 HuNet KOREA에 회원으로 가입해 정보를 이용할 수 있다. HuNet KOREA를 이용할 경우 현재 1개월 이상 걸리는 비자발급 기간이 일주일 이내로 단축된다.

뿐만 아니라 법무부는 동포체류지원센터를 지정하여 중국 등 국내 체류 동포들에 대한 취업과 주거, 의료 등 생활정보를 제공하는 것은 물론 출입국 관련 제도를 안내하는 업무를 위탁하고 있다. 현재 법무부 지정 동포체류지원센터는 한중사랑교회, 한중교류협회, 귀한동포연합총회, 안산조선족교회 등이다. 또 브로커 등에 대한 기획조사와 외국인 근로자 고용주에 대한 지도점검 등을 강화하여 외국인 집단거주지 관할 행정기관 정례회의를 활성화하고 있다. 아울러 자동출입국심사시스템 설치를 확대하여 출입국 절차에 편의를 제공할 계획이다. 외국인 지문확인시스템 이행프로젝트(BPR/ISP)도 마련하여 국내외에서 범죄를 저지른 전력이 있거나 범죄 가능성이 높다고 판단되는 외국인은 자신의 지문을 등록하고 조회를 받는 절차를 거쳐야 입국이 가능하도록 하고 있다.

그리고 공항과 항구의 입국심사대마다 지문과 얼굴 등록기를 설치해 모든 입국 외국인의 생체정보를 등록·보관하고 있다. 아울러 전문직에 종사하는 외국인이 근무처를 변경할 때 사전허가를 받도록 한 것을 사후신고로 바꾸고, 난민심사 중인 외국인은 강제퇴거를 유보할 수 있다.

또 전자외국인등록증 발급체계를 구축하고, 국적관련 문서의 DB화로 귀화·국적회복절차의 신속처리, 영주자격 전치주의를 도입할 계획이다. 외국인 차별 방지와 권익 보호를 위해 '사회통합정책 외국인 모니터단'을 운영하고 난민[7]인정 결정권한을 지방사무소로 일부 위임했다. 또 인천시 영종도에 가칭 '난민지원센터'를 2012년까지 완공하기 위해 공사 중이다. 센터가 완공되면 난민 신청자는 이곳에서 숙식과 의료를 지원받게 된다. 난민 인정자(인도적 체류 허가자 포함)는 한국어 교육과 직업상담 등을 받게 된다. 한편, 한국이 1992년 난민협약에 가입한 이래 2011년 12월 31일 현재 3,926명의 국내 난민 신청자 중 260명만이 난민으로 인정받는 데 그쳤다. 현행 출입국관리법상 난민 지위를 신청한 지 1년이 지나지 않으면 취업을 할 수 없어 경제적 어려움이 매우 크다.

또한 지식경제부는 Contact KOREA(글로벌전문인력지원센터)를 구축·운영하기 위해 중소기업 위주의 해외 전문인력을 발굴하고 채용을 지원하고 있다. 아울러 해외 전문인력 DB 강화, CK 포털사이트를 통한 대기업 DB 제공 등으로 해외전문인력 발굴, 채용지원사업을 안정시켜가고 있다. 또 지역대학에 다니고 있는 외국인 유학생의 취업지원 확대를 위해 채용박람회를 서울과 부산에서 각각 한 차례 개최한다. 아울러 국립국제교육원과 대학별 유학생 전담반과 협조하여 상시 취업지원을 활성화하고 있다.

---

7 유엔 난민협약은 난민에 대하여 '인종이나 종교, 국적, 정치적 견해 등으로 박해를 받거나 충분한 이유가 있는 공포 때문에 외국으로 탈출한 자로서 자국의 보호를 받을 수 없거나 자국의 보호를 받는 것을 원하지 않는 자'로 정의함.

국토해양부는 외국인이 철도 승차권을 편리하게 살 수 있도록 주요 교통정보를 한글과 영어로 병기하고 있으며, 대중교통에서 영어방송을 실시하고 있다.

12 외국인에게도 복지급여, 불법체류자에도 의료 지원

보건복지부는 2011년부터 다문화자녀 부모의 재산과 소득 수준에 관계없이 어린이집을 이용하는 다문화 영유아에게 연령별로 정부 지원 보육료 단가 전액을 지원하고 있다. 일반 영유아에게는 소득 수준에 따라 정부 지원을 하고 있다. 다문화자녀에 대해서는 전액 지원하는 것에 대하여 역차별이라는 현장 의견도 있으나, 사회통합이라는 측면에서 바람직한 정책이라고 본다. 뿐만 아니라 한국 국적을 취득하지 않은 결혼이민자에게도 한국인과 똑같은 복지급여를 실시하고 있다. 2009년 외국인특례조항에 의하여 건강보험 대상자로 지정한데 이어, 2011년에는 미성년자의 자녀를 양육하고 있을 경우는 국민기초생활보장법상의 급여를 지원하고 있다.[8] 2012년에는 장애인복지 서비스를 내국인과 같이 지원한다.

또 고용허가제에 의해서 입국하는 외국인은 당연히 건강보험에 가입하도록 했으나, 월 5만 원이 넘는 보험료 부담 때문에 많이 가입하고 있지는 않다. 이러한 외국인 근로자는 각 외국인 근로자센터에서 주관하는 무료

[8] 2011. 6월 현재 한국 국적 미취득 결혼이민자 기초수급자는 3,100명.

의료자원봉사를 통해 지원받고 있다. 건강보험을 가입할 수 없는 불법체류자와 난민에 대해서는 입원 및 수술 진료와 연계되는 사전 외래진료 1회, 사후 외래 진료 3회에 대해서 1회 당 500만 원 범위 내에서 의료비를 지원하고 있다.[9] 또 영세사업장에서 발생한 산재의 경우 합법체류자이든, 불법체류자이든 의료비를 지원한다.

뿐만 아니라 국내 거주 외국인 진료 코디네이터를 양성하고 있다. 이는 보건복지부에서 한국보건복지인력개발원에 위탁하고 있는 사업으로 글로벌 헬스케어 전문인력을 양성하여 해외 환자 유치를 목적으로 하고 있다. 현재까지 배출한 인력은 총 45명이다. 보건복지부는 국제 진료 의료관광코디네이터 국가기술자격을 도입할 수 있도록 추진 중이다.

13 결혼이민자를 위한 영농교육 실시

농촌 인구의 대부분이 65세 이상으로 생산인구의 세대교체가 급격히 진행될 것으로 예측된다. 앞으로 농촌은 노인들이 빈 자리에 결혼이민자 여성들과 그 가족이 농촌을 이끌어 가는 주도적인 계층이 될 것이다. 이에 따라 농림수산식품부는 영농의지가 강한 이민자 여성을 대상으로 기초 영농교육을 실시하고 있다. 이 교육은 정착 초기 농촌 결혼이민 여성을 대상으로 농업 전반에 대한 이론과 농기계 사용법과 영농 현장 체험 등의 프로그

9 2010년의 경우 보건복지부는 불법체류인 외국인 근로자 2,390명과 그 자녀 255명에 대하여 의료비를 지원했다.

램으로 구성된다. 또 농업에 종사하기를 희망하는 여성이민자에게 전문 여성 농업인을 후견인으로 연결시켜주고 1대1 맞춤형 영농교육을 실시한다. 뿐만 아니라 농촌정착지원과정에서는 다문화가족 단위의 교육으로 가족 구성원 이해도를 제고시키면서 농촌정착을 돕고 있다. 영농교육 참여자는 대부분 영세하고 소규모 농가인데다가 양육과 가사로 인해 영농교육에 지속적으로 참여하기는 쉽지 않으나, 참여 의지는 매우 높다. 이 사업은 2011년도에 총 14억을 지원하고 2천3백 명이 참여했다.

14 안정적인 정착을 위해 생활편익 제공

결혼이민자들은 미용과 제빵 제과 등의 국가기술자격을 응시하고 싶어도 한국어 실력이 부족하여 합격하기 어려웠다. 고용노동부는 2010년부터는 미용사, 2011년부터는 제과·제빵 기능사에 대하여 베트남어와 중국어로 필기시험과 실기시험을 도입했다.[10]

시험을 중국어나 베트남어로 출제하더라도 해당 언어 수험교재나 다국어를 지원하는 학원이 없어 현실적으로 합격률이 낮을 수밖에 없어, 점차적으로 수험교재 개발 및 다국어 기능학원 지원 등을 검토해야 할 것으로

[10] 2011년 6월 치러진 미용사 자격 필기시험에는 중국어 36명, 베트남어 29명 등 65명이 응시했으나 중국어 응시자 11명만 시험을 통과해 합격률이 16.9%에 그쳤다. 이는 지난해 미용사 필기시험의 평균 합격률이 47.9%, 2009년은 47.3%, 2008년은 42.6%였던 점에 비춰 극히 저조한 수준이다. 게다가 같은 날 치러진 제과·제빵 기능사 중국어, 베트남어 필기시험에는 각각 3명과 7명이 응시, 모두 낙방했다.

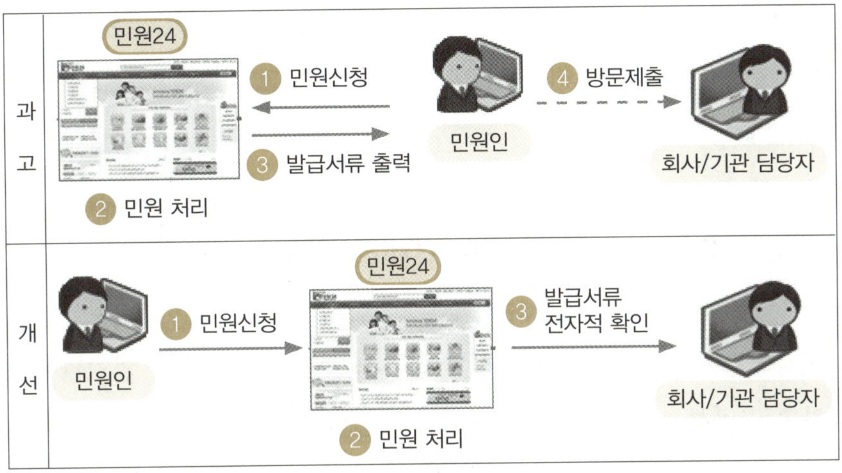

▲ 외국인들은 온라인 '민원24시'를 통해 민원서류를 회사에 직접 전달할 수 있다.

보인다. 또 귀화허가 심사 적체로 결혼이민자가 국적취득 전까지 오랜 기간을 기다려야 했으나, 귀화허가에 대한 1차 심사권한을 소속기관에 위임함으로써 귀화허가 심사기간이 단축될 것으로 보인다. 그동안 결혼이주 여성 등 외국인은 주민등록번호가 없어 인터넷 사이트 회원가입에 제한이 있었으나, 앞으로는 외국인등록번호를 통해서도 공공기관과 민간 인터넷 홈페이지에 회원을 가입할 수 있다. 특히 2011년부터는 결혼이민자가 국적취득 후에도 주민등록등본에 기존 외국인등록번호를 기재하여 고용보험과 실업급여가 연계되도록 제도를 개선했다. 또 '민원 24'[11] 온라인을 통해 '외국인등록 사실 증명', '체류기간 연장허가' 등을 무료로 발급받을 수 있다. 아울러 29종 민원에 대해 7개 국어(영어, 일본어, 중국, 베트남, 태국, 인도네시

11 '민원24'는 온라인을 통해 민원서류를 해당기업에 직접 제출할 수 있는 원클릭서비스 즉, '민원서류 기업제출 서비스'로 외국인등록사실증명, 국적취득사실증명 등을 무료로 발급받을 수 있다.

아, 몽골어)로 안내하고 있으며 번역 서비스를 실시하고 있다. 뿐만 아니라 민원서류를 해당기업에 직접 제출할 수 있다.

15 사회적기업 육성으로 경제적 활동 지원

고용노동부는 결혼이민자에게 적합한 직종을 발굴하여 유관기관에 전파하고 공공부문 및 사회적 일자리를 제공하고 있다. 결혼이민자에게 적합한 직종은 20개 직종으로 의료 관광 코디네이터, 다문화 강사, 요양 보호사, 도배사, POP강사, 미용사, 관광가이드, 대형마트 물품 정리원·검침원과 안전 점검원, 지역특산물 제조사, 바리스타, 의류 수선사 등이다.

▲ 샐러드 극단 '학교 안가'는 결혼이민 여성들이 연극배우이다.

결혼이민자와 관련된 사회적 일자리 창출사업은 2010년의 경우 (예비)사회적기업 73개 사업에 289명이 참여했다. 결혼이민자 대상 사회적 일자리 사업을 소개하면 서울 외국인 노동자센터가 창단한 이주여성극단 '샐러드'와 새마을운동 영광군 지회가 벌이는 지역특산물 개발사업, 부산 여성사회교육원이 실시하는 결혼이민자 외국어 지도사 양성사업 그리고 외국인 근로자 복지 나눔의 터가 하고 있는 취약계층 산후조리 도우미 사업 등을 들 수 있다.

고용노동부 예비 사회적기업 선정사업은 2011년부터는 지자체에서 선

그림 2 사회적기업 인증절차

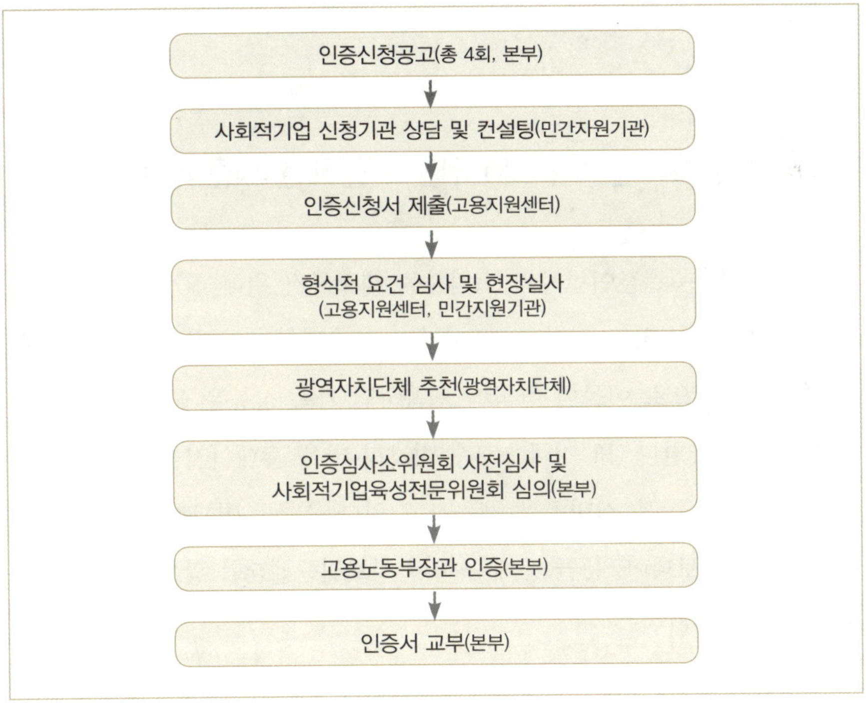

정한다. 예비 사회적기업으로 선정되면 2년간 종사자 인건비를 지원받고 무료로 컨설팅을 받을 수 있다. 그후 다시 심사를 거쳐 사회적기업으로 선정되면 최장 3년간 종사자 인건비와 컨설팅, 사업개발비, 사회보험비 등을 지원받을 수 있다.

고용노동부로부터 사회적기업 인증을 받으려면 첫째, 민법상 법인이나 조합, 상법상 회사 또는 비영리민간단체 등 대통령령이 정하는 조직형태를 갖춰야 한다. 둘째, 유급근로자를 고용해 재화나 서비스를 생산하거나 판매하는 등 영업활동을 해야 한다. 셋째, 취약계층에게 일자리 또는 사회서비스를 제공하거나 지역사회에 공헌함으로써 지역주민의 삶의 질을 높이는 등 사회적 목적 실현에 조직의 존립가치를 둬야 한다.

16 지방자치단체는 '외국인 주민지원 표준조례' 제정

행정안전부는 결혼이민자의 소외감을 해소하기 위해 친정 부모를 초청하는 행사를 추진하고 있다. 2007년부터 2011년까지 초청된 친정 부모는 181가정 355명으로 이들이 한국에 도착하면 가족 상봉은 물론, 관광과 한국 문화도 소개한다. 또 전국 363개 정보화 마을 홈페이지를 이용하여 상시적으로 화상 상봉 서비스를 제공하고 있다. 특히 2011년 6월에는 베트남, 필리핀, 캄보디아, 몽골 등에 구축된 정보접근센터를 활용하여 해외 화상 거점을 마련하였다.

또 '외국인 주민지원 표준조례'를 시달하여 대부분의 지방자치단체가 조례를 제정하였다. 집단 거주지 환경개선사업 등을 위하여 생활정착 지원 민관협의체 구성 등 유기적 네트워크를 구축하고 있으며, 특히 2011년에 조선족 밀집 지역인 서울 영등포구 대림동, 동남아시시아 이주 노동자 밀집지역인 안산 원곡동 등 11개 시·군·구에 생활환경개선사업으로 31억 7천만 원을 지원했다.

그리고 지방자치단체의 총액 인건비와 보통교부세 산정수요에 외국인 주민 수 반영을 확대하고 있다. 아울러 지역 공공기관과 민간단체 등이 참여하는 '민관협의체'를 구성하여 외국인 주민에 대한 지원을 강화하고 있다. 특히 계약직으로 임용된 결혼이민자[12]를 일반직으로 특별 임용할 수 있도록 『지방공무원법』에 특별임용 요건을 추가하여 시행령을 개정 중이다. 아울러 외국인 주민 통장·반장은 2011년 5월 현재 서울 구로구, 부산 사상구 등 총 17명이 활동하고 있다.

17 외국인력지원센터를 통해 10개 언어로 상담

고용노동부는 거점 외국인력지원센터 외에 29개 소지역 외국인력지원센터에도 상담서비스를 확대하여 노동문제 등에 대하여 상담을 지원하고 있다.

또 고용노동부와 한국산업인력공단은 2011. 7. 1일 외국인력상담센터

12 계약직 지방공무원으로 채용된 외국인 주민(귀화 포함)은 10년 12월말 기준 43명이다.

(1577-0071)를 안산에서 문을 열었다. 센터에서는 전국 각지에서 1577-0071로 전화하면 10개 언어로 상담이 가능하다. 상담은 50명이 각국의 언어로 문화적 차이와 언어 문제, 체불임금, 구직 등으로 어려움을 겪는 외국인 근로자와 이들을 고용하는 사업주들의 고민을 전화 한 통화로 신속하게 상담한다. 방문하여 심층 상담도 가능하다. 지원언어는 한국어, 영어, 베트남어, 중국어, 태국어, 인도네시아어, 스리랑카어, 몽골어, 우즈베키스탄어, 캄보디아어다. 외국인력상담센터는 서비스 가능한 국가의 수도 늘려간다는 방침이다. 상담 서비스는 연중무휴로 제공되며 09 : 00～18 : 00까지는 직접 상담을 받을 수 있고 근무시간 이후에는 상담 예약 및 ARS 자동 안내 서비스 이용가능하다. 아울러 입국 3개월 이내 외국인 근로자를 고용하고 있는 사업장을 직접 방문하여 사업장 내 갈등, 일상생활의 고충, 언어 소통 문제 등을 해소하기 위해 방문통역을 실시하고 있다.[13] 그리고 외국인 근로자를 축제 및 문화행사를 지원하고 있으며[14] 지역순회서비스를 통해 무료 의료 지원과 노동관련 상담 서비스를 실시하고 있다.

18 외국인 근로자를 위한 편의 제공

2009년 12월 고용노동부가 외국인 근로자의 일자리 변경기간을 2개월에

13 방문통역은 전문 통역원 또는 통역자원봉사 인력(800명)이 활동하고 있으며, 2010년 4만 1천 명의 외국인 근로자를 대상으로 상담했다.

14 2010년의 경우 스리랑카, 방글라데시 등 6개국 지원.

서 3개월로 연장하였다. 그리고 이 일자리 변경기간은 총근로계약기간인 3년에서 제외하여 계산해 준다. 이로 인해 외국인 근로자는 고용지원센터에서 주관하는 고용주와의 매칭시간에 요구조건이 많아졌다. 월급 수준, 1인 숙소, 작업환경 등을 고려하며 일자리를 찾고 있다. 외국인 근로자들은 2009년에만 해도 특근수당을 받기 위해 토요일 근무를 원했으나 지금은 토요일은 쉬고 싶어 한다. 고용주도 외국인 근로자의 마음을 사기 위해 더 나은 조건을 제시하고 있다. 또 직계 존비속과 배우자가 사망할 경우에도 고용주가 휴가를 제공하도록 하여 외국인 근로자가 재입국 걱정 없이 일시 출국할 수 있도록 개선하였다.

그동안 사업주는 외국인 근로자를 고용하기 위해 고용지원센터를 직접 방문하여 고용허가를 신청하거나 대행수수료를 지불하고 고용노동부가 지정한 업종별 대행기관에 대행을 의뢰하였다. 그러나 2010년 7월부터 고용허가제(EPS) 전산시스템을 개편하여 사업주가 인터넷으로 고용허가제 홈페이지(www.eps.go.kr)에 접속하여 사무실이나 집에서 각종 신청이나 신청을 할 수 있다.

외국인 근로자가 귀국 전 고용노동부 고용지원센터에 민원을 신청하면 또한 한국에서 근무했던 사업장명, 직종, 사업장 연락처, 근무기간 등이 기록된 영문경력증명서를 무료로 발급받게 된다. 또 귀국 후 본국에서도 경력증명서를 발급받을 수 있다. 이에 따라 외국인 근로자가 한국 기업에서 습득한 경험과 기술을 공식적으로 인정받을 수 있는 길이 열려 귀국 근로자의 재취업에도 도움을 줄 것으로 예상된다. 특히 외국인 근로자 고용 사업장을 지도 점검하여 체불임금, 인권 문제 등을 점검하고 있으며, 귀국을 앞둔 외국인 근로자에게 창업, 취업 등에 대한 귀국 프로그램을 지원하고 있다.

19 '외국인 유학생 유치 · 관리 역량 인증제' 실시

현재 국내대학에서 공부하고 있는 유학생을 출신국가별 분포를 보면 중국이 가장 많다. 중국 유학생은 한국뿐 아니라 미국, 일본, 호주 등 전세계 주요 국가에서 외국인 유학생 중 가장 큰 비중을 차지한다.

2012년은 한·중 수교 20주년이 되는 해이다. 그동안 양국은 경제적·문화적으로 활발한 교류를 추진해 왔다. 중국은 이미 한국의 제1의 수출국이며, 한국은 중국의 4번째 수출국으로 양국 교역량은 2010년 1,884억 달러(약 207조 원)에 달한다. 10월 1일 중국 국경절을 맞이하여 한국행 비행기표가 매진되고, 국내 주요 관광지 및 백화점 등이 중국 특수를 별도로 준비할 만큼 우리 경제에 미치는 중국의 영향력은 상당하다. 고등교육 분야에서도 중국은 경제성장과 풍부한 인적자원을 토대로 글로벌 교육시장의 주요 고객층으로 부상하고 있다.

국내 유학생 동향을 살펴보면, 2004년 이후 외국인 유학생 수가 급증하고 있으며 중국인 유학생 수도 증가하여 왔다. 중국인 유학생의 유치는 양국간 경제·문화 교류에 필요한 인재를 육성함과 함께, 학령인구의 감소로 어려움을 겪는 국내 대학의 활로를 모색할 수 있는 방안이다. 그러나 최근 일부 국내 대학이 수학능력을 고려하지 않고 무분별하게 중국인 유학생을 모집·유치하고, 학사관리 및 지원을 충실하게 하지 않아, 유학생들의 중도탈락 및 부적응 사례가 다수 발생하고 있고 이러한 문제는 반한감정으로 나타나기도 한다.

또한 국내대학들의 유학생 유치·관리가 제대로 이루어지지 않으면, 한국 고등교육에 대한 평판이 나빠지고 글로벌 경쟁력 약화로 이어지게 된다. 이에 따라 수학능력을 갖춘 우수한 중국인 유학생이 한국 유학을 선택하도록 유학생 관리·지원 체계를 선진화하고 국내 고등교육 서비스의 질 제고 및 취업기회 알선 등 글로벌 경쟁력을 갖추는 일이 시급하다.

교육과학기술부는 이러한 필요성을 인식하고 문제점에 대응하기 위하여 2011년 '외국인 유학생 유치·관리 역량 인증제'를 도입하였다. 인증제는 외국인 유학생 증가에 대응하는 질 관리 미흡으로 한국 대학에 대한 부정적 이미지가 확산될 우려가 제기됨에 따라, 유학생 유치·관리의 모범적 기준을 제시하여 국내대학 유학생 관리의 질을 높이기 위함이다. 또 일부 부실대학이 외국인 유학생 유치를 재정수단으로 연명하는 행태를 단절하며, 더 나아가 우수 외국인 유학생 유치를 위한 발판을 마련하기 위함이다.

인증 신청은 전국 346개 대학(4년제 200, 전문대 146) 중 ① 최근 교과부가 발표한 17개(4년제 9, 전문대 8) 학자금 대출제한 대학, ② 외국인 유학생 중도탈락률 20% 이상 대학 등의 부실대학과 ③ 인증의 실익이 없는 유학생 규모가 미미한 대학을 제외한 대학들이 신청할 수 있다. 평가를 통과한 인증대학에 대해서는 정부초청 외국인 장학생 사업(GKS: Global Korea Scholarship) 등 유학생 대상 재정지원사업 우선 지원 및 해외 대학 유학박람회 개최를 지원한다. 또 하위 15% 대학 중 부실이 심각한 대학에 대해서는 법무부와 합동으로 현장 실태조사를 실시하여 비자발급 제한 등의 강력한 조치를 취할 계획이다. 또 중국 정부에 부실대학 명단을 공개하여 중국인 유학생에 대한 고등교육 서비스의 질을 보장할 계획이다. 외국인 유학생이 체계적으로 국내 대학에 관한 정보를 얻을 수 있도록 대학 알리미의 영어 웹사이트 서비스를 개시하였으며, 2012년에는 중국어 웹사이트도 구축할 예정이다. 이미 중국인 유학생이 많은 대학(70% 이상)은 중국어 홈페이지를 구축하고 있으며, 교과부는 이를 평가지표와 연계하여 확산을 유도하고 있다. 이와 함께, Study in Korea 사이트와 취업박람회 등을 통해 한·중 교역확대에 따른 취업정보를 제공하고 있다.

20 북한 이탈주민의 효율적 정착 지원

북한 이탈주민 정착지원체계는 하나원에서 사회적응교육을 전담하고 나면, 거주지에서 5년 동안 보호하는 보호담당관제를 운영하고, 신변보호 담당관(경찰청 및 일선 경찰서), 취업보호 담당관(고용안정센터), 거주지보호 담당관(광역 및 기초자치단체), 북한이탈주민지원지역협의회(북한이탈주민 후원회 및 북한이탈주민 지원 민간단체연대), 북한이탈주민 지역적응센터(하나센터, 전국 30개)가 지원하고 있다. 뿐만 아니라 북한이탈주민후원회와 대한적십자사와 민간단체가 안정적인 생활을 지원한다.[15]

---

15 「북한이탈주민의 효율적 정착 지원」, 행정안전부, 신아시아연구소, 2010. 7.
북한 이탈주민에 대한 정책은 Part 5에서 논하였기 때문에 여기에서는 생략한다.

표 2 부처별 외국인 및 북한 이탈주민 정책 내용

부처	정책의 내용	
여성가족부	• 국제결혼중개업체 관리 • 한국생활 정보제공 및 상담 • 한국인 배우자 교육 • 한국어 교육 및 임신출산 지원 • 종합정보 제공 및 통·번역서비스 • 여성 결혼이민자를 위한 가정폭력 전용 시설 운영	• 여성 이민자를 위한 1366긴급지원 콜센터 운영 • 위기개입, 가족통합 교육 • 아동양육지원 • 취업역량 강화 • 취업연계 • 다문화사회 통한 선도자 육성 • 다문화가족지원센터 운영 지원
교육과학기술부	• EBS 한국어 교육방송 프로그램 제작 • 지역인적자원 개발사업 • 지자체 지원 우수사례 발굴 • 다문화 가정 방과후 프로그램 • 홈페이지 구축, 교육자료 제공 • 다문화가정 자녀 상담교사 지정 • 유아를 위한 다문화 이해 자료개발 보급 • 교원연수	• 한국어, 한국문화교육과정 개설 • 현행 교과서 민족주의 요소 발굴 • 다문화, 다인종 교육요소가 반영된 교육 과정 개발 • 대학생 멘토링 • 불법체류 자녀 교육권 보장 • 교육부·시도교육청·각급학교·지자체·민간 단체 등 협력체제 구축
법무부	• 외국인 출·입국 심사 및 입국 허가 • 외국인 및 재외동표 체류 지원 • 외국인 산업연수 지원 • 외국인 사회통합정책과 국적취득요건 연계시행	• 외국인 근로자 인권보호 • 외국인 종합안내센터 및 hikorea.go.kr 운영 • 사회통합프로그램 실시 및 이수제 시행 • 이민자 네트워크 구축사업
문화체육관광부	• 문화교육 지원 프로그램 개발, 실시 • 농촌지역 가정방문 한국어 교육실시 • 한국어 교재개발 및 요리, 육아관련 생활정보 제공, 외국인 노동자를 위한 가이드북 제작 • 외국인 노동자를 위한 문화체육활동 시설지원	• 문화센터 운영 • 이주 노동자 대상 문화프로그램 지원 • 한국사회 적응을 위한 문화체험 프로그램 운영 • 아시아 열린문화축제 사업
보건복지부	• 다문화 영유아 무상 보육 • 외국인 특례 인정(기초수급자, 건강보험, 장애인)	• 불법 체류자, 난민 의료비 지원 • 의료 단체를 통한 무료 의료 지원 • 의료코디네이터 육성
행정안전부	• 외국인 집단지역 예산지원 • 외국계 주민 지원 조례 제정 • 친정 부모 초청	• 화상 통화 인프라 구축 • 민원 24시 다국어 언어 지원, 무료 발급
고용노동부	• 외국인 상담 및 취업 알선사업 • 외국인 근로자 고용관리 및 권익 보호 • 외국인력 도입 및 송출국가 선정 • 외국인 차별 금지 및 제한적 취업 허용 정책	• 고용허가제 운영, 불법고용 대책 지원 • 고용안전센터 운영 • 여성 결혼이민자에 대한 취업지원 프로그램 • 외국인인력지원센터 운영 • 국가기술자격 외국어 필기실기시험 외국어로 국가자격시험(필기, 실기)실시

농림수산식품부	• 양육지도사 및 한국어 교사 파견 • 교육도우미를 통한 방문과 소그룹 형식의 교육 및 상담실시 • 가족 통합 지원사업	• 출산농가도우미, 농업인 영유아 양육비 지원 • 산하기관을 통한 영농교육, 생활예절 및 문화교육, 요리강습, 결연사업 추진
통일부	• 북한 이탈주민 보호결정 • 주거알선 및 생활·의료보호 • 학력인정 및 취학·편입학 지원 • 청소년의 보호 및 자립지원	• 고용지원금 지원 및 취업 보호 • 직업훈련 및 취업 연계 • 거주지 적응지원 및 지자체 지원 • 하나원 운영 및 하나센터(30개소) 지원

02

선진국의 다문화정책

선진국의 다문화정책은 근로자인 아버지를 중심으로 가족 모두에게 지원하는 이민가족정책이다. 하지만 한국의 다문화정책은 결혼이민자정책이 상당 부분을 차지한다. 선진국의 다문화정책은 크게 3개 축으로 나뉜다. ① 이민의 효과적 통제를 위한 관련 법안 정비, ② 이민자와 자녀에 대한 교육, ③ 일자리 소개와 취업교육이다.

주요 선진국의 다문화정책 담당기구는 호주·캐나다·프랑스·스웨덴·노르웨이의 경우 독립된 중앙부처로, 영국·미국·일본은 중앙부처의 하부조직으로, 독일은 위원회 조직으로 운영한다.

이 장에서는 우리보다 앞서 이민을 받아온 미국·캐나다·호주·독일·프랑스·일본의 정책을 살펴본다. 선진국의 이민정책과 다문화정책은 향후 한국 다문화정책의 발전을 위해서도 시사하는 바가 크다. 이 장은 저자가 보건복지가족부 다문화가족 과장으로 재직할 때 연구용역과제인 「전국 다문화가족실태조사」(보건복지가족부, 2009)와 「다문화가족지원센터 운영모델 및 발전방안」(보건복지가족부, 2009), 각 국가별 웹사이트에서 주로 인용했음을 밝힌다.

1 미국의 다문화정책

미국은 유럽에서 건너온 백인들이 드넓은 대륙을 개발해가는 과정에서 아프리카 흑인을 노예로 삼아 노동력을 보충했다. 그 후 아시아계와 히스패닉계 등 다양한 인종들을 이민으로 받아들였다. 2008년 미국 인구조사에 따르면 3억 980만 명의 미국인은 백인 79.8%, 히스패닉 15.4%, 흑인 12.8%, 아시아계 4.5%, 원주민 1.0% 그리고 하와이 원주민 0.2%로 구성돼 있다(U.S. Census Bureau). 1천 120만 명의 불법이민자가 전체 인구에 포함돼 있으며, 해마다 10% 정도가 영주권을 인정받고 있다. 다양한 인종의 다양한 문화가 오늘날 초강대국 미국을 발전시킨 원동력이 되고 있다. 그러나 미국의 다문화정책은 연방정부 차원에서 명확하게 확립되지 않았다.[1] 주정부 차원에서 특색있게 운영한다. 미국의 다문화정책은 주류사회로 이민자를 포함시켜 녹이는 동화주의(Assimilationism, Social Integration)에서 주류사회와 소수 민족사회를 동등한 자격으로 인정하는 문화다원주의(Cul-

[1] Multiculturalism in America, Saptakee Sengupta, 2010. 6. 5.

tural pluralism)로 변화하였다.

미국의 이민정책을 주관하는 부서는 국토안전보장부(U.S. Department of Homeland Security, DHS)이다. 2002년까지 이민국은 법무부 관할이었으나, 9·11 테러 이후 국토안전보장부를 신설하였고 그 산하에 시민권·이민청(U.S. Citizenship and Immigration Services, USCIS), 이민·관세집행청(Immigration and Customs Enforcement, ICE), 관세국경보호청(Customs and Border Protection, CBP)에서 이민·귀화·통합 업무을 담당하고 있다. 시민권·이민청은 시민권 부여와 외국인의 체류를 관리하며, 외국인에게 유용한 정보를 제공하고, 이민과 시민권 취득에서 오는 혜택을 부여하고 있다. 이민·관세집행청은 연방정부 내 두 번째로 큰 수사기관으로 국경관리, 세관, 무역, 이민을 관장하는 민사·형사 등의 연방 법률을 집행한다. 관세·국경보호청은 출입국심사와 세관, 검역을 담당한다. 국제 테러범과 무기 유입 방지 등이 최우선 업무이다.

미국의 다문화정책은 이민자의 합법성 여부에 따라 다르게 시행되고 있다. 합법적 이민자는 공적 사회복지 서비스 혜택을 모두 받을 수 있도록 한다. 반대로 불법체류 노동자 가족은 정부가 제공하는 공식적 서비스를 받는 것은 불가능하다. 이민신청자는 비자를 신청할 때 미국에 도착한 뒤 '공공부조(Public Assistance)'를 받지 않겠다고 진술했음에도 불구하고 예상하지 못한 일로 공공부조를 받게 됐을 경우에는 비자신청 시에 재정보증을 선 사람이 공공부조에 해당되는 금액만큼 국가에 변상해야 한다.

특기할 만한 것은 '이민자를 위한 현금보조 프로그램(Cash Assistance Program for Immigrants, CAPI)'이다. 생활보조금 혜택을 받지 못하는 65세 이상 합법 이민자와 영주권자 그리고 장애인 등에게 제공하는 프로그램이다. 수혜액은 2010년 현재 한 달에 802달러이며, 부부인 경우 1,417달러까지 받을 수 있다.

이민자는 언어교육의 경우 대부분의 학교에서 운영되는 긴급 프로그램(Emergency Program)을 통해 처음에는 영어와 자국어의 비율을 10대90으로 배우게 된다. 영어능력이 좀 더 향상되면 20대80, 30대70으로 영어 비율을 높여간다. 학교에서 긴급 프로그램이 운영되지 않을 경우 방과 후 교실에서 별도로 위와 같은 방식으로 교육을 받을 수 있다. 여기에 투입되는 교사는 교사자격이 있는 현지 이민자를 활용하거나, 이민자의 모국어가 가능한 미국인을 활용한다. 교육 시 영어의 진도를 재촉하지 않으며 이민자 모국어의 소중함을 강조하는 교육을 실시한다.

또 영어를 외국어로 하는 이른바 ESL프로그램(English as a Second Language)을 운영하고 있다. 영어가 제2의 언어인 이민 학생들을 대상으로 학교가 제공하는 영어 기본 프로그램이다. 맨 처음에는 영어능력시험을 통해서 어느 정도 수준인지를 결정하고 거기에 맞는 ESL반으로 가게 된다. 일정 기간 수업을 마치면 성적을 측정한 후, 그 다음 수준으로 넘어간다. 영어에 자신이 생기게 되고 ESL 담당 선생님의 동의를 얻으면 일반 영어교실로 가게 된다. 이민 온 학생이 많은 경우에는 영어를 못하는 학생들을 위해 역사, 사회 등 몇 가지 과목은 ESL 과정으로 진행한다.

학생의 교육의 성과를 높이기 위해 제안한 법이 NCLB법(The No Child Left Behind Act of 2001)이다(Wikipedia). '학력취약 아동 발생 방지법' 정도로 번역될 수 있는 이 법은 교육성취도가 낮거나, 소외계층, 소수민족, 이민자 학생 등이 각 주가 정한 학업성취 기준을 달성하기 위한 목적이 있다. 특히 이민자 교육 프로그램(Even Starts Program)은 이민온 부모와 자녀에게 함께 읽고, 쓰기를 교육시켜 기초 영어교육을 지원하는 프로그램이다. 그러나 2009년 5월 오바마 대통령이 이 프로그램에 너무 많이 예산이 들어간다는 이유로 프로그램의 폐지를 주장하고 있으나 아직 그대로 예산지원이 이뤄지고 있다(Washington Post, 2009. 5. 7). 성인의 경우에는 이민자지원센터 등 자원봉사기관에서 활동하는 먼저 온 자국 이민자가 언어와 미국시민의 이해, 생활에 필요한 다양한 정보를 지원한다.

한편, 미국의 국제결혼중개업자는 18세 이하 미성년은 소개를 할 수 없다. 중개업자는 고객의 동의하에 범죄 경력, 결혼 경력, 18세 이하의 자녀가 있는지 여부, 18세 이후에 거주했던 나라, 지역에 대한 정보, 성범죄 등에 대해 조사하고 상대에게 알려줘야 한다.

미국 교육체계의 특징은 주정부마다 다른 교육체계와 법령을 가지고 있고, 이민자의 특성에 따라 다문화 교육과정이 다르다는 점이다. 이처럼 미국은 사적 영역에서 다양한 소수집단의 적응과 문화존중을 강조한다.

관련 사이트: http://www.uscis.gov/portal/site/uscis

2 캐나다의 다문화정책

캐나다를 구성하는 43개 민족 가운데 잉글랜드가 21%로 가장 많고 프랑스 15.8%, 스코틀랜드 15.2%, 중국은 4%를 차지하고 있다. 2006년 인구조사에 따르면 캐나다 인구는 3,161만 명으로 2001년보다 5.4% 증가했다. 이는 이민자 수용정책에 따른 것으로 분석된다. 이민자는 506만 명으로 전체의 16.2%를 차지한다. 이민자는 2001년부터 2006년 사이에 27.2%나 증가했다. 더욱이 2017년이면 2배로 늘어날 전망이다. 2007년을 기준으로 캐나다인 5명 가운데 1명은 캐나다 밖에서 태어났다. 새로운 이민의 60%가 아시아권인 점도 특기할 만하다. 경제정책과 가족 재통합정책 그리고 난민수용정책에 따른 것으로 보인다. 이민자들은 토론토와 밴쿠버, 몬트리올 등에 정착하고 있다(Wikipedia).

1988년 캐나다사회에 문화적 다양성을 정착시키고 공식화하는 『캐나다 다문화주의 법(Canadian Multiculturalism Act)』을 제정하였다.[2] 캐나다의 이민정책과 다문정책을 담당하는 부처는 시민권·이민부(Citizenship and Immigration Canada, CIC)다. 부처 명칭은 시민권·이민부이지만 장관에 대한 호칭은 시민권·이민·다문화주의 장관(Minister of Citizenship, Immigration and Multiculturalism)이다.

시민권·이민부(CIC)는 이민정책 수립과 집행, 외국인 출입국 관리정책 수립과 관리, 연간 이민자 수의 설정, 이민 자격요건 설정과 이민허가, 신규 이민자 통합, 시민권 부여 등의 기능을 담당한다. 다문화정책을 담당하는 부서는 시민성·문화유산부·문화부로 공식어 교육, 소수민족 문화지원, 시민통합 강화 등의 일을 수행하고 있다. 다양한 민족의 사회통합을 위해 문화유산부의 주도 아래 20여 개의 산하단체와 25개의 지역본부를 통해

[2] Text at the Department of Justice Canada website.

조직적으로 다문화주의 정책을 펴고 있다.

캐나다에서는 이민자를 위한 대표적인 서비스로 신규 이민자 언어교육(LINC)이 있다. 수강자격은 17세 이상의 이민자와 난민으로 한정하며 수강자에게는 대중교통 비용과 탁아 서비스가 제공된다. 1단계는 이민자의 영어능력 평가 후 영어 수준에 따라 영어강습 운영기관을 결정하고, 2단계에서는 이민자 언어교육을 위해 각 지역에 연결된 민간단체, 비영리단체 등이 실질적으로 교육을 운영하도록 하고 있다.

SWIS(Settlement Worker in Schools)는 학령기 자녀가 있는 신규 이민자 학생의 가족을 체계적으로 접촉하여 교육제와 지역에 대한 오리엔테이션을 실시하고 필요한 서비스를 연결하는 정착지원 서비스다. 16~24시간의 과정으로 구성된 취업 워크숍 등도 함께 시행되고 있다. 이와 함께 학교교육이나 운영에서 다문화가족과 자녀들을 지원하는 제도들이 다양하게 시도되고 있다. 고등학교까지 영어, 불어, 제3외국어를 같이 사용하도록 하여 소수민족의 언어사용을 권장하고 있다.

학교 교사들에게 다문화교육을 이수하도록 하고 있으며 학생들에게는 반차별, 반편견 프로그램 개발을 지원하고 있다. 학교에서도 지역사회 공동체와 협력하여 이민자 적응과 정착 프로그램을 실시하고 있다.

새로운 이민자의 정착과 적응 프로그램(ISAP)은 입국 전후 오리엔테이션, 통번역 서비스, 지역공동체 자원 이용에 대한 안내, 상담, 생활정보 서비스 제공 등을 목표로 한다. 신규 이민자 정보센터(NIC: Newcomer Information Centre)는 신규 이민자가 필요로 하는 정착에 필요한 모든 내용과 전화, 팩스, 컴퓨터 복사기 등 정보서비스에 쉽게 접근할 수 있는 원스톱

표 3 캐나다의 다문화가족지원 기타 서비스

목 적	내 용
Canadian contents 형성, 확산	• TV, 음악, 영화, 스포츠 분양에서 문화적 다양성과 접근의 수월성 증진 프로그램 • 스포츠 산업 지원 강화 프로그램
문화적 표현과 참여증진	• 인터넷, 디지털경제와 문화컨텐츠 지원 • Creating Canada together • 전통 문화유상 유지, 보존 프로그램, 문화기구 후원 및 투자, 문화산업 지원 • 국제협력 네트워크 구축
캐나다 문화유산 보존	• 캐나다 문화유산보존협회 지원 • 원주민 언어문화의 보존과 유지
캐나다 문화적 삶의 접근성과 참여증진	• 지역사회의 예술지원 프로그램 • 인터넷을 통한 다양한 캐나다 문화의 유지 전승과 접근성 향상 • Canada virtual museum 홈페이지 구축 • 박물관 지원 프로그램 • 순환 전시회에 대한 재정지원 프로그램 • 캐나다 문화유산보존협회 주관 다양한 민족의 교통수단 전시회
문화간 이해증진	• 이중 언어 교육 프로그램 • 교육부 주정부 각 지역단체와의 협력을 통한 공용어 교육 강화
지역발전 증진	• 원주민 커뮤니티의 발전을 위한 협력적 파트너십 강화 • 원주민사회와 정부 간의 유기적 상호소통 • 연방정부, 주정부, 민간단체, 소수민족커뮤니티 간의 상호 협력과 교류강화 • 캐나다의 다양성과 문화, 역사와 성취, 캐나다적 가치를 함양하고 축하하는 프로그램
지역, 공동체 사회 참여 증진	• 다양한 소수집단의 적극적 사회참여를 위한 지원 • 모두를 위한 캐나다; 반차별 Action plan • 원주민 여성, 청소년을 위한 문화정체성 프로그램 • 캐나다의 역사적 문화다양성과 캐나다적 가치를 환영하는 축하행사, 학습 프로그램 • 해외국 주최 세계 프로그램 참여

자료: 「다문화가족센터 운영모델연구」, 보건복지가족부, 2009.

해결책을 제공하는 창구다.

또 자원봉사자가 호스트로서 신규 이민자의 친구 또는 도우미 역할을 하여 지역사회나 풍습을 소개하고 언어연습 상대가 되어주기도 하며, 취업을 촉진할 수 있는 인맥형성이나 커뮤니티 참여 등을 지원한다.

그리고 연방정부 또는 지방정부는 각 지역의 이민자 서비스 단체를 대상으로 상호작용 다문화프로그램을 공모를 통해 선정하고, 장기적으로 재정지원을 한다. 이에 대한 프로그램 내용으로는 정착을 위한 정보 제공, 사회복지 서비스, 각종 교육과 훈련, 취업멘토링, 취업지원, 학교와 도서관 이용 관련서비스, 통번역, 사회적 교류, 보건, 훈련 프로그램, 자원봉사, 시설(컴퓨터, 인터넷, 전화 등) 이용정보 제공 등이 있다.

관련 사이트: http://www.cic.gc.ca/English/multiculturalism/index.asp

3 호주의 다문화정책

다문화가족지원정책을 살피면서 주목해야 할 나라는 호주다. 우리의 이민도 점차 늘고 있지만 호주가 자국의 발전정책으로 이민정책을 개방적으로 취하고 있기 때문이다. 호주는 해마다 20만 명에 가까운 외국인을 이민으로 받고 있다. 이는 호주의 인구증가율 1.5%의 절반에 가까운 것이다. 호주가 이처럼 이민정책에 적극적으로 나선 것은 1973년부터다. 200여 개 나라에서 온 이민자들이 호주의 평화롭고 안정된 자유민주주의 사회건설을 위해 기여하고 있다. 호주 인구의 4분의 1이 해외에서 태어났고 이 가운데 2백만 명이 비영어권 출신이다.

호주의 사회통합정책은 내국인의 통합과 단결을 도모하기 위한 백호주의정책(The White Australia Policy)에서 이민자들을 수용하기 위한 다문화정책으로 변화하였다(White Australia policy, Wikipedia). 백호주의는 1901년 이민제한법(The Immigration Restriction Act)에서 비롯된다. 금광 개발 경쟁, 노사분규, 호주 민족주의 등으로 이민을 제한하다가 제2차 세계대전으로 한층 백호주의가 강화됐다.

그러나 자국 인구증가율이 둔화되면서 비영국계 이민의 증가, 영국과의 관계 변화, 아시아권과의 경제적 교류 증대 등으로 다문화정책을 도입하게 됐다. 호주는 1975년 인종차별금지법(The 1975 Racial Discrimination Act)을 제정해 공적 영역에서 인종차별을 금지하는 기준을 마련했다. 다문화정책은 문화적 다양성을 인정하는 토대 위에서 사회통합을 꾀하고 있다.

이는 1978년 갈볼리(Galbally) 보고서에서 구체적으로 제시하고 있다. 보고서는 다음과 같은 4가지 원칙을 담고 있다. ① 동등한 기회보장과 공적 서비스에 대한 공평한 접근보장이다. ② 모든 사람은 편견 없이 자신의 문화를 보유할 수 있어야 한다. ③ 이민자들에게는 특별한 서비스와 프로그램이 마련돼야 한다. ④ 이러한 프로그램과 서비스는 당사자들의 협의를 통해서 입안되고 운영돼야 한다는 것이다.

다문화정책은 1973년 이민부 장관의 「미래를 위한 다문화사회」 연설을 시작으로 주요한 정책순위로 자리 잡게 됐으며, 갈볼리 보고서를 바탕으로 한 '이민자를 위한 정부 서비스와 프로그램'을 통해 최초로 제시됐다. 1979년 호주 다문화위원회(AIMA)를 구성하고, 1989년 정부는 '다문화 호주를 위한 국가 아젠다'를 발표했다. 다문화정책의 추진주체는 연방정부와 주정부, 그리고 시민사회와 비정부기구로 이뤄지며 연방정부와 지역단체와의 연계를 통한 협력 프로젝트가 다수 존재한다. 다문화정책을 총괄하는 부처는 연방정부의 이민·시민권부(Department of Immigration and Citizenship, DIAC)로 이주·시민권 장관(Minister for Immigration and Citizenship) 산하에 이주·시민권부와 이주심사재판소(Migration Review Tribunal, MRT), 이민심사재판소(Refugee Review Tribunal, RRT)가 소속되어 있다

호주의 다문화정책은 시민적 의무, 상호 존중, 상호 공평성, 공동이익 추구를 바탕으로 조화로운 삶, 즉 Living in Harmony 프로그램, 파트너십 프로그램, 공동체 지원 프로그램, 국제행동 계획 프로그램 등을 시행하고 있다. Living in Harmony 프로그램은 인종, 종교, 문화적 차이를 쟁점으로 삼고 사회통합을 추구하는 것이다. 1999년 이후 현재 388개의 지역사회 프로젝트, 49개 협력사업, 9개 주요 프로그램을 실시하고 있다. 해마다 3월 21일을 Harmony Day로 정하고 지역 다문화 커뮤니티와 학교를 통해 다문화 행사를 열도록 장려하고 있다. 파트너십 프로그램은 Living in Harmony의 일부로 이민 시민권부와 지역단체들이 연계해 호주적 가치함양, 상호 존중과 사회참여를 지역적·국가적으로 확산시키는 프로그램이다.

또 사회복지, 의료, 법률 서비스 등 정부의 주요 정책과 행정서비스 등도 다국어 온라인 서비스나 책자를 통해 안내된다. 비영어권 이민자들의 영어교육을 위해 호주정부는 해마다 보조금을 지원하고 있다. 이민자 자녀들이 초등학교 입학 전에 영어를 배울 수 있도록 하기 위해 해마다 3만 호주 달러를 보조한다. 성인들의 영어교육을 위해 지역커뮤니티 센터와 개별 직장

을 통해 부가적으로 재정지원을 한다. 이와 함께 지역의 공공박물관과 도서관에 다문화권의 도서와 문화관련 자료, 물품 등을 제공하도록 정부가 지원하고 있다.

특히 2006~2007년도 연간보고서에 따르면 다문화정책은 정착지원 서비스, 언어지원 서비스, 호주 시민권 정책, 문화적 다양성 증진정책 등 4가지로 시행되고 있다. 언어 지원 서비스는 성인 이민자 영어교육 프로그램, 무료 통번역 서비스, 문자번역, 전화와 온라인 번역 등의 서비스가 실시되고 있다. 연방정부와 지방정부는 전문 통역자를 두고 100여 개 나라의 언어로 통번역 서비스를 제공하고 있다. 학교는 이민온 학생이 모국어 유지와 발달을 위한 이중언어 교육프로그램 개발과 모국어 교육에 초점을 맞추고 있었다.

관련 사이트: www.immi.gov.au

4 독일의 다문화정책

2010년 남아공 월드컵 축구 대회에서 독일 대표팀은 컴퓨터같은 조직력으로 연승가도를 달렸다. 이 같은 독일의 승리 배경에는 다문화 코드가 숨겨져 있었다(조선일보, Weekly BIZ, 2010. 7. 10). 23명의 대표팀 가운데 11명이 이주노동자(Gastarbeiter) 가정 출신의 선수들이다.

폴란드, 터키, 가나, 브라질, 튀니지계 등 인종도 다양하다. 독일 언론들은 이들을 'M세대(Multicultural Generation, 다문화 세대)'라고 부른다. 게르만 축구를 버리고 다문화 축구로 변신하여 유전자의 변화를 일궈냈다는 의미다. 1990년대 후반까지 독일의 이민정책은 국내의 외국인 수를 줄이는 데 암묵적인 목적이 있다. 독일의 통합정책은 다문화주의가 지향하는 '다원적 통합'과는 거리가 있으며, 주류, 즉 자국문화로 편입하는 정책을 쓰고 있다.

2006년 독일 인구의 19%인 1,530만 명이 외국인이거나 이주배경을 가진 인구다. 독일정부와 사회의 직접적 인정과 무관하게 독일사회의 다문화화가 오래 전부터 진행된 것을 알게 해준다. 독일 GNP의 10%가 외국인들과 이주배경을 가진 독일인들에 의해 창출된다고 한다.

독일에 거주하는 외국인은 터키 출신이 25.8%로 가장 많고, 이탈리아 7.9%, 세르비아 7.1% 폴란드 5.4% 순으로 집계된다. 아시아계의 경우 우리나라 출신의 광부를 비롯해 베트남과 중국이 주류를 이룬다. 독일은 외국인을 일시적으로 거주하는 이방인이라는 인식 아래 외국인의 수용과 통합은 크게 고려하지 않았다.

그러나 2005년 1월 1천5백만 명의 이민자들과 그 가족들에 대한 패러다임 변화를 위해 『새로운 이민법안(A New Immigration Act, ZWG)』을 시행함으로써 독일에서 출생한 외국인 자녀가 독일 시민권을 취득할 수 있게 하는 출생지주의를 채택하고 있다. 오랫동안 고수되어 온 혈통주의 대신 거주중심의 통합이 시작된 것이다.

연방내무부는 이민·난민·통합정책의 주무부처이다. 산하에 연방이민난민청과 연방행정청이 있다. 여기에서는 이주민의 초기 지원, 사회복지상담 업무조직, 외국인 여성의 통합을 위한 강좌 지원, 유럽난민기금에 의해 난민수용과 귀국, 언어 강사와 매체 향상 지원을 추진하고 있다. 연방노동·사회부는 이주민에 관련해서는 이주민의 노동시장 편입방안, 직업자격 획득을 주 업무로 담당하고 있다. 실업문제 해결의 근본적인 대책은 교육을 통해 능력을 전체적으로 향상시키는 것이며 특히 2세들을 중심으로 언어교육에 힘쓰고 있다. 그 외 직업 재교육, 모국에서 획득한 직업자격증 인정을 위한 향상교육, 특별고용정책(장기실업자, 점프플러스를 위한 일자리 제공)이 실시되고 있다. 연방교육·연구부에서는 대졸자 대상의 자격 향상, 취업관련 지원, 학술연구자 프로그램을 지원하고 있다.

독일은 통합강좌와 이주민 상담 서비스, 정보 서비스 등 통합프로그램과 다문화가족 자녀의 양육과 교육 지원사업을 펼친다. 초기 오리엔테이션 서비스로서 독일 안내서의 독일어와 자국어로 발간 배포, 일상생활에서 필요한 정보제공(30~50시간), 교육 중 탁아서비스를 제공하고 있다. 오리엔테이션 강좌는 독일의 법질서, 문화와 역사 강좌, 600시간의 독일어와 독일문화 교육 실시, 독일어(30시간)로 진행되며 구술이나 필기시험을 실시하고 있다. 초기 오리엔테이션은 모국어로 된 공공교통시설 이용, 공공기관 이용, 주택임대, 재정적 지원, 학교와 직업 소개, 독일의 정치, 사회구조에 관한 정보를 제공한다. 그 외 이주민 직업훈련 특별 프로그램, 통합강좌(언어 총 600시간)와 오리엔테이션(30시간)으로 구성해 노동 이주자와 그들 가족을 대상으로 실시하고 있다.

특히 베를린시는 시내에 '일자리센터'를 12개 설치해 이민자들이 직업을 찾을 수 있도록 도와주고 있으며 독일어 교육 코스, 생활적응 교육도 함께 한다. 뿐만 아니라 비숙련 노동자의 입국을 억제하고 본국으로 돌려보내는 정책도 동시에 시행한다. 조기정착 지원을 위한 개별상담 제공, 각 주마다 기초상담실을 운영하고 있다. 또, 이민자 여성을 위한 긴급 보호시설, 이민자 출신 교사 배출 증진 등의 서비스를 제공하고 있다. 독일은 외국인 노동자와 그 가족, 이주민들도 대부분 사회복지 혜택을 주고 있다. 5대 사회보장, 즉 의료보험과 장기요양보험, 연금, 사고보험, 실업보험뿐만 아니라 사회복지 보조금, 자녀수당, 양육수당 혜택을 누리게 한다.

관련 사이트
http: //www.integration-in-deutschland.de(이민정보포털사이트)
http: //www.bamf.de(이민난민통합연방정부위원회 공식 사이트)

5 프랑스의 다문화정책

프랑스의 다문화주의는 축구 대표팀 선수를 살피면 쉽게 이해할 수 있다. 흑인 선수가 주전을 맡기도 하고 백인 선수가 많지 않아 '이 팀이 과연 프랑스의 대표팀인가' 의아한 생각을 갖게 한다. 프랑스는 18세기와 19세기 출산율 저하로 인한 노동력 부족을 충당하기 위해 외국인 노동자들을 받아들이기 시작했다. 속지주의와 속인주의를 결합한 국적법으로 외국인들을 끌어들이려 했다. 19세기 말에 이미 100만 명 이상의 외국인들이 프랑스에 거주하고 있었다.

프랑스의 이주민은 2005년을 기준으로 495만 명으로 전체 인구의 8.1%를 차지한다. 또 이주민 가정 아동의 43.5%는 국제결혼 가정의 아동이다. 프랑스 이주민은 2005년을 기준으로 아프리카 출신이 42.5%로 가장 많고,

그 다음은 유럽인들이 40.3%, 아시아 13.9% 그리고 미주는 3.5%다. 아프리카는 알제리와 모로코 출신이 대부분이며, 유럽은 포르투갈과 이탈리아, 터키, 그리고 아시아는 베트남과 캄보디아, 라오스 출신이 많다.

매년 증가하던 이민자 수는 2005년 프랑스 폭동 이후에는 감소 추세를 보이고 있다. 그 원인으로는 경제위기로 인해 외국인 노동자의 고용이 크게 감소하였고, 가족 재결합의 기준이 강화되었기 때문이다.

프랑스는 이주민의 인종·문화적 다양성을 프랑스가 추구하는 공화주의에 동화시키기 위한 정책을 펼치고 있다. 1970년대 이후 제기된 '공화국 통합모델'이 그것이다. 자유와 평등의 정신으로 대변되는 공화국의 이념에 따라 이민자를 통합하고자 하는 정책이다. 공화국의 정신은 비종교적이며, 출생지, 인종, 종교의 구분 없이 모든 시민이 법 앞에서 평등함을 보장하는 것이고 이는 프랑스 이민자 모두가 지켜야 한다고 선언했다.

프랑스의 이민정책 사회통합정책 업무는 '내무·해외영토·지방자치단체·이민부'가 사회보장청, 연대·사회통합부, 노동·고용·복지부, 국민교육·청소년·협회활동부 등과 협력관계를 유지하며 추진한다.[3] '내무·해외영토·지방자치단체·이민부' 산하에는 '이민·통합청'이 있다. 이는 지난 20여 년간 내무부, 외무부, 사회업무부, 법무부 등으로 나누어져 있던 이민정책을 하나의 부처로 통합하였다. 프랑스의 이민정책은 불법적인 이민자를 추방하고 입국을 금지시키는 것을 최우선 과제로 추진하고 있다. 또 사회통합을 위해, 언어지원, 주택지원, 교육 및 직업훈련 등을 지원한다. 뿐만

[3] 2010년 11월 이주·통합·국민정체성·협력개발부를 정부조직 개편하였다.

아니라 프랑스인으로서의 정체성을 위해 역사와 문화유산에 대해 교육하고 있으며, 공동의 가치 등을 추구하도록 요구한다. 특히 이민자 국가와의 상호협력과 이민자들이 자국의 이익을 위해 행동할 수 있도록 법적으로 보장해주고 있다.

프랑스는 2005년 무슬림 소요 사태 이후 이민자 2세 교육에 집중하고 있는데 교육환경이 열악한 지역을 'ZEP(Zone d'Education Prioritaire: 교육우선지역)'로 선정해 지원하는 것이다. ZEP는 주로 외국인과 이주민 가정이 밀집한 지역이다. ZEP에서 근무하는 교사들은 보수가 좀 더 높고 근무여건도 좋은 편이다.

한편, 프랑스는 2006년 법률 제정 이후 선택적 이민체제로 돌아서면서 폐쇄적인 이민정책으로 패러다임을 전환하였다. 이민자들이 국적취득 수단으로 쉽게 이용해 온 국제결혼제도와 가족재결합제도를 손질하고, 국적취득의 자격요건을 강화하고 위장결혼에 대한 강제조사도 강화하였다.

그리고 프랑스 시민에게 제공하는 사회보장 혜택을 이주민에게도 보장한다. 연금과 유족연금, 실업보험, 장애인 보험, 산재보험, 실업보험, 출산수당 등의 혜택을 누릴 수 있다. 그러나 합법적 체류라는 조건과 세부적으로 장기 체류허가를 받은 이주민에게만 적용되는 것이다. 불법으로 체류하는 경우 사회보장에서 제외되며, 예외적으로 산업재해 등 직무와 관련해서는 일부 인정을 받는다. 프랑스 중앙정부는 원칙적으로 동화주의정책을 유지하고 지방정부와 현장에서는 다문화주의 원칙과 조례를 채택해 운영하고 있다. 프랑스는 국립외국인유입이민청에서 이민자의 프랑스어 수준을 평가해 일정 수준 이상이면 이민자들에게 '언어교육 면제증명서'를 발부하고 그렇지 않은 이민자들은 '프랑스어 기초 자격증'을 취득하도록 규정하고 있다.

사회통합 교육 이수 의무화 프로그램으로 유입통합 계약서비스를 제공하고 있다. 사회통합을 위한 교육은 프랑스 사회에 대한 인식과 기본적인 법률지식, 이민자들의 권리, 언어에 관한 내용이다. 사회통합 프로그램 시행절차는 비디오시청 → 자료제공 → 건강진단 → 프랑스어 시험 순으로 이뤄진다. 언어시험에 합격하면 합격증을 교부해 체류허가 신청서를 제출하도록 하고 있다. 시험에 합격하지 못하는 경우 프랑스어 교육을 받도록 하고 있다.

이때 교육비는 무료이며 최대 400시간까지이고, 교육은 시·도·읍·면에 위치한 기관에서 이뤄진다. 교육 내용은 프랑스 제도와 프랑스 사회의 가치(견해의 자유, 신앙의 자유, 표현의 자유), 평등기본법, 세제, 사회보장 관련된 기본법, 정치참여, 국적취득 등이다. 언어교육은 정부의 예산지원을 받고 지자체의 교육기관이나 민간단체에서 실시하고 있다.

관련 사이트: www.immi.gov.au

6 일본의 다문화정책

일본의 인구는 2011년 7월 기준으로 1억 2천6백만 명이다. 일본에 체류하는 외국인은 190만 명으로 인구의 1.5%이다. 이들 중 32%가 한국인이고, 24%는 중국인 또는 대만인, 14%는 브라질, 2.5%는 미국인이다, 불법체류자는 25만 명 정도로 추정하고 있다. 소수민족으로 가장 큰 집단은 재일 한국인으로 65만 명 정도가 거주하고 있다, 외국인 거주자의 절반인 100만 명이 외국인 노동자이며, 일본의 출산율 저하와 노동력 부족으로 앞으로도 외국인 노동자는 꾸준히 늘어날 것으로 보인다. 일본의 이민정책은 입국과 체류 관리 정도이며, 체계적인 사회통합정책은 없다고 말해도 무리는 아닌 것 같다. 또 이민자정책은 사회통합이라는 차원이 아닌 사회복지정책의 차원에서 이루어지고 있으며, 지원의 주체도 정부나 광역 시도가 아닌, 기초 지자체인 시군구를 중심으로 이루어지고 있다.

일본의 다문화정책의 역사를 보면 1980년대 가나가와현의 종합계획을 시작으로 지방자치단체와 비영리단체(NPO)를 중심으로 이민자의 사회적응교육을 강화하고 있다.

일본의 다문화정책을 추진하는 부서는 2009년 1월 내각부 산하에 신설된 '정주 외국인 시책 추진실'이다. 이곳은 정주 외국인 시책의 추진에 필요한 기획, 입안 및 종합조정, 조율에 관한 업무를 실시하고 있다. 일본 중앙정부의 다문화 공생정책은 차이의 인정, 상호 존중에서 소극적이고 선언적인 입장으로 언어문제 지원을 위한 사업과 행정서비스 개선 수준 정도에서 제공되고 있다.

일본의 중앙정부의 다문화 공생정책의 대표적인 플랜은 2006년도 총무성의 '지역에서의 다문화공생추진플랜'을 말할 수 있다. 그 내용은 첫째, 외국인 주민을 받아들이는 주체는 지방자치단체다. 그래서 주체인 지방자치단체에서 입국한 외국인에게 서비스를 제공해야 한다. 둘째, 외국인 주민의 인권보장이다. 지방자치단체는 국제인권규약, 인종 차별철폐조약 등을 이행해야 한다. 셋째, 지역의 활성화다. 지역산업과 경제발전은 지역을 넘어 세계로 발전해야 한다. 넷째, 주민의 다문화 이해 증진이다. 다른 문화끼리의 소통으로 능력 있는 인적 자원을 육성한다. 다섯째, 유니버설 마을 만들기 추진이다. 국적과 민족이 다른 사람들끼리 대등한 관계를 유지하고 국제적 도시를 만드는 것이다.*

이처럼 일본의 다문화 공생정책은 지자체 사업이라는 기조가 지배적이다. 지자체를 중심으로 실시된 다문화 공생추진 시책안은 커뮤니케이션 지원, 거주, 교육, 노동환경, 의료, 보건, 복지, 방재 등의 생활지원, 다문화 공생지역 만들기, 다문화 공생추진체계 정비 4개 영역으로 구성돼 있다.

지방자치단체에서는 공민관과 국제교류센터를 설치하고 관련 서비스를 제공하고 있으며, 각 현에서는 지침이나 계획을 책정하고 도나 현 전체의 사회자원 등을 조사하고. 시·군·구에서는 외국인에게 직접적 서비스를 제공하고 있다. 한국인이 다수 거주하는 지역인 가와사키시의 경우 한일공생을 위한 교류센터가 설립되고 1991년 국제정책 추진 플랜을 계획하고, 1996년 조례를 제정하여 외국인 시민대표자회를 설치하여 운영하고 있다. 2005년 들어 인권존중, 사회참가 촉진, 자립지원을 기본이념으로 다문화정책을 실시하고 있다.

- 도요타시: 일본어학술지원기금으로 7억 엔을 조성하기로 하고 기업들을 대상으로 모금활동을 시작하혔다. 이 돈은 30여 개 비영리단체와 16개 브라질계 학교 지원에 쓰일 계획이다.
- 가나가와현: 일본 최초로 1998년 11월 외국적 현민 가나가와 회의를

설치하여 지방정부에 외국인 주민의 애로사항과 건의사항을 전달하고 있다.

- 아이치현: 외국인 주민의 생활문제를 해결하기 위하여 다문화사회복지사 제도를 운영하고 있다(신재근, 2009).
- 오사카시: 재일 한국인, 조선인이 가장 많은 곳으로 1992년 국제화 추진 지침과 1998년 다른 나라 국적의 주민 시책을 마련하고, 다문화 사회 실현, 지역사회 참가 등을 정책에 반영하고 있다.
- 하마마쓰시: '커낼 하마마쓰'라는 웹사이트를 통해 영어, 포르투갈어로 거주 외국인을 위해 정보를 제공하고 있다.

다문화 공생 프로그램으로는 일본어 교육을 실시하는 한편 지역 내 정보를 제공하고, 외국인 지원 프로그램을 실시하며 시민과 외국인 대상의 타문화 이해 강좌를 개설하고 있다. 외국인 지원센터의 네크워크 추진, 국제생활 Q&A, 영문 생활가이드 제작 등을 통해 가이드라인을 제시하고 있다. 커뮤니케이션 지원정책은 지역정보의 다언어화, 외국인의 일본어 학습과 일본사회 학습을 지원하고 행정정보를 다중언어로 제공하는 것이다.

다문화 공생지역 만들기 서비스는 외국인이 많이 거주하는 지역에서 문화와 역사의 차이에 대한 이해를 촉진시키고 지역사회의 주민으로 살아갈 수 있는 다양한 교류활동을 펼치고 있으며 다양한 축제와 프로그램을 개발 실시하는 것이다.

생활지원정책은 거주, 교육, 노동환경, 의료, 복지 등 일상생활 전반의 문제를 다루고 있다. 특히 교육영역에서 외국인에게 일본어 학습지원, 진로지도와 취업지원, 국제이해 교육 등을 지원한다. 또 외국인 학생을 위해서 다문화가정에 학습도우미를 배치하여 교육지원을 실시하고 있다. 지역교류센터에서는 지역생활정보의 단어 가이드북 발행, 외국인 관련법과 제도의 전문적인 통역과 상담서비스를 제공하고 있다.

이와 함께 합법적으로 체류하는 외국인에게 의료보험, 노인요양보험, 공적연금, 고용보험, 산업재해보험 등의 사회보장제도를 일본 자국민과 동일하게 적용하고 있다. 저소득층에 대한 공공부조는 일반적으로 외국인의 수급권을 인정하지 않고 있다. 또 일본에서 사는 실직한 브라질인을 대상으로 '귀국지원금'을 지원하고 있다. 그러나 브라질로 떠나는 대신 다시는 일본으로 돌아오지 않는 조건이라 희망자는 소수다.

관련 사이트

내각부 공생사회정책통괄부 정주외국인시책 사이트:
http: //www8. cao.go.jp/teiju/index.html

정주외국인시책 포털사이트:
http: //www8.cao.go.jp/teiju-portal/eng/sitemap/index.html

PART 6

개방성과 수용성, 관용이 필요하다

01

다문화가족의 편익과 비용

한국은 외국인 근로자 없이는 지금과 같은 산업구조를 유지하기 어렵게 되어가고 있다. 출산율은 세계에서 가장 낮고, 고령화는 세계에서 가장 빠르게 진행되기 때문이다. 강성원(2010)에 의하면 OECD 선진국의 경우 65세 이상 인구 비중이 1% 높아지면 경제성장률이 0.32% 낮아진다고 한다. 한국은 노동인력의 감소로 인해 2020년까지 70만~140만 명의 노동력 인력 수급 불일치가 있을 것으로 추정되고 있다. 일하는 인구가 없어진다는 것은 노인 부양 부담이 늘어 재정이 고갈되고, 저축이 줄어 투자재원이 바닥나게 되는 것을 뜻한다. 이는 결국 성장 잠재력을 저하시키게 된다. 또 연금과 세금 부담을 두고 세대 간 갈등이 심화된다. 노동인력이 감소하면 외국인 노동력 유입이 불가피하다.

이민자들은 생산과 소비에 기여하지만, 반대로 정주하는 순간부터 민족,

종교 갈등과 공공부조 등의 사회적 비용을 부담하게 한다. 이 장에서는 다문화가족이 한국에 미치는 긍정적인 효과와 부정적인 요인을 분석하고, 선진국의 사례를 비교해보기로 한다.

1 출산과 노동력, 다양성에 기여

세계적으로 저출산·고령화는 심각한 문제다. 한국의 2009년 합계출산율은 1.15명으로 2008년의 1.19명에 이어 또다시 떨어졌다. 부부가 결혼해서 2.1명의 자녀를 낳아야 인구학적으로 같은 인구를 유지하는 것이다. 여기에서 2명이 아니라 2.1명인 것은 교통사고, 질병 등으로 인한 사망자를 포함한 수다. 그러나 1.15명이라는 합계 출산율은 한 세대가 지날 때마다 그 세대 인구가 반 가깝게 줄어든다는 것을 의미한다.

다문화자녀는 151,154명이다. 결혼이민자와 한국인 사이에 낳은 자녀의 수는 126,317명이다.[1] 결혼이민자 부부 211,458쌍이 한 자녀 이상은 출산했을 것같지만 그것은 오해다. 그들의 35% 정도가 재혼이라 이미 전 배우자와의 사이에서 출생한 자녀가 있다.

특히 남편과 나이 차이가 너무 많고 소득이 낮다. 뿐만 아니라 결혼의 진정성이 결여된 가정에서는 출산을 기피한다.

하지만 자녀를 원하는 부부는 결혼이민자 나이가 20대 초반이기 때문에

[1] 「지방자치단체 외국계주민현황조사」, 행정안전부, 2011. 6(2011. 1월 기준).

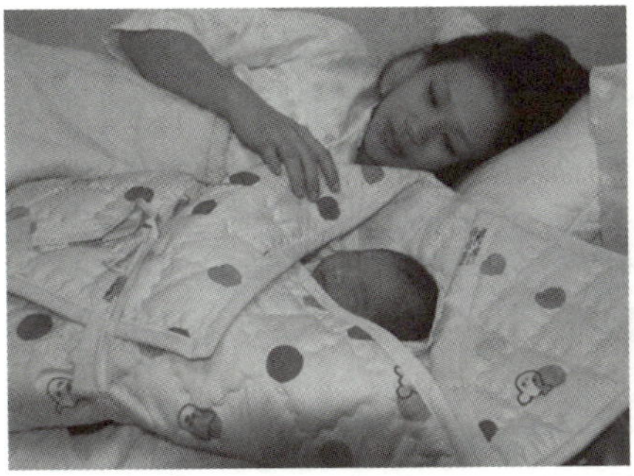
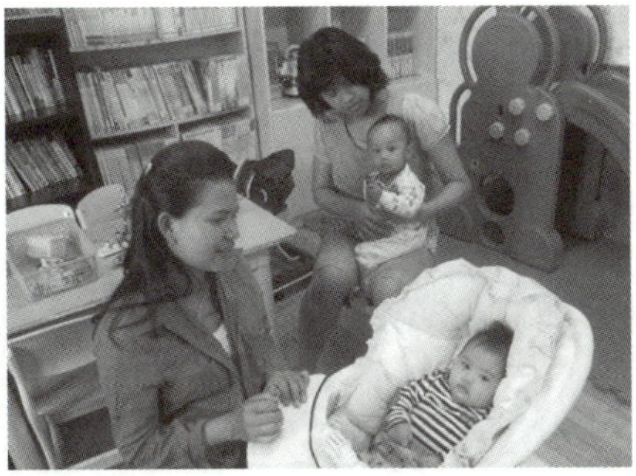

▲ 결혼이민자의 출산은 인구 증가라는 차원에서도 긍정적이다.

곧 바로 임신한다. 20대 초반에 자녀를 낳으면 산모가 젊기 때문에 둘째 아이를 또 낳을 확률이 많아진다. 결혼이민자가 출산에 기여하는 것은 부족한 노동력을 충당하여 경제성장으로 이어진다. 또 다문화자녀가 태아 때부터 엄마나라의 감수성을 전수받아 이중언어를 사용할 수 있도록 교육시킨다면 글로벌 인재로 성장할 수 있다. 한국에 이민 온 단순기술을 보유한 외국인 노동력보다는 다문화자녀의 노동력이 훨씬 사회에 부담이 덜 되고 사회통합에 유리하다.

결혼이민자들은 한국의 농촌사회에 기여하는 바도 크다. 2005년에서 2010년까지 농림어업에 종사하는 남성 10명 중 4명이 외국인과 결혼했다. 결혼이민자가 들어옴으로써 결혼 못한 남자가 가족을 형성하고, 시부모의 입장에서도 자신을 부양할 며느리가 들어오는 것이 안심될 것이다.

농촌에서 대가족으로 살던 노인들은 자녀와 친척들이 모두 도시로 떠난 후 외롭게 살고 있었다. 최근 동네에 젊은 여성이 들어와 말벗이 되고, 오가며 인정을 나눈다. 더욱이 오랫동안 볼 수 없던 아이들이 이쁜 짓하는 것을 보면 이제 '사람 사는 맛'이 난다. 소외와 상실에서 새로운 '관계 맺기'

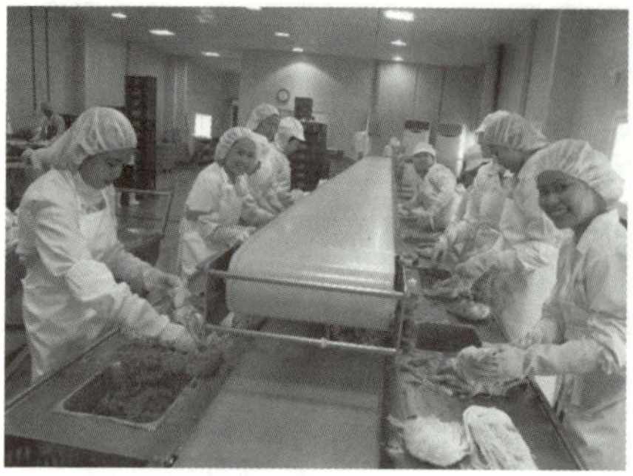 

▲ 결혼이민 여성들이 단순 일자리와 농촌 일자리에 큰 몫을 하고 있다.

는 돈으로 환산할 수 없는 가치다. 폐교 위기에 있던 학교는 다문화자녀들이 뛰어놀고 있다. 농촌 인구는 대다수가 65세 이상 노인이다. 사실상 농촌의 부족한 노동력을 이민자 여성이 채우고 있어 버려진 농토는 윤기를 되찾고 있다.

앞으로 고령으로 인한 노동력의 한계로 농촌의 주도권은 다문화 부부에게 넘어갈 것이다. 또 부부의 연령차로 머지않아 미래 농촌의 주인공은 이민자 여성이 될 날이 올 것이다. 또 제조업 등 단순생산직에도 이민자 여성들의 노동력이 투입되고 있다.

한편, 외국인 근로자와 해외동포는 한국에 입국한 지 3년 또는 5년 만에 한국을 떠나게 된다. 이들도 한국에 체류하는 동안은 한국인이 기피하는 직종에 생산에 참여하고 그들의 임금에서 세금을 낸다. 만일 외국인 근로자가 없다면 3D업종의 중소기업은 내국인 근로자를 채용해야 한다. 그러면 고용주는 내국인에게 훨씬 많은 임금을 지불해야 하고, 임금 상승분을 충당해야 하는 고용주는 상품의 가격을 올릴 수밖에 없다. 그나마 임금을 올려도 내국인이 기피하는 화학약품, 염색공장, 농축산·수산업은 문을 닫을 위기까지 갈 수 있다. 외국인 근로자가 값싼 노동력을 제공하고 있어 우리도 값싼 물건을 살 수 있는 것을 다행으로 알아야 한다.

외국인 유학생은 대부분 본국에서 한국의 세계 인재 네트워크로 머지않아 한국과 교류에서 한 축을 맡게 될 것이다. 이들이 한국에 있을 때 정책적 지원과 배려로 친한 세력을 만든다면 미래 한국에 큰 도움이 될 것이다. 또 북한 이탈주민은 역사와 언어는 같지만 오랫동안의 분단으로 인해 한국의 문화에 적응하기 매우 힘들다. 또 하나의 다문화가족인 이들을 통해 북한의 실상을 파악함으로써 통일 한국을 준비할 수 있다.

또 복지서비스가 다양화됨으로써 이로 인한 이민자와 내국인의 일자리도 확대될 수 있다. 한편 다양한 문화를 향유할 수 있는 기회가 증대됨으로써 글로벌마인드를 키울 수 있으며 개방성과 창의성이 높은 사회로 변화할 것이다. 뿐만 아니라 상대국 간의 교류도 지속적으로 확대될 수 있으며, 다문화가족의 정치참여로 인해 뿌리 깊은 지역갈등이 해소될 수도 있다.

2 사회비용 부담과 갈등구조로 사회통합 저해

결혼이민자가 편익만 있는 것이 아니라 비용도 함께 존재한다. 비용부담의 직접적인 원인 제공자는 결혼이민자보다도 우리 국민인 결혼이민자의 배우자다. 즉 자신의 생계도 스스로 책임지지 못하고 국가에 의지하는 처지의 일부 한국 남성이, 국제결혼으로 인하여 국가가 또 결혼이민자와 자녀들까지 생활비와 의료비를 부담해야 하는 악순환이 발생한다.

┃그림 1┃ 스위스 국제경영연구원(IMD) 평가 한국 국가경쟁력순위

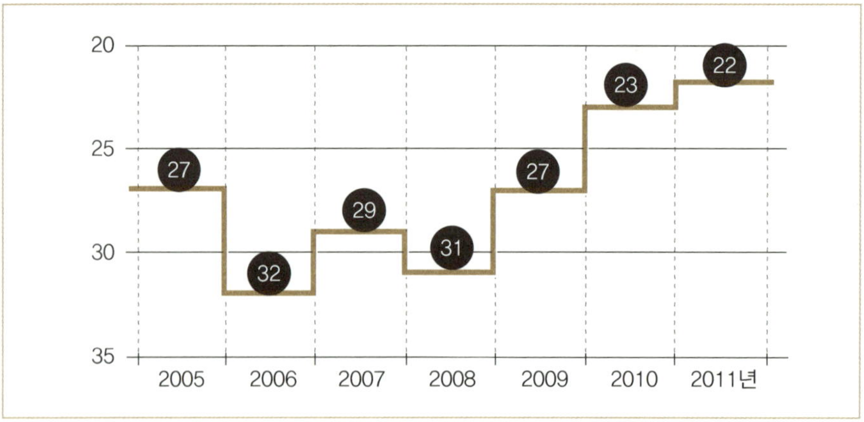

자료: 국제경영개발원.

그리고 일부 다문화자녀는 부모의 경제적·문화적 취약성으로 인해 언어 능력 미흡과 학습부진 등으로 이어져 집단 따돌림을 받을 수도 있고, 청소년기의 집단행동과 사회문제 등이 우려된다. 뿐만 아니라 빈곤의 대물림이나, 사회갈등 요인이 되어 또 하나의 하위계층화 현상도 발생할 수 있다. 또 개발도상국가에서 충분한 영양을 섭취하지 못하고 의료혜택 없이 성장한 이민자 여성들은 건강상태도 내국인보다는 취약하다. 그리고 이질적 문화로 인한 갈등과 직장과 사회에서의 편견과 차별이 사회통합을 저해할 수 있다.

한편, 배우자와의 나이 격차로 인해 남편이 50세 중반이 일 때, 결혼이민자는 30세 후반 정도이며, 자녀는 아직 10대다. 50세 중반이면 내국인도 노동시장에서 퇴출되는 나이로, 단순노동에 종사하는 이민자의 남편의 소득은 더욱 심각하다. 남편이 노동력을 상실했을 경우나 사망했을 경우 남은 다문화가족의 생계비와 의료비 등은 모두 국가 부담으로 떠안게 될 것

이다. 뿐만 아니라 문화차이, 언어소통의 부재, 폭력, 이민자 여성을 존중하지 않는 가족들의 태도, 이민자 여성의 기대에 어긋나는 빈곤 등으로 인해 가족갈등이 증가되고 있다. 이들을 일시 보호하기 위한 쉼터, 공공부조 등 사회비용이 가중되고 있다.

포대기에 버려진 신생아

새벽 5시 서울 방배동 주택가. 박 모 씨는 밤새 창밖에서 들려온 아기 울음소리에 잠을 설치다 대문을 열었다. 포대기에 쌓여 꿈틀거리는 무언가를 발견한 그는 순간 '누군가 갓난아기를 버렸구나'하는 생각에 포대기를 열어보고는 다시 한번 놀라야 했다. 아이의 품속에는 꼬불꼬불한 영어로 쓰인 조그마한 편지가 들어 있었다. "이 아이는 19일 오전 10시 15분에 태어났고 이름은 제롬입니다. 아이를 너무 사랑하지만 가정형편이 너무 어려워서 키울 자신이 없습니다. 잘 키워주세요." 박 씨의 신고를 받고 출동한 방배경찰서는 제롬을 서울시 아동복지센터에 맡겼다.[2]

엄마는 병원에 입원, 파키스탄인 아버지는 떠나

C군(3세)은 어머니가 한국인이고 아버지는 파키스탄인으로, 어머니가 정신분열증을 앓아 병원에 입원하고 아버지가 본국으로 돌아가는 바람에 갈 곳을 잃었다. 외가 친척들은 '혼혈아는 안 된다'며 아이의 양육을 거부했고 결국 아버지가 다시 귀국하길 기다릴 수밖에 없는 처지가 되었다.[3]

---

[2] 연합뉴스, 2010. 4. 11.
[3] 연합뉴스, 2010. 4. 11.

또 민족, 종교 등의 문제로 소수집단끼리 뭉쳐 주류사회를 비난하며 범죄를 일으키는 등 사회통합을 저해할 수도 있다. 또 고용허가제를 도입하여 체불임금 문제와 인권문제에 대한 제도적 장치를 철저히 했으나, 일부 고용주가 외국인 근로자에게 피해를 주는 경우도 있으며, 불법체류자임을 악용하여 임금을 가로채는 경우도 있다. 이러한 경우는 외국인 근로자 개인에게 심각한 불이익을 초래할 뿐만 아니라, 국가 이미지 훼손 등으로 비용을 환산할 수 없을 만큼의 엄청난 손실을 발생하게 한다.

3 선진국 다문화사회를 통해서 보는 편익과 비용

전 세계적으로 자신의 출생지가 아닌 국가에서 거주하는 이민인구는 2005년 1억 9천만 명이었으나 2010년에는 2억 1천만 명으로 69억 세계 인구의 3.1%를 점유한다.[4] 이주로 인한 송금도 연 4,400억 달러 수준으로(2008년 기준), 이 중 3,400억 달러가 개발도상국가로 유입된다.[5] 2008년 시작된 경제위기의 영향으로 OECD 및 EU는 노동이민 감축정책으로 전환하였다. 외국인 근로자의 이민으로 영향을 많이 받았던 국가들일수록 이민자들의 실업문제가 크게 대두되었다. 그 예로 스페인은 2008년 4분기 외국인 실업률이 20.3%로서 스페인 국민보다 7.8% 높게 나타났으며, 아일랜드는 2009년 3월 현재 실업자등록부에 등록된 실업자 중 20.3%인 75,600명을

4 Human Development Report 2009년, UNDP.

5 UN DESA, Population Division 2009, International Migration Databace.

외국인이 차지하였다.[6]

OECD 및 EU 각국은 이민한도 축소와 귀국장려 등 노동이민 감축정책을 실시하고 있다. 특히 스페인은 2009년 비계절 근로자 한도를 전년 대비 94% 감축하였으며, 이탈리아는 비계절 근로자 도입을 전면 중단하였고, 호주는 숙련 이민자 목표 쿼터를 20%나 감축하였다. 한편 스페인, 체코, 일본 등은 자발적으로 귀국하는 이민자에게, 일정 요건하에 귀국지원금을 지급한다.[7] 그러나 한번 이민으로 들어앉으면 귀국 조치란 매우 어려운 법이다. 이렇듯 선진국의 다문화정책은 편익은 극대화하고, 비용은 최소화하는 방향으로 정책을 추진한다.

이민수용은 국가 입장에서 볼 때 편익이 클까, 비용이 클까? 국제이주기구(IOM)에 의하면 대부분의 경제학자들은 이민수용은 긍정적인 효과가 더 크다고 말한다. 새로운 이민자들이 노동시장에서 노동력 부족을 해소하여 생산에 기여하기 때문이다. 또 이들은 값싼 노동력으로 제품을 생산함으로써, 제품가격을 낮추게 되며, 이로 인해 내국인들은 저렴한 비용으로 제품을 살 수 있다. 소비가 증가되면 조세기반을 확충하고, 인구고령화로 인한 사회보험을 부담함으로써 사회보험 재정난을 완화시킨다.

로버트 배로(Robert Barro) 하버드대학 교수에 의하면 미국의 경우 순이민율이 1% 증가할 때 경제성장률은 0.1% 증가한다고 한다. 현대사회의 주력산업인 IT, 금융, 디자인, 첨단산업 등은 창의성과 다양성을 기반으로 창출된다. 미국의 대표산업인 IT, 바이오 등 첨단산업은 중국, 인도 등 문화

6 International Migration Outlook, OECD, 2009.

7 「외국인정책위원회 회의자료」, 국무총리실, 2010. 1.

적 배경이 다른 사람들을 적극적으로 수용하고 그들의 문화를 존중할 때 사고의 혁신으로 이어져 성장했다. 특히 다양한 인종이 사는 샌프란시스코, 뉴욕, 보스턴 등이 가장 개방적이고 역동적인 도시다.

또 이민자들이 보다 많은 직업을 창출하는 데 도움을 주고, 세금부담 시 내국인보다 더 높은 세율이 적용되었다고 한다. 더욱이 이민자들이 복지혜택이나 실업수당을 거의 사용하지도 않았다는 결과가 있다. 즉 이민자들은 그 형태가 불법이든 합법이든 미국에 호황을 가져왔다고 한다.[8] 일본의 경제침체를 그들의 폐쇄적인 사회의 영향으로 분석하는 연구가 있다. 정부의 역사교과서 왜곡 등 배타적 민족주의의 영향과 인구감소에도 불구하고 이민을 허용하지 않는 기회비용의 상실을 3조 8천억 원으로 추산한다.[9]

그렇지만 부정적인 현상도 있다. 내국인 실업자가 많은데 이민자들이 낮은 임금으로 내국인의 자리를 차지함으로써 내국인의 실업을 양산할 수 있다. 이로 인해 저소득층 노동자가 중심이 되어 이민을 반대하는 경향도 있다. 그 예로 2010년 영국 총선의 쟁점은 이민정책을 강화시키는 것이다, 영국 CNN 설문조사에 따르면, 영국인 4명 중 3명 꼴로 유입되는 이민자 수를 줄이거나 더 이상 이민을 허락해서는 안 된다고 생각하는 것으로 나타났다. 이주민이 사회적응에 실패할 경우 빈곤층으로 전락해 사회 부담을 가중시킬 가능성이 있기 때문에 이민자 지원을 차별화하는 경우도 많다.

또 미국의 일반 주민과 이민자와의 대표적인 갈등을 소개해 보자. 애리조나주는 인구의 약 8%가 불법이민자로 추산되며 이들은 거의 모두가 멕

8 『다문화교육 이론과 실제』, 학지사, 2010.
9 최홍, 재인용, 2010.

▲ 노동절인 5월 1일 미국 전역에서 애리조나 주의 강력한 불법 체류자를 강력히 단속하는 새 이민단속법에 항의하고 조속한 이민개혁을 촉구하는 시위가 벌어졌다(2010. 5. 18, AP=연합뉴스).

시코에서 왔다. 1990년 약 9만 명 수준이던 불법체류자가 현재 약 50만 명에 달한다. 몇 년 전까지 애리조나의 건설경기가 붐을 이루면서 건설 일용직 수요가 늘어나 자연스럽게 불법이민자들이 몰렸다. 이 때문에 애리조나에 오랫동안 거주해 온 주민들은 불법이민자인 라틴계에 대한 불만이 차츰 커졌고 전통적으로 고졸 취업자들이 일해온 패스푸드점 등의 일자리마저 불법이민자들이 잠식해갔다.

또 멕시코에서 마약 등 범죄 관련 요소들이 유입되면서 애리조나주의 범죄율이 1990년대 말 이래 꾸준히 증가하였다. 그러자 주정부는 지역 경찰관이 불법이민자로 의심되면 신분을 확인하여 체포할 수 있도록 법안을 제정했고, 이에 대해 제8연방 항소법원에서는 이민자에 대한 과도한 저지로 개정 이민법 발효를 유보하는 예비금지령을 내렸다. 그러나 주정부는 이와 같은 판결을 인정하지 않고 제9연방 항소법원과 연방 대법원까지 끌

◀ 2005년 이슬람계 이민자들의 폭동으로 프랑스 파리시내의 자동차들이 불타고 있다.

고갈 것으로 보인다.

한편, 미국은 의료개혁이 성사돼도 불법이민자들은 물론 영주권을 취득한 지 5년이 안 된 저소득층 이민자 100만 명이 혜택을 받지 못할 것으로 예상된다. 또 미국의 이민에 대해 비판적인 사람은 이민자가 직장을 다 빼앗고, 국가의 공공부조 혜택을 다 받아 국가의 재정을 고갈시킨다고 주장한다.

종교갈등이 민족 간의 갈등으로 변화하여 사회분열을 심화시키는 요인이 되기도 한다. 최근 벨기에 의회와 프랑스 하원은 2010년 모든 공공장소에서 부르카[10] 착용을 금지하는 법안을 통과시켰다. 2011년 9월 프랑스 파리 동부 모(Meaux)지방법원이 얼굴 전체를 가리는 베일을 착용한 이슬람 여성 2명에게 벌금형을 선고했다, 이에 한 여성은 "종교적인 신념을 공개적으로 드러낸다는 이유로 이슬람 여성이 차별받는 현실은 부당하다"며

10 부르카는 이슬람식 베일의 대표격으로, 머리부터 발끝까지 가리며 눈은 망사를 이용하여 가린다. 아프가니스탄과 아라비아반도 일부 및 이집트의 베두인족 여성들이 주로 착용한다.

▲ 부르카

▲ 니캅

▲ 히잡

2012년 프랑스 대선에 출마하겠다고 밝혔다. 프랑스는 정치·종교 분리 원칙에 어긋나고 남녀 평등정신에도 위배되며, 여성의 존엄성을 해칠 우려가 있다고 명분을 내세우지만 이슬람신자들은 "얼굴을 가리고 외출할 수 있는 권리도 기본적인 시민권의 하나"라고 주장하고 있다.

프랑스는 톨레랑스(관용)의 대표적인 나라지만, 이민자와의 갈등은 크다. 프랑스는 2차대전으로 부족해진 노동력을 채우기 위해 이민을 장려했다. 그러나 1973년 오일쇼크로 노동수요가 감소하면서 이주노동자를 막으려 했으나 관리 소홀로 인해 모나코, 알제리, 튀니지에서 외국인 유입이 증가되었다. 2005년과 2007년 실업문제, 차별 등의 문제로 이민자 폭동이 일어났고, 지금도 학교 내에서는 무슬림들의 히잡 사용을 금지하고 있어 심각한 사회갈등을 초래하고 있다. 프랑스는 이민자 유입으로 인해 실업문제, 종교갈등, 사회분열 등으로 비용이 편익을 앞지르고 있다. 또 2011년 9월 스위스 연방 하원도 이슬람 여성들의 전통 의상인 부르카와 니캅,[11] 마

[11] 니캅은 부르카와 유사하나 눈을 가리는 망사가 없다. 주로 파키스탄과 예멘, 모로코의 여성들이 쓰는 베일이다. 히잡은 두건 모양으로 머리만 가리고 얼굴은 내놓는다.

스크 등 얼굴을 가리는 복장을 대중교통이나 공공장소에서 착용할 수 없도록 하는 발의안을 통과시켰다.

뿐만 아니라 이탈리아, 네덜란드에서도 부르카 착용금지 법안 제정 움직임을 보이고 있어 유럽에서 반이슬람적 경향이 확산되고 있다. 이처럼 서로의 문화를 이해하지 못 하는 갈등구조는 사회통합을 저해하고 있고. 이러한 문제를 해결하기 위하여 많은 비용을 지출하며 다양한 사회통합정책을 추진하고 있다.

02

사회통합이 필요하다

21세기 국제사회는 각국 또는 지역공동체의 번영을 바탕으로 인류 전체의 번영, 즉 '공영(Coprosperity)'을 추구하고 있다. 이에 따라 자국의 이익만을 추구하는 국가주의나 배타적 민족주의가 사라진 지 오래다. 인류공영을 위해서는 민족, 종교, 언어, 이념의 벽을 넘어 각자의 개성과 다양성이 융화될 수 있는 다문화사회로 나아가야 한다.

다문화사회(multiculture society)란 국적, 민족, 언어, 종교, 문화, 가치관이 다양한 문화적 배경을 가진 사람들이 동등한 사회구성원으로 함께 사는 사회다. 이제 대도시의 지하철에서 외국인 근로자를 만나고, 농촌에서도 외국인 부인을 만나고, 소도시에서도 외국인 유학생을 만날 수 있다. 다문화사회의 큰 흐름이 이미 한국사회에 자리 잡고 있음을 보여주는 증거다. 2010년을 기준으로 불과 5년 전만해도 우리는 다문화사회라고 말하지 않았다. 다문화라는 개념은 우리에게 낯설고 멀리 있었다. 하지만 2011년 11월 31일 현재 한국에 체류하는 외국인이 139만 5천 명으로, 전체 한국 인구의 2.5%가 외국인이다. 한국이 경제적으로 발전한 결과다.

다문화사회의 최우선 과제는 사회통합이다. 사회통합이 이루어졌을 때 다양한 문화의 창의성과 개방성 등으로 국가발전에 기여하게 된다. 하지만 최근의 세계는 달라지고 있는 것으로 보인다. 세계가 유럽식 자본주의의 사고방식에 의해 움직이던 19~20세기는 각 민족의 아이덴티티나 개성은 겉으로 드러나지 않았다. 그러나 중국은 최근 막대한 경제력을 바탕으로 한족의 정체성에 기반한 새로운 민족주의를 강화하는 경향이다. 티베트나 위구르 문제에서 보듯이 중국은 사회통합이라는 관점보다는 한족의 힘을 보여주고 있다. 러시아도 푸틴 체제 이후 슬라브 민족주의로 회귀하고 있는 것처럼 보인다. 에너지의 국유화와 스탈린 재조명, 러시아 정교에 대한 정부의 지원 등이 민족주의 성향이 반영된 것으로 해석된다. 특히 금융위기와 산업의 쇠락을 맞은 남유럽은 그들끼리의 '통합'을 넘어 민족주의를 강조하고 있다. 민족주의, 즉 '우리들끼리' 정신은 모두에게 위험하다. 한국도 점차 반(反)다문화 운동이 온라인을 통해 확산되고 있다.

1 사회통합이란 무엇인가?

주류사회에 적극적으로 통합되길 원하고, 이를 실천하는 외국인이 많을수록 사회의 다양성과 개방성이 증가된다. 미국의 카네기 멜론 대학의 리

처드 플로리다(Richard Florida) 교수는 도시의 사회문화적 다양성과 창의성은 밀접한 관계가 있다고 주장한다. 그 근거로 사회문화적 다양성이 1위인 샌프란시스코는 창의성지수가 가장 높은 것으로 나타났다.[1] 스위스 국제경영개발원(IDM)이 발표한 한국의 국가경쟁력은 2010년 23위, 2011년 22위이다. 하지만 문화적 개방성 분야에서는 58개국 가운데 52위에 머물렀다(2010년).

징기스칸이 광활한 대륙을 정복한 이유는 다양성과 수용성에 있다. 징기스칸이 가장 우대한 사람은 역관(통역관)이었다. 그들을 통해서 다양한 문화를 받아들일 수 있기 때문이었다. 역관에게 큰 벼슬과 농토를 제공하였고 몽골인에게도 다른 나라 언어를 배우도록 권장했다. 또 하나 우대한 사람은 각 지역과 나라를 돌아다니며 특산품을 사고 파는 무역인들이었다. 그들을 통해 사전에 지역과 국가의 인물, 군사상황, 지리 등 사전에 정확한 정보를 파악하여 인근 국가를 정복하였다. 정복한 국가가 반항하지 않을 때는 그들의 문화에 대해 적극 수용하고 인정하였다. 징기스칸은 자신이 거주한 지역에 이슬람 성당을 건설하게 할 정도로 타민족의 문화를 존중하였다.[2]

한국이 문화적 다양성만 개선된다면 국가경쟁력의 순위는 훨씬 상위권으로 뛰어 올라갈 것 같다. 국가의 발전을 위하여 한국도 이처럼 다문화사회의 장점을 최대한 살려 창의적 도시로 살려나가는 방안을 모색해야 한다.

사회통합의 기본요건은 서로의 차이는 인정하나, 차별하지 않은 것이 전

---

1 Florida, R., The Rise of the Creative Class, Basic Books, 2000.

2 『제국의 미래』, 에이미추나, 이순희 역, 바이북, 2009.

제되어야 한다. 사회통합은 개발도상국의 과제가 아니라 선진국의 사회과제다. 선진국에 이민자가 들어오기 때문이다. 송복 교수에 의하면 전통사회는 '같음'을 기반으로 한 화해의 구조이며, 현대사회는 '다름'을 기본으로 한 갈등의 사회다. 전통사회는 개인적인 주장이나 사회적인 요구, 이해관계가 비슷하지만, 현대사회는 개인과 사회의 요구가 상반되고 이해관계자의 요구도 첨예한 갈등구조다. 또 통일이란 원래 여러 개였던 것이 하나로 합쳐지는 것이지만, 통합이란 다른 것들이 서로 상호작용을 하여 '서로 응집된 전체'를 이루는 것이라고 한다.[3] 즉 통일의 의미와는 달리 통합이란 서로가 주체가 되어 서로의 정체성을 유지하는 것이다.

이처럼 사회통합이란 인종, 민족, 문화적 배경이 다른 구성원들이 서로를 차별하지 않고, 차이를 인정하며, 공동체에 대한 소속감을 갖고 공동의 비전을 공유하는 것이다.

2 사회통합의 기본은 기회균등이다

다문화가족의 사회통합은 경제적 통합, 사회·문화적 통합, 시민권 통합으로 구분된다. 사회통합의 기본은 기회균등이 전제되어야 가능하다.

경제적 통합은 다문화가족이 경제활동을 할 때 이루어지는 것이다. 그 핵심은 일자리 제공이다. 노동시장에서 한국인과 똑같은 대우를 받을 때

[3] 송복, 「사회통합 어떻게 할 것인가」, 사회통합위원회, 2010. 1.

통합이 가능하다. 또 국민연금, 건강보험, 산재보험, 고용보험, 요양보험과 기초 소득보장과 의료비 지원 같은 공공부조 등도 경제적 통합 방안에 포함된다.

사회·문화적 통합은 한국인과 다문화가족의 쌍방적 노력이 필요하다. 사회통합의 핵심은 언어교육이다. 정부는 다문화가족의 한국생활 정착을 위하여 한국어 교육 등을 체계적으로 지원하는 게 필요하다. 한국인도 다문화가족의 문화를 이해하고 차이를 인정하는 등의 다양성과 수용성이 요구된다. 학교에서의 다문화교육이 시급하며, 다문화가족에 대한 인식 제고를 위한 홍보도 필요하다. 다문화가족도 그들의 정체성과 그들의 언어, 문화를 유지하되, 한국에서 적응하기 위해 한국어를 배우고 한국문화를 이해할 수 있도록 노력해야 한다.

시민권 통합은 다문화가족을 그 사회의 정치적 구성원으로 받아들이는 것을 의미한다. 다문화가족은 선거에 출마할 수 있으며, 누군가를 위해 한 표를 줄 수 있다. 그리고 그들의 목소리를 높일 수 있다. 적어도 우리의 시민권을 행사할 사람은 선별해서 받아야 사회통합이 쉬워지기 때문이다.

3 사회통합 모형은 자국의 이익에 따라 적용한다

새로운 이민자가 들어 왔을 때 우리 시민으로 받아들이기 위한 방식은 차별배제모형(differential exclusion model), 동화모형(assimilation model), 용광로모형(melting pot model), 다문화모형(multicultural model)으로 구분할

수 있다.[4]

차별배제모형은 소수의 고급기술자, 전문직 종사자만 귀화를 허용하고 그 외의 종사자는 배제하는 것이 특징이다. 즉 자국에 편익을 제공한 사람만 받아들이고, 비용을 발생시킬 사람은 받아들이지 않는 것이다. 일본, 독일, 오스트리아에 이민자로 입국하기 어려운 것은 바로 이러한 정책의 영향이다. 한국 정부가 외국인 근로자에게 최장 5년까지만 체류할 수 있도록 조치하는 것도, 바로 이 모델의 전형이다. 단순노동에 종사하는 외국인 근로자가 한국에 귀화하면 그 사람들이 한국에 기여하는 편익보다는 공공부조 등의 비용이 더 많을 것이라는 판단에서 이러한 정책이 취해지는 것이다.

동화모형은 주류사회가 이민자 유입을 허용하지만, 출신국의 문화를 포기하고 주류사회의 문화를 강요하는 것이다. 미국 커벌리(Cubberly, 1909)는 미국에 유입되는 이민자가 증가하자 동화주의를 주창했다. 미국은 이민자의 언어, 의복 등의 고유문화를 활용하지 못하게 하고, 미국의 주류문화인 청교도 문화를 받아들이라고 강요했다. 이러한 동화를 통해서 주류사회가 이민자를 바라보는 편견과 차별이 사라질 것이라고 판단했으나, 유색인종에 대한 편견과 차별은 사라지지 않았다. 이민자의 정체성에 대한 혼란만 가중되었고, 고유문화는 규제로 인해 더 은밀하고 더 소중하게 전승되었으며, 주류사회에 대한 반감이 커져가고 있었다.[5] 이로 인해 동화주의의 이념은 실현되지 않았다.

동화주의가 제 기능을 발휘하지 못하자 용광로모형(melting pot)이 등

4 「결혼이민자의 가족실태조사 및 중장기 지원정책방안 연구」, 여성가족부, 2006.
5 장인실, 『다문화교육의 현황과 과제』, 학지사, 2010.

장했다. 미국은 이민자의 수가 증가하자 아시아문화, 남미문화, 아프리카 문화, 중동문화 등을 미국이라는 용광로에 녹여 그 사회의 주류문화에 동화되어 거기에서 태어난 사람같이 바뀌어지길 기대했다. 메이요 스미스(Mayo-Smith)는 용광로에서 이질적 요소를 용해시켜 단일언어, 단일 정치체제, 단일 국가주의, 단일 사회발전의 이상을 추구해야 한다고 주장했다. 그러나 용광로정책, 융화정책도 주류계층 백인은 우위에 두고, 이민자 문화는 하위에 머물게 하는 결과를 빚게 되었다.

1960년대 미국에서 흑인을 중심으로 민권의식이 확산되었다. 민권의식을 바탕으로 용광로사회에 대한 회의가 커지면서 이민자들이 출신국의 문화를 향유하며 사는 것이 전체 사회의 조화를 이룬다는 여론이 확산되었다. 이무렵 탄생된 것이 다문화모형이다.

다문화모형의 탄생 배경은 그동안 규제하였던 다양성을 인정하면서 사회통합을 이룰 수 없을까 하는 고민에 있었다. 다문화모형은 문화다원주의(Cultural pluralism)와 다문화주의(Multiculturalism)로 세분된다. 두 개념은 다양성을 인정하고 사회적 통합을 추구한다는 점에서는 같다. 문화다원주의는 샐러드 보울(Salad bowl) 또는 오케스트라라고 표현된다. 즉 샐러드 그릇(Salad bowl) 속에 담긴 야채와 과일, 감자, 당근, 오이들이 원래의 맛과 형태를 가지고 있지만 합쳐서 섞으면 더 맛있는 야채가 된다는 것이다. 오케스트라도 마찬가지다. 각자의 악기들은 고유의 소리를 내지만 지휘자가 화음을 맞추면 더욱 아름다운 오케스트라 협연이 된다.[6] 따라서 각 인종과 민족이 서로 조화를 이루면서 더욱 발전할 수 있다는 이론이다. 문화다

6 김범수 외, 『다문화사회복지론』, 양서원, 2007.

원주의는 주류사회가 존재하는 것을 전제로 하면서 다원성과 다양성을 인정하고 있으며 20세기 후반 대량으로 발생한 이민정책으로 미국에서 출발하였다. 즉 소수가 존중되는 것은 바람직하지만, 그렇다고 해서 분리나 격리를 전제로 해서는 안 된다는 것이다. 미국은 소수민족과 이민자의 고유문화를 유지하는 데 자유방임적으로 일관한다.

그러나 다문화주의는 주류사회의 존재를 인정하기보다는 다양한 문화가 평등하게 인정되어야 함을 강조한다. 캐나다는 1971년 세계에서 가장 먼저 다문화주의를 채택하였으며 1988년 다문화주의법을 제정하였다. 다양한 언어, 문화, 민족, 종교 등을 통해서 서로의 정체성(identity)을 인정하고 함께 어우러질 수 있는 사회적 질서를 추구한다는 사회의 이념이다. 다문화주의는 원래는 교육의 기회균등을 위해 다양성이 존중되어야 한다는 논리에서 출발했는데, 오늘날에는 사회생활 전반에서 다원적 견해와 소수의 권리를 보장하기 위한 논리로 설명되고 있다. 캐나다와 오스트레일리아는 소수민족과 이민자의 고유문화를 발전시키기 위해 국가가 적극적으로 개입하면서 사회통합을 추진하고 있다.

4 반(反)다문화 현상이 표출되고 있다

노르웨이 사건 이후 '반 다문화' 현상이 표출되고 있다

2011년 7월 22일, 글로벌 평화지수 세계 1위의 나라인 노르웨이에서 테

▲ 반(反)다문화단체들이 국제결혼반대 등을 외치고 있다.

러로 100여 명이 사망했다. 이날 오슬로 시내 정부 청사 차량폭탄 테러로 8명이 사망했다. 폭탄 테러가 발생한 직후 오슬로 북서쪽 우토야섬의 노동당[7] 청년캠프 행사장에서도 총격 사건이 발생해 14~19세 청소년 69명이 사망했다. 십자군 전사를 자처하는 32세 청년이 범인이 노동당의 청년캠프 행사장을 찾은 것은 노동당의 적극적인 이민정책에 대한 항의이다. 범인은 1992년 세르비아에 대한 나토의 폭격이 이슬람교도들을 구하기 위해 기독교인을 학살한 것으로 생각하는 범인은 순수한 백인 유럽문화를 만들고 이민자들 때문에 더러워진 유럽을 구하기 위해 테러를 가했다고 진술했다. 또 그는 가부장제 특성과 단일문화 전통이 강한 한국과 일본의 문화적

[7] 노르웨이 노동당은 적극적인 이민수용정책을 펴고 있다. 노르웨이 사건 이후 11년 9월에 치러진 지방선거 결과 노동당은 지방선거 결과 노동당이 20여 년 만에 최고의 승리를 거뒀다. 노동당은 이날 99%의 개표가 진행된 상황에서 33.2%의 득표율로 1위를 차지했으며, 중도우파 보수당이 27.7%로 뒤를 이었다. 4년 전 지방선거에서 18.5%의 지지를 얻어 돌풍을 일으켰던 극우 성향의 진보당은 11.8%를 득표하는 데 그쳤다. 정치 전문가들은 노동당의 압승과 진보당의 지지율 급락에 브레이빅의 인종주의 테러가 큰 영향을 미친 것으로 분석하고 있다.

보수주의를 칭찬하면서 유럽이 앞으로 추구해야 할 모델 국가로 바라봤다. 그러나 한국은 최근 150만 명의 외국인과 함께 살고 있다. 외국인 노동자와 국제결혼 이민자들이 증가하면서 다문화 담론이 사회 전 분야에서 이뤄지고 있다. 외국인들은 대부분 중국이나 동남아시아가 많기 때문에 다문화는 가난의 이미지를 가지고 있어서 경제적 차별과 함께 문화적 차별이 섞여 있다. 이러한 예로 언제부터인지 파키스탄인은 '파퀴벌레', 방글라데시인은 '방구', 중국인은 '짜장' 등 외국인들을 비하하는 속어가 나돌고 있다. 외국인 혐오 정서를 깔고 있는 이런 용어들은 요즘 '반(反)다문화' 성향의 인터넷 사이트에서 쉽사리 접할 수 있는 표현들이다.

한국은 유럽과 러시아처럼 극우세력이 등장하거나 외국인을 상대로 테러를 가하는 수준의 제노포비아(Xenophobia: 외국인혐오증)까지 아직 치닫지는 않았지만 상당히 빠른 속도로 회원이 늘어나고 있다. 반(反)다문화 정서가 본격 확산되기 시작한 시점을 대체로 2008년으로 본다.

이 해에 인터넷 카페인 '다문화정책반대'가 개설됐고 2010년에는 '외국인범죄척결시민연대', '국제결혼피해센터' 등이 잇따라 등장했다. 현재는 반다문화를 내건 인터넷 카페[8]가 최소 10여 개에 이르는 것으로 추산된다.

회원수도 급속히 늘어났다. '다문화정책반대'의 경우 2010년 9월에만 해도 회원수가 1년 만에 4배 이상 급증했다. 2004년 문을 열어 현재 회원 수가 약 6천 명인 '외국인노동자대책시민연대'는 올해 초 주한 방글라데시 대사관을 찾아가 방글라데시인의 범죄 근절을 촉구하는 내용의 항의 서한을

8 반 다문화 온라인 커뮤니티는 한류열풍사랑, 파키스탄·방글라데시 외국인에 의한 피해자 모임, 다문화바로보기 실천연대, 외국인노동자대책연대, 단일민족 코리아 등이다.

전달했다. 국제결혼피해센터는 KBS 앞에서 집회를 열고 '러브인 아시아' 제작진을 만나 "국제결혼을 미화하지만 말라"는 의견을 전하기도 했다. 또 일자리가 부족한데 외국인들에게 일자리를 빼앗기기도 한다고 불평한다. 이들은 법무부, 여성가족부, 새누리당(구, 한나라당) 등 정부 부처나 정당을 상대로 직접 찾아 오거나, 건의문을 보내거나 항의전화를 걸기도 한다. 다문화사회의 도래와 함께 불가피하게 따라오는 반다문화 현상의 수위는 이렇게 점점 높아지고 있고, 여기에 일방적인 인종차별주의와 외국인혐오증까지 섞여 장차 사회갈등을 예고하고 있다. 한국도 노르웨이 테러 같은 최악의 사태를 예방하기 위해서는 다문화정책의 사회적 합의와 반다문화 현상에 대해 체계적인 대책을 세워 사회통합을 이끌어가야 한다.

PART 7

역사와 문화에서 배우는 다문화

01

해외로 나간 동포들의 삶

인구비율로 봤을 때 전 세계에서 해외로 자국민을 가장 많이 보낸 나라가 어디일까? 레바논, 이스라엘, 이탈리아, 멕시코, 우크라이나 등이 이주민이 많은 국가로 손꼽히고 있으나 한국도 세계에서 8위 정도의 재외동포가 많다.

조선시대의 이민은 17세기 숙종 때부터 시작되었다. 조선의 가난과 탐관오리들의 수탈을 면하고자 만주로 이주한 것이다. 정치적으로는 조선 말과 대한제국 시기에 일제의 침탈로부터 벗어나고 조국의 독립을 쟁취하기 위해 만주와 연해주, 미국 등으로 떠난 것이다.

이에 비해 현대로 들어서면서 해외로 떠나간 한인들은 세계 최고의 근면성과 미래지향적인 사고로 발전적인 변화를 추구하였고, 특히 자녀교육에 최선을 다하였다. 이로써 대다수의 한인들은 경제적으로 성공하였고,

자녀들은 좋은 대학을 나와 현지에서 사회적으로도 성공하게 되었다. 즉 한인들은 경제적 성공과 자녀를 통한 신분상승으로 두 마리 토끼를 다 잡았다고 평가할 수 있다. 그들이 이민 초기에 겪은 고생은 심하였다. 그러나 미국과 호주 등에서는 자국의 국민과 똑같이 이민 자녀를 교육시켜 주고, 연금 등의 혜택을 주었다. 한인들은 지금도 이민국의 공공부조를 늘 고마워하고 있으며, 자녀들 또한 이민국을 조국으로 알고 조국의 발전에 기여하고 있다.

해외로 나간 한인들은 상이한 문화집단과 공존하는 방법과 기술을 체득한 사람들이다. 그들이 겪은 차별과 편견, 실패와 성공, 공공부조 등을 거울삼아 한국에 체류하는 외국인에게도 코리언 드림을 실현시킬 수 있는 기회를 제공해야 한다.

1 굶주림과 일제 탄압 피해 간도와 만주로, 조선족 형성

조선사람들이 본격적으로 중국으로 이주한 것은 19세기 중엽부터 이루어졌다. 1860년대 10년간의 큰 수해가 북부 지역을 휩쓸자 굶주린 함경도 사람들이 두만강을 건너 비옥한 땅인 간도(두만강 북쪽 송화강 지류 지역, 원래 조선 영토였으나 청나라가 이의를 제기해 다시 영토 경계를 나누고 경계비를 세움으로써 분쟁이 종식됨)에 정착했다. 비슷한 시기에 평안도 농민들은 압록강을 건너 랴오닝성의 심양으로 이주했다. 조선과 청은 간도지역에 한해서 교역규약을 맺어 이주와 교역을 확대한 결과 1910년에는 22만 명의 조선인이 간도에 살고 있었다. 일제강점기가 시작되자 가난을 벗어나기 위한 이주보다는 조선의 독립운동과 일제의 탄압을 피해 떠나는 것이 주류를 이루었다.

1930년대 일본은 만주에 있는 중국인을 추방하고 조선 농민을 대거 이주시켜 100~200여 가구 단위로 만주 각지에 이주민을 분산 정착시켰다. 1945년 해방 이후 재중 동포의 40% 정도가 한반도로 귀환하였고, 1949년에는 100만 명 정도의 동포가 살았다. 중국 동포들은 소수민족에 배타적인 국민당에 항거하거나, 착취와 학대를 피해 인접 개간지로 들어가 새로운 집단촌을 형성하기도 했다.*

조선족이 이주하면서 벼를 재배하기 시작하여, 북위 50도 이북지방에 벼 심기에 성공하는 기적을 창조해냈다. 1945년 이전에는 중국 동북지구 총인구의 3.3%를 차지하는 조선족의 벼 생산이 동북 벼 총생산량의 90%를 차지했다. 또한 조선족은 동북지역 자원개발과 철도건설에서도 크게 기여하였다. 특히 이 지역의 탄광, 금광에서 일하는 근로자의 3,000여 명 중 80%가 조선족이었다. 또 조선족의 거주지가 독립투사들의 활동지이기도 했다. 조선족은 중국에서 문맹률이 가장 낮으며, 언어와 문화를 그대로 보존하였고 혼인도 조선족끼리만 하면서 정체성을 잃지 않았다. 중국에 거주하는 조선족은 1997년 87만 명으로 한국 입국 등으로 인구가 급격하게 줄었다.

2 강제이주의 피해자, 러시아 고려인

조선인은 러시아어로 까레이스키로 불린다. 이로 인해 구 소련권 동포들은 고려인이라고 불리게 되었다. 일제강점기 때 일본은 사할린에 일본인과 조선인을 이주시켜 땅을 개척시키고, 석탄, 목재, 어업을 발달시키는 데 주력했다. 17세기 이후 러시아와 일본은 이 지역에 천연자원이 풍부한 것을 알고, 영토문제로 대립하였다. 일본은 아이누족(일본 북방지역의 원주민)이 북해도에서 이주하여 살게 된 것을 근거로 일본 영토라고 주장하였다. 제정 러시아는 거기에 대응하기 위하여 러시아의 사람들을 이주시키는 정책을 폈다. 이주민은 1925년부터 증가하기 시작하여 1940년대에 급증한다.

제2차 세계대전이 연합국의 승리로 끝나자 사할린 등 일본의 북방 도서 2곳 등이 승전국 러시아로 귀속되었다. 이로 인하여 사할린에 강제로 이주됐던 고려인들의 비극이 또다시 잉태되고 만다. 미소 귀환협정으로 일본인과 중국인은 본국으로 귀국했으나 고려인들은 대상에서 제외되었다. 북사할린의 고려인은 소련으로부터 일본을 위해 스파이 행위를 했다는 죄목으로 다수가 희생되었다. 또 남사할린의 고려인 가운데 상당수는 소련의 스파이라는 죄목으로 일본에 의해 처형당했다.

북사할린에 남아 있는 고려인은 소련정부의 감시와 스파이라는 낙인으로 선거권도 없었고, 자유롭게 이동할 수도 없었다. 이웃마을에 갈 때도 경찰에 신고해야 했다. 적발되면 감옥행이었다. 그 당시를 기억하는 노인들은 노예생활과 다름없었다고 회고한다. 다행히 1966년 민족자치법이 제정되어 고려인의 문화를 부흥시킬 기회가 있었으나 이미 러시아어가 모국어가 된 이후였다.

1991년 구 소련이 해체되고 12개 독립국가연합에 사는 50만 명의 고려인은 분리된 뒤부터 민족의식은 부활되었다. 카자흐스탄과 우즈베키스탄 등 중앙아시아 고려인은 교육수준이 높다. 정치인, 교수, 의사 법률가 등 주류사회의 지도층으로 성공했다. 일부 고려인은 독립 이후 유목농업을 위해 온 가족이 이동한다. 양파, 파, 참외 수박 등의 계절임차농으로 다른 민족보다 10배 이상의 수입을 올리고 있다.

3 일제 강제연행으로 재일교포 형성

일제강점기 때 일본으로 강제 연행된 사람은 100만 명이 넘는 것으로 보인다. 이들은 단순 노무직으로 종사했으며 뿌리 깊은 차별과 편견으로 하층노동계급에 머물렀다.* 1941년 태평양전쟁이 시작되면서 일본은 학도징용, 노동자 징발 등을 강행했고, 종군위안부도 8만 명이나 끌려갔다.

'일제강점하 강제동원피해진상규명위원회'는 1939~1941년 남양군도(미크로네시아)에 한인 노무자 5,800여 명이 강제 동원된 실태를 규명했다. 조사결과 1938년 남양군도에 거주하는 한인은 전체 인구의 1%인 704명에 불과했으나 일제 강제동원으로 수가 급증하여, 1941년에는 5,800여 명에 달했다. 1942년부터 1945년 8월까지는 더 많은 한인이 강제 동원됐을 것으로 추정된다. 당시 조선총독부는 노동자와 소작민, 군속 명분으로 한인들을 대거 모집했다. '환경이 좋은 곳에서 일할 수 있고 10년 이상된 장기 이주자에게는 농지도 준다'며 한인들을 속였다. 그러나 남양군도에 도착한 한인 노동자들은 비행장 등 일본의 군사시설을 짓는 데 투입됐다. 남양군도의 다리 이름이 '아이고 다리'였는데 당시 한인들이 힘들어서 '아이고 아이고' 신음하는 걸 듣고 원주민들이 붙인 이름이라고 한다.

일본은 1941년 태평양전쟁이 터지자 이들의 신분을 군인으로 바꾸고 전쟁터로 내몰았다. 화약을 머리에 이고 미군 전차가 오면 자폭하게 하는 등 자살까지 강요했다. '총알받이'가 된 한인들은 60% 정도가 폭격과 굶주림으로 사망했다. 살아남은 이들도 대부분 귀국하지 못하고 숨졌다. 재일 한인들은 해방된 후에도 여비가 없어 한국으로 올 수 없었다. 일본인은 한인을 '조센징'이라 부르며 경멸했고, 생계를 잇는 것도 버거웠다. 한인은 열등한 존재로 취직과 거주, 교제 혼인 등에서 모두 배제되었다. 일본에 살면서 납세의무를 이행했음에도 불구하고 한인은 사회보장 혜택을 오랫동안 받지 못했다.*

1965년 한일 국교 정상화 이후 비로소 그동안 무국적으로 있던 한인은 협정영주권을 받게 되었다. 다른 지역으로 이주한 한인들은 정체성을 잃지 않고 살았으나, 일본의 한인은 자기 자녀에게도 자신이 한인임을 감추고 사는 경우도 있었다. 일본사회에서 살아남기 위해 어쩔 수 없는 선택으로 보인다. 이제는 한류열풍으로 한국에 대한 이미지가 바뀌었다. 일본사람들은 앞을 다퉈 한국어를 배우고 한국 노래와 한국 음식을 배운다. 재일교포가 역사의 굴곡에서 벗어나 이제야 웃고 있다.

4 사탕수수밭 한인과 사진 신부, 미국 이민 효시

1903년 미국은 하와이의 사탕수수농장에 한인들을 보내기 위해 조선과 정식으로 이민계약을 체결하였다. 이는 조선이 서양으로 가는 최초의 이민이다. 월 15달러라는 보수와 집, 식사, 치료는 주인이 부담한다는 조건으로 많은 사람들이 하와이로 이주해갔다. 그러나 무더위 속에서 사탕수수밭 일은 무척 고달팠고, 계약과는 달리 집 역시 천막 속에 칸막이를 나누고 몇 명이 함께 들어가게 하는 것이 전부였다.

빨래, 기타 잡비를 제외하면 실제로 받는 돈은 한달에 10달러 정도밖에 되지 않았다. 격리된 이들은 이름 대신 번호로 불리며 노예와 같은 생활을 했다. 힘든 노동과 열대성 더위로 인한 질병, 채찍 등으로 제대로 치료받지 못하는 한인들은 하루가 다르게 죽어나갔다.

미국정부는 한인들의 노동능률을 높이기 위해 '사진결혼'을 생각해 냈다. 미국정부가 사탕수수밭 한인 남자들의 사진을 한국의 처녀에게 넘겨주면 결혼을 원하는 여자는 하와이로 올 수 있게 했다. 이렇게 해서 약 1,000명의 처녀들이 하와이로 건너가게 되었고 이들은 미국에서 뿌리를 내려 살게 되었다. 한인들은 농장을 이탈하여 미국 본토에 가서 대륙횡단 건설 노동자로 일하기도 했다.

또 한국전쟁 이후 미군과 결혼한 한국 여성들이 남편을 따라 미국으로 건너가고, 혼혈인과 고아들이 미국으로 입양되었다. 1965년부터 1980년대까지 미국은 연 2만~3만 명의 한인 이민을 허용하였다. 이 시기에 의사·간호사·사업가·엔지니어 등 고급학력을 가진 사람들이 이민의 주류를 이루었기

◀ LA한인 타운, 영어보다 한글이 더 많이 보인다.

때문에 '엘리트 이민'이라고 불렸다. 반면 1980년대 후반부터는 한국경제가 고도성장을 이룩하면서 엘리트에게는 미국 이민의 열의가 식어갔다.

한편, 먼저 이민을 떠났던 사람들이 한국의 가족을 초청하는 가족초청 이민으로 변해갔다. 초기에 미국으로 떠난 사람들은 사회 밑바닥에서부터 시작했다. 벼룩시장에서 장사를 하고 용접공, 단순기술 노동자로 일하면서 돈을 모아 세탁소와 가발 장사, 식료품, 부동산업으로 사업을 확장했다. 미국 한인들의 성공은 "한인들은 미국 이민 1년 만에 좋은 차를 사고, 3년 만에 좋은 집을 산다"는 말이 공공연하게 돌 정도였다. 이태주(2010)는 재미동포는 직업상 몇 가지 특징이 있다고 말한다. 첫째는 사업의 상당 부분을 유태인에게 물려받았다. 둘째, 직업을 자주 바꿨다. 셋째, 흑인을 고객으로 돈을 벌었으나, 그들을 무시하며 차별했다. 그래서 한인은 흑인의 적이 되기 시작했다.

1992년 LA폭동이 일어났다. 이 폭동은 미국 최초의 다인종 폭동사건으로 기록된다. 흑인들이 LA에 있는 한인업소 2,280개를 방화하고 약탈했다. 이

사건의 원인 가운데 하나는 한인의 흑인에 대한 태도가 꼽힌다. 특히 한인은 고객과 눈을 잘 마주치지 않는다. 이름을 잘 부르지 않는다. 한국의 문화는 눈을 똑바로 바라보는 것은 예의 없는 행동이라고 배웠고, 이름을 부르는 것보다는 관계를 부르는 게 익숙하다. 이름은 친구나 손아래 사람에게나 부르는 것이다. 그러나 미국문화는 눈을 바라보며 이야기해야 하고, 이름을 불러야 인정감이 있는 것이다. 문화차이도 있었지만, 한인이 백인에게 유난히 친절하고, 흑인에게는 고압적인 자세였음은 부인할 수 없다.

미국의 한인이 아닌, 한국에 사는 한국인도 유난히 백인에게는 친절하고 개발도상국가에서 온 사람들을 무시하는 경향이 있다. 무시당하면 적대감을 낳고 그 적대감은 다시 한국사회로 돌아온다. LA폭동은 다문화사회에서는 다른 인종의 문화를 이해하고 더불어 사는 것이 필수임을 깨닫게 하는 사례다. 미국에 사는 우리 교포는 250만 명 정도다.

5 멕시코 애니깽 농장의 노예같은 삶

1905년 일본 대륙식민 합자회사가 모집한 1,033명의 한인 노동자가 멕시코 유카탄주 헤네켄 농장으로 이동한 후, 10~50명 단위로 이곳에 있는 25개 농장으로 팔려갔다. 농장에 배치된 한인은 공식적으로 4년간의 계약노동자였으나 사실은 노예와 다름없는 생활을 했다. '애니깽'은 높이 1~1.5미터, 너비 30~40센티미터의 잎사귀를 가진 선인장의 일종으로, 한 나무에 보통 50~100개 정도의 잎이 뭉쳐져 있다. 애니깽 잎을 잘라서 으

▲ 애니깽 농장, 폭염과 가시와 채찍이 함께 있었다. 한인동포가 살던 가옥.

깨면 흰 실타래가 되는데 이것을 묶으면 튼튼한 로프가 되는 것이다.

그들은 수많은 애니깽 가시에 찔리며 열대폭염이 내리쬐는 가시밭에 들어가 하루 12시간씩 애니깽 잎을 잘라서 다발로 묶은 뒤 가공공장에 옮기는 힘든 작업을 하였다. 감독들은 일을 느리게 한다거나 잘 못한다고 하여 채찍으로 때리기 일쑤였다.

한 한인이 탈출하여 이와 같은 실상을 대한제국 정부에 알린 결과 고종도 이민회사와 교섭하여 동포를 빨리 송환하라는 어명을 내렸다. 외무대신 이하영은 멕시코 정부에 대해서 “비록 양 국가는 일찍이 수교를 맺은 바 없으나 대한제국 정부가 관리를 파견해서 실상을 파악할 때까지 멕시코 정부가 이들을 보호해 달라”는 전문을 보냈고 멕시코 정부는 “한인을 노예 취급하는 것은 와전되었다”라는 회신을 보내왔다. 대한제국 관리는 멕시코 현지의 한인 실태조사를 위해 출발하였으나 을사보호조약으로 외교권을 박탈당하면서 결국 멕시코에 입국조차 하지 못했다. 멕시코 이민은 본국이나 미국 한인 사회로부터 아무 도움을 받지 못한 채 1909년 5월 계약기간이 완료되었다.

이들은 비록 노예생활에서 해방은 되었지만 고국으로 돌아오지 못한 채

일하던 곳에 그대로 남아 일을 계속할 수밖에 없었다. 일부는 미국, 파나마, 페루, 아르헨티나 등지로 이주했는데, 특히 쿠바로 떠난 한인들은 다시 애니깽 농장에서 일하였다. 1933년 한인들이 많이 거주하던 쿠바에서도 혁명이 일어났는데 노골적으로 박해를 가했다. 현재 쿠바 한인 1세대들은 거의 남아 있지 않다. 그러나 한인 2, 3세들이 쿠바 현지인들과 인연을 맺어 뿌리내리고 있다.

6 한인은 브라질과 아르헨티나 의류업계 50% 차지

한국의 경제발전을 위해 이민을 추진할 의지를 가진 박정희 정부는 1962년 2월 해외이민법을 공포하고 사람을 수출하기 시작했다. 미국, 캐나다, 브라질 등을 해외진출 대상지역으로 선택하였다.

1960년 10월, 한백협회 등 이민교섭단체 7개가 탄생했다. 보다 효율적으로 이민에 관한 업무를 처리하기 위해 1961년 한국 이민협회를 결성했고 브라질에 '문화사절단'이라는 이름으로 이민을 위한 시찰단을 파견했다. 같은 해 12월 1차 이민단 17가구 92명은 대대적인 환송을 받으면서 부산항을 출발, 약 2개월간의 기나긴 항로 끝에 리우데자네이루를 거쳐 목적지인 브라질 산토스항에 도착했다. 그러나 계약된 농장은 농사를 지을 수 없는 곳이었고, 1차 이민단 입주 합숙소와 시설공사가 끝나지 않았다는 이유로 농장의 입주를 거부당했다.

결국 희망에 부풀었던 1차 브라질 이민은 준비미비로 인하여 실패로 돌아가고 말았다. 결국 2, 3, 4차 이민단도 토지권 등에 문제가 있어 농업이민에는 실패했다. 하지만 브라질에 도착한 한인들에게 영주권을 취득할 수 있는 기회가 주어졌다.

가톨릭 신자로 구성된 5차 이민은 비로소 농장에 정착하게 되었다. 가톨릭 이민을 제외한 브라질 이주한인들은 대부분 농업을 포기하고 도시로 이주하여 옷 행상, 담배 가게, 구멍 가게, 식당 종업원 등 최악의 조건에서 삶을 시작하였다. 당시 한국에서 이민 떠나는 사람들에게 미화 1,000달러 이내로 제한하였기 때문에 돈이 있어도 가져갈 수 없었다. 그래서 그들은 평생 입을 옷이나 장만해간다고 많은 옷을 가져갔다. 그런데 농장에서 농사를 지을 여건이 안 돼 도시로 갈 수밖에 없었던 한인들은 먹고살기 위해 가져간 옷을 이 집 저 집을 돌아다니며 팔았다. 말이 통하지 않아 종이에다 옷값의 가격을 써 보이고 옷을 팔았는데, 가져간 옷을 다 팔고 난 이후에도 브라질 사람들이 한인만 보면 "옷이 더 없느냐"고 물어볼 정도로 인기가 좋았다. 따라서 한인들은 다음에 오는 사람들에게 옷을 가져오라고 부탁하기도 하고 한국에서 옷을 받아 팔기도 했다.

1971~1972년 한국 동대문 평화시장에서 봉제기술을 가진 의류업자 약 2,000여 명이 브라질로 이주하면서 브라질 한인사회에 큰 변화가 나타났다. 말하자면 어설프게 브라질 한인들이 옷 행상을 했는데, 진짜 의류계 기술자가 대거 이주한 것이다. 이로 인해, 한인들이 제품공장, 제품 하청, 의류 도매상, 의류 소매상 그리고 행상까지 의류계의 수직적 체계를 유지하였던 것이다. 의류업체의 이민으로 인해 현지 브라질인의 일자리 창출은 10만 명이 넘을 정도로 한인의 의류업은 번성했다. 현재 브라질에는 한인

들이 4만 5천 명 정도 거주하고 있으며, 그중 의류업 종사 한인이 4만 명 가량이다. 이들이 브라질 의류시장의 50%를 점유한다.

2010년 5월 상파울루시는 조례를 통해 한인동포 밀집지역인 봉헤치로(Bom Retiro)를 코리아 타운(Bairro Coreano em Sao Paulo)으로 공식 지정했다. 조례는 봉헤치로를 한국전통문화 중심지역이자 상파울루시 관광명소의 하나로 규정하는 한편 향후 각종 개발사업에 필요한 비용을 예산으로 지원할 수 있다고 명시했다. 이에 따라 한인동포사회는 자체적으로 봉헤치로를 한인 경제문화관광 특구로 조성할 수 있으며, 상파울루시로부터 이에 필요한 행정적·재정적 지원도 받을 수 있게 됐다. 상파울루시에는 현재 중국, 일본, 독일, 이탈리아, 이스라엘 등의 외국인 타운이 비공식적으로 조성돼 있으나 법적으로 인정을 받은 것은 한인동포사회가 처음이다.

아르헨티나로 이민 간 한인들도 농업이민에 실패했다. 이들이 판잣집에서 시작한 봉제, 요코 편물을 밤새워 작업했다. 소리가 요란해 다른 거주자들과 마찰도 일어나고, 정전사태로 작업을 중단하기도 했다. 한인들은 '109 편물자치회'를 만들어 행정당국과 교섭하고 원주민들과 타협하고 사회에 봉사도 하며 권익운동을 전개하기도 했다.

당시 한인들은 모자라는 일손을 원주민에게 구해 각 집에 보통 5~6명의 원주민을 고용했다. 한편 한인들이 한 곳에 많이 모여 살기 때문에 한인들을 위한 음식점, 식품점, 떡방앗간 등 한인 대상 상점들이 나타나기도 하였다. 한인의 90%가 의류업에 종사하고 있으나, 최근에 아르헨티나의 경제위기와 치안 부재, 값싼 중국산이 들어오면서 한인들이 멕시코, 캐나다, 브라질 등의 한인 밀집지역으로 떠나고 있다.

7 독일로 간 광부와 간호사의 송금, 한국경제 초석

1960년 초, 일제강점기와 한국전쟁 이후 극심한 혼란과 가난으로 세계 최빈국 중 하나였던 한국은 1인당 국민소득이 200달러도 되지 않았다. 1961년 5·16 군사 쿠데타로 등장한 군부정권을 미국이 인정하지 않자, 혁명정부가 도움을 요청한 나라는 서독이었다. 한국은 차관을 받기 위해 필요한 지급보증이 어려워지자, 그 대신 노동력을 파견하겠다는 안을 내놨다.

1962~1977년까지 선발된 광부 7,936명은 3년 계약으로 독일로 떠났다. 광부들은 지하 1,000미터와 38도의 지열 속에서 일했으며, 월급 대부분을 고국으로 송금했다. 한 달에 2~3일만 쉬면서 일하는 이들의 근면하고 성실한 모습은 서독으로부터 2차 재정원조를 받게 했을 정도다.

재독 '한인글뤽아우프회'가 발간한 『파독 광부 45년사』에 따르면 1964년 12월 박정희 전 대통령은 루르탄광지역을 방문했다. 밴드가 애국가를 연주했으나 대통령 내외와 광부들의 울음소리가 가사를 대신해 버렸다. 박정희 전 대통령은 준비해간 연설원고를 덮고 "여러분 만리타향에서 이렇게 상봉하게 되니 감개무량합니다.… 우리 생전에는 이룩하지 못하더라도 후손을 위하여 번영의 터전만이라도…"라며 말을 잇지 못한 채 울었다. 행사장은 울음 바다가 됐다. 박정희 전 대통령은 연설을 마무리 짓지 못했다. 이들은 지하에서 캐낸 석탄으로 만든 재떨이를 대통령에게 건넸고, 대통령은 담배 500갑을 선물하고 이들을 일일이 격려했다.

1977년까지 진출한 간호사 10,226명도 학업성적과 인성, 능력 등을 평가한 후 파견되었으며, 독일에서 성실하게 일한 결과, 독일주민의 평판이 아

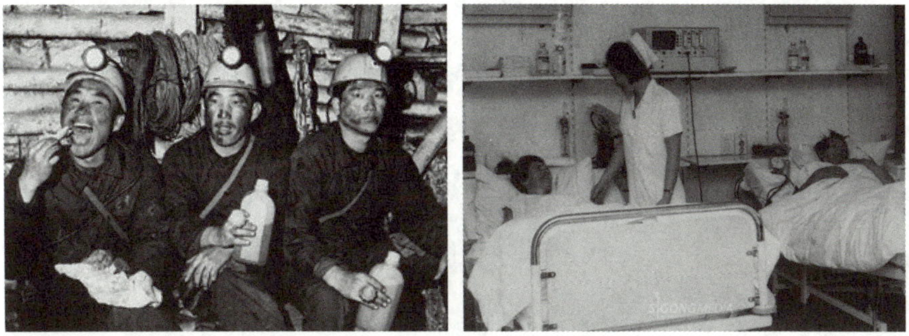

▲ 독일로 간 광부와 간호사가 송금한 돈은 한국 경제의 초석이 되었다.

주 높았다. 독일어를 배우는 속도와 현지 적응속도가 매우 빨라서 병원의 요청으로 다수가 현지에 정착하였고, 이들 중 20%는 의대에 진학하여 의사로 성공하였다. 광부들은 독일에 계속 거주하기 위해 독일인 여성과 결혼하여 다른 직업을 찾아 독일에 체류하는 경우가 많았다.

'진실·화해를 위한 과거사 정리위원회' 조사결과에 의하면 당시 파독 광부와 간호사가 1965년부터 10년간 고국에 송금한 외화는 총 1억 153만 달러로 한국의 경제발전에 밑거름이 되었다. 한국으로 귀국하지 않은 광부와 간호사는 3천 명 정도이며, 대부분 경제적으로 성공했으며, 자녀들도 일류대학을 나와 사회적으로 완전하게 자리를 잡았다.

8 호주의 한인은 호주정부의 혜택에 감사

호주는 250개 민족으로 구성된 다문화사회다. 1920년 호주의 선교사들이 한인 아동을 입양했으며, 한국전쟁 후에도 호주 참전 군인의 아내와 자녀, 또 입양아들이 호주에 입국했다.

1960년대 말기 비유럽인의 입국제한 완화로 한국인의 호주 입국이 증가하기 시작하였고, 1969년 숙련기술인력 이민 프로그램으로 첫 한국인 이민자들이 광산지역에서 일하게 되었다. 1973년 휘틀럼(Whitlam) 노동당 정권의 백호주의 폐지 후, 지질학자, 헬리콥터 조종사, 교사 등 소수의 전문기술자가 이주하였다.

월남 패망 직전인 1974년부터 파월 기술자 500여 명이 휘틀럼 정권의 비자 간소화 정책에 의거 관광비자로 대거 입국하게 되어 1975년에 한인은 1,000명 이상이 되었다. 특히 1976년부터 3년간 프레이저(Fraser) 정권의 체류기간 초과자에 대한 '사면령'을 통해 당시 호주에 거주 중이던 대부분의 한국인이 영주권을 취득하고 한국 내 가족을 초청하게 되었다. 사면령 이후 남미 체류자 및 중동 취업 근로자들이 계속 입국함에 따라 한국인 거주자 수는 1976년 1,460명에서 1986년에 9,285명으로 6배 증가하였다.

1990년 이후에는 입양, 가족초청 이민, 취업, 사업·투자 이민, 유학 등으로 이민이 급증하였다. 1986~1991년에는 매년 평균 1,400명이 입국하였다. 1990년대 경제침체에 따른 이민쿼터 감소 및 이민자격 심사강화, 한국 경제수준의 향상으로 인한 역이민 증가 등으로 호주 이민은 감소하였다. 호주정부는 호주한인에게 실업수당을 주고, 의료보험 혜택도 주고, 자녀를 무상으로 공부시켰다. 또 이민자들이 시간이 나면 전공을 살려 대학에서 공부를 할 수 있도록 지원했다. 호주의 한인은 개인적으로 차별받은 적이 없다고 말한다. 당시 한인들은 처음에는 청소, 용접, 택시운전 등에 종사하였으나 점차 자영업 등으로 사업을 키웠고, 고국의 가족을 초청하고 자녀를 교육시켰다.

그 결과 경제적으로 크게 성공한 사람도 많으며, 2010년에는 권기범 씨(47세)가 시드니 스트라필드 시장(市長)이 됐고, 외교관이던 한인 제임스 최(39세)는 덴마크주재 호주 대사로 부임하기도 했다.

02

우리는 전통적으로 다문화민족

그동안 교과서에는 '한국은 세계에서도 유례 없는 단일민족으로…'하며 단일민족이 민족적 우월성을 가진 것으로 소개되어 있었다. 그러나 2006년 4월 하인즈 워드가 서울을 방문한다는 내용이 보도되자 모든 언론은 '한국은 단일민족이 아니다'라고 인정했다. 그러나 어떤 근거를 두고 한 말인지는 알 수 없었다. 그래서 우리가 단일민족이 아닌 역사를 찾아보았다.

우리의 다문화의 배경에는 침략으로 인한 우리 여성들의 피해, 주변국가의 전쟁과 정란, 재난으로 인해 국경을 건너오는 경우 등이 상당히 많았다. 또 교역으로 인한 타민족의 이동도 중요한 다문화의 요인이 되었다. 국내 성씨의 절반 가량이 귀화 성씨인 것을 보면 얼마나 많은 타민족이 들어왔는지 알 수 있다.

그런데 왜 단일민족이라고 했을까? 한민족의 '우리'라는 공동체의식, 즉 공동체로 들어온 타민족에 대해서도 남이 아닌 우리로 받아들이는 민족성 때문인 것 같다. 한민족의 '우리의식'은 '우리 딸', '우리 어머니'를 넘어서 '우리 아내'까지 이른다. 외국인이 들으면 아내를 공동으로 두는 것 같아 놀랄 일이다. 이러한 공동체 의식은 외국인에 대해서도 '남'이 아닌 '우리'라는 수용성이 '단일민족'으로 받아들인 것 같다.

좀 다른 이야기지만 헌법 전문은 "유구한 역사와 전통에 빛나는 우리 대한국민은 … 정의·인도와 동포애로써 민족의 단결을 공고히 하고…"라고 천명하고 있다. 다문화사회에서 귀화자는 국민이지만 민족은 될 수 없어 헌법개정의 논의도 있었으나, 대한민국이라는 큰 공동체에 들어와 있는 사람을 모두가 같은 민족으로 수용한 위대한 관용정신인 것 같은 생각도 든다. 어떻든 다문화의 역사현장을 함께 가보도록 한다.

1 여성은 다문화의 촉매

1) 황조가, 유리왕의 후궁은 중국 여인

翩翩黃鳥(편편황조)
雌雄相依(자웅상의)
念我之獨(염아지독)
誰其與歸(수기여귀)

펄펄 나는 꾀꼬리는
암수 서로 정다운데
외로운 이내 몸은
누구와 함께 돌아갈꼬

고구려 유리왕이 지었다는 황조가는 다문화 왕가의 비애를 그린 기록에 전하는 최초의 엘레지(Elegy)다. 유리왕 3년, 기원전 17년 10월에 왕비 송씨가 죽어 2명의 여자를 후궁으로 맞아들였다. 한 여자는 화희로 골천 사람이고 한 여자는 치희로 중국의 한인이었다. 두 여자는 서로 질투하며 사이가 좋지 않았다. 왕은 동궁과 서궁을 지어 각각 살게 했다. 왕이 사냥을 나간 사이에 두 여자는 또 싸우게 되었다. 화희가 치희에게 "너는 한 나라 후궁이면서 어찌 그리 무례한가"라고 말하자 치희는 이에 마음이 상해 제 나라로 돌아갔다. 이 말을 들은 왕이 말을 달려 쫓아갔지만 화가 난 치희는 끝내 돌아오지 않았다.[1] 이 노래는 왕이 나무 밑에서 쉴 때 노란새가 날아와 노니는 것을 보고 치희에 대한 그리움을 노래한 것이라고 한다. 역사에 나오는 최초의 국제결혼이지만 후궁이라서인지 많은 사람들은 알지 못하고 있다.

2) 인도 공주, 수로왕의 왕비가 되다

우리 고대사 가운데 인도의 공주 허황후가 가야국 수로왕의 왕비가 된 것은 다문화 역사의 큰 사건으로 기록되고 있다. 허황후는 허황옥으로도

1 정병욱, 『한국고전시가론』, 신구문화사, 2000.

▲ 가야국 수로왕과 왕비 허황옥, 왕비는 인도사람이다.

불린다. 『가락국기』에서 허황옥은 자신을 인도의 아유타국 공주라고 밝히고, 자신의 부모들이 상제의 명을 받아 자신을 수로왕에게 보냈음을 고하는 내용이 있다. 허황후의 출신 국가가 인도인지 여부 등에 대해 여러 설이 갈리고 있다. 그러나 수로왕릉에 그려진 물고기 한 쌍, 즉 쌍어신앙, 항해의 안전을 위한 액막이 탑인 파사석탑 등을 통해 인도설이 통설로 굳어지고 있다. 현재 김해시 구산동의 고분이 허왕후의 능이라고 전해오고 있으며, 해마다 7월 29일에 허황후가 처음으로 이 땅에 발을 내딛는 장면이 전승되고 있다.

3) 처용가, 아라비아 상인의 노래

동경 밝은 달에
밤드리 노닐다가

들어와 자리 보니
다리가 넷이어라
둘은 내 것이런만
둘은 뉘 것인고
본디 내 것이다만
빼앗긴 걸 어찌 하릿고

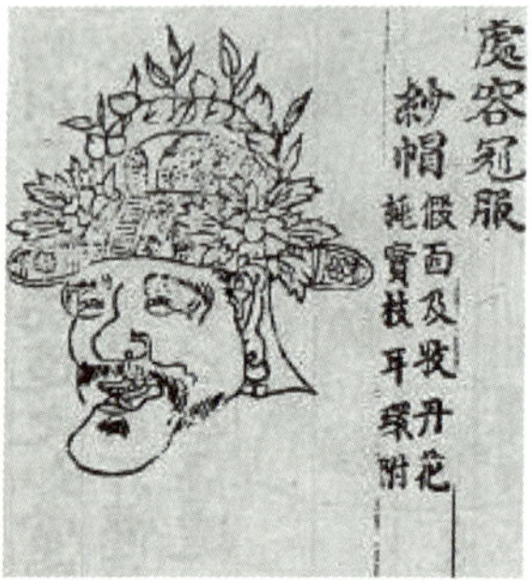

▲ 처용은 아라비아 상인이라는 설이 유력하다.

삼국유사에 전하는 내용을 소개한다. 879년(헌강왕 5) 왕이 개운포에서 놀다 돌아가려고 할 때 동해 용의 조화로 구름에 싸이게 되었다. 이에 왕이 용을 위해 절을 세우자 구름이 걷히면서 동해 용이 일곱 아들과 함께 나타나 춤을 추었다. 그 가운데 한 아들이 왕을 따라 서울로 와서 정사를 도왔는데 왕은 그를 처용이라 부르고 급간의 벼슬과 아름다운 아내를 주었다. 그 아내를 흠모한 역신이 밤에 몰래 동침한 것을 본 처용이 위와 같은 노래를 부르고 춤을 추자 역신은 크게 감복해 처용의 모습을 그린 부적을 붙인 문 안에는 들지 않겠다고 했다. 이때부터 사람들은 처용의 화상을 문에 붙여 나쁜 기운을 물리쳤다고 한다. 실제로 처용은 신라를 내왕한 아라비아 상인이라는 설이 유력하다. 이에 비해 울산 호족의 아들이거나 용신제의에서의 무당이라는 설도 제기되고 있다.

또한 신라 38대 원성왕의 무덤으로 짐작되는 경주 괘릉에 괴이하게 생긴 무인석 두 개가 서 있다. 큰 키와 우람한 체격, 움푹 들어간 쌍꺼풀진 눈, 귀밑에서 턱까지 흘러 내린 꼬불꼬불한 수염, 곱슬머리와 코 끝이 넓게 퍼진 매부리코, 터번처럼 생긴 머리에 두른 둥근 장식까지 아라비아인의 모습을 하고 있다.

신라는 실크로드를 타고 중앙아시아 여러 나라가 활발하게 교역한 강국이었다.[2] 이 과정에서 많은 외국인들이 신라에 살았을 것이고 외국인에 대한 다양성과 수용성에 문제가 없는 다문화사회였을 것으로 추측된다.

4) 쌍화점에서 위구르인이 고려 여인 손목 잡아

쌍화점에 쌍화병을 사러 갔더니
회회아비가 내 손목을 잡더이다.
만약에 이 소문이 이 가게 밖에 번지면
조그만 어린 광대 네 탓이라 하리라.
그 자리에 나도 자러 가리라.
그 잔 곳같이 난잡한 데가 없다.

삼장사에 불을 켜러 갔더니
그 절 사주가 내 손목을 잡더이다.
만약 이 소문이 이 절 밖에 번지면
조그만 어린 상좌 네 탓이라 하리라.
그 자리에 나도 자러 가리라.

2 정현진, 『실크로드를 타고 온 왕족』, 일빛, 2005.

그 잔 곳같이 난잡한 데가 없다.

두레박 우물에 물을 길러 갔더니
우물의 용이 내 손목을 잡더이다.
만약 이 소문이 이 우물 밖에 번지면
조그만 두레박아 네 탓이라 하리라.
그 자리에 나도 자러 가리라.
그 잔 곳같이 난잡한 곳이 없다.

술 파는 집에 술 사러 갔더니
그 집의 아비가 내 손목을 잡더이다.
만약 이 소문이 이 집 밖에 번지면
조그만 바가지야 네 탓이라 하리라.
그 자리에 나도 자러 가리라.
그 잔 곳같이 난잡한 곳이 없다.

고려시대에 유행된 대표적인 노래 쌍화점이다. 당시 고려의 개방적인 성 문화를 표현한 노래다. 회회아비, 삼장사의 스님, 우물의 용, 술집아비 등이 화자인 여자를 유혹해 불륜의 관계를 갖고 그 소문을 들은 다른 사람들이 "나도 그곳에 자러 가겠다"고 한다는 내용이다.

자유로운 연애 모습이 흥미롭다. 쌍화는 만두와 같은 것이다. 서역에서 온 사람이 쌍화점이라는 만두가게를 열고 있었음을 알 수 있다. 고려시대는 서역인들이 들어와 만두가게를 할 만큼 경제활동을 했던 것 같고, 여주

◀ 돈황 막고굴 벽화에 있는 신라 사신.

인공의 손목을 잡을 수 있을 정도로 그들의 관계는 아주 자연스러운 현상이었던 것 같다.[3]

저자는 위구르인들이 사는 중국 신장지역의 돈황 막고굴 벽화에서 각국의 사신들과 함께 있는 조우관(새깃털을 꽂은 모자)을 쓴 신라인을 보았다. 이처럼 고려시대부터 위구르인과의 교역이 활발했던 것 같다.

이 작품은 여러 등장인물이 있고, 주고받는 식의 본사설과 후렴구의 배치로 보아 연극적인 성격이 강했을 것이라는 의견도 있다. 기록에 따르면 전국에서 뽑힌 기생들이 남장을 하고 충렬왕 앞에서 이 노래를 대본으로 연희했다고 한다.

5) 공민왕의 왕비는 원나라의 공주

공민왕의 왕비인 노국대장공주, 인덕왕후는 몽골이 세운 원나라의 황족

3 정병욱, 『한국고전시가론』, 신구문화사, 2000.

인 위왕의 딸이다. 1349년(충정왕 1) 원나라에서 공민왕과 결혼해 고려의 왕비가 됐다. 노국대장공주는 공민왕이 반원정책을 실시하자 자신이 태어난 원나라를 배척하고 남편을 도왔다. 그러나 둘 사이에는 아이가 생기지 않았다. 결혼한 지 14년 만에 겨우 아이를 갖게 됐으나 난산으로 사망하고 말았다. 그녀가 죽자 공민왕은 매우 슬퍼한 나머지 얼마 후 정치권을 신돈에게 양도했다.

공민왕은 노국공주의 초상화를 그려 벽에 걸고 밤낮으로 바라보면서 그리워했다. 공민왕은 그녀의 영혼을 위로하기 위해 혼제를 지냈으며, 그 진영을 모시기 위해 호화로운 영전을 짓도록 했다. 그러면서 신돈의 시녀였던 반야를 공주의 환생이라 여겨 극진히 아꼈다.[4] 공민왕릉은 현재 개성시 개풍군 해선리 무선봉에 위치한 현릉으로 노국공주의 묘인 정릉과 나란히 하고 있다.

6) 대한제국 마지막 황태자비 이방자는 일본 황손

조선왕조 최후의 황태자비인 이방자는 대한제국의 마지막 황태자비로 의민태자 이은의 비다. 메이지 천황의 종손녀인 이방자는 1920년 유학을 명목으로 일본에 볼모로 있던 대한제국 황태자 이은과 결혼했다. 비록 일본의 의도로 이루어진 정략결혼이었으나 둘 사이는 화목했다. 1921년에 장남 진을 낳았지만 이듬해 조선을 방문하던 도중에 첫돌도 채 지나지 않은 진을 잃는 슬픔을 겪었다. 둘째 구를 낳고 다시 단란한 생활을 했으나 1945년 일본의

---

4 이기담, 『공민왕과의 대화』, 고즈윈, 2005.

패전 후 왕가가 폐지됨에 따라 신분이 강등돼 재산을 몰수당했다. 의민태자의 복권을 두려워했던 이승만 대통령의 방해로 귀국마저 좌절되자 재일 한국인으로서 고된 삶을 살았다. 1960년 4·19혁명으로 이승만이 하야하고, 새로 정권을 잡은 박정희 당시 국가재건최고회의 의장의 초청으로 1963년에 가족과 함께 귀국해 한국 국적을 회복하고 창덕궁 낙선재에 기거했다.

이방자 여사는 한국에서 지내며 남편인 영친왕과 함께 장애인 돕기 등 사회봉사에 전념했다. 1970년에 남편을 잃고 3년 뒤 숙원사업이었던 영친왕기념사업회를 발족시켰다. 말년에는 직장암으로 수술을 받은 후 일본에 있는 아들 구와 함께 지내기도 했다. 이방자 여사는 국가의 생활비 보조로 생계를 유지하는 어려운 생활여건 속에서도 사회봉사에 정열을 쏟아 한국 장애인들의 어머니로 존경받았다.

7) 오스트리아 프란체스카, 대한민국 첫 영부인

이승만 대통령의 부인 프란체스카 도너 리는 민주공화국으로서 대한민국의 첫 번째 영부인이라는 면에서 상징적 의미가 크다. 오스트리아 빈에서 사업가 루돌프 도너의 3명의 딸 가운데 막내로 태어났다. 1934년 제네바에서 제네바 국제연맹 회의에 참석차 방문한 대한민국 임시정부 대표 이승만을 처음 만났다. 모친의 반대에도 같은 해 10월 미국 뉴욕에서 결혼했다. 이 결혼으로 그녀는 한국 독립운동가, 정치가의 아내로서 굴곡이 많은 길을 걷게 됐다.

프란체스카 여사는 이승만의 내조자로서 미국 본토와 하와이 일대에 있는 청소년들의 민족교육과 독립운동에 힘썼으며, 한인기독학원의 교사로서도 크게 역할을 했다. 1945년 8·15 해방 뒤에 한국에 왔으며, 정부가 수립되고 이승만이 대통령에 당선되자 이후 대통령의 부인으로서 검약정신을 몸소 실천하며 조용한 생활을 했다. 남편과 사별한 뒤 고향인 오스트리아의 빈으로 돌아가 지내다가 1970년 환국해 이화장에서 양아들 이인수 가족과 함께 생활했다. 한 양산을 30년 동안 사용할 정도로 늘 검소해 국민에게 모범이 됐다.[5]

8) 최초의 고구려 출신 중국 황후 고조영

우리 조상 가운데 중국 황후의 자리에 오른 사람들이 있었다. 고구려에서 북위로 이주한 고조영과 고영이 대표적인 인물이다. 고조영은 북위를 좌지우지한 고구려 출신의 귀족세력이 바로 발해 고씨인 고조의 딸이고, 고영은 고조영의 조카다. 고조영은 북위 6대 황제 효문제의 후궁이 됐다. 그러나 고조영은 아들이 태자에 책봉된 뒤 외척들의 발호를 막기 위해 태자의 친어머니를 살해하는 고대 중국의 관습에 따라 죽음을 당했다. 황제에 오른 아들 선무제에 의해 후에 황후 문소태후로 추존됐다. 또 고영은 선무제의 황후 선무황후가 됐다. 고조의 조카 고맹은 장락공주와 혼인함으로써 북위 황실과 3중의 혼인관계를 맺게 됐다. 고씨 가문은 북위 황실과 복잡한 겹사돈 관계를 맺어 외척으로 족당까지 형성하는 등 당대 최고의 권력을 누렸다.[6]

고조가 이렇듯 권력의 핵심에 있을 수 있는 것은 모국인 고구려의 강력

5 이순애, 『프란체스카 리』, 랜덤하우스중앙, 2005.
6 김종서, 『 부여·고구려·백제사연구』, 한국학 연구원, 2005.

한 뒷받침이 이를 가능케 한 것으로 보인다. 고구려는 이같이 정략적인 혼인동맹으로 만주와 한반도 북방에서 절대적 영향력을 행사하였다.

9) 원나라 공녀에서 천하를 경영한 기황후

기황후는 고려시대에 원나라 공녀로 끌려가 황후가 인물로 대륙의 정세를 주도하며 영향력을 발휘했던 사람이다. 1333년 고려 출신 내시 고용보의 추천으로 궁녀가 돼 순제의 총애를 받았다. 1335년 황후가 역모사건에 연루돼 사약을 받고 죽자 순제가 기씨녀를 황후로 책봉하려 했다. 그러나 신하들의 반대로 이뤄지지 않았다.

1339년 황태자를 낳고, 반대세력을 축출한 제2황후에 책봉됐다. 기황후는 황조정을 움직여 반대세력을 몰아내고, 황후 직속관청인 자정원을 설치해 실권을 장악했다.[7] 기황후는 원나라 대신들과 황실의 반발과 음모를 헤치고 자신의 아들을 황통을 잇게 하고 군사권까지 장악했다. 기황후는 공녀라는 굴레를 벗고, 사치와 향략을 끊고 백성을 위해 온전히 베풀었다. 그녀가 원제국의 제2황후로 책봉된 데는 철저한 현지화전략이 있었다고 말한다. 맛있는 음식이 생기면 먼저 칭기즈칸을 모신 태묘에 바친 후에야 먹었을 정도로 철저한 현지화전략을 구사했고 이런 전략이 먹혀들었다는 것이다. 기황후는 고려와의 관계에서 공민왕을 몰아내려는 데 앞장섰다. 그동안 고려가 공물로 원나라에 바치던 공녀제도를 폐지했으며, 고려를 원나라의 일개 지방 성(省)으로 삼으려는 정책에 반대했다.

한편, 원나라가 고려에 영향력을 행사한 80여 년 동안 원나라 조정에는

[7] 제성욱, 『기황후』, 일송북, 2006.

고려 출신의 여자들이 대거 진출했다. 고려 여자와 결혼하거나 고려 여인을 첩으로 두어야 출세할 수 있다고 여겨질 정도가 됐다. 기황후로 인해 몽고인들에게 고려는 멋과 세련미가 있는 나라로 인식이 되었다. 몽고 조정안에서 기황후의 옷매무새와 기황후가 즐겨 먹는 고려 음식, 고려 풍습에 귀족과 환관, 궁녀가 열광하기 시작했고, 이러한 것들은 곧 이어 일반 백성에게로 번져갔다. 이른바 기황후는 요즘 한류의 원조인 셈이다. 이러한 고려의 문화를 '고려양'이라고 부른다. 주로 전해진 것은 고려의 의복, 신발, 모자 등의 복식과 떡, 만두, 상추쌈, 고기를 튀기거나 지지는 조리법 등이다.

2 역사와 과학으로 보는 다문화

1) 팔관회는 다문화축제

신라와 고려에서 열린 팔관회는 여진과 왜, 아라비아 상인들로부터 진상품을 받았다. 그 진상품을 계기로 상품의 수요가 증대되어 교역으로 이루어졌다. 팔관회를 통해 주변국들과 교류를 활발히 하며 우리의 전통문화와 다문화적 특성을 살린 것으로 볼 수 있다. 특히 고려시대 개경과 서경에서 토속신에게 제사지내면서 불교의식이 가미되었다. 등불을 환히 밝히고 술, 다과와 함께 군신이 함께 가무를 즐기면서 천지신명을 즐겁게 해 나라와 왕실의 안녕을 기원한 행사였다. 개경에서는 11월, 서경에서는 10월에 행하는 것이 상례였다. 예식은 소회일과 대회일로 나뉘었다. 소회일에는 왕이 법왕사에서 부처님께 예를 올리고, 또 궁중에서 군신의 하례와 만수무 강의 헌수, 지방관의 축하선물을 받으며 가무백희를 베풀었다. 대회일에도 역시 축하와 헌수를 받고, 주변국가 상인으로부터 진상품을 받으며 연회를 즐겼다. 이를 계기로 외국과의 무역이 활발하게 행해지기도 했다. 고려사에는 '대식국에서 100명이 와서 토산품을 바치니 왕께서 극진히 대접했다'는 기록이 있다. 여기서 대식국은 이슬람 왕조인 사라센제국, 즉 아라비아를 말한다.[8]

2) 불교 전래, 다문화 신호탄

우리나라에 불교가 전파된 것은 372년(고구려 소수림왕 2)이다. 진 나라의 순도와 아도가 불경과 불상을 가지고 들어와 초문사·이불란사 등을 창건하고 처음으로 설법을 시작한 것이다. 고구려에서는 평양 9사와 반룡사 영탑 등을 지었고, 많은 고승이 배출됐다. 백제는 384년(침류왕 1) 인도의 승려 마라난타가 동진을 경유 입국해, 왕의 우대를 받고 궁중에 머물다가 이듬해 남한산에 절을 짓고 포교를 시작했다. 마라난타는 서해를 건너오면서 거친 풍랑을 만나자 모시고 있던 아미타 불상의 지시대로 불상을 바다에 던져 안전하게 법성포에 도착할 수 있었다는 일화가 전해지고 있다.

불교는 우선 중국인과 인도인 등의 외국인 승려에 의해 전래됐다는 점에서 충격적이다. 낯선 얼굴의 외국인 승려가 불경을 들고 와서 토착 삼국인들에게 포교하는 장면은 오늘날 외국인 선교사들이 거리에서 전도하는 것보다 더 이색적이었을 것 같다. 우리 고대인은 태양신과 조상신을 숭배

8 한국역사연구회, 『고려의 황도 개경』, 창비, 2002.

하기도 하고 샤마니즘적인 전통 등에 입각해 신앙생활을 해왔다. 이 같은 상황에서 불교의 전래는 고대인에게 새로운 종교관과 세계관에 눈뜨게 한 것이다. 이것은 우리 고대사회를 철학적으로 성숙시키는 계기가 됐다. 불교는 자신만의 고유함을 강요하지 않고 전통신앙과 절묘하게 조화를 이루며 발전했다. 이것이 바로 다문화 코드의 수용성이다.

3 전란과 재난을 피해 온 외국인, 적극 수용

외국인이 우리나라에 들어와 대거 귀화가 이뤄진 것은 삼국시대 초로 추정되는데, 주로 수와 당나라 사람들이 귀화하였다. 고려시대에는 송나라 사람을 비롯해 여진, 거란, 안남(베트남), 몽골, 위구르, 아랍 사람들이었다. 조선시대에는 명나라와 일본인 등 많은 외국인이 들어와 귀화했다. 역사상 외국인의 귀화 동기는 대체로 정치적 망명과 표류, 종교, 투항, 구원, 상업, 피란, 정략결혼, 왕실 시종관계 등으로 구분할 수 있다. 또 중국이나 북방 지역에 전쟁이나 대홍수, 가뭄 등의 재해가 있을 때마다 해당 지역민들이 피난해 왔다. 중국의 혼란기였던 위진남북조시대, 당나라가 몰락할 때, 발해가 멸망할 때, 송나라가 멸망할 때, 임진왜란과 명·청 교체기에 대규모 귀화가 발생했다.

물밀듯이 몰려온 귀화인들은 기존 백성에게 문화적 충격을 안겨주고 의식수준을 크게 향상시켜 줄 정도였다고 한다. 해상 호족세력이 중심이 된 고려는 적극적으로 귀화정책을 폈다. 귀화인에게 집이나 논밭, 물품 등을 나눠주면서 귀화인을 적극 수용했다. 고려는 이에 따라 국력을 키우는 데 도움을 받고, 필요한 선진문물을 받아들이고 부족한 인력을 받아들여 국방력을 키우는 한편 농업인력을 늘려 생산성을 크게 높였다.

조선시대에 들어서도 귀화인 우대정책은 일관되게 유지됐다. 조선은 결혼정책, 강제이주, 인질 등으로 여진족을 포섭하며 북방경계를 지켜냈다. 귀화인들을 통해 북방의 정보를 얻고, 여진과 적당한 교섭, 통상을 계속했으며, 유사시에 적절히 대응할 수 있는 방비책으로 귀화인들을 이용하기도 했다.

이들 귀화인은 모두 어디로 갔을까? 귀화인들은 우리와 같은 피부색, 우리와 같은 언어, 우리와 같은 문화권으로 동화되어 갔다. 귀화인들은 국방을 튼튼히 하고, 부족한 인력난을 해소시켜 주고, 문화적 토양을 풍부하게 해주는 존재였다.

4 역사에 나오는 큰 벼슬한 귀화인들

고려시대에는 건국 초기 광종의 개혁을 돕는 데 크게 기여한 인물로 쌍기를 들 수 있다. 쌍기는 중국 후주 사람으로 사신 설문우를 따라 고려에 와서 신병 때문에 체류하다 귀화해, 원보 한림학사가 됐다. 그는 958년 당나라 관리임용제도를 따라 과거제도를 창설하게 했다. 이것이 우리나라 과거제도의 효시로서 인물 등용의 주요 통로로 작용했다.

조선시대에도 귀화인의 활약이 이어지고 있다. 먼저 조선 개국공신 이지란을 들 수 있다. 이지란은 여진족 출신으로 고려 공민왕 때 부하를 이끌고 귀화했다. 이성계를 도와 조선 건국에 공을 세워 개국공신 1등에 책록됐다. 갑주성과 공주성을 축조했으며, 제1, 2차 왕자의 난 때도 공을 세우는 등 조선 초 나라의 명운을 결정하는 데 크게 기여하였다.

이지란이 무신으로 활약했다면 설장수는 문신으로 활약한 귀화인이다. 설장수는 원래 위구르인으로 원나라 고창 출생이며, 1359년(공민왕 8) 아버지 손을 따라 귀화했다. 1362년 문과에 급제하고, 이성계를 도와 조선 개국에 참가하여 9공신의 한 사람이 됐다. 조선 초 태조에 의해 등용되어 검교문하시중으로 복직되고, 계림을 본관으로 하사받아 연산부원군에 봉해졌다. 시와 글씨에도 능했고 전후 8차에 걸쳐 명나라에 사신으로 다녀왔다.

조선시대 귀화인 가운데 특이한 인물로 임진왜란 당시 조선에 귀화한 왜 장수 김충선을 꼽을 수 있다. 김충선은 1592년(선조 25) 임진왜란 때 가토 기요마사의 우선봉장으로 군사 3,000명을 인솔하고 조선에 쳐들어왔다가 조선의 수준 높은 문물을 보고 흠모하여, 항복한 뒤 여러 번 전공을 세웠다. 조총을 만들어 경상도의 의병들과 함께 힘을 합쳐 일본군과 전투를 벌였고, 곽재우와도 연합하기도 했다. 의병과 조선군 장수로서 정유왜란과 병자호란 때까지 모두 78회의 전투를 치렀다. 선조로부터 김해 김씨로 성명이 하사되었다. 그러나 조선은 말기로 갈수록 쇄국정책을 거듭함으로써 국제사회의 조류에서 밀려나고 결국 일제에 망하는 비극을 겪어야 했다.

5 하멜 표류기, 서양에 조선을 알리다

관동대 박태근 교수는 우리나라에 온 최초의 서양인은 400년 전 경남 통영에 표착한 포르투갈 상인이라고 주장했다. 34세의 포르투갈 상인 조앙 멘데스가 일본 나가사키로 가던 배가 풍랑을 만나 통영 해안에 표류하면서 중국인 16명, 일본인 32명, 흑인 1명 등과 함께 조선 수군에 생포돼 조사를 받았던 것으로 기록돼 있다. 멘데스의 통영 표착은 1627년(인조 5) 네덜란드인 벨테브레(박연)가 제주도에, 1653년(효종 4) 같은 네덜란드인 하멜 일행이 제주도에 도착한 것보다 각각 23, 49년 앞서는 것이다.

또 1627년(인조 5) 네덜란드 선원인 벨테브레(조선 귀화이름 박연)는 동료 D. 히아베르츠, J. 피에테르츠와 함께 식수를 구하려고 제주도 해안에 상륙했다가 붙잡혀 서울로 호송됐다. 이들은 조선에 귀화해 훈련도감에 외인부대장으로 배속되어 무기를 제조하는 일을 맡았다. 그는 조선 여성과 결혼하여 조선에서 살았으며 병자호란이 발발하자 출전했지만 박연을 제외한 두 사람은 전사하고 말았다. 박연은 그 뒤 포로가 된 왜인들을 감시·통솔하는 한편 명나라에서 들여온 홍이포의 제조법·조작법을 조선군에게 지도했다. 박연이 조선에 온 지 26년이 지난 58세때인 1653년에 그의 조국인 하멜 등 네덜란드 사람 36명이 조선땅에 표류하여 제주 해안에 들어온다. 조정은 박연을 제주도로 보내어 그들을 한양으로 데려오게 하였고, 하멜 일행이 다시 전라남도 강진군 병영읍으로 이송조치될 때까지 그들에게 조선의 언어와 풍속을 가르쳤다.

그는 고향으로 돌아가지 못하고 조선에서 여생을 마쳤다. 박연의 고향인 네덜란드 암스테르담 북쪽 De Rijp에는 그를 기리는 기념비가 세워져 있다.

또 하나의 서양인 입국 사건은 1653년(효종 4) 네덜란드의 상선이 일본으로 향하는 도중 풍랑을 만나 제주도 부근에 난파하였다. 선원 64명 가운데 28명은 익사하고, 하멜 등 36명이 제주도에 표착해 관원에게 체포됐다. 14년간 군역과 감금, 태형 등을 겪었으나 일본 나가사키로 도망해 네덜란드로 귀국한다.[9] 하멜이 쓴 『하멜 표류기』에는 당시 조선의 사회실정·풍속·생활 등을 아는 데에도 귀중한 사료가 되고 있다.

6 성씨(姓氏)의 절반은 귀화 성씨

우리나라가 다민족 내지 다문화국가라는 사실을 밝혀주는 근거 가운데 하나가 성씨다. 우리나라 275개 성씨 가운데 136개가 귀화성이다. 현재 국내 성씨의 절반이 귀화 성씨이고, 전체 인구의 20~30%까지가 귀화인들의 후손이라는 계산이 나온다. 귀화 성씨의 예를 들어 보자.

화산 이씨는 베트남 출신이 조상이다. 화산 이씨 종친회가 1995년 베트남을 방문했을 때, 도무오이 당서기장을 비롯한 베트남의 지도급 인사들이 이들을 환대하고 왕손과 같은 국빈대우를 했다. 화산 이씨의 시조 이용상은 베트남 리 왕조의 개국왕인 이태조 이공온의 7대손이며, 6대 임금 영종 이천조의 일곱번째 아들이다. 정란이 발생해 왕족들이 살해당하자, 화

[9] 최두환 역주, 『하멜표류기』, 우석출판사, 2003.

를 피하기 위해 측근을 데리고 바다 너머 표류하다가 황해도 옹진 화산에 정착했다. 당시의 고려 고종은 이를 측은히 여겨 이용상에게 그 지역의 땅을 주어 그를 화산군으로 봉하여 정착을 도왔다. 화산 이씨는 원나라가 침입했을 때는 지역주민들과 함께 몽골군과 싸워 전과를 올리기도 했다.

지금도 베트남 인사가 한국을 방문할 경우, 화산 이씨 종친회를 방문하는 것이 관례가 되었다. 베트남 정부는 해마다 리 왕조가 출범한 음력 3월 15일이면, 종친회장을 비롯한 종친회 간부들을 기념식에 초청하는 등 화산 이씨는 한국과 베트남의 가교역할을 하고 있다.

한편, 반기문 유엔 사무총장의 조상은 중국사람이다. 중국 허난성 싱양현의 반 씨 집성촌 사람들은 반 총장의 취임을 자신의 일처럼 기뻐했다. 반 총장 조상은 고려 충렬왕의 아내가 된 원나라 공주를 따라 고려에 왔다가 김방경 장군의 일본 정벌에 공을 세워 기성 부원군에 봉해졌다. 그는 벼슬을 다한 후 거제로 내려가 여생을 보내 한국 '거제 반씨'의 시조가 됐다(문화일보, 2009. 3. 21).

덕수 장씨의 시조는 아랍사람이었다. 충렬왕의 왕비로 원나라에서 고려로 시집 온 제국대장공주(원나라 세조 쿠빌라이의 딸)는 한 아랍인을 시종으로 데리고 왔다. 그가 고려 여인과 결혼하자 왕은 장순용이라는 성과 이름을 내렸다. 그 아랍사람이 고려로 귀화해서 덕수 장씨의 시조가 되었다. 강 씨, 나 씨, 남 씨, 오 씨, 제갈 씨 등 많은 성씨의 조상들은 중국에서 왔다. 연안 인씨와 대구 빈씨는 몽골에서, 청해 이씨는 여진에서, 경주 설씨는 회족인 위구르에서 왔다. 정선 이씨도 베트남에서 왔으며, 우록 김씨는 일본이다. 가까운 중국과 일본은 물론이고, 인도, 유구(오키나와), 베트남, 몽골,

여진, 위구르, 거란, 흉노, 발해 유민, 네덜란드 등 실로 많은 민족이 우리 나라에 들어와 우리 민족이 된 것이다.

7 DNA 분석 결과, 한국인은 다민족

전문가들은 한국인들에겐 북방계 60%와 남방계 40%의 여러 민족 유전자가 섞여 있다고 말한다. 서울대 생명과학부 이정주 교수와 홍성수 박사, 일본 유전학연구소 사토시 호라이 박사는 서울과 제주에 사는 한국인 213명의 미토콘드리아 DNA를 분석한 결과 이 가운데 14.5%는 남태평양 토착민에게 나타나는 유전형질을 지녔다는 논문을 대한생물학회지에 발표했다. 한국인들은 몽골인의 순수한 혈통을 지닌 단일민족이 아니라 15% 가량은 남태평양 토착민의 유전형질을 지녔다는 분석결과다.

또 과학기술부 정책과제를 진행하는 '동북아민족 기능성 유전체 사업단'이 한국인 60여 명과 몽골인 70여 명의 미토콘드리아 DNA를 분석한 결과 4천 쌍에 평균 7.8개만 다른 것으로 나타날 정도로 유전자가 매우 비슷하다고 발표했다. 반면 한국인과 중국인은 4천 쌍에 평균 8.9개가 달라 유전적으로 매우 먼 것으로 나타났다. 연구진은 이번 결과는 한국인이 북방계라는 것을 대규모 유전자 검사로 확인한 첫 사례라며 앞으로 고대 한국인 유골이나 동북아 소수민족의 유전자 검사를 통해 고구려인의 DNA를 추적한 뒤 현대 한국인의 유전자와 비교해볼 계획이라고 밝혔다.

연세대 신경진 교수 연구진은 박물관에 있는 구석기·신석기·청동기·백제·신라·고려시대의 유골 35점에서 미토콘드리아 DNA를 추출해 분석했다. 그 결과 선사시대 한국인의 DNA는 북방계의 특성을 보였으며, 남방계 DNA는 비교적 최근에 유입된 것으로 나타났다.

미술과 해부학을 전공하고 한국인을 북방계와 남방계로 분류하는 작업을 해온 조용진 교수는 "얼굴 등의 특징을 통해 분석해 본 결과에서도 한국인 가운데 20% 가량은 남방계의 특징이 강하게 나타난다"며 이 유전자 분석결과에 동감을 나타냈다. 조 교수는 분석결과, 남방계는 진한 눈썹, 쌍꺼풀, 짧은 코와 큰 콧망울, 두터운 입술, 많은 수염, 네모난 얼굴, 굵은 머리카락, 검은 피부 등의 특징을 갖고 있다. 이에 비해 북방계는 눈썹이 흐리고, 코는 길지만 끝이 뾰족하며, 쌍꺼풀이 없고 눈이 작으며, 입술이 얇은 게 특징이라고 말한다.

종합적으로 살펴보면 한민족은 이동과정에서 여러 종족들과 자연스럽게 혼인도 하고 교류가 이뤄졌을 것이다. 이로써 한반도와 만주 일대에서 동일한 언어와 문화를 발달시키고 역사적인 경험을 공유하면서 유전적으로 동질성을 갖는 한민족으로 발전했던 것으로 보인다.

다문화정책론

정책제언

미래사회의 해법

다문화정책의 핵심은 2가지다. 첫째, 좋은 인력을 선별해서 입국하도록 하는 것이다. 둘째, 이민자가 새로운 사회에 잘 정착할 수 있도록 사회통합에 주력해야 한다. 좋은 인력은 그 사회에 적응하려는 의지가 강해서 언어 배우기, 일자리, 문화 이해에 매우 적극적이다. 해외 인구 유입은 초기부터 사회비용을 절약할 수 있는 사람이 들어오는 것이 사회비용을 절약할 수 있는 핵심 포인트다. 그래야 내국인과 이민자 간의 갈등을 줄일 수 있고 사회 통합의 비용을 절약할 수 있다.

또 이미 들어온 이민자에게는 적극적인 지원을 해야 한다. 언어와 문화, 환경이 모두 낯선 이민자에게는 이민 초기에 세심한 배려가 필요하다. 특히 중요한 것은 다문화가족이 그들이 가지고 있는 강점을 활용하여 취약계층이 아닌 주류층으로 설 수 있도록 지원해야 한다. 뿐만 아니라 이민자에 대한 지원 시기를 놓치거나 차별과 편견으로 내국인에게 증오감을 갖게 해서는 안 된다. 이러한 증오심은 훗날 더 큰 사회비용을 투자해도 돌이킬 수 없는 상황이 올 수도 있다.

이민정책에서 놓쳐서는 안 될 부분은 '인력이 필요해서 노동력을 불렀더니 사람이 왔더라' 하는 말이 있다. 인간을 경제적 요소로만 단순하게 생각했으나, 이에 따른 인권문제, 복지문제, 내국인과 이민자와의 갈등 등이 수반된다는 말이다. 프랑스처럼 우선 급하다고 이민자를 선별하지 않고 받으면 인종 갈등과 이민자의 빈곤화 등 많은 사회비용을 발생한다.

이제 다문화정책의 패러다임을 전환해야 한다. 이민자가 들어올 때는 개인의 이익보다는 국가의 이익이 우선한다. 그리고 한국에 들어온 다문화가족에게는 적극적으로 지원해야 한다. 다문화가족과 더불어 살면서 다양성과 개방성을 바탕으로 상생의 발전을 도모해야 한다. 그리고 다문화가족을 결혼이민자만 볼 것이 아니라 외국인 근로자와 해외동포, 유학생, 북한 이탈주민까지 큰 틀에서 함께 보는 것도 필요하다. 이러한 맥락에서 다음과 같은 정책제안을 한다.

01

한국의 오바마를 키우기 프로젝트

1 일반 다문화자녀

1) 유아기 때의 투자는 편익이 가장 크다

한국의 오바마를 키우기 위해서는 다문화자녀들의 출생에서부터 취학 전 교육 지원, 유치원에서 대학에 이르기까지 전체 교육과정을 새롭게 조명해야 한다. 미국의 Perry Preschool Project에 의하면 유아교육 1달러 투자에 16.14달러의 편익이 발생한다고 조사되었다. 유아기는 아동기, 소년기, 청년기, 장년기, 노년기 등과 비교했을 때 투자에 비해 편익이 가장 크다. 유아는 엄마하고만 생활할 때보다 또래 집단과 같이 있을 때 언어능력뿐만 아니라 모든 인지기능 등이 발달된다. 그럼에도 불구하고 육아시설에 유아를 보낼 수 없는 여건이라면 다문화 유아가 일반 아이들보다 발달이 늦을 가능성이 커지는 것이다. 이민자 여성들은 대부분 21~22세 정도에 출산해 양육에 대한 준비가 갖춰져 있지 않다. 그리고 한국에 입국한 후 바로 임신을 하기 때문에, 출산시점은 아직 한국어를 잘하지 못할 때다. 그래서 이민자 엄마가 아이를 교육시키는 것은 더 어렵다.

그럼에도 불구하고 정부와 지자체는 다문화 유아에 대한 교육지원이 미흡하다. 다문화 유아의 특성을 고려한 교육과정을 개발하여 어린이집과 유치원에서 적응하도록 하고, 육아시설에 올 수 없는 유아를 위해 가정으로 직접 찾아가 교육을 실시해야 한다. 육아시설에서 이루어지는 교육은 기존 교사를 통해 전문교육을 강화하는 방법과 별도의 다문화 유아전문교사들이 투입되는 방법을 병행하는 것이 바람직하다. 다문화 유아전문교사는 전직 보육교사와 유치원 교사 등을 대상으로 양육지도를 포함한 전문교육을 이수한 후, 육아시설과 다문화가족지원센터와 가정 등에서 맞춤형 서비스를 지원해야 한다. 이때 교육은 엄마와 함께 하여 교사가 없을 때에도 엄마가 지속적으로 가르쳐줄 수 있도록 지도해야 한다. 다문화 유아전문교사 육성을 기대해본다.

2) 엄마 통장으로 매월 이중언어 지도비 입금

'두뇌유연성 이론'에 따르면 어린아이의 두뇌세포는 언어에 대해 수용성을 가지고 있다고 한다. 『언어의 탄생』에서 크리스틴 케닐리는 "언어의 탄생이란 유전자에서 일어난 한 번의 갑작스럽고 극적인 사건이 아니라 육체적·신경학적·문화적 변혁과 관련된 점진적 과정"이라고 말한다. 다문화자

◀ 이중언어는 생활 속에서 늘 사용할 때 의사소통이 가능해진다.

녀는 엄마와 아빠의 유전적인 요소와 문화적인 요소를 모두 가지고 있다.[1] 그래서 이중언어를 배우는 데 내국인 부모를 둔 아이보다 훨씬 우위에 위치하고 있다. 따라서 어릴 때부터 이중언어의 자극을 줌으로써 두뇌에 '언어 방'을 만들어주는 것이 필요하다. 이중언어 선생님은 이민자 엄마/아빠(이하 엄마)가 되어야 한다. 특별한 교재가 필요한 것이 아니라 가정에서 일어나는 일상적인 일을 엄마나라 언어로 아이에게 말하는 것이다.

베트남 여성의 가정을 예로 들어보자. 엄마는 아이에게 베트남 말을 지속적으로 한다. 아빠는 아이에게 아빠나라 말을 한다. 아이는 엄마 말과 아빠 말을 구별할 수 있다. 정부 또는 지자체는 그 엄마선생에게 매월 일정액을 지도비용으로 엄마의 통장으로 넣어준다. 분기별로 보내는 것보다 매월 보내는 것이 정책의 효율성을 위해 좋을 것 같다. 아이에게 이중언어 가르치기를 게을리 하고 있을 때 엄마의 핸드폰으로 메시지를 보내는 것이다.

1 일본에서는 다문화자녀를 반쪽만 일본사람이라는 의미로 'Half'라고 불렀다. 하지만 최근에는 엄마와 아빠의 문회적 감수성을 모두 가졌다 해서 'Double'이라고 부른다.

'귀하의 통장으로 ○○원이 입금되었습니다. 소영이가 베트남어를 잘해서 훌륭한 인재로 성장하길 기원합니다. 대한민국 정부/또는 ○○시' 엄마선생은 얼마나 좋아할까? 남편은 대한민국 정부로부터 직접 돈을 받은 적이 없을 것이다.

남편도 듣기 싫어라 하는 베트남어를 우리 아이에게 가르치라고 돈을 보낸다? 갑자기 아내를 존중해야겠다는 생각이 들고, 자신도 인사말 정도는 베트남 말을 배워야겠다는 생각이 들 것이다. 이민자 가정의 문제인 가족통합을 해결하는 기회가 될 수도 있다. 아내는 베트남에 있는 친정과 친구들에게 자랑할 것이다. 더러는 몇 개월을 모아서 고국으로 송금할 수도 있다. 베트남에서는 한국을 천사의 나라로 볼 것 같다.

이 사업은 대도시, 중소도시, 농촌, 국적별, 엄마의 학력별, 아이의 연령별 등으로 표본을 수집한 후 우선 소규모로 시범적으로 실시하는 것이 좋겠다. 그 후 문제점과 개선사항을 검토한 후 대상 그룹을 점차 확대하면서 시행하도록 한다. 또 일부 대상은 지속적으로 패널조사 대상으로 관찰하는 방안도 검토해보자. 지금처럼 초등학교 아이를 방학 때 모아놓고 이중언어 교실을 하는 것보다는 훨씬 비용도 줄이면서 효과는 높을 것 같다.

한 나라의 언어를 구사할 줄 아는 것은 우선 아이에게 자신감을 키워준다. 학교에서도 이중언어로 소통할 수 있는 다문화자녀에게 박수를 보내고, 더 열심히 할 수 있도록 동기를 부여해야 한다. 이중언어가 가능한 아이는 엄마나라에 대한 연구를 할 수 있고, 그 나라를 상대로 경제활동을 할 수 있다. 지금은 엄마나라가 개발도상국이지만 다문화자녀가 성장하는 10, 20년 후에는 엄마나라는 경제대국이 될 수도 있다. 다문화자녀들이 엄마나

라와 아빠나라의 가교역할을 하며 두 국가 간의 상호이익을 위해 활동할 수 있는 날이 오기를 희망한다.[2]

3) 권역별 대안학교 설립과 방송·사이버교육 필요

차별과 편견으로 학교에서 견디기 어려운 아이들이 있다. 학교 수업을 따라가기 힘든 자녀들도 뭔가 자신이 하고 싶은 것이 있다. 자신이 하고 싶은 일을 할 때 자긍심도 높아지고 행복해진다. 입시 위주의 학교가 아니라 다양한 프로그램으로 인간답게 살 수 있는 대안학교를 설립하면 좋겠다. 대안학교 설립에 대해서는 반대하는 사람들도 있다. 다문화자녀들이 '일반 학생들과 함께 교육을 받아야 사회성이나 언어능력이 향상될 것이다'는 주장이다. 이상적인 말이다. 일반학교에 다닐 수 있는 아이는 일반학교에 다녀야 좋다. 그러나 도저히 견딜 수가 없는 경우가 있다. 이런 경우는 대안학교로 갈 수 있도록 해야 한다. 그리고 영상과 인터넷에 익숙한 세대들이므로 방송과 인터넷을 활용하여 방송중학교나 방송고등학교, 다문화가족 전용 방송채널 운영 등도 함께 고민해야 한다.

4) 다문화 이해 교육이 시급하다

일본역사 시간에 귀 잡아 당겨

일본인 엄마를 둔 자녀의 역사시간 이야기다. 하루는 아이가 귀가 빨갛고 멍이 들어서 집으로 들어왔다고 한다. 이유는 임진왜란 때 조선인의 귀 무덤

---

2 대우증권에서는 엄마(아빠)가 자신의 자녀를 가르칠 수 있도록 중국어 교재를 개발하여 보급하고 있다.

을 배웠는데 수업이 끝나고 친구들이 아이의 귀를 잡아당겼다는 것이다.

삼별초, 공녀 배울 때 몽골 자녀 때려

원나라(몽골)와의 고려의 관계인 삼별초, 공녀 등을 배울 때도 엄마가 몽골인인 학생은 친구들에게 '원수를 갚는다'고 구타를 했다고 한다.

얼굴이 구리빛이라고 '아프리카'라고 놀려

방글라데시 불법체류자 자녀는 학교 가기가 싫다고 운다. 자신의 구리빛 피부색을 보고 아이들이 "아프리카, 아프리카"라고 놀린다. 아이들이 "너희 나라 차 있냐?" "너희 나라 냉장고 있냐?" 하고 함부로 대한다. "우리나라에서 돈 벌지 말고 너희 나라로 꺼져" 하며 때리는 아이도 있다. 다행히 학년이 달라지면서 다문화 이해도가 높은 담임을 만나서 학생들의 놀림은 중단되었으나 긴장되고 주눅이 드는 것은 여전하다.

엄마에 대한 증오심 커

아주 활발하고 공부도 잘하는 초등학교 2학년 여자아이가 있었다. 외모나 말씨로는 다문화자녀인 줄 몰랐다. 어느 날 엄마랑 같이 장을 보다가 친구를 만났다. "엄마가 필리핀 사람이래"라는 소문이 돌았다. 아이들은 "필리핀"이라고 놀렸다. 이제 아이는 공부도 안 하고 말도 없어졌다. 어느 날 선생님이 불러 엄마이야기를 꺼냈다. "엄마가 필리핀 사람이라고 해서 창피한 일이 아니다"라고 말을 꺼내자 그 아이는 "엄마가 죽었다"고 말했다. 같이 살고 있는데도 그렇게 말했다.

2011년 국가인권위원회가 다문화자녀 186명을 설문조사한 결과, 학교에서 집단 따돌림을 당한 학생이 37%를 차지했다. '발음이 이상하다'라는 이유로 놀림을 당한 경우가 41.9%, '너희나라로 돌아가라'는 말을 들은 경우가 21%로 단지 저개발국가의 엄마를 두었다는 이유로만 왕따가 된 것이다. 얼마 전에 신문에서 '다문화'라는 용어가 학교 현장의 일부 교사에게는 다문화자녀를 지칭하는 말로 통용된다는 보도가 있었다. 학교에서 다문화자녀의 이름(김소희)을 무시하고 "다문화 말해봐" "다문화 남아서 보충수업하자"라고 말하는 교사가 있었다. 그러자 아이들도 김소희를 '다문화'라고 부른다. 교사는 소희를 애칭으로 '다문화'라고 부르는지도 모르지만 소희의 상처는 크다. 교사의 말 한마디는 전체 학생에게 쉽게 파급된다. 다문화에 대한 이해 부족에서 나온 결과다. 다문화 이해를 위해서는 먼저 서구사회 중심으로 구성된 세계사와 지리 등의 교과서를 동남아시아, 중동 등의 국가에 대해서도 균형있게 소개하는 것이 좋다. 아울러 외국인 근로자센터나 다문화가족지원센터 등을 방문하여 다양한 사람들과 함께 그들의 노래를 배우거나 친구를 만드는 기회도 마련하도록 하고, 체류 외국인을 초청하여 다문화 강의를 듣는 방안도 있다. 교사와 학생에게 필요한 교재를 개발하고 다문화 교육시간을 늘리는 것도 중요하다. 그리고 언론과 드라마 역시 이들도 우리의 구성원임을 자연스럽게 자주 노출시켜야 한다.

세계 각국은 이미 다국적의 사람이 모여 살고 있다. 세계 어느 나라에도 부모 중 한 사람이 외국인이라는 이유로 차별받는 나라는 없다. 동일성과 문화적 통합을 강조하던 시대는 지났다. 다문화교육의 최종목표는 고정관념을 깨고 세계인으로서의 안목을 가질 수 있도록 다양성과 개방성을 키워주는 것이다.

5) 대기업 사회공헌 대표사업은 다문화자녀 지원

기업들이 최근 가장 큰 관심을 갖는 사회공헌 분야 가운데 하나는 다문화자녀 지원이다. 대기업의 사회 공헌 형태는 과거에는 1회성 장학금 전달, 기부금 전달이었으나, 이제는 대표사업을 가지고 지속적으로 지원하는 형태로 바뀌었다. 또 과거에는 민간단체나 지역사회에 기부금을 주던 형태였으나 최근에는 기업 내 복지재단을 만들어 직접 운영하는 방식으로 변화하고 있다. 기업들이 사회공헌을 기업의 사회적 책임이자, 미래를 위한 투자로 판단하기 시작했기 때문이다.

대우증권은 다문화가족을 위한 한국의 대표음식과 실용정보를 9개 국어로 번역한 '다국어 요리책' 10만 3천부를 제작해 새로 입국하는 결혼이민 여성에게 출입국관리사무소를 통해 전달하고, 전국 다문화가족지원센터를 통해 결혼이민 여성에게 배부하였다. 아울러 매년 달력에 9개 언어로 한식 요리하는 방법을 소개하여 이민자 가정에 전달하고 있다.

▲ 대우증권에서는 그림·글짓기 대회 우수시상자에게 장학금을 지원한다.

뿐만 아니라 전국 국제요리대회, 엄마(아빠)나라말 경연대회, 다문화자녀 그림그리기·글짓기 대회를 실시하고 있으며, 여기에서 우승한 다문화 자녀에게는 장학금을 지원하고 있다. 또 엄마가 아이에게 가르칠 수 있는 중국어 교재를 발간하여 전국 중국 출신 이민자 가정에 배부하였다.

LG그룹은 2009년 12월 '사랑의 다문화 학교'를 세우며 본격적인 다문화 가족 지원에 나섰다. LG의 다문화 학교 프로그램은 언어 영재, 과학 영재, 음악 영재를 육성 하고 있다. 언어 영재교육은 중국과 베트남 출신 자녀를 선발하여 폭넓고 깊이 있는 이중언어 구사력 향상을 목표로 중국어 및 베트남어와 연계한 교과교육, 주제 체험 교육 등으로 외국어 대학에 위탁하여 2년간 집중 교육을 시키고 있다. 과학 영재는 KAIST에 위탁해서 전문적인 교육을 실시하고 있다. 또 피아노, 비올라, 첼로, 바이올린 등 다문화 음악 영재를 선발하여 유명교수에게 지속적으로 레슨을 받게 하고 있으며, 세계적으로 유명한 음악가에게 특별 레슨을 받도록 지원하고 있다. 뿐만 아니라 다문화가족에 대한 인식제고를 위한 지속적인 광고로 많은 공감대를 형성하고 있다.

STX는 '다문화어린이도서관'을 창원, 부산, 구미, 안산에서 오픈했다. 각 도서관은 베트남, 중국, 몽골, 필리핀, 아랍어 등 10여 개국 1만여 권씩의 도서와 다양한 국가의 전통악기 및 음악자료, 만화영화, 동요 등의 동영상을 소장하고 있다. 이러한 자료는 해외 네트워크를 활용, 현지 해외 법인 및 지사 등을 통해서 구하고 있다. 도서관은 다문화 어린이와 이주여성들을 위한 한국어 교실, 이중언어 교실, 음악회, 영화제 등 다양한 프로그램을 지원하고 있다. 또한 내국인 어린이에게도 개방하여 다양한 문화를 체험하는 공간으로 활용하고 있다.

KT는 'IT서포터즈'에서 컴퓨터 강사를 파견하여 다문화가족지원센터, 외국인 근로자지원센터 등에서 전액 무료로 지속적인 컴퓨터 교육을 실시하고 있다 이 밖에도 삼성, 포스코, 한화, 외환은행 등도 다문화가족 지원을 사회공헌의 대표사업으로 추진하고 있다. 대기업이 언론의 관심을 받는 다문화가족을 지원하는 것은 기업 이미지 제고에도 도움이 될 것이다. 특히 해외에 상품과 기술을 수출하는 기업은 다문화가족의 본국에서도 좋은 이미지를 살릴 수 있어 매출에 도움이 될 수 있다. 그러나 정보에 밝은 다문화가족만 중복 혜택을 받는 것이 아닌가 하는 우려도 있다. 또 내국인 저소득층이 상대적으로 소외되고 있다는 말도 나온다. 어떻든 이와 같은 대기업의 관심은 다문화가족에게 희망과 용기를 주고, 짧은 다문화 역사를 가진 한국사회가 다문화가족에 대한 수용성에 긍정적인 영향을 준다고 생각한다.

2 중도입국 자녀

1) '국제 기능학교'를 만들어 글로벌 인재 키워야

- 에르덴(몽골, 여, 16세)은 본국에 있을 때는 전교에서 1등을 놓치지 않은 천재였다. 그러나 재혼한 엄마를 찾아 한국의 국경을 넘는 순간, 에르덴은 열등아로 취급되었다. 학교에서는 모든 것을 한국어로 이야기하면서 한국어로 평가했다. 그리고 아무것도 모른다고 비웃고

같은 반 아이들의 학습 분위기를 저해한다고 부담스러워 했다. 견딜 수 없어 학교를 중단했다. 미용기술을 배우려하지만 수강료가 너무 비싸서 엄두도 안 난다.

- 트 롱 타오리(베트남, 여, 9세)는 솜씨가 보통이 아니다. 학교에서 돌아오면 작은 손으로 엄마가 집에서 봉제인형 만드는 것을 돕는다. 하청을 주는 사장은 엄마보다 딸이 더 잘 만든다고 칭찬한다. 트 롱 타오리는 봉제공장 사장이 되는 것이 꿈이다.

중도입국 자녀의 가장 중요한 강점은 그들의 언어와 문화다. 그들의 자신의 언어와 문화는 보물이다. 그런데 한국 사람들은 이들이 가진 모국어와 문화적 감수성은 안 보고, '한국말도 못하는 바보'로 취급한다. 중도입국 자녀를 바보 취급하면 정말 바보가 된다. 보물 취급하면 정말 보물이 된다. 우리는 이들을 보물로 만들어야 한다. 모국어와 한국어에 능통하면 글로벌 인재로 클 수 있기 때문이다. 어차피 이들의 친부모는 외국인이었으나, 이들은 한국인 새아빠가 입양을 했기 때문에 언젠가는 법적인 한국사람이 될 것이다. 중도입국 자녀는 대부분 청소년기 이하에 입국하기 때문에 언어 습득력이 빠르다. 그래서 2년 정도만 지나면 대부분 해결된다. 그런데 사람들은 조급하다. 중도입국 자녀는 출신국이 어디든 간에 사교육에 젖어있는 한국 학생의 학습 진도를 따라오기는 힘들다. 모국어를 버리고 한국어로 공부하게 한다는 것은 미래를 바라보지 못하는 행태라고 생각된다.

대책은 학력이 인증되는 '국제 기능학교'를 만드는 것이다.[3] 출신국의 언어를 사용하여 기능을 익히고, 한국어는 좀 시간을 두고 배워도 된다. 기능학교의 교사와 관계자는 가능하다면 고학력 결혼이민자를 활용하는 것이 좋겠다. 이는 결혼이민자에게 안정적인 일자리를 제공할 수 있고, 중도입국 자녀에게 정서적 안정감을 부여할 수 있다.

외국어학교, 과학고등학교, 자립형학교를 많은 학생이 희망하듯이 학력이 인증되는 '국제 기능학교'는 중도입국 자녀를 위한 학교로 하되, 한국인에게는 20~30% 이내만 할당하여 중도입국 자녀의 언어로 공부하게 하는 것이다. 중도입국 자녀와 일반 다문화자녀들이 주류층을 형성하여 한국 학생들이 그들의 언어를 배우고, 중도입국 자녀들은 한국 학생을 통해 한국어를 배우는 데 도움이 될 것이다. 각국의 청소년이 함께 공부하는 자리라서 또 다른 언어를 배우는 기회도 되고, 글로벌마인드와 문화적 다양성을 수용하기에 좋은 학교가 될 것이다. 기능학교만 졸업하면 대학을 가지 않아도 안정된 직업과 높은 소득이 보장되도록 현장 위주의 교육이 필요하며, 대학에 진학할 경우 특례입학의 길도 열어줘야 한다.

하지만 다문화자녀들의 가정이 소득이 낮다. 숙식과 교재까지 지원하는 시스템이어야 실효성이 있다. 중도입국 자녀들이 한국식의 획일화된 교육을 따라가지 못하여 학업을 중단하고, 훗날 한국사회에 적응하지 못해 사회문제를 일으킨다면 그때는 더 큰 비용으로도 해결할 수 없게 된다. 본국어와 한국어를 자유로이 구사하고 체계적인 전문기능 교육을 받은 중도입

---

3 정부와 교육청은 2012년부터 다문화자녀를 위한 기술 대안학교인 '다솜학교'를 개교할 예정이다.

국 자녀들이 세계를 이끌어가는 명장으로 성장하는 날을 기대해본다.

2) 다문화 클러스터(cluster)로 다문화자녀 지원

다문화가족 사업은 정부와 지자체, 학계, 기업, 언론, 민간 등 사회구성원 모두가 협력했을 때 다양성과 수용성을 바탕으로 국가발전을 이끌어 낼 수 있다. 정부와 지자체가 중심이 되어 각자의 특성에 맞는 '다문화 클러스터'를 운영해야 한다.

그 운영사례로 '국제 기능학교'와 '대안학교'의 운영에 대해서 논의해보자. 정부가 다문화 예산을 투입하는 것은 한계가 있다. ① 정부는 법과 제도를 만들고 정책의 방향을 세우고 구체적인 정책대안을 제시해야 한다. ② 민간은 현재 쓸모없는 땅을 지자체에 기부한다. ③ 지자체는 학교 토지를 포함한 그 근처의 토지를 쓸모있는 땅으로 용도 변경해준다. 그리고 학교 운영비도 부담해야 한다. 또 본국의 유능한 교사를 스카우트하고 자격을 갖춘 이민자 여성을 교사로 채용하여 안정적인 임금을 지원한다. ④ 내국인도 1대1 멘토링 등 자원봉사로 활용한다. ⑤ 기업은 건물을 지어주는 것이 좋겠다. 그리고 기능학교를 졸업하는 인재를 스카웃한다. ⑥ 언론은 다문화사업을 언론에 노출시켜 다문화에 대한 인식을 개선해야 한다. ⑦ 학계는 관련 사업에 대해 조사·분석하고 연구하여 보다 발전적인 대안을 제시해야 한다.

이처럼 각자의 위치에서 서로의 역량에 맞게 힘을 모은다면 한국은 글로벌 인재 대국으로 성장할 수 있다.

3) 본국 언어로 검정고시와 수능 제2외국어, 대학 특례입학

한국의 대학 진학률은 2007년에는 82.8%, 2008년에는 83.8%. 2009년에는 81.9%로 세계에서 가장 높다. 중도입국 자녀들도 모두 대학에 가고 싶어한다. 학교에 적응하지 못하고 자퇴한 중도입국 자녀들은 상급학교에 진학하기 위하여 학원에서 검정고시를 준비한다. 외국에서 온 지 얼마 안 되는 외국 아이들이, 태어날 때부터 한국인이었던 아이들과 같이 똑같은 과목을 똑같은 수준으로 시험본다는 문제가 있다. 본국의 언어로 검정고시를 보되, 평가과목도 줄이고 합격점수도 낮춘다면 중도입국 자녀가 문제 청소년이 되어 방황하는 일은 없을 것이다.

현재 수능 외국어 시험은 총 7개 언어로 독일어, 프랑스어, 스페인어, 중국어, 일본어, 러시아어, 아랍어다. 다문화자녀를 위해 필리핀어(따갈로그어), 베트남, 캄보디아, 몽골어 등을 추가하여 선택할 수 있도록 지원해야 한다. 대학입시 역시 같은 언어권을 선택할 때 특례입학이 가능하도록 입시제도를 개선해야 한다.

충남외고가 2011년부터 베트남어과를 신설하여 5명(정원의 20%)의 다문화자녀를 선발하고 기업의 장학금을 지원한다고 하니 반가운 소식이다. 다른 학교에도 이중언어를 쓰는 다문화자녀에게 적극적인 우대조치가 확산된다면 좋겠다. 문화적 감수성을 2배나 갖고 태어난 다문화자녀들이 제2, 제3의 오바마로 다시 태어나도록 힘을 모아야 한다.

02

저출산과 고령화의 해법, 다문화가족

1 다문화는 미래사회의 해결사

1) '다문화청', 저출산 · 고령화의 해법 코드

한국의 미래사회에 가장 큰 걸림돌은 저출산과 고령화로 인한 노동력 부족이다. 이를 해결하기 위해서 '다문화청' 설립이 시급하다. 한국은 세계에서 가장 빠른 속도로 고령화가 진행되고 있다. 통계청에 의하면 65세 이상 노인인구 비율은 2009년 10.7%(519만 2천 명), 2010년 11%(535만 9천 명), 2011년 11.3%(553만 7천 명)으로 나타났다. 2018년에는 고령사회(14%), 2026년에는 초고령사회(20%)에 진입할 것으로 보인다. 2050년에는 노인인구는 38.2%로서 세계 '최고령국'이 될 것으로 전망되며, 특히 의료·요양 수요가 많은 75세 이상 노인 인구비중이 큰 폭으로 증가될 것으로

그림 1 연도별 합계출산율 (단위: 명)

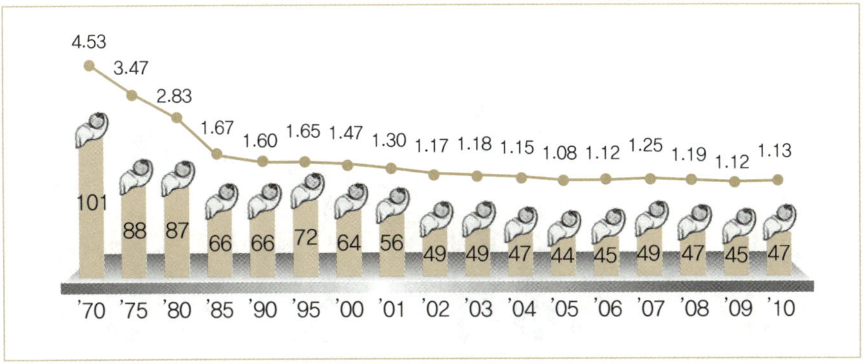

자료: 통계청 인구 통계.

예측된다.

합계출산율 또한 1983년 인구대체 수준 2.1명 이하로 하락한 이후 저출산현상이 지속되어, 2008년에 1.19명(출산 46만 6천 명), 2009년에 1.15명(출산 44만 5천 명), 2010년 1.23명(47만 명)으로 세계에서 가장 낮은 출산율을 보이고 있다.

2010년 OECD 평균이 1.74명이며 미국 2.01명, 일본 1.37명 수준인 점을 감안하면 우리의 저출산 현상은 심각하다.

더욱 우려되는 것은 합계출산율이 상승하더라도 가임기 여성(15~49세)이 계속 감소하여 중·장기적으로 출생아 수는 감소할 수밖에 없는 상황이다. 특히 가임기 여성 중 주로 출산하는 주 20~39세의 여성은 2000년 1,045만 명, 2010년 921만 명, 2030년 719만 명, 2050년에는 555만 명으로 감소될 것으로 전망된다. 출생아 수 추계도 2020년 37만 7천 명, 2030년 34만 8천 명, 2050년에 22만 6천 명으로 현재와 같은 추세가 지속될 경우, 총

그림 2 고령화의 추이 및 전망 (단위: 만 명, %)

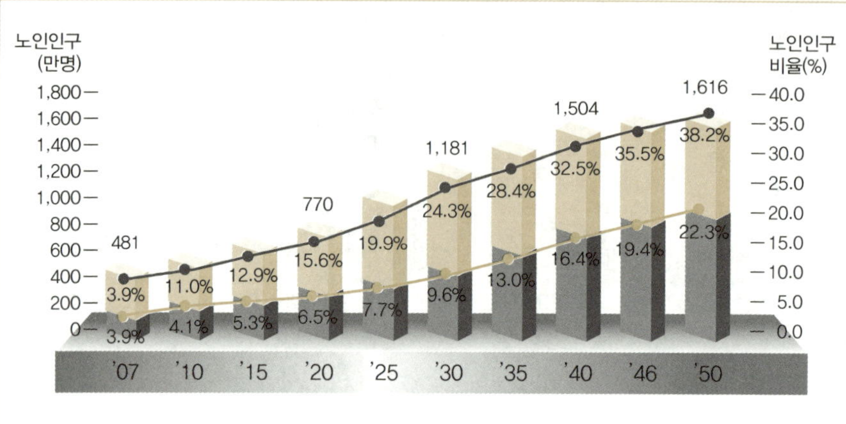

자료 : 통계청,「전국장래인구추계(2006)」,「2007 고령자 통계」.

표 1 주요국의 인구고령화 속도 (단위: 년)

구 분	도달년도			소요년수	
	고령화사회 (7%)	고령사회 (14%)	초고령사회 (20%)	고령사회 도달	초고령사회 도달
한 국	2000	2018	2026	18	8
일 본	1970	1994	2006	24	12
독 일	1932	1972	2009	40	37
미 국	1942	2015	2036	73	21
프랑스	1864	1979	2018	115	39

자료 : 통계청,「전국장래인구추계」, 2006.

인구는 앞으로 10년 후인 2018년 4,934만 명을 정점으로 감소할 전망이며, 생산가능인구(15~64세)는 2016년에 3,619만 명을 정점으로 감소되고, 핵심근로계층(25~49세)은 2007년 2,066만 명을 정점으로 감소 추세이다(보건복지부, 새로마지플랜, 2009).

그림 3 주요 인구구조 변동 (단위: 만 명)

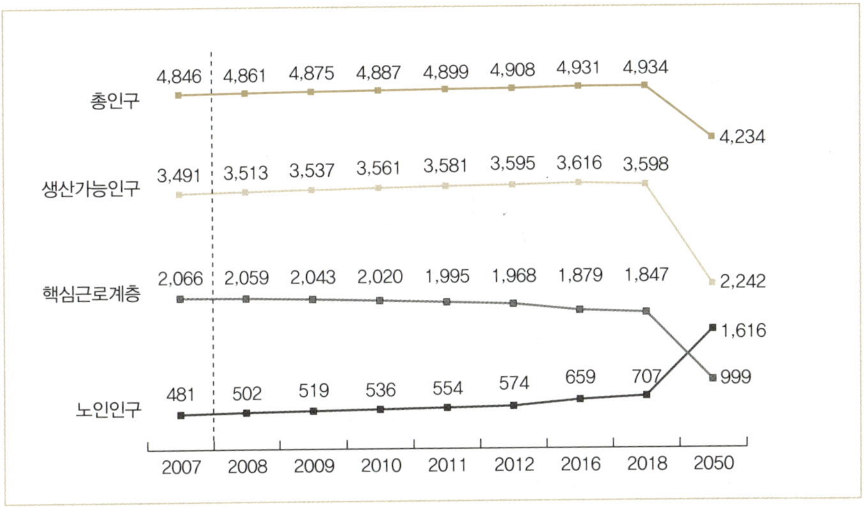

자료: 통계청, 2006.

표 2 주요 인구구조 변동 (단위: 만 명)

	2007	2008	2009	2010	2011	2012	2016	2018	2050
총인구	4,846	4,861	4,875	4,887	4,899	4,908	4,931	4,934	4,234
생산가능인구(15~64)	3,491	3,513	3,537	3,561	3,581	3,595	3,619	3,598	2,242
핵심근로계층(25~49)	2,066	2,059	2,043	2,020	1,995	1,968	1,879	1,847	996
노인인구(65~)	481	502	519	536	554	574	659	707	1,616
노인인구비율(%)	9.9	10.3	10.7	11.0	11.3	11.7	13.4	14.3	38.2

자료: 보건복지부, 2009.

이렇게 저출산·고령화현상이 지속되면 노동력 부족과 평균 근로연령 상승으로 인한 생산성 저하, 소비·투자위축 등으로 잠재성장률이 하락하게 된다. KDI에 의하면 잠재성장률이 2000년대 4.6%, 2020년대 2.9%, 2040년대 0.7%대로 하락할 가능성이 있다고 한다.

그림 4 연도별 잠재성장률 전망 (단위: %)

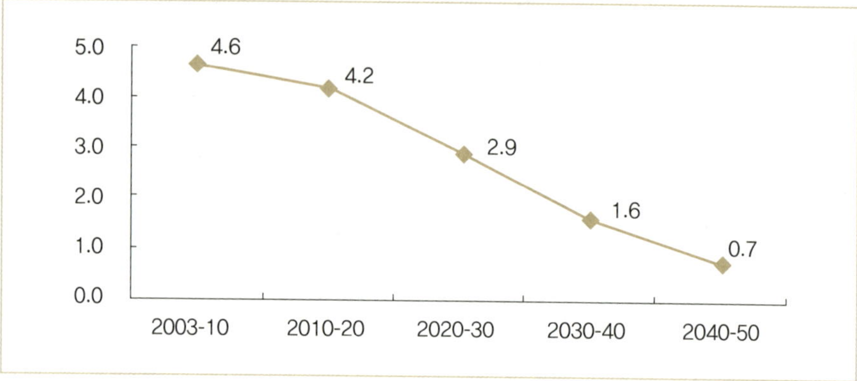

자료: KDI, 2006년, 합계출산율 1.19명(총요소생산성 증가율 1.5% 가정).

뿐만 아니라 공적연금, 건강보험 지출이 급격히 증가되어 재정부담이 심화되고, 젊은 세대의 노인부양부담 급증 등으로 세대 간 갈등이 초래될 수 있다. 2007년에는 생산가능인구 7.0명당 노인 1명을 부양했지만, 2030년에는 2.7명당 노인 1명, 2050년에는 1.4명당 노인 1명을 부양해야 한다.

이러한 심각성을 알기 때문에 정부는 최근 5년 동안 출산과 보육 등에

그림 5

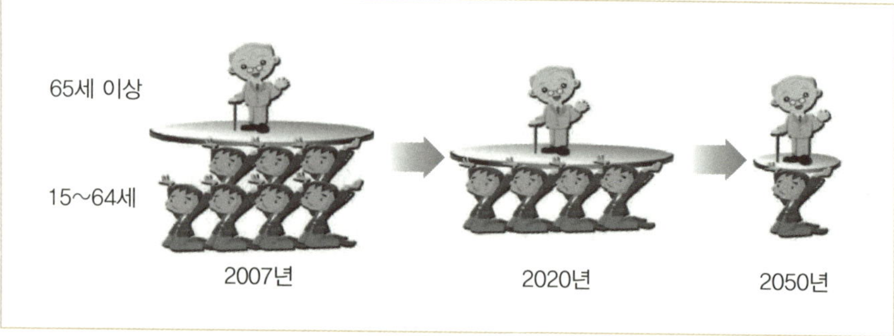

자료: 보건복지부, 새로마지플랜, 2009.

엄청난 예산을 지원했으나 저출산 문제는 해결되지 않았다. 앞으로도 가임 여성 인구감소와 결혼과 자녀에 대한 가치관의 변화, 사교육비, 실업문제, 주택문제 등으로 더욱 저출산문제가 심각해질 것으로 예상된다.

저출산·고령화 문제를 출산으로 해결하기는 여전히 어렵다. 유럽연합도 저출산과 고령화로 인하여 향후 40년 동안 유럽의 노동력이 7백만 명 이상 줄어들 것으로 전망했다. 은퇴인구가 늘어나는 상황에서 이민자 유입이 없이는 경제활성화와 사회안전망은 약화될 것이다.

선진국의 이민정책 사례를 보자

- 미국은 유럽에서 건너온 이민자들이 다양성을 바탕으로 미국을 본국인 유럽보다 더 경제대국으로 발전시켰다.
- 캐나다, 호주, 독일, 스위스 등 이민국가는 투자·기술이민을 적극 수용하여 인구도 늘리고, 산업구조도 고도화하는 데 성공했다.
- 일본은 선진국 중 외국인에 대해 수용성이 가장 낮지만 최근에 적극적 이민수용정책으로 바꾸고 있다. 2009년 일본의 합계출산율이 1.29명으로 인구감소의 심각한 위기에 처하고 있다. 이에 대한 대안으로 50년 안에 일본 인구의 10%에 해당하는 1,000만 명을 해외이민으로 받아들이는 계획을 추진 중이다. 일본은 지금까지의 단순 외국인 근로자 유치 차원에서 벗어나 전문직 등 우수인력을 끌어들이는 데 초점을 맞추고 있다. 지난해 '우수인재수용추진위원회'를 설립, 교육수준이 높고 훌륭한 기술이 있는 외국인들을 유치하기 위한 방안을 마련했다.

- 홍콩은 2006년부터 우수두뇌를 유치하기 위해 적극적인 이민정책(Quality Migrant Admission Scheme: QMAS)을 펴고 있다. 2009년까지 전세계에서 온 금융·회계·정보통신·물류 전문가 3,868명이 홍콩에 정착했다. 이에 앞서 홍콩은 2003년부터 650만 홍콩달러(약 10억 원)를 투자하면 홍콩 영주권을 주는 투자이민정책을 실시하고 있다. 이 프로그램을 통해 지금까지 약 1만 1,000여 명이 홍콩 영주권자가 됐다. 이 중 8,500명(77%)이 중국인이다(『중앙 SUNDAY』, 2010. 7. 4).
- 러시아는 인구가 1억 4천만 명에 머물고 있어 세계 5대강국으로 도약하기 위해서는 해마다 백만 명의 외국인을 이민으로 받아들여야 한다는 목소리가 커지고 있다. 이 경우 중앙아시아 등 옛 소련권 국가에서 이민을 받자는 안이 인구전문가들로부터 제시되고 있다. 러시아정부도 이에 대해 긍적적인 태도를 보이고 있어 중앙아시아 국가들의 러시아 이민이 늘어날 것으로 예상된다.

한국도 우수 외국인재 유치를 위한 범정부 차원의 지원체계를 구축하고 있다. 외국인 투자유치의 적극적인 지원을 통하여 2010년 외국인직접투자 순유입액은 세계 32위로 68억 7천3백만 달러를 달성했다.

또 2011년에는 국익에 기여할 것으로 인정되는 자 14명(사회과학분야 9명, 체육분야 4명, 기업인 1명)을 특별 귀화시켰다. 뿐만 아니라 기업수요에 부합하는 비자제도 개선과 고용절차 간소화 등을 통하여 기업이 보다 쉽고 빠르게 외국인을 고용할 수 있도록 지원하고 있다.[1] 2011년 12월 31일

1 「2012년 외국인정책시행계획」 자료, 국무총리실, 2012. 1.

그림 6 한국의 외국인직접투자 순유입액

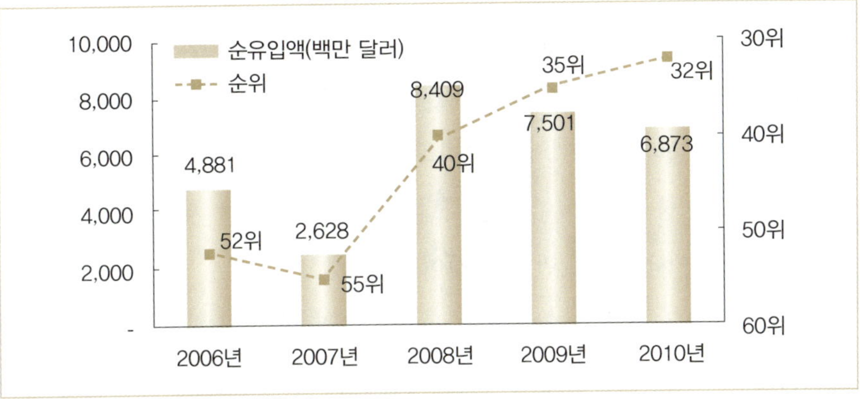

* 자료: 「2012년 외국인정책시행계획」, 외국인정책위원회, 국무총리실, 2012. 2.
* UNCTAD(유엔무역개발회의), 'World Investment Report 2011'.

현재 법무부에 의하면 국내체류 외국인 중 전문 인력은 47,774명으로 전체 체류 외국인 139만 5천 명에 비하면 3.4% 수준이다.[2] 전문 인력 중 22,541명이 외국어회화강사이다. 이러한 전문 인력 외국인 수는 미국, 일본 등 선진국에 비해 턱없이 부족하다. 선진국은 단순기능 인력의 증가는 사회통합 비용을 증가시키기 때문에 국내 도입을 축소하고 있다. 하지만 한국의 단순기능 인력은 국내 체류 외국인의 92% 수준으로 OECD 평균 54%를 크게 웃돌고 있다.[3] 전문인력을 유치하기 위한 제도적인 인센티브를 강화해야 하며, 출입국 관리도 적극적인 편리를 도모해야 한다.

위와 같이 선진국의 이민정책과 한국의 다문화정책을 분석해 보면 다음과 같은 시사점을 찾을 수 있다.

2 「출입국·외국인정책본부 통계월보」, 법무부, 2011. 12.
3 OECD(2008), Database on Immigrants in OECD Countries(DIOC).

전문인력과 투자이민을 받아들인다. 그러나 한국의 여러 가지 환경에 비추어볼 때, 이들로만 생산인력을 확충하는 데는 한계가 있다. 그래서 한국에 오래 체류한 경험이 있는 외국인 근로자를 이민자로 받아들여야 한다. 이들은 한국생활과 한국어에 익숙하고, 경험을 통해 숙련노동자가 되었다. 외국인 근로자 중 보내기 아까운 사람은 보내지 말자는 것이다. 그 가족까지 불러서 한국 사람으로 만드는 것이 좋을 것 같다.

아울러 통일을 대비한 인력수급 문제도 검토해야 한다. 북한 주민은 일자리가 없기 때문에 직업 없이 사는 사람이 대다수다. 그나마 직업이 있다면 단순노동자다. 또 오랫동안 굶주림으로 인해 만성질병에 시달리고 있다. 한국에 사는 북한 이탈주민의 취업실태를 분석해 노동력 활용방안을 만들어야 한다.

이같은 점을 고려하여 하루빨리 '다문화청'을 신설하여 부처별로 흩어져 있는 다문화정책과 외국인정책을 일원화하고, 체계적인 다문화정책을 수립해야 한다. 다문화정책은 미래사회의 저출산·고령화로 인한 국가부담을 최소화하는 길이다. 아직도 단일민족이라는 환상으로 외국인 유입을 폐쇄적으로 바라보며 다문화정책에 소극적일 경우 국제사회의 흐름에서 뒤처지기 마련이다. 바우만(Bauman)은 "단일국가에 집착하여 얻는 것은 문화적 사막뿐이다"라고 말했다. 다문화정책의 새로운 패러다임이 필요한 때다.

2) 다문화가족은 지역감정 해소의 키워드

결혼이민자들이 벌써 정치 세력화되고 있다. 지자체장은 다문화축제를 내세워 지역주민들과 악수할 일도 만든다. 남편은 선거철에야 군수 얼굴을 보지만, 결혼이민자는 간담회라는 이름으로 군수와 점심도 같이 먹고 온다. 정치인들은 지방행사를 할 때마다 결혼이민자 여성을 만나서 애로사항을 청취한다. 농협, 농업기술센터, 한전, 토지공사 등 각종 행사 때마다 결혼이민자들을 동원시킨다. 젊고, 예쁘고 이국적인 여성들이 그들의 전통의상을 입고 나오면 마스코트처럼 행사가 빛난다. 언론은 매일 이민자 여성들을 취재한다. 이러한 관심은 다문화가족에 대한 수용성에 많은 기여를 할 수 있어 다행스런 현상이다.

행사주관 기관은 이민자들을 그냥 보내기 미안하니까 기념품을 준다. 여성은 받는 데 익숙해서 기념품의 가격에 대해 비교한다. 누구는 기념품을 쌓아놓고 산다고 한다. 그만큼 지역행사가 많다는 이야기로 해석된다. 또 지역기관에서는 가끔씩 이민자 가족을 초청해 서울 구경도 시켜주고, 제주도 관광도 보내준다. 대기업과 공공기관에서는 다문화가족사업 정부 위탁기관인 한국건강가정진흥원에 다문화가족을 위한 사업예산을 지원한다. 또 최근에는 롯데홈쇼핑에서 전기매트 6백개, KBS에서 어린이 도서, CD 등을 기부하기도 했다. 지역센터로 전달된 현물은 센터 종사자와 선물을 받은 여성과 못받은 여성 사이에 갈등이 생긴다. 현장에서는 현물 배정의 비효율성이 지적되고 있다. 또 내국인 저소득층과 장애인층이 역차별을 받는다는 소리도 나오고 있다. 결혼이민자들도 공식적인 자리에서 "한국어 교육을 받으러 갈 때 교통비와 점심을 제공해 달라"고 당당하게 요구한다. 이민자가 많아지자 목소리가 커졌다. 어쩐지 이민자 여성 주변이 좀 들떠 있는 기분이 든다.

지역 다문화가족지원센터 센터장은 자원봉사로 활동하고 있는 경우가 대다수이다. 하지만 지역에서 센터장들은 지역유지로서 상당한 대접을 받는다. 센터 내 다문화가족의 표들이 연결되어 있는 것을 무시하지 못한다. 다문화가족지원센터는 기초 지자체에서 관내 사회단체나 사회복지관, 종교법인 등을 대상으로 지정하게 되어 있다. 일부 지자체장은 센터운영주체가 '자신에게 우호적인가, 배타적인가', '센터장이 나를 도와 줄 사람인가, 나를 도울 수 있는 능력이 있는가'를 본다. 특히 소도시와 농촌지역일수록 다문화가족을 둘러싼 많은 것들이 정치 세력화 현상이 뚜렷해 보인다.

행정안전부 조사에 의하면 결혼이민자 211,458명 중 귀화한 결혼이민자는 69,804명으로 전체의 33%를 차지한다.[4] 이는 이민자의 3분의 1이 선거에 참여한다는 의미이다. 이제 다문화가족도 시민권 행사의 중요한 계층으로 발전하였다. 다문화가족에게 지역감정, 즉 '미워도 다시 한번'이 있을 수 없다. 자신들의 복지와 인권에 관심을 보이는 사람에게 한 표를 던질 것이다. 일부 지역에서는 국제결혼 지원금을 주기도 하고, 친정에 보내주는 행사도 한다. 이러한 것들은 표를 의식한 지원으로 오해 받을 수 있다. 어떻든 다문화가족은 당파에 얽매이지 않는다는 측면에서 지역감정을 없애는 키워드다.

3) 대학에서 다문화 전문가를 육성하라

한국은 앞으로 3년 안에 다문화 트렌드가 자연스러운 현장으로 자리 잡을 것으로 보인다. 저출산과 생산인구 감소로 인해 보다 많은 외국인 근로

4 「지방자치단체 외국인주민현황」, 행정안전부, 2011년 6월(2011. 1월 기준).

자가 필요로 할 것이며, 가치관의 변화로 인한 국제결혼이 증가할 것이다. 또 경제수준이 높아질수록 유학생은 증가될 것이며. 북한이탈주민 수도 급증할 것이다. 이에 따라 다문화가족도 정책 서비스 욕구가 증대될 것이다. 이들에게는 복지측면뿐만 아니라 한국어 교육, 인권과 문화, 일자리, 차별 편견 금지, 사회통합 등 전반에 걸쳐 내국인과 다른 섬세한 서비스가 필요하다. 요새 다문화에 관련된 기사는 매일 4~5건이 넘는다. 정부와 언론과 사회에서는 관심은 많은데, 전국 345개 대학 중에 다문화학과는 1~2개 정도이다.

대학에 다문화학과를 신설할 것을 제안한다. 누군가는 사회복지학과에서 다문화를 포괄하면 된다고 말 할 수 있다. 그러나 다문화가족을 취약계층의 한국인과 동일하게 보는 것은 문제가 있다. 한국은 아직 외국인에 대한 관용이 부족한 사회다. 외국인은 이질적인 문화로 충격을 받고 게다가 수용성이 부족한 가정과 사회에서 갈등을 겪는다. 이 때문에 다문화가족을 지원하는 전문가를 키우는 것은 대학의 소명이라고 생각한다.

교육과정은 이론과 실무로 나눌 수 있다. 다문화이론은 사회복지 전반과 다문화가족의 유형과 현황·실태·한국과 선진국의 다문화역사와 이민정책과 사회통합정책·이민자 송출국의 역사와 사회·문화 등이 포함될 수 있다. 다문화 실무는 이민자 정착 지원·한국어 교육기법·자녀 언어발달지도·상담기법·가족교육·취업지원·자조모임 운영기법, 주요 송출국의 간단한 언어 등이 필요하다. 아울러 무엇보다 더 중요한 것은 다문화현장이다. 교육과정에서 일정한 기간 현장실습을 이행하도록 하여 현장의 생생한 경험을 바탕으로 다문화가족을 지원하도록 해야 한다.

대학 입장에서는 전문가를 키워놓고 일자리가 없으면 어떻게 할 것인가를 걱정할 것이다. 다문화가족을 지원하는 인프라는 다문화가족지원센터, 외국인 근로자지원센터, 대학의 연구소, 도서관, 문화원, 종교기관, 사회복지관, 주민자치센터, 농협, 하나센터 등이다. 다문화가족이 증가함으로써 매년 인프라와 일자리도 확대될 전망이다. 서비스 또한 그동안 이민자의 한국어 교육에 치중하고 있었다. 이제는 취학 전 자녀 지원과 재학 중인 자녀의 방과 후 학습 지도, 중도입국 자녀 지원 등에 서비스를 강화해야 하며, 가족해체 예방, 가족 교육, 차별과 편견 예방, 취업 교육 및 취업 연계, 다문화에 대한 사회 전반에 인식제고 등 해야 할 일이 너무 많다.

사회의 변화를 빨리 읽고, 미래를 예측하는 사람이 성공할 수 있다. 대학에서 다문화 전공자를 키운다면, 향후 정부에서도 다문화가족지도사(가칭)를 국가자격증제도로 도입하는 것을 검토할 것이다. 실무와 이론을 겸비한 다문화가족지도사의 밀착 서비스는 다문화가족들을 하루빨리 안정적으로 정착시킬 수 있고, 가족통합과 사회통합에 기여할 것이다.

2 이민자의 문화, 언어, 음식, 감수성이 최고 상품이다

1) '다문화 테마파크'를 만들어라

일본 교과서에 나오는 다문화 공존의 사례를 소개한다. 야마카다현 도자와촌에는 한국식 '고려관'이 한국을 이해하는 문화관으로 자리 잡고 있다. 야마타현에는 한국에서 시집간 여성들이 1만 7천 명 산다. 이순호 씨는 18

년 전에 야마카타현의 도자와촌으로 시집갔다. 도자와촌은 겨울엔 집이 안 보일 정도로 눈이 많이 내리고 마을에 곰들이 출몰하기도 하는 산촌이다.

이순호 씨가 먹는 김치를 먹어보고, 이웃사람이 맛있지만 맵다는 반응이 었다. 그래서 덜 매운 김치를 만들어 맛보였더니, 많은 사람들이 "맛있다"며 "김치 담는 법을 가르쳐달라"고 했다. 또 초등학교와 중학교에서 초청하여 김치 담는 법을 알려주고 함께 시식했다. 또 한국으로 수학 여행가는 학생들에게 간단한 한국어를 가르쳐주기도 했다. 학교를 통한 한국음식의 반응은 순식간에 이웃마을까지 소문이 나기 시작했다. 그러자 이순호 씨 집에는 김치 담는 법을 배우러 온 이웃주민들이 많아지자, 요일을 정해서 같이 김치를 담고 나눠가졌고, 만두와 냉면 등의 요리법도 마을사람에게 전수하였다. 그러자 조센징이라는 지독한 편견과 차별은 점차 없어지고, 오히려 지역 텔레비전에 출연하면서 '한국음식의 지존'으로 모셔지게 되었다.

마을사람이 반응이 뜨거워지자 도자와촌에서는 그곳에 정착한 한국인 여성 결혼이민자와 함께 한국식 정원과 민속문화관 등을 갖춘 테마파크인 '고려관'을 개관하였다. '고려관'은 일본 내에서 한국문화와 풍습을 접할 수 있는 이색 문화공간으로, 기와를 얹은 한국식 건물로 지었다. 고려관 직원은 한국에서 시집간 이민자 여성들을 우선 채용하였다. 일본문화의 뿌리라고 할 수 있는 한국문화와 역사, 풍속을 볼 수 있으며 한국식 정원에는 장승과 돌하루방이 있고 한국문화관, 한국기념관, 한국 전통자료, 놀이마당 등이 있다. 뿐만 아니라 지역특산물로 한국 여성들이 개발한 도자와촌 김치와 냉면은 없어서 못 팔 정도이고, 한국음식과 한류상품까지 판매하고 있다. 고려관은 일본에서 한국을 볼 수 있는 공간으로, 일본으로 시집간 여

◀ 일본 도자와촌의 한국문화관 '고려관'은 한국에서 일본으로 시집간 여성들이 운영하고 있다.

성들이 가지고 간 한국문화는 한류열풍으로 전국에서 많은 관광객들이 찾고 있어 지역경제 발전에 크게 기여하고 있다.

자, 이제 본론으로 들어가보자. 내가 지자체장이라면 나는 다문화 테마파크를 만들겠다. 예산이 있는 지자체라면 중국, 베트남, 필리핀, 몽골, 태국 등의 종합 다문화 테마파크를 만들 수 있다. 예산이 없는 지자체라면 중국촌, 베트남촌, 필리핀촌, 몽골촌 등 하나씩만 만들어도 된다. 오히려 한 국가의 테마만을 가지고 집중 공략하는 것이 좋을 수 있다. 다문화 클러스터에서 제시했듯이 부지는 지역주민으로부터 쓸모없는 땅을 기부채납 받아서 용도변경을 하는 것이 좋겠다. 인프라는 다문화에 관심이 많은 대기업에 의뢰하면 지어줄 가능성이 많다. 대기업도 기왕이면 최초라는 말을 좋아하고, 그 사회공헌 내용이 홍보하기 좋은 것이라면 더욱 좋을 것이다. 다문화 테마관을 지어주는 것은 투자비용을 건질 만큼의 홍보효과가 있는 사업이기 때문이다. 특히 중국, 베트남, 필리핀, 일본, 몽골, 태국 등으로 수출하는 기업은 다문화촌 인프라 지원에 대해서 상대 수출국가를 겨냥하여 홍보하면 매출이 올라 갈 것이다. 이들 국가는 한류열풍 때문에 많은 여성이 한국에 대해 관심이 많다. 인프라를 지어줄 기업이 없다면 BTL(Build-Transfer-Lease: 민간이 공공시설을 짓고 정부 또는 지자체가 이를 임대해서 쓰는 민간투자 방식)사업으로 진행하는 것은 어떨까? 또 다른 방법은 기업에서 지어서 운영하되 10년 또는 20년 후에는 지자체로 기부채납하는 조건도 검토할 수 있다. 요즘 지자체장은 지역소득과 지역 알리기에 대해 많은 노력을 하고 있다. 이러한 다문화 테마파크는 언론에서 좋아하는 주제로 지자체 입장에서도 손해볼 일은 아닐 것 같다.

다문화 테마파크는 단순히 관광지로서의 기능이 아니라 다문화를 소통하는 공간이 되어야 성공한다. 여기서 놓쳐서는 안 되는 것은 결혼이민자들이 다문화 테마파크 운영에 주도적으로 참여해야 한다는 것이다. 그래야만 내국인들이 다양한 문화적 감수성을 느낄 수 있어 스스로 관용의 마음이 생길 수 있다. 또 이민자들의 일자리도 해결될 수 있다. 소프트웨어는 누구나 생각할 수 있는 것이라 생략하기로 한다. 다만 그들의 축제일을 이민자 국가의 날로 정하여 다문화 테마관에서 그들의 축제를 내국인과 함께하고 그들이 우리 사회의 구성원으로 자리하고 있음을 보여주는 것도 좋겠다.

2) 다문화식당, 성공모델이 필요하다

한국인도 경력이 단절된 여성은 재취업이 어렵다. 결혼이민자가 취업하기는 더 어렵다. 더욱이 이민자 부부의 연령차가 커서 남편이 50대에 들어서면 여성은 30대 초반이다. 50이 넘어서면 단순노동에 종사하는 사람들은 일자리를 잃을 가능성이 많다. 자녀는 아직 어리다. 여성이 취업하지 않으면 사회부담이 너무 크다.

이민자 여성이 한국에 와서 음식과 문화차이로 한국에서 고통받으면서 살지만, 바꿔 생각하면 그들의 음식과 문화가 엄청난 경쟁력이다. 우리에게 이미 알려진 베트남 음식과 태국 음식은 정말 맛있다. 그런데 가격이 너무 비싸고 시내로 나가야 먹을 수 있다. 이들의 음식을 한국인의 입맛에 맞게 퓨전화시켜서 상품성 있는 음식으로 개발하는 것이다. 일본 야마카타현으로 시집간 한국 여성이 한국의 김치를 세계의 '기무치'로 탄생시킨 것처럼.

다문화식당을 3개(대도시형, 중소도시형, 농촌형) 모델로 만들어서 요리를 개발하고 운영방법, 서비스 등을 교육하여 자립할 수 있도록 지원하는 방안을 제안한다. 서울에서는 대형 패밀리 레스토랑에 베트남 음식코너, 필리핀 음식코너, 몽골 음식코너 등를 운영한다. 농촌형은 5천 원 이하의 음식을 개발하여 많은 사람이 이민자 여성과 소통할 수 있는 공간을 제공한다. 중소도시 이상에서는 그 식당에서 이민자 여성이 그들의 옷을 입고 그들의 언어로 인사말을 하고, 영상물을 통해 본국의 자연과 풍습, 음악과 춤을 보여 주고. 또 그들의 옷을 한국인이 입어보게 하고 사진을 찍게 하는 문화공간을 마련하는 것이다.

다문화식당을 한국인 스스로가 찾아와서 이민자와 소통하고 그들의 문화를 이해하는 현장으로 만들고 싶었다. 서로 소통하면 차별과 편견은 저절로 없어지는 것이다.

다문화식당은 수입이 발생하는 사업으로 사회적 기업으로 육성하기 좋은 사업이다. 하지만 철저한 교육과 요리 개발, 체계적인 컨설팅 후에 개업해야 실수를 줄일 수 있다.

3) '다문화 강사'는 결혼이민자의 전문직종

이민자 여성들이 유치원과 초등학교 중학교를 방문하여 다문화 강사로 활동하고 있다. "곤니치와"(일본), "니하오"(중국), "마부하이"(필리핀) "사왓띠"(태국), "즈드라스트브이쩨"(러시아) 다문화 강사의 모국 인사말이다. 인사 중 가장 인기 있는 인사는 태국의 인사말 "사왓"이다. 빵 사왓, 연필 사왓, 아이스크림 사왓. 아이들은 끝없이 인사한다. 러시아 다문화 강의 때는 아이들이 러시아 인사말이 너무 길어서 혀만 돌돌돌거리며 장난한다고 한다. 일본 출신 다문화 강사가 주로 받는 질문은 "독도가 일본 땅예요? 한국 땅예요?"이다.

다문화 강사들은 세계지도에 나와 있는 자신의 고국과 국기도 보여주며 그려보게 한다. 고국의 동전과 화폐도 내놓고 한국 돈과의 가치에 대해서도 알려준다. 고국의 글을 칠판에 써보고, 자신의 언어로 말해본다. 아이들은 신기해서 눈이 토끼눈이 된다. 그리고 "멋 있어요", "저도 배우고 싶어요" 등의 반응이 온다. 연령별 수준에 맞춘 고국의 인형 만들기, 전래동화, 동요, 본국의 문화유산, 생활 등 PPT로 보여준다. 또 준비해간 작은 사이즈 옷을 아이들에게 입어보게 하면 아이들은 신이 나서 떠들썩하다. 때로는 고국의 명절 지내는 이야기도 해주고 고국의 음식을 만들어서 나눠먹기도 한다.

서구중심의 문화만 접해봤던 아이들이 다른 문화를 만나면 무척 신기해라 한다. 호기심이 가득한 눈으로 "저도 그 나라에 가보고 싶어요"라고 말한다. 아시아 특히 동남아시아의 문화는 열등하다고 생각하던 아이들의 인식이 상당히 변화되는 것을 느낀다.

▲ 다문화 강의는 아이들에게 세계를 바라보는 안목을 키운다.

다문화 강사 이민자 여성들은 본국의 홍보대사 역할을 충분히 한다. 이민자 여성도 자신의 나라 문화를 한국인에게 가르친다는 만족감과 자긍심이 대단하다.

특히 "선생님"이라는 호칭에 상당히 자존감을 느낀다. '엄마는 아무것도 모르는 사람'으로 인식된 아이는 자신의 엄마가 학교에 와서 강의한다는 것에 대해 매우 자랑스럽게 생각한다. 아이의 친구도 다문화자녀를 보는 시선이 달라진다. 한편, 지금 현장의 다문화 강사는 다문화가족지원센터에서 주관하여 활용하고 있다. 다문화 강사 프로그램이 고용노동부 지역노동지청의 예비사회적기업으로 선정되면 다문화 강사에게 2년간 월 80만 원 정도의 인건비가 지원된다. 그 후에 다시 자활능력이 있는지를 심사하여 사회적기업으로 진입한다. 그러나 이 사업은 수요처인 유치원이나 학교에서 강의료를 별도 부담하면서까지 강의를 요청하지는 않는다. 그래서 자체 수입을 올리기는 어려운 사업이다. 정부 또는 지자체에서 인건비가 보조되지 않는 한 운영하기 어려운 사업이다.

이 사업은 국가사업으로 추진해야 한다고 생각한다. 여러 가지 여건 상 다문화 한 과목만을 담당하기는 어려울 것이다. 다문화 강사를 전문적으로 훈련시켜 고국의 문화를 알리는 일뿐만 아니라, 이민자 자녀가 입국했을 때 정규교육 과정 전에 6개월 정도 모국의 언어와 한국어를 함께 가르치는 예비교실의 강사, 방과 후 강사로도 활동하게 할 수 있다. 일회성 다문화 강사가 아니라, 고학력 여성 결혼이민자 몫으로 국가자격증을 신설하는 것을 검토하면 좋겠다. 한 학교에 한 나라의 다문화만을 강의하는 것은 한계가 있을 것이다. 그래서 다른 출신국 이민자를 그룹화해서 인근 학교에 출장 강의하는 식으로 운영한다면 이민자에게 안정적인 일자리를 주고, 아이들이 세계를 바라보는 안목도 키울 수 있게 될 것이다.

4) 농촌지역의 외국어 강사로 육성

마리셀 엠비카(필리핀, 35세)는 전남 담양군 내 초등학교에서 5년 동안 다문화 영어강사로 활동 중이다. 영어공부는 역할놀이, 빙고게임, 단어맞추기 게임, 주사위놀이, 노래, 무용, 코인던지기, 그림 등을 교구로 쓴다. 하루 종일 카드를 만들고 그림을 그린다. 아이들은 필리핀 영어강사 시간을 좋아한다. 두 시간 강의가 언제 갔는지 모른다.

아이들은 집에 가서 엄마에게 영어로 말한다 "I love you Mom", "I don't

◀ 원어민 강사가 없는 농촌은 필리핀 출신 영어선생님이 인기이다.

like 김치", "I like 삼겹살" "Twinkle twinkle little star~ ♪"영어노래를 부른다. 신이 난 엄마에게서 과외요청이 들어왔다. 아이들은 밖에서 그녀를 만나면 영어로 인사한다. 영어강사 구하기가 어려운 읍내학원에서도 강사 스카우트 제의가 들어왔다. 한때는 초등학교, 과외, 학원강사 3개의 직업을 가지고 뛰고 있었다. 지금는 광주에 있는 유명한 학원에서 스카우트 제의가 와서 초등학교와 광주의 학원만 나간다.

다문화 영어강사는 시간당 3만 원이다. 두 시간 연속이면 4만 2천 원을 준다. 광주 학원강사 수당에 비교하면 너무 작다. 하지만 학교에 나가는 게 재미있다. 그녀는 한국 사람보다 더 정확한 발음과 어휘력을 쓴다. 두 딸의 학부모 회의에 참석해서도 자녀 영어교육 방법에 대해 이야기해 준다. 학부모 회의에 오는 사람은 그녀의 특강을 들으러 오는 사람이 많다.

담양군청에서는 2003년부터 다문화 영어강사 사업을 실시하고 있다. 2010년에는 필리핀 여성을 대상으로 영어실력을 평가한 후 8명을 선발하여 초등학교 외국어 강사로 활동하고 있다. 필리핀은 따갈로그어 외에 영어를 공식언어로 쓰기 때문에 가능한 일이다. 농촌지역 엄마들도 영어에 대한 교육열이 뜨겁다. 농촌에 사는 일본, 필리핀 출신 이민자들을 잘 훈련시켜서, 유치원과 초등하교, 중학교 외국어 강사로 보낸다면 학교와 학생, 이민자 모두에게 좋은 일이다. 안정적인 시간배분과 강사수당도 현실화시키는 것이 중요하다. 그들이 우리 사회 한 켠의 주류로 서 있을 때 모두가 행복해진다는 것을 알아야 한다.

03

국제결혼, 패러다임 전환이 필요하다

1 선진국에도 유례없는 가족통합이 시급하다

한국의 이민은 선진국에서는 전혀 문제가 되지 않는 가족통합부터 챙겨야 하는 것이 문제다. 선진국은 사회통합을 위해 많은 비용이 든다. 그러나 한국은 가족통합도 이루어지지 않고 있어 사회통합까지 가기에는 많은 시간과 비용이 들 것 같다. 외국의 이민은 아버지인 근로자를 중심으로 온 가족이 함께 들어오기 때문에 가족들은 서로 더 사랑하고 화목하다. 하지만 한국의 결혼이민자 경우 단 한 사람이 낯선 가정으로 들어온다. 이들은 언어소통의 미흡과 문화이해 차이로 갈등이 많다. 더욱이 우리의 가정은 사돈네까지 챙겨야 하고, 가족의 사생활을 모두 알아야 사랑하는 것 같은 관계지향적인 문화다. 이민자의 나라는 평등한 가정문화이지만 한국의 가부장적인 가정문화는 어린 아내가 견디기 힘들다. 특히 가족들은 돈 주고 사왔다는 마음이 떠나지 않는다. 부부 간의 연령차이도 너무 커서 한국 남편은 신세대 부인의 발랄함을 맞춰주기 힘들다. 또 하나 중요한 것은 이민자 여성들이 한국에 입국할 때 많은 돈을 벌 줄 알고 들어온다. 중개업자나 남편이 정기적으로 고국에 돈을 보내주겠다는 약속을 하기도 한다. 그러나 현실적으로 자신의 가족이 생활하기도 어려운 형편이라서 가족해체의 중요한 원인이 되기도 한다.

통계청 이혼통계(2010)에 의하면 여성 결혼이민자의 이혼은 매년 증가하고 있으며, 협의이혼보다 재판이혼이 매년 증가하고 있음을 알 수 있다. 재판이혼의 증가율을 보면 2005년에는 41%, 2006년에는 44%, 2007년에는 54%, 2008년에는 63%, 2009년의 경우 71%, 2010년 67.4%로 나타났다. 2010년의 경우 이혼한 여성 결혼이민자는 7,904명이며, 이 가운데 2,571명이 협의이혼하고, 5,332명은 재판을 거쳐 이혼했다. 재판이혼이 이렇게 급증하는 것은 가정불화가 심각했다는 것을 의미한다. 또 2005년에서 2010

표 3 이민자 여성의 이혼 종류별 현황 (단위: 명, %)

이혼종류별	2005	2006	2007	2008	2009	2010
계	2,382	3,933	5,707	7,962	8,300	11, 245
협의이혼	1,381 (58.0 %)	2,171 (55.2%)	2,583 (45.3%)	2,925 (36.7%)	2,435 (29.3%)	4,632 (41.2 %)
재판이혼	976 (41.0%)	1,749 (44.5%)	3,107 (54.5 %)	5,036 (63.3 %)	5,865 (70.7%)	6, 607 (58.8%)
미 상	25 (1.0%)	13 (0.3%)	17 (0.2%)	1 (0.0%)	0 (0.0%)	6 (0.0%)

자료: 이혼통계, 통계청.

년까지 이혼한 여성을 조사한 결과 자녀가 없는 경우가 매년 90%를 차지한 것으로 나타났다.

국제결혼 부부의 가족해체 시, 자녀문제와 불법체류, 인권문제, 국가 이미지 훼손 등의 많은 문제가 수반된다. 가족통합 프로그램은 집합형 가족통합 프로그램과 개인별 가족통합 프로그램을 병행하면 좋겠다. 집합형 가족통합 프로그램은 다문화가족지원센터에서 주관하여 국제결혼을 희망한 남성에 대한 사전 교육, 배우자 교육, 시어머니 교육, 상담, 가족화합 이벤트 등의 프로그램 등이 있을 수 있다.

또 개인별 가족통합 프로그램은 '친정부모' 매칭 사업을 제안한다. 즉 한국에 단 한 사람도 의지할 사람이 없는 여성에게 '내 편'을 만들어주는 사업이다. 개인별 가족통합은 한국의 중년 부부가 이민자뿐만 아니라 시부모와 남편 모두와 관계를 맺으며, 서로 사랑하고 존중할 수 있도록 멘토 역할을 하는 것이다.

친정 부모는 먼 곳보다는 가까이 사는 이웃이 좋다. 중년 여성이 육아, 요리, 문화차이에 대해 말해주고, 가족에게도 중간자의 입장에서 상담할 때 이민자 여성에게는 정서적인 위안과 큰 힘이 될 것이다. 특히 한국 중년 여성의 입장에서도 삶의 경험과 여유시간으로 또 하나의 딸을 안아줄 때 특별한 보람을 느낄 수 있다. 또 중년 남성도 친정 아버지 입장에서 이민자 여성의 남편을 동생처럼, 아들처럼 여기고 조언하고 도와줄 때 가족통합에 큰 도움이 될 수 있다.

이와 유사한 사업으로 '친정어머니' 매칭사업을 일부 지자체가 시행하고 있지만 일회성 행사로 끝나거나, 가끔 만나서 점심을 먹고 헤어지는 것이 대부분이다. '친정 부모' 매칭사업이 또 다시 일회성 이벤트로 끝날 경우, 이민자 여성은 더욱 상실감에 빠질 수 있다. 정부차원에서 친정어머니 대상 가족통합 매뉴얼(상담기법, 문화차이 등)을 개발하여 지자체에 보급할 필요가 있다. '친정부모' 매칭사업은 지자체 중심으로 자원봉사로 운영하는 것이 좋다. '친정부모'가 전문적인 교육을 받고 멘토를 할 수 있도록 지원하고, 이들에게 사명감과 자긍심을 부여하는 것에 좋겠다. 또 다른 방법으로는 인근 종교단체를 중심으로 가족통합을 지원하는 방법도 있으나, 다문화가족이 거부할 경우는 접근하기 힘들 것이다. 가족통합은 이웃의 적극적인 지원이 필요하다. 어떻든 가족통합 없이 사회통합은 요원하다.

2 양국 비영리 여성단체에서 국제결혼 희망자 DB 구축

여성들은 결혼으로 인한 가사와 육아보다는 일의 성취감을 더 추구한다. 남성들은 결혼하여 안정적인 가정을 유지하고 싶어 한다. 사별이나 이혼한 경우도 남성은 재혼을 원하지만, 여성은 남성보다 재혼을 원하는 경우가 적다. 이처럼 수요와 공급이 맞지 않으니 남성은 외국여성을 신부로 선택한다. 당사자가 서로 자연스럽게 만나 사랑하게 되어 결혼하는 경우를 제외하고는 결혼중개업으로 결혼하는 경우는 서로를 알 수 있는 시간이 너무 짧다. 결혼중개업자는 진실하게만 이뤄질 수 없을 것이다. 모든 것을 사실대로 알려주면 결혼이 쉽게 성사되지 않는다. 속성과 거짓의 원칙이 결혼시장의 이윤을 극대화하는데, 그것을 포기할 업자는 많지 않을 것이다. 또 국경을 넘어서 이루어지는 맞선 현장에서 사실대로 정보가 교환되는지 확인할 길도 없고, 이를 이행하지 않았을 때의 규제도 미흡하다. 한편, 대만은 매년 국제결혼 비율이 20% 내외이며 대부분 중국본토, 홍콩, 베트남 등의 여성이 입국하고 있으며, 비영리법인만 국제결혼중개를 할 수 있다. 국제결혼중개업의 폐해를 미리 알았기 때문이다.

『결혼중개업의 관리에 관한 법률』이 있는 한국은 일부 상식 밖의 국제결혼중개업자로 인해 많은 사람이 불행해지고, 사회비용이 증가하고, 국격이 실추되고 있다. 이러한 문제를 해결하기 위해 여성가족부는 2011.12월 관련법을 전면 개정하였다. 개정 내용으로는 국제결혼당사자의 결혼, 범죄, 건강 등의 신상정보를 공증을 받아야 하며[1] 건강상태에 정신질환을 포함하고. 범죄경력에 성매매 알선, 강요 및 최근 10년간 금고 이상의 형을 받은 사실 등을 추가하였다. 또 양당사자의 신상정보 관련 서류를 보존하고 열람과 사본 교부를 의무화했다. 또 부정한 방법으로 이용자를 모집하거나 만 18세 미만을 소개할 수 없으며 집단맞선행위도 금지했다. 뿐만 아니라 결혼중개업 등록 시에도 자본금 보유기준을 1억 원 이상으로 상향 조정하고, 위 사항을 어겼을 경우 벌칙조항도 강화했다.

하지만 법이 아무리 엄격해도 해외에서 이루어지는 결혼을 모두 감시할 수는 없다. 거짓 정보를 제공하는 중개업자가 결혼시장에서 자동적으로 퇴출될 수 있도록 별도의 시스템이 필요하다.

지자체에서는 비영리여성단체를 지정하여 운영비를 지원하고 국제결혼

[1] 외국에서 공증을 받는 경우는 재외공관 영사관 등에서 확인을 받아야 한다.

그림 7 비영리 단체, 국제결혼 희망자 DB 구축

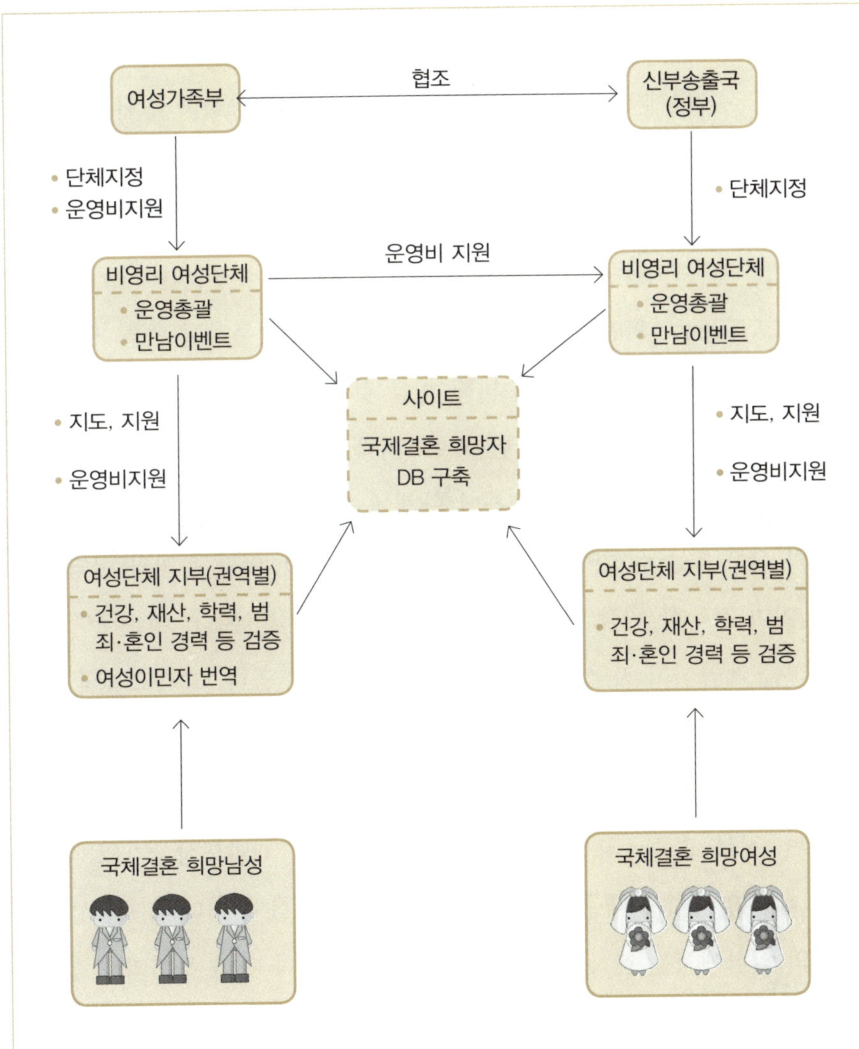

운영비 사업을 추진하도록 해보는 것이 어떨까

여성단체는 신부 송출국의 정부의 협조 하에 그 나라에서 국제결혼사업을 할 비영리단체를 추천받는다. 한국의 여성단체는 국제결혼 사이트를 만들어 국제결혼 희망자의 데이터베이스를 구축한다. 물론 이 사이트는 신부 송출국의 지정단체에서 함께 활용한다. 지정된 신부 송출국의 단체는 각자의 국가에 대한 문화와 결혼생활에 필요한 정보에 대해 소개한다. 예를 들면 한국인의 평균소득과 돈의 가치, 다문화가족지원센터 소개 등이다.

권역별 지부에서는 국제결혼을 희망하는 사람의 사진, 나이, 가족관계, 학력, 직업, 소득, 혼인경력, 범죄경력, 재산 등을 검증하여 관련 사이트에 올리고 각자 관리한다. 이때 주의해야 할 것은 개인 신상정보 공개에 따른 인권침해가 없도록 유의해야 한다. 또 국제결혼 희망 당사자는 건강진단서, 가족등재부, 졸업증명서를 해당 단체에 제출해야 한다. 이 사이트는 한국어와 신부 송출국 언어로 볼 수 있도록 운영하며, 이때 통역과 번역은 한국에 이미 정착한 해당국의 이민자 여성에게 맡기면 된다. 이는 그들에게 일자리를 제공하고 자긍심을 회복할 기회를 줄 수 있다. 그리고 양국 비영리 여성단체의 주관으로 만남 이벤트를 주선하되 서로 만나는 데 필요한 비용은 당사자의 협의에 의해 부담한다.

한편, 신부 송출국의 국제결혼중개 지정단체는 개발도상국가의 재정사정이 너무 열악하기 때문에 사업을 추진하기 어려울 것이다. 사실, 신부 송출국의 입장에서는 한국으로 떠나는 여성은 아무나 간다 하더라도 상관없다. 즉 신부 송출국가는 예산을 투여하면서까지 그 사업을 할 필요는 없다고 판단할 것이다. 한국의 입장은 결혼이민자는 한국에서 영원히 살 여성으로, 가난하지만 한국의 어머니로서의 자격을 충분히 갖춘 사람이 오길 원한다.

그러면 어떻게 해야 하는가? 한국의 예산으로 송출국가의 국제결혼사업을 지원하는 방안이 옳다고 생각한다. 베트남을 사례로 들어보자. 화폐가치는 베트남 돈 100동이 우리나라 돈으로 6원 정도다. 또 결혼 적령기 여성의 월 평균임금이 우리 돈으로 10만 원 정도라고 한다. 그러니 한국정부에서 조금만 지원해도 베트남에서는 크게 쓰여질 것이다. 이러한 시스템이 가동된다면 국제결혼 희망자는 많은 돈을 들이며 신뢰감도 결여된 중개업자에게 중개를 의뢰하지는 않을 것이다. 단체의 검증을 피할 수 없는 남성은 중개업자에게 의뢰할 수 있다. 이런 사람은 송출국의 영사관에서 비자 심사로 거르는 방법이 있다. 이렇게 비영리단체에서 운영하는 믿을 만한 결혼중개시스템이라면 신부 송출국의 고학력 여성도 한국행 결혼을 희망할 수 있다.

그러나 여성단체의 국제결혼 시스템을 통해 결혼한 사람이 불행한 일이 생겼을 때 지자체를 원망할 수도 있을 것이다. 2011년 농협에서도 1년간 노력하여 4쌍을 결혼시키는 데 성공했다. 하지만 한 신부가 한국에 오자마자 가출하는 일이 발생하여 결혼사업을 중단을 검토하는 기로에 서 있다. 이처럼 결혼 중개는 책임이 따르기 때문에 매우 어려운 일이다.

3 남편이 아내 체류기간 결정, 영주권제도를 도입해야

한국식 결혼중개업을 통한 국제결혼은 여성의 국가에서 맞선과 결혼식, 신혼여행이 5일 정도로 모두 끝이 난다. 그리고 남성은 한국으로 떠나고 여성 혼자 남아서 한국행 비자를 기다린다. 여성 국가의 한국 대사관에 비자 신청을 하면 대사관에서는 결혼의 진정성이 있는지를 확인하여 거주 비자(F-2)[2]를 발행한다.

결혼이민자는 한국에 입국한 후, 90일 이내에 출입국사무소에 가서 외국인등록신고를 해야 한다. 이때 1년간 체류기간을 준다. 다시 만료일 2개월부터 만료일까지 관내 출입국관리사무소에서 체류연장 신고를 해야 하며 그때부터는 2년씩 체류를 연장해준다. 국적을 취득하기 전까지는 남편이 신원보증을 서야만 체류연장이 가능하다. 하지만 가정불화 등의 이유로 남편이 아내의 한국 체류를 원하지 않을 때는 체류연장에 신원보증을 서주지 않을 수 있다.

남편이 신원보증을 철회했다고 하더라도 제3자의 신원보증으로 체류를 연장할 수 있다. 그렇지만 가정불화가 심한 가정의 경우는 이민자 여성은 어느 누구에게도 신원보증을 요구할 만한 사람이 없다. 그러한 여성은 정보가 차단되어 다문화가족지원센터와 출입국관리사무소에 도움을 요청할 수 있다는 방법도 모를 수 있다.

귀화하지 않고 이혼했을 때도 문제이다. 이혼하면 아내는 본국으로 가야 한다. 그러나 귀책사유가 남편에게 있거나, 한국인과의 사이에서 낳은 18세 이하의 자녀를 양육하거나, 한국인 부모 또는 가족을 부양하고 있을 때는 국민의 배우자 자격에서 거주 자격으로 비자를 변경하여 체류할 수 있다. 그러나 이혼 후 시댁 가족과 함께 사는 경우는 거의 없다고 본다. 이처

[2] 2012년에는 국민의 배우자 비자 F-6을 신설했다.

럼 여자에게 불리한 문제를 해결하기 위하여 법무부는 '공인된 여성단체'에서 '혼인의 파탄 원인이 남편에게 있다'는 내용의 확인서를 출입국사무소에 제출할 경우 여성이 한국에 체류할 수 있는 제도를 도입하고 있다.

여성단체도 여성의 말만 듣고 확인서를 제출하지는 않는다. 양쪽 다 말을 듣고 가족과 이웃의 증언도 듣는다. 헤어지는 마당에서 귀책사유가 남성에게 있다고 인정해주는 시댁 식구들이 얼마나 있을지도 의문이다.

이혼을 하더라도 여성 결혼이민자들은 대부분 한국에 살기를 희망한다. 통계청 이혼통계에 의하면 2005~2010년 사이 이혼 여성 중 자녀가 없는 경우는 매년 90% 정도이다. 그 중 몇 명이나 부부의 이혼이 남편에게 귀책사유가 있었음을 입증했는지는 조사할 수 없었다. 어떻든 한 때는 한국인의 아내이고 한국인의 엄마였던 사람의 대접이 이혼이라는 이유 하나로 '추방'이라니 참 씁쓸하다.

2011. 12월 31일 현재 법무부에 의하면 체류외국인은 139만 5천명 중, 영주(F-5)자격자는 64,979명에 불과하다. 선진국은 이민현상을 수용하고 통합할 수 있는 카드로 영주권제도를 적절하게 운영한다. 영주권자는 선거를 하거나 본인이 출마하는 시민권은 없으나, 체류함에 있어 추방의 위협은 없다. 한국은 영주권제도가 활성화되지 못해서 국민의 배우자가 강제추방을 당하고 있다. 다문화사회 역사가 짧아서 빚어지는 입법미비의 사례로 볼 수 있다. 이혼 후 여성이 고국으로 돌아갔을 경우, 그들의 가족과 친지, 친구들은 모두 한국의 전 남편을 증오할 뿐 아니라 한국 전체에 대한 증오로 반한세력이 될 것이다. 하루빨리 영주권제도를 도입하여 이민자 여성이 남편에 의해 추방을 당하는 일은 없어야겠다.

4 국민의 배우자 비자, 개인 이익이 아니라 국익으로 바꿔야

선진국의 이민정책은 이민자 개인의 이익보다 국가의 이익을 위해 이루어진다. 미국·영국·독일 등에서는 자신의 배우자에게 안정된 주거와 생활여건을 제공할 능력이 없는 자에 대해서는 '배우자 비자'를 발급하지 않는다. 미국에 가려는 모든 이민신청자는 비자를 신청할 때 미국에 도착한 후 공공부조를 받지 않을 것임을 증명해야 한다. 결혼이민자도 그 점에서 예외가 아니다. 미국 초청자가 최저생계비 이상의 수입을 갖고 있어야 하며, 재정보증서와 소득세 납부 증명을 제출한다. 초청자가 저소득자일 경우는 공동 재정보증인의 서류로 가능하다. 그러나 이민자가 미국 연방정부의 공공부조 혜택을 받게 될 경우 재정보증인이 그에 해당하는 금액을 정부에 지불해야 한다.

영국에서도 배우자가 비자 신청시에 초청자가 부양능력과 집이 있음을 입증해야 하며, 독일도 최소 60일간의 연금보험을 납부한 증거와 집이 있음을 입증해야 한다.[3]

한국의 국제결혼은 서로 알지 못한 채 속성으로 결혼한다는데 문제가 있다. 아내를 사랑하지도, 부양할 능력도 없는 남자가 외국여성을 선택함으로써 당사자 모두를 불행하게 하고, 자녀문제, 청소년 문제, 기초수급, 의료비, 연금문제 등 국가와 사회비용을 끝없이 투입하게 하고, 돌이킬 수

---

[3] 선동훈, 「다문화가족의 중장기 전망 및 대책연구」, 보건복지가족부, 2009.

없는 인종문제를 일으키며 온 사회를 흔들 수 있다.

국민의 배우자 비자는 적어도 아내를 경제적으로 부양할 수 있는 남자, 아내에게 정신적으로 신체적으로 짐이 안 되는 남자에게 비자를 줘야 한다. 그래서 법무부에서는 2011년 3월부터 비자이민 심사를 강화해 비자심사 자료 중 혼인 당사자 간 건강기록, 재정능력, 범죄경력, 결혼경력 등을 서류로 제출하게 되어있다. 그러나 결혼사증 발급거부에 관한 구체적인 지침은 없다. 가령 결혼하려는 한국 남성이 강력범죄자여도 이는 영사의 심사 검토사항일 뿐이지, 상대편 베트남 여성에 대한 비자 거부사유가 되지는 않는다. 특히 결혼사증을 신청하는 여성들은 대부분이 이미 결혼식을 올리고 신혼여행까지 다녀온 상태라 확실한 문제가 없는 이상 발급거부를 한다는 것이 쉽지 않다.

즉 영사관에서는 위장결혼인지 아닌지만 확인하고 비자(F-2)는 나갈 수밖에 없다. 영사관에서 비자 심사 시, 혼인의 진정성을 파악하기 위하여 50문항 정도의 문제를 당사자 두 사람에게 질문하는 방법도 필요하다. 예를 들면 처음 만난 장소, 상대방의 삶의 역사, 가족 관계, 데이트 사진 등이다. 당사자는 서로 만난 지 5일이 되었다 하더라고 비자 심사 시 질문에 대한 답변을 준비하는 과정에서 서로를 알아가는 공부를 할 것이다. 이를 통해 사랑이 싹틀 수도 있다. 이렇게 비자 심사를 강화하기 위해서는 별도의 인력이 필요하다. 하지만 중개업체를 통해 들어오는 국제결혼의 특성은 서로의 정보를 충분히 알 수 있는 기회가 제한적이라는 것이다. 물론 국민의 배우자에게 비자를 안 준다는 것은 헌법에 보장된 행복추구권의 문제, 국내 결혼과의 형평성·차별문제, 인권침해 등의 여지가 있다.

하지만 행복하게 살 수 있는 자격을 갖춘 남자에게 비자를 허용한다는 것은 한국의 국격을 높이는 길이며, 이민자 여성의 고국에 대한 존중과 여성 개인의 인권과 가정의 행복을 소중하게 여긴다는 의미이기도 하다.

법무부는 2012년부터는 국민의 배우자 비자(F-6)를 신설하여 결혼의 진정성을 강화시키고자 한다.

04

또 하나의 다문화가족

1 외국인 근로자, 영원히 고마운 나라 Korea!

외국인 근로자는 2011년 12월 31일 현재 59만 5천여 명이 8만 1천여 개의 중소기업에서 합법적인 제도 안에서 일하며 기업의 인력난 해소에 기여하고 있다. 2011년 고용노동부에 의하면 고용허가제 이후는 인력 송출과정이 투명해져서 송출비용과 임금체불이 줄어들어 외국인 근로자의 권익보호에 크게 기여했다고 한다. 그 예로 산업연수생제 당시의 평균 송출비용은 $3,509였으나 고용허가제가 도입된 송출비용은 $956(2010. 7월 현재)으로 약 1/4 수준이다. 또 불법체류율은 산업연수생제 당시는 60~70%, 고용허가제가 도입된 2011년 7월 현재는 8.4% 수준인 것을 보면 외국인 근

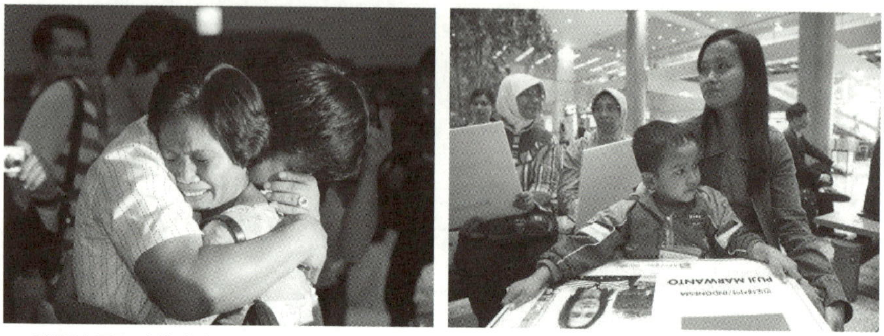

▲ 외국인 근로자센터의 주선으로 오랜만에 가족을 만났다.

로자의 노동권 향상에 기여한 것이 입증된다. 이러한 제도는 ILO의 「이주 발전 글로벌 포럼(2011년 9월)」에서 한국의 고용허가제를 '아시아의 선도적 이주 관리 시스템'이라고 소개했다. 또 UN은 고용허가제를 「2011년도 UN 공공행정상」으로 한국산업인력공단이 대상을 받았다(2011년 6월).

한국은 외국인 근로자에게 최저임금이 보장되고 보험제도가 철저하여 모두가 선호하는 국가다. 그래서 고용허가제로 입국하려는 외국인 근로자가 현지에서 고액의 학원비를 지급하고 한국어능력시험을 준비하고 있다. 정부는 한국어 보급 차원에서 국가별로 한국어 교재와 한국어 강사를 지원하고, 비정기적으로 실시되는 한국어능력시험을 정기적으로 실시하여 외국인 근로자들이 예측할 수 있는 상태에서 한국 입국이 될 수 있도록 지원해야 한다.

또한, 입국 전 근로계약과정에서 외국인 근로자에게 사업장에 대한 충분한 정보를 제공하고, 입국 전 사전교육기관에 대한 모니터링과 관리감독을 강화해야 한다. 입국 후에도 취업교육과정에서의 산업안전 교육을 강화해야 한다. 아울러 외국인 고용사업장에서 건강보험 가입을 의무화하고, 상해보험 미가입에 따른 과도한 처벌규정을 현실화해야 한다.

2011년 12월 인권위원회 위원장은 고용노동부 장관에게 아래와 같은 사항을 권고했다. △외국인 근로자의 사업장 변경 확대, △숙련 외국인 근로자의 재고용과 안정적 생활기반 구축을 위한 절차 마련 검토, △외국인 근로자 고용 사업장에 대한 관리감독 강화, △외국인 근로자 퇴직금과 임금 지급 보장을 위한 보험제도 개선 및 관련사항에 대한 다국어 안내 정보 강화 등 4가지 사항이다. 또 국회의장에게는 △관련법 등에 외국인 근로자의 사업장 변경횟수를 3회로 제한하지 말고 완화할 것, △외국인 근로자의 재고용과 안정적 생활기반 구축을 위해 재입국 숙련노동자의 대상자 기준 확대 및 관련절차 간소화 등을 권고했다. 특히 외국인 근로자는 가족의 체류를 허용하지 않기 때문에 가족이 방문비자나 관광비자로 한국에 입국했다가 출입국사무소에서 허용한 체류기간을 넘기면서 불법체류자로 남는 경우가 많다. 한국인이 기피하는 직종(농축산업, 지역 중소 제조업체 등)에 종사하는 외국인 근로자에게는 일정기간이 지난 후에는 가족 초청, 영주자격 등의 인센티브를 줘야 한다. 어차피 내국인을 구할 수 없기 때문에 외국인 근로자는 생산의 공로자라고 할 수 있기 때문이다.

아울러 외국인 근로자들이 한국에 체류하는 동안 컴퓨터와 한국어, 한국의 문화 이해 등을 돕도록 서비스 인프라를 확대하여, 외국인 근로자들이 쉽게 다가갈 수 있도록 지원해야 한다. 동포 근로자는 기술이 필요한 일자리 중에 내국인의 공급이 부족한 직종을 중심으로 우선적으로 충원하도록 해야 한다. 그러나 내국인 저기술 노동자의 일자리를 빼앗지 않도록 주의해야 한다. 불법체류자를 고용하는 사업장은 고용허가된 업종이 아니거나,

고용허가된 업종이라 하더라도 공급이 모자라는 곳이다. 영세 고용주 입장에서는 불법체류자가 합법적인 외국인 근로자보다 인건비 부담이 적다.

뿐만 아니라 불법체류자는 오랜 기간 한국에 체류하면서 의사소통과 기술의 수준이 상당히 숙련되어 있다. 또 고용주는 경기가 어려울 때 불법체류자에 대해서는 해고하거나 임금을 줄일 수 있다. 하지만 합법적인 외국인 근로자들이 입국할 때 임금과 근무기간을 계약했기 때문에 탄력적으로 활용하기에는 어렵다. 이러한 고용주의 입장을 고려하여 개선한다면 불법체류자에 대한 취업가능성을 낮출 수 있다.

마지막으로 외국인 근로자는 본국 기준으로 볼 때 엘리트 출신과 사회적 신분이 높은 사람도 상당수를 차지한다. 사실, 한국에 있던 외국인 근로자들이 본국으로 돌아간 후 공직으로 진출하여 높은 자리에 오른 사람도 있고, 한국을 상대로 교역을 하는 사람도 있다. 외국인 근로자가 한국에 체류하다가 본국으로 귀국하면 끝이라고 생각하지 말고, 그들의 입장에서 본국에서는 또 다른 시작이라는 마음으로 지원해야 한다. 한국의 경험이 큰 도움이 되어 귀국했을 때 경제적으로 자립할 수 있도록 기술전수와 창업 컨설팅과 대출, 기계를 면세로 공급하는 등의 혜택이 주어지면 좋겠다. 그러면 한국은 '영원히 고마운 나라'로 기억될 수 있으며, 정치·경제·문화·사회적 측면에서 양국의 발전에 기여할 수 있을 것이다.

2 중국 동포는 사회통합을 이루는 핵심인력

1993년 한중수교 이후 꾸준히 유입된 중국인 동포는 국적을 회복한 수를 더하면 50만 명에 이르고 있다. 1999년 『재외동포의 출입국과 법적 지위에 관한 법률(통칭 재외동포법)』에는 "정부는 재외동포가 대한민국 안에서 부당한 규제와 대우를 받지 아니하도록 필요한 지원을 하여야 한다"고 규정하였다. 그러나 그들은 국내 인력수급 상황에 따라 어떤 때는 '동포'로 어떤 때는 '외국인 근로자'로 구별하며 정책의 사각지대에 놓여 있다. 내국인의 일자리가 우선이기 때문이다. 2007년 법무부는 내국인 중국 동포가 브로커를 통해 오는 밀입국 등의 피해를 줄이고 중국 동포의 취업을 지원하기 위해 국내에 친척이 있는 동포에게만 방문취업 체류자격(H-2)[1]를 신설하여 5년 만기의 한시적 체류를 허가했다. 2008년에는 고학력자, 상공인 등 단순 업종에 종사할 우려가 없는 동포를 대상으로 중국 동포에게 제한적으로 재외동포 체류자격(F-4)을 부여하여 한국에 정주할 수 있는 기회를 제공했다. 2009년에는 제조업, 농업 등 3D 업종에 종사하는 중국 동포에게도 재외동포 자격으로 변경해줬다. 2010년에는 1차산업과 제조업에 장기근속했거나, 자격증 취득자, 고령자, 간병인, 가사도우미 등 내국인이 기피하는 일자리에 종사하는 중국 동포와 대학졸업자, 법인기업 대표 등도 재외동포 자격으로 변경해 줬다.[2] 재외동포 자격비자는 5년의 만기 출국이 적용되지 않기 때문에 계속 한국에 거주할 수 있다. 그러나 재외동포 자격

1 국내에 친척이 있는 동포는 우리 국민의 초청을 받아 입국하고 일정한 교육을 받은 후 취업한다.
2 「재외동포 정책 추진방안」, 법무부, 2010.

을 받은 사람은 2011년 11월 현재 131,361명에 불과하다.[3]

2012년 3월 이후에는 방문취업자격으로 입국한 동포들이 대규모로 출국해야 한다. 출국 후 이들은 1년 또는 6개월 만에 다시 재입국[4]할 수는 있으나 정부의 많은 노력에도 불구하고 산업공백이 예상되고 있다.

2011. 8월에는 한국에 체류 중인 중국 동포 1만 명이 연대하여 중국 동포에 대한 체류자격을 제한한 것은 동포 간의 차별적 출입국이라는 주장과 함께 출입국관리법에 대한 위헌 소송을 제기 중이다. 정부는 내국인의 일자리 보호와 3D업종 보호, 사회부담을 주지 않는 우수한 중국 동포 정주라는 과제 앞에 많은 노력이 있었던 것은 아무도 부인할 수 없다. 하지만 한국 문화와 기존 노동에 익숙한 중국 동포들이 불법 체류자로 남을 가능성이 많아 염려스럽다. 한국의 저출산 고령화로 인하여 외국인력의 수입이 불가피하기 때문에 중국 동포의 한국 유입은 점차 증가할 것으로 보인다. 그러나 『외국인 근로자의 고용에 관한 법률』 제12조의 외국인 근로자 고용 특례 조항을 삭제하여 동포를 고용허가제의 외국인 근로자와 달리하는 방안을 검토해보는 것이 어떨지 제안한다. 한국사회는 급격하게 다문화사회로 변하고 있다. 법무부 출입국·외국인정책 통계월보(2011. 12월호)에 의하면 전체 체류외국인 1,395,077명 중 중국 동포는 470,570명이다. 중국 동포는 전체 체류외국인의 34%를, 국내 거주 재외동포의 87%를 차지하고 있다. 그럼에도 불구하고 중국 동포를 위한 센터는 '영등포 다문화빌리지' 단

3 「출입국 외국인정책 통계월보」, 법무부, 2011. 11.

4 방문취업 동포들이 만기 도래 전에 출국할 경우는 1년 후에, 지방제조업과 농축어업에서 1년 이상 종사한 자는 출국 이후 6개월 이후 재입국을 보장한다.

하나 뿐이다. 21만 명의 결혼이민자를 위한 다문화센터는 전국에 201개이고, 외국인 근로자센터가 31개, 북한 이탈주민을 위한 하나센터가 30개 운영되고 있다. 중국 동포는 국적으로 보면 외국인이지만, 역사와 문화와 혈통으로 보면 내국인인 동포를 위한 특별법 제정도 검토해야 한다. 특별법 제정이 어려우면 『재한외국인처우기본법』을 개정하여 그들의 입국과 체류, 경제활동 등을 법적으로 지원하는 것도 필요하다.[5] 외국인도 내국인도 아닌 중국 동포는 급변하는 다문화사회의 사회통합을 이루는 핵심인력이 될 수 있다. 이러한 의미에서라도 중국 동포를 포용하는 정책이 나오기를 기대한다.

3 해외동포 네트워크, 세계 진출의 교두보

외교통상부가 2011. 8. 29일 발간한 「2011년 재외동포현황」에 따르면 2010. 12. 31일을 기준으로 재외동포 인구는 726만 8,771명이라고 발표했다. 이는 2009년(682만 2,606명)보다 6.54% 증가한 규모다. 지역별로는 중국, 일본 등 아주지역에 거주하는 인구가 406만 3,220명으로 전체의 55.9%를 차지했다. 미주지역은 252만 1,470명이고 구주지역은 65만 6,707명 순으로 많았다. 국가별 재외동포는 중국이 270만 4,994명, 미국 217만 6,998명, 일본 90만 4,806명, 독립국가연합 53만 5,679명 등의 순으로 많았다. 또

5 최홍, "기로에 선 중국 동포정책의 현안과 해법," SERI경제포커스, 삼성경제연구소, 2011. 8. 16.

전체의 61%인 447만 2,747명은 거주 국가의 국적을 보유하고 있었고, 영주권자(114만 8,891명)와 장·단기 체류자(131만 7,554명), 유학생(32만 9,579명) 등 재외동포 선거권을 가진 인구는 전체의 39% 수준인 279만 9,624명으로 집계됐다.[6]

재외동포 726만 명과 한국 인구 5천만 명을 비교하면 한국인구 10명 중 1.45명(14.5%)이 해외에서 사는 꼴이다. 중국은 13억 인구에 5천500만 명(1.8%), 일본은 1억 2천만 인구 중 해외 인구는 175만 명(1.4%)에 해외에 산다.[7] 인구비례로 비교할 때 한국이 중국보다 훨씬 많은 국민이 해외에서 살고 있다. 이처럼 726만 명의 해외동포가 전 세계에 살고 있다는 것은 민족의 자산이며, 국가경쟁력, 민간 외교 증진에 크게 기여한다.

이광규에 의하면[8] 재외동포의 세대별 특성은 1세대는 조국 지향적이고, 2~3세대는 조국에 부정적인 경향이 많고, 3~4세대는 조국에 긍정적이라고 한다. 또 지역별 특징은 북남미와 유럽지역은 1세들이 주도하고 있으며, 일본은 2~3세대들이 주도하고 있으며 이들은 모두 조국애가 강한 편이다. 중국과 러시아는 3~4세대가 주도하고 있으며 1988년 올림픽 이후 조국에 대한 인식 전환 및 자부심이 증대되고 있다. 특히 재미동포의 경우 투표권을 가진 시민권자가 70만 명 정도이며, 20여 명의 전현직 주의회 국회의원, 또 200여 명의 연방정부 및 주정부 공무원으로 활약 중이다. 미국 한인 1세 강석희 씨는 캘리포니아주 어바인시 의원으로 활동하다가 2012

6 「2011년 재외동포현황」, 외교통상부, 2011. 8.

7 이태주, 『다문화사회 이해』, APCEIU.

8 이광규, 「2008 재외동포재단 연구보고서」, 재외동포사회의 현황과 정책과제.

년 1월에는 시장으로 당선되었다. 또 성 김 주한 미국 대사는 초등학교 시절에 미국으로 이민 간 대표적인 코리안 드림의 주역이다. 프랑스 상원에 진출한 한국 입양아 출신 장뱅상 플라세 상원의원은 2011년 12월 녹색당의 원내대표로 선출되었다. 뿐만 아니라 2011년 11월 실시된 총선에서 재선에 성공한 뉴질랜드의 한인 국회의원 멜리사 리 의원이 소수민족부 정무차관에 임명됐다. 한인 동포들은 특유의 성실성과 교육열로 주류사회로 진출하고 있다. 이처럼 한인 동포들은 특유의 성실성과 교육열로 주류사회로 진출하고 있다.

한편, 이주·동포정책연구소의 2011년 9월 설문조사에 의하면 재외국민의 적절한 호칭으로 세계한인 29.4%, 한민족 27.1%, 해외교포 25.6% 등의 선호도를 보였다. 다문화사회에서 민족이라는 말이 적절하지 않기 때문에 우리의 재외 동포를 세계 한인이라는 호칭이 좋을 것 같다.

1) 재외 국민의 참정권은 제도 보완이 필요하다

헌정 사상 처음으로 2012년 4월 11일 총선부터 실시하는 재외국민 선거에 참여할 수 있는 사람은 재외국인과 국외 부재자 신고인이다. 재외국민은 국내에 주민등록이 되어 있지 않고 국내거소 신고도 하지 않은 19세 이상 해외 영주권자가 그 대상이다. 해외 이민 등으로 현지에 사는 우리 동포들이 이에 해당한다. 시민권을 획득해 대한민국 국적을 완전히 상실한 동포들은 투표권이 없다.

국외 부재자는 국외 여행자, 유학생, 상사원, 주재원 등 국내에 주민등록 또는 국내거소 신고가 돼 있는 사람 중 외국에서 투표하고자 하는 이들로

그림 8 내년 총선 재외국민 선거 일정

2011년 11월 13일~2012년 2월 11일 재외선거인 등록 신청·국외부재자 신고 → 2월 22일~3월 2일 재외선거인 명부 작성 → 3월 28일~4월 2일 재외투표소에서 투표 → 4월 3일부터 투표용지 국내로 이송 → 4월 11일 국내투표와 함께 개표

표 4 주요국 재외선거 투표율 어땠나

(단위: 명, %)

국 가	재외국민수	선거권자수	투표수	선거
미 국	600만	500만	0.3	2008대선
프랑스	200만	140만	24.7	2007대선
이탈리아	391만	293만	41.78	2008총선
벨기에	30만	13만	91.1	2007총선(의무투표제)
터 키	500만	250만	7	2007총선(의무투표제)
멕시코	1,200만	400만	0.8	2006대선(의무투표제)
러시아		166만	24	2008대선

자료: 2002년 8월 재외공관 통한 자체 수집자료.

표 5 지역별 재외국민현황

(단위: 명)

지 역	영주권자	채류자	예산선거인수
아 주	52만252	84만1446	108만9359
미 주	60만3402	68만7094	103만2397
구 주	2만3644	9만3119	9만3411
중 동	20	1만6143	1만2930
아프 리카	1573	9310	8706
합 계	114만8891	164만7112	223만6803

자료: 외교통상부, 2011년 7월 자료, 재외국민 = 영주권자 + 채류자

164만여 명에 달한다. 영주권자 중 국내거소 신고를 한 사람은 국외 부재자에 해당한다. 이들은 투표를 하기 위해 재외선거인 등록 신청을 해야 한다. 해외부재자를 포함해 재외동포유권자 수가 223만 명(중앙선관위 추산)

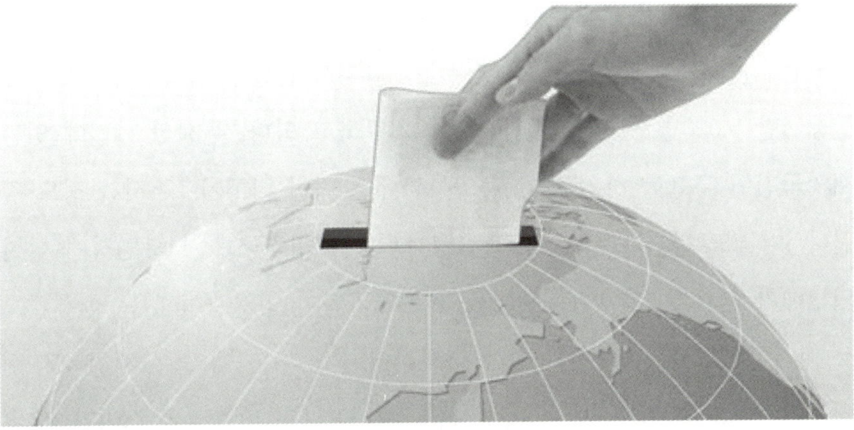

▲ 2012년 4월 11일 총선부터는 재외국민이 선거에 참여한다.

이나 되기 때문이다. 재외투표소는 원칙적으로 공관에 설치하지만, 공관 협소 등 부득이한 사유가 있을 때는 한인회관 등 대체시설에 재외투표소를 설치할 수 있다. 이번 재외선거는 2004년 일본, 미국, 캐나다 거주 재외국민들이 참정권과 관련한 헌법소원을 제기한 데 대해 헌법재판소가 헌법불합치 판결을 내린 것이 계기가 됐다. 이후 2009년 공직선거법 개정안이 국회를 통과하면서 재외선거제도가 도입됐다. 이번 재외동포 선거는 일본에서 대한민국이나 북한, 두 개의 국적 중 어느 한쪽도 택하지 않아 일종의 무국적자인 조선적 재일동포 문제다. 이들은 60만 재일동포 중 10만~15만 명으로 추정된다. 이 중 만 19세 이상이 절반이 넘으며 상당수가 친북 성향이다. 미주, 유럽지역을 합쳐서 한국 국적 친북 성향 인사들이 선거에 적극적으로 참여한다면 총선 판도에 영향을 주는 것은 물론 대선의 당락을 결정지을 주요 변수가 될 수 있다. 또 이번 선거의 문제는 공관 외 투표소 설치·운영이 불가능하기 때문에 투표 참여율이 매우 저조할 것으로 예상된다. 주광저우 총영사관은 대한민국 면적의 약 3배에 달하는 광둥·푸젠·하이난성·광시자치구 등 중국 4개성을 영사 관할구역으로 하고 있으며 현재 4만 5,000명 정도의 재외국민이 거주하고 있다. 푸젠성 샤먼에 있는 재외국민이 투표를 하기 위해 총영사관에 오려면 비행기로 3시간 정도 걸린다. 미국도 마찬가지다. 뉴욕 총영사관 관할지역(5개주)도 면적이 남한의 3배가 넘는다. 펜실베이니아지역 재외국민이 영사관이 있는 맨해튼으로 와서 투표하기 위해서는 왕복 15시간이 걸린다. 이에 일부 재외국민 선거관리관 사이에서도 "현실을 무시한 정책"이라는 비판의 목소리가 있다. 전문가들은 재외국민의 대다수가 살고 있는 미국·중국 등은 영토가 넓기 때문에 투표 편의성을 확보하기 위해선 우편투표 도입이 필요하고, 대한민국 정통성을 부정하는 재외국민에 대해선 참정권을 제한하는 최소한의 조치도 필요하다고 말한다. 이러한 재외국민 참정권은 재외동포정책이 발전될 수 있는 계기가 될 수 있으며, 동포와 모국 간의 긴밀한 관계를 유지할 수 전환점이 될 수 있다.

2) 해외동포의 네트워크와 한국어 교육 지원

'세계한상대회'는 한국의 해외동포 기업인을 네트워크로 묶는 행사다. 즉 '세계한상대회'는 중국의 화상(華商), 인도의 인상(印商)처럼 세계 170여 개 국가에 흩어져 활동 중인 우리나라 해외동포 기업인을 잇는 국제 비즈니스의 장이다. 세계한상대회는 재외동포 기업인과 국내 기업인과의 정보교류 활성화로 한국과 동포 국가의 경제활성화에 크게 기여하고 있다. 2002년부터 시작한 이 대회는 2010년 9월에는 대구에서, 2011년에는 부산

◀ 세계 한상 대회는 양국의 경제 발전에 기여하고 있다.

에서 개최되었다. 대구에서 열린 제9차 대회에서는 43개국 3,260명이 참석해 2억 6천만 달러의 상담액과 국내외 단체가 27건의 비즈니스교류(MOU) 체결 등의 비즈니스 성과를 냈다. 또, 생산 유발 1,716억 원, 부가가치 유발 519억 원, 고용 유발 1,261명 등 경제파급효과를 냈다.[9]

2011년 한상대회는 40여 개국 3,300여 명의 국내외 경제인들이 참가했고 리딩CEO 포럼, 영비즈니스리더 포럼, 업종별 비즈니스 세미나, 전략세미나, 일대일 비즈니스 미팅, 투자설명회, 멘토링세션, 기업전시회 등 비즈니스프로그램과 대회 10주년을 맞아 유공자 공로패 수여, 회고 사진전 등 다양하게 꾸며졌다. 특히, 전략세미나에서는 한국과 중국, 미국, 중남미의 섬유업종 종사자를 대상으로 '한상 섬유벨트 구축'과 미국, 홍콩, 영국 등지에서 활동 중인 한민족금융인을 묶는 '재외동포 금융네트워크 구축' 방안을 모색했다. 기업전시회는 뷰티, 섬유패션, 식품, 생활용품, 전기전자,

9 「대구한상대회 경제적 효과」, 대구 경북연구원, 2010.

기계 자재, 의료 등 품목별로 배치되며, 품목 내에 우수아이디어상품관, 첨단IT관, 우수창업기업관, 한상단체관 등이 다양하게 구성된다. 기업전시회 부대행사로는 국내 유통업체 바이어 상담회와 해외 진출 전략세미나 등이 마련됐다. 이처럼 해외동포의 경제활동은 소비생활 면에서나 생산활동 면에서 모국경제와 밀접한 관계를 갖기 마련이다. 먼저 무역수지 면을 살펴보면, 해외동포들은 모국상품의 바이어 역할을 해낸다. 본국의 입장에서 보자면 새로운 판로를 개척하는 하나의 손쉬운 방법이다. 결과적으로 한인동포들이야말로 조국상품을 진출시키는 확실한 교두보 역할을 하게 된 것이다. 또한 현지의 최신 소비경향이나 유통체계에 대해 생생하고 밀착된 정보를 모국 기업에게 제공함으로써 모국기업들의 해외시장 개척에 많은 도움을 준다. 아울러 해외에서 습득한 기술을 모국에 이전하는 효과도 있으며 해외상품을 모국에 수출하는 등 모국의 수입선을 다변화시키는 데도 한몫한다. 이와 같이 해외동포의 인적 네트워크와 정보 네트워크를 강화함으로써 양국 간의 다양한 정보를 체계적으로 지원해야 한다. 또 우수한 해외동포의 데이터베이스를 구축하여 한국과의 긴밀한 협조체계를 유지해야 한다.

뿐만 아니라 해외동포의 정체성을 잃지 않도록 한국어를 가르칠 전문인력을 파견하거나 현지에서 한국어 전문인력을 선발하여 체계적으로 교육시켜야 한다. 또 정기적으로 동포 청소년을 초대하여 한국문화를 경험할 수 있도록 지원해야 한다.

마지막으로 일본의 해외동포 사례를 소개한다. 일본은 브라질 등 해외동포들을 모국인 일본으로 초청해 교육을 시키기도 하고 공직에 근무하게 하기도 한다. 일본에서 이 같은 과정을 거친 일본의 해외동포들은 자신이 태어난 브라질 등으로 돌아가서도 모국, 일본을 잊지 못하고 일본과 현지국과 가교역할을 하는 데 크게 기여한다. 일본의 적극적인 해외동포 지원으로 인해 페루에서 이미 일본계 후지모리를 대통령으로 배출했으며, 브라질에서도 주지사를 당선시켰다. 또 다른 제2의 일본계 대통령이 나올 날이 머지않았다고 한다. 중국도 브라질에 200만 명의 화교에 대해 새로운 시각에서 지원하고 있다. 해외동포 지원전략은 어쩌면 21세기의 현대판 식민정책일 수도 있다. 하지만 한국은 21세기 해외동포 전략이 적극적이지 않은 것처럼 보인다. 한국과 해외동포국 간에 상호 이익이 되는 해외동포정책이 필요한 때다. 동포지원정책은 개인뿐만 아니라 한국과 이민국의 협력과 발전을 위한 큰 힘이다.

4 우수 외국인 유학생 유치를 위한 생활·취업 지원

외국인 장학생들은 해당 국가에서 뛰어난 성적을 낸 학생들로 한국에서 공부를 마치고 나면 장차 그 나라의 사회지도층 인사가 되거나 한국 관계에서 중요한 역할을 할 가능성이 크다. 우리 시각에서 보면 수년간 공들여 친한파(親韓派)를 양성하는 일이나 다름없다. 국내 대학생들을 위한 장학금과 학자금 대출도 중요하지만 우수한 외국 유학생을 유치하여 지원할 수 있도록 장기적 플랜이 필요하다. 또 자비로 유학 온 학생들에 대한 사회적 정책적 배려도 요구된다. 전체 외국인 유학생 88,468명 중 약 74%인

65,271명이다.[10] 외국인 유학생은 2011. 12. 31 현재 입학정원 확보가 어려운 지방대에도 많이 재학하고 있다. 2010년 10월 한국교육개발원과 이준식 성균관대 교수가 중국인 유학생 1,220명을 대상으로 한 조사에서 41%가 반한 감정을 가지고 있다고 응답했다. 더구나 한국에 오래 체류할수록 반한 감정이 높아지고, 중국인 유학생들은 국내 대학의 허술한 학사관리와 부실한 문화교류, 교수와 동료 학생들의 차별에 불만이 많다고 한다.[11]

외국인 학생을 유치하기 위해서는 영어전용강좌 증설은 필수요건이다. 영어전용 프로그램은 외국인 유학생뿐만 아니라 국내 학생이 함께 참여하며 수학할 수 있기 때문이다. 이 과정을 이수한 외국인 유학생들은 한국 문화를 보다 빠르게 이해할 수 있으며, 한국 학생들도 국제사회에서 인정받을 수 있는 글로벌 인재로 성장할 수 있을 것이다. 외국인 유학생의 안정적인 한국생활을 위해 지침서, 팁, 매뉴얼 등의 발간과 공급이 필요하다. 또 국내 유학 수요를 창출하기 위해서는 외국인 학생들의 학교생활과 주거생활[12] 등에서 세심한 배려가 필요하다. 아울러 대학 교내 학생식당에서 한식 이외의 식단도 필요하며 충분한 기숙사 시설, 장학금제도, 상담을 통한 대학정책에 외국인 학생의 의견 반영 등이 필요하다

뿐만 아니라 외국인 유학생 88,468명 중 미국 933명, 일본 2,083명을 제외하고 대부분은 중국, 몽골, 베트남 등 개발도상국가 출신이다. 유학생은 공부하면서 취업하기를 원한다. 법무부는 전문대 이상의 교육기관에서 6

10 「출입국·외국인정책 통계월보」, 법무부, 2011. 12.

11 「한중 양국 상호 유학생 실태와 개선 방안」, 한양대 중국문제연구소, 2010.

12 대전광역시는 외국인 유학생 기숙사를 건립하여 시내 8개 대학이 공동으로 활용하고 있으며 현재 400명이 입주하고 있다.

개월 이상 재학한 학생에게 유학생 시간제 취업을 허가하고 있다. 취업허가 기간은 1년이며, 근무지는 2개다. 그나마 시간제 취업을 원할 경우에는 담당 지도교수에게 추천을 받아 출입국사무소에 신고를 해야 하며 하루 4시간, 주당 20시간 이내로 제한하고 있다. 이 시간제 취업은 아르바이트 정도만 가능하여 학비를 버는 데는 한계가 있다. 이러한 제도는 외국인 근로자가 유학생을 가장한 음성적인 취업을 차단하기 위해 도입되었다. 그러나 현실적으로는 진짜 유학생이 자신의 학비를 벌 수 있는 기회가 제공되지 못하게 하는 부작용을 낳고 있다.

저출산과 생산인구 감소로 인해 노동력 부족 현상이 심각해지고 있다. 유학생도 한국의 노동력으로 활용하는 방안을 검토해야 한다. 한국에서 공부도 하고 돈도 벌 수 있는 여건을 마련한다면 외국의 우수한 인재들이 한국에 유학오는 것을 선호할 것이다. 이러한 정책은 법무부의 외국의 우수인력 유치와 교육과학기술부의 유학생의 안정적인 한국생활 적응이라는 적극적인 정책 융합으로 개발되어야 할 것이다.

또 유학생 중 중국 유학생이 74%이다. 유학생이 한 국가에 집중될 때 경우, 다양한 국가의 인재 네트워크를 구축하기에는 어렵다. 한국의 특수성에 비추어 볼 때 선진국의 유학생을 유치하기는 단기적으로는 힘들 것이다. 대안으로 국가 영향력이 갈수록 커지는 아프리카, 남미 그리고 중동지역의 인재를 유치해 교육시킴으로써 양국의 이익을 달성할 수 있도록 노력해야 한다.

5 북한 이탈주민을 따뜻한 시선으로 바라봐야

"북한에서는 배고파서 못 살았고, 제3국에서는 말이 안 통해서 못 살았고, 한국에서는 뭘 몰라서 못 살겠다." 말이 통하는데 못 살 정도로 힘든가? 잘 이해가 안 간다. 당장 밥을 하려 해도 가스가 폭발할 것 같아 무섭다. 전철을 타자니 어떻게 타야 할 줄 모른다. 전철표는 어떻게 사는 것이고 어디로 들어가고 어디로 나가야 하는지 너무 어렵다. 공짜로 받은 재활용 세탁기는 아무리 배워도 어떻게 활용할지를 모르겠다. 버튼이 너무 많다.

통일부의 조사에 따르면 2011년 북한 이탈주민의 이직률은 45%나 되고 한 직장에서 1년 넘게 근무한 비율은 32%에 불과하다. 또 탈북자의 고용률(생산가능 인구 중 취업자 비율)은 49.7%로 남한 전체 평균 58.7%과 비교해 9%나 낮다.[13] 또한 북한 이탈주민의 실업률은 전 연령대에 걸쳐, 적게는

그림 9 연도별 북한 이탈주민 고용동향 변화추이 (단위: %)

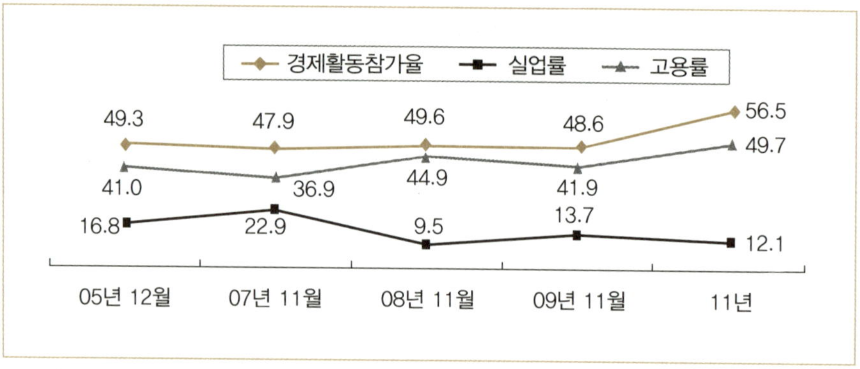

출처: 「2008 북한 이탈주민 경제활동 실태조사」(통일부).

13 「2011 북한이탈주민 생활실태조사 기초생활분석 보고서」, 북한이탈주민지원재단, 2011. 12.

2.2%p(10대), 많게는 20.3%p(60대) 높은 것으로 조사되었다. 북한 이탈주민 중 여성의 비율이 높다는 점을 감안하더라도 북한 이탈주민이 겪는 취업난은 훨씬 심각하다. 직장생활의 강도와 보수문제, 경쟁체제의 직장문화에도 실업률 저하에 대한 원인이 있겠으나, 보다 심각한 것은 주위 동료들의 차별과 편견이 이직을 결정하는 중요한 요인으로 작용하고 있다. 또 북한 이탈주민은 숨어 있는 동안에 생활고와 인권침해가 심각하다. 이들은 숨어 살면서 극도의 공포와 불안한 상태로 살아간다. 여성의 경우는 인신매매와 매매춘, 강제결혼 후 성 유린에 시달리기도 한다. 특히 월경 과정에서 가족이나 동행자들의 죽음을 목격한 경우에는 우울증이나 긴장감, 대인기피증의 증상이 지속되기도 한다. 누군가 미행하는 것 같아서 자꾸 뒤를 돌아본다. 북한은 식량 배급제가 무너진 지 오래이다. 주민은 식량을 구하기 위하여 객지로 떠돌고 중국으로 넘어가 가족에게 돈을 송금하기도 한다. 주민 중 일부가 기획 탈북(한국행을 목적으로 중국 등으로 떠나는 것)을 시도하고, 일부가 성공하기도 한다. 이러한 현실이니 북한 주민들은 가족이니 이웃이 마을 공동체에서 보이지 않는다고 해도 객지 등으로 돈 벌러 간 줄 안다. 그러니 한국 정착에 성공한 가족에게 돈이 온다는 것을 이웃은 모른다. 어차피 중국에서 송금되므로 중국에서 돈을 벌어 송금하는 줄로 안다. 가족 중 한국행이 발각된다면 요덕수용소 등으로 갈 수 있기 때문에 북한에 남은 가족에게도 한국에 왔다는 것을 숨기고 송금하고, 브로커의 도움으로 나머지 가족을 데려 온다. 2백만 원을 송금하면 북한에 남은 가족이 1년간 먹고 생활할 수 있는 돈이라고 한다. 이 과정에서 짧은 기간 동안 돈을 벌기 위해 성매매의 유혹에 빠지기도 한다. 사실 경기도 어느 도시에는 북한 이탈여성들이 운영하는 다방이

있으나, 사실상은 커피보다는 2차로 성매매를 유혹하기도 한다. 그들은 북한에 있을 때 '한국은 성매매가 공공한 합법적인 행위'라고 알고 있어 성매수자나 성매매자가 모두 범법행위라는 교육도 필요하다. 또 상당수의 여성이 만성적인 여성질환에 감염되어 있으며 적절한 치료를 받지 않으면 본인의 건강과 다른 사람에게 전염될 가능성도 있으며, 출산 시에도 문제가 될 수 있다. 따라서 탈북과정의 '외상 후 스트레스장애' 회복을 위해 정신과치료와 심성수련, 소그룹 집단상담을 강화하고 초기 정착과정에서 건강상담과 무료진료 등의 지원이 필요하다. 이북5도민사회와 북한 이탈주민들을 연결해 주는 인적 네트워크 구축도 검토해볼 필요가 있다.

특히 북한이탈 청소년은 매우 적극적이고 한국 생활에 잘 적응하는 경우가 많다. 또 서울대 의대등 유명 대학에서 공부하는 학생도 상당수이다. 뿐만 아니라 미국의 민간재단의 협조로 미국에서 유학 중인 청소년들은 미국사회에서 두각을 나타내고 있다. 이들은 통일한국이 되면 사회통합과 북한의 발전을 위해 주도적인 역할을 크게 할 수 있을 것으로 기대된다. 통일한국의 새싹들이 큰 나무로 성장할 수 있도록 세심한 지원이 필요하다.

아무튼 그들은 우리사회에서 살아가기 어려운 점으로 직업을 갖기 어려운 점, 심리적 문제, 건강문제, 사회문화적 적응 문제, 가치의 혼란 등을 술회하고 있다. 하지만 무엇보다 중요한 것은 이들이 자립할 수 있도록 지원하는 것이다. 또 우리가 그들을 따뜻한 시선으로 바라 보아야 한다. 그때 비로소, 그들도 이방인이 아닌 대한민국 국민이라는 자부심으로 함께 살아갈 수 있을 것이다. 이러한 경제적·정서적 지원은 국가와 사회비용을 경감시키는 일이며, 통일 한국을 준비하는 길이다.

그림 찾아보기

Part 4 북한 이탈주민

Part 5 다문화정책

Part 6 개방성과 수용성, 관용이 필요하다

정책제언 미래사회의 해법

표 찾아보기

서론 다문화사회로 진입한 한국

Part 1 결혼이민자

Part 2 외국인 근로자 · 해외동포

참고문헌

강성원(2010), 「저출산 극복을 위한 긴급제언」, 《CEO information》 752호, 삼성경제연구소.

고아라(2005), 「초등학교 아동이 각 인종에 대해 어떤 인식을 가지고 있는가」.

고용노동부·한국산업인력공단(2011.12), 「Happy Return」.

곽재석(2010.12), 「외국국적동포 취업실태와 취업지원방안」, 한국산업인력공단.

교육과학기술부(2011), 「외국인 유학생현황」.

국가인권위원회(2003), 「기지촌 혼혈인 인권실태조사」.

국립교육원(2011), 「유학생수기공모」.

국무총리실(2009), 「북한이탈주민 교육·취업지원 대책 평가」.

국무총리실(2010.1), 「외국인정책위원회 회의자료」.

국무총리실(2011.11), 「제4차 다문화가족전제위원회 발표자료」.

국무총리실(2012.1), 「2012년 외국인정책시행계획」.

국회예산정책처(2009), 「출산장려 및 고령화대응정책의 주요 선진국 동향과 시사점」.

길림신문(2011.7.20), 「넘어진 땅에서 홀로서기로 거듭나」.

김범수 외(2007), 『다문화사회복지론』, 양서원.

김옥순 외(2010), 『다문화교육 이론과 실제』, 학지사.

김이선(2010), 「다문화사회의 전개에 대한 한국사회의 이중적 수용성」.

김종래(2008), 『유목민이야기』, 김진디자인.

김종서(2005), 『부여·고구려·백제사 연구』, 한국학연구원.

농촌경제연구원(2012.1), 「농촌 다문화가족 실태조사」.

대구 경북연구원(2010), 「대구한상대회 경제적 효과」.

대통령자문 고령화 및 미래사회위원회, 보건복지부(2005), 「이민정책에 관한 연구」.

대통령자문 빈부격차 차별시정위원회(2006), 「다문화 개방사회를 위한 사회정책 연구」.

동아일보(2011.11.21), 「외국인 유학생 68% 왕따」.

민희식·장성욱(2005), 『백제 불교의 시조 마라난타』, 화남.

박세훈, 「다문화시대의 도시관리전략」, 국토연구원.

법무부(2009), 「출입국 통계월보」.

법무부(2010), 「재외동포정책 추진방안」.

법무부(2010.6), 「출입국·외국인 정책 통계월보」.

법무부(2011.12), 「출입국·외국인 정책 통계월보」.
보건복지가족부(2009), 「다문화가족센터 운영모델연구」.
보건복지가족부(2009), 「다문화가족의 중장기 전망 및 대책연구」.
보건복지가족부(2009), 「새로마지플랜」.
보건복지가족부(2009), 「전국 결혼이민자 실태조사」.
보건복지가족부(2009), 「전국 다문화가족 실태조사」.
북한이탈주민지원재단(2011.12), 「2011 북한이탈주민 경제활동 실태조사」.
북한이탈주민지원재단(2011.12), 「2011 북한이탈주민 생활실태조사 기초생활분석 보고서」.
북한이탈주민지원재단(2012.1), 「희망나무, 행복숲」.
새움터(1997), 「기지촌여성·혼혈아동 실태와 사례」.
서울신문(2010.3.12), 「줄여야 vs 늘여야 동포근로자 딜레마」.
설동훈(2002), 『외국인노동자와 한국사회』, 서울대학교출판부.
설동훈(2006), 「외국인의 사회통합 방안」, 사회통합위원회.
설동훈(2009), 「다문화가족의 중장기 전망 및 대책 연구」, 보건복지가족부.
송복(2010), 「사회통합 어떻게 할 것인가」, 사회통합위원회.
신재근(2009), 「농촌 다문화가정 현황과 지원방안」, 《NHERI리포트》 51호.
아주경제(2011.7.14), 「탈북자 감독 김규민」.
안경식 등 저(2009), 『다문화교육의 현황과 과제』, 학지사.
양순미(2010), 「농촌 다문화이주민의 농업기반 구축방안 연구」.
여성가족부(2006), 「결혼이민자의 가족실태조사 및 중장기 지원정책방안 연구」.
여성가족부(2010), 「다문화가족의 해체 문제와 정책과제」.
여성가족부(2010), 「다문화가족지원센터 운영모델 연구」.
연합뉴스(2010.4.11).
연합뉴스(2012.1.8), 「피부색이 다르다. 왕따」.
외교통상부(2011.8), 「2011년 재외동포 현황」.
유경준·김정호(2010), 「외국인력의 대체성과 통계문제」, 《KDI정책포럼》 제226호, 한국개발연구원.
유길상(2007), 「외국인고용허가제 3주년 및 평가 및 제도개선 방안」, 한국교육기술대학교.
유길상(2011.8.17), 「고용허가제 7주년 평화세미나」, 한국교육기술대학교.

유연숙(2007), 「외국인처의 세대내 젠더관계의 재편－농촌거주 한국인처 사례연구」.
윤인진(2004), 『코리언 디아스포라』, 고려대출판부.
이광규(2008), 「2008 재외동포재단 연구보고서」, 재외동포사회의 현황과 정책과제.
이규용(2009), 「외국인력 고용구조와 외국인력정책」.
이금순(2009), 「여성 이주자의 사회적응과정 연구: 북한이탈주민사례를 중심으로」.
이기담(2005), 『공민왕과의 대화』, 고즈윈.
이기정(2009), 「국내 외국인 학생 지원관리체제 개선방안」.
이수정(2008), 「한국내 북한이탈 청소년의 현황과 정책과제」.
이순애(2005), 『프란체스카 리』, 랜덤하우스 중앙.
이순희 역(2009), 『제국의 미래』, 바이북.
이인영(2011), 「외국인유학생 실태분석과 효과적 지원방안연구」.
이종기(2006), 『가야공주 일본에 가다』, 책장.
이종우(2009), 「탈북 초등학생 특별학급 운영의 실제」.
이진영 외(2008), 「방문취업제에 대한 실태조사 및 동포만족도 조사」, 법무부.
이태주(2010), 「다문화사회의 이해」, APCEIU.
이항규(2009), 「새터민 청소년 학교 적응 실태와 과제」.
장인실(2010), 『다문화교육의 현황과 과제』, 학지사.
정병욱(2000), 『한국고전시가론』, 신구문화사.
정현진(2005), 『실크로드를 달려온 신라왕족』, 일빛.
정혜영(2010), 『It's 베트남』, 미다스북스.
제성욱(2006), 『기황후』, 일송북.
조선비즈(2011.7.22), 「농촌까지 외국인근로자 1만명 시대」.
조선일보(2011.5.13), 「미리 온 미래 탈북자 2만명 시대」.
조선일보(2011.5.14).
최두한 역(2003), 『하멜표류기』, 우석출판사.
최홍(2011.8), 「기로에 선 중국동포정책의 현안과 해법」, 삼성경제연구소.
최홍·이동원·박준(2010), 「다문화사회 정착과 이민정책」, 《CEO information》 756호, 삼성경제연구소.
통계청(2006), 「전국장래인구추계」.
통계청(2008), 「사회통계조사」.
통계청(2010), 「농림어업총조사」.

통계청(2010), 「이혼통계」.
통계청(2010), 「인구통계」.
통계청(2010), 「혼인통계」.
통일부(2008), 「북한이탈주민 경제활동 실태조사」.
한국기술대학교(2007), 「외국인 고용허가제 3주년 평가 및 제도개선 방안」.
한국노동연구원(2009), 「외국인인력실태」.
한국역사연구회(2002), 『고려의 황도 개경』, 창비.
한국청소년정책연구원(2009), 「국제기준 한국 아동·청소년 인권 수준 연구」.
한승준 외(2009), 「아시아국가의 다문화사회 형성과정과 정책추진체계 연구」, 한국여성정책연구원, 한국정책학회.
한양대 중국문제연구소(2010), 「한중 양국 상호 유학생 실태와 개선방안」.
행정안전부(2010), 「외국인주민 현황조사」.
행정안전부(2010.7), 「북한이탈주민의 효율적 정착지원」, 신아연구소.
행정안전부(2011.6), 「지방자치단제 외국계주민현황」.

Bill Waiser&Dave de Brou(1992), Documenting Canada: A History of Modern Canada in Documents, Saskatoon: Fifth House Publications 재인용.
Florida, R.(2000), The Rise of the Creative Class, Basic Books.
"Multiculturalism in America," Saptakee Sengupta, 2010.6.5.
OECD(2008), Database on Immigrants in OECD Countries(DIOC).
OECD(2009), "International Migration Outlook."
Text at the Department of Justice Canada website.
UN DESA, "Population Division 2009," International Migration Databace.
UNDP(2009), "Human Development Report."
Washington Post, May 7, 2009.
Wikipedia.

[저자소개]

이성미

여성가족부에서 초대 다문화가족과장을 지냈다. 그 후 보건복지가족부에서도 다문화가족과장으로 있었다. 결혼 이민자뿐 아니라, 외국인 근로자, 해외동포, 외국인 유학생, 북한 이탈주민의 정책에 대해 깊이와 넓이를 키우고 있다. 대통령비서실 인구·고령팀과 대통령자문 고령화 및 미래사회위원회, 문화체육관광부에서도 일했다. 지금은 여성가족부 가족지원과장(부이사관)이다. 저서에 「다문화 코드」가 있다. 동양문학으로 등단한 시인이기도 하다.

다문화정책론

2012년 3월 5일 초판인쇄
2012년 3월 15일 초판발행

저 자 이 성 미
발행인 안 종 만
발행처 (주) 박영사
서울특별시 종로구 평동 13-31번지
전화 (733)6771 FAX (736)4818
등록 1959. 3. 11. 제300-1959-1호(倫)

www.pybook.co.kr e-mail: pys@pybook.co.kr

정 가 25,000원 ISBN 978-89-6454-252-1